本书系全国教育科学规划国家一般项目"民办高校举办者权力制约与监督机制研究"（BFA130036）最终研究成果。

　　此项目经全国教育科学规划领导小组办公室审核准予结项，鉴定等级为良好。

民办高校的
内部治理与国家监管
——基于举办者的视角

王一涛 ◎ 著

中国社会科学出版社

图书在版编目(CIP)数据

民办高校的内部治理与国家监管：基于举办者的视角 / 王一涛著 . —北京：
中国社会科学出版社，2019.4

ISBN 978-7-5203-4181-3

Ⅰ.①民… Ⅱ.①王… Ⅲ.①民办高校-学校管理-研究-中国 Ⅳ.①G648.7

中国版本图书馆 CIP 数据核字(2019)第 049524 号

出 版 人	赵剑英
责任编辑	任 明
责任校对	张依婧
责任印制	李寡寡

出 版	中国社会科学出版社
社 址	北京鼓楼西大街甲 158 号
邮 编	100720
网 址	http://www.csspw.cn
发 行 部	010-84083685
门 市 部	010-84029450
经 销	新华书店及其他书店

印刷装订	北京君升印刷有限公司
版 次	2019 年 4 月第 1 版
印 次	2019 年 4 月第 1 次印刷

开 本	710×1000 1/16
印 张	21.25
插 页	2
字 数	351 千字
定 价	110.00 元

序　言

很荣幸为王一涛博士的新著撰写序言，并借此机会谈一谈我对于相关问题的几点认识和看法。

首先，我国民办高等教育在高等教育系统中占有重要的地位，其重要性越来越明显。我国民办高等教育主要由独立设置的民办高校和独立学院两种组织形式构成，其办学经费主要来自学生缴纳的学费，运行基本不依靠国家财政拨款，民办高等学校的在校生人数占比超过了20%，在实现高等教育大众化和促进高等教育普及化进程中，扮演了重要的角色。

其次，中国民办高等教育有哪些特殊性呢？回答这个问题，我们可以分别从规模、发展速度、质量、治理形式等几个方面进行。从规模方面看，中国民办高等教育规模的占比与世界平均水平大致相当。从区域比较角度看，东亚、拉美地区的私立高等教育发展程度较高，像日本、韩国私立高等教育的比例超过了80%，而其他地区私立高等教育发展程度相对较低，欧洲大陆就是一个例子。中国与美国私立高等教育规模占比基本一样，都是在20%多。所以，从数量比例上看，中国民办高等教育处于世界平均水平。从发展速度方面看，私立高等教育的发展速度在不同历史时期不尽相同，在二战结束后的一段时间内，各国公立高等教育得到快速发展，私立高等教育的发展速度相对较慢，进入21世纪后，各国私立高等教育普遍得到了快速发展。中国私立高等教育在20世纪50年代初被改造，不复存在。改革开放后，以民办高等教育的名义和新的形式得到恢复和发展，在短短三十多年的时间里，从零发展到今天的水平，可谓快速发展的一个典型。从质量方面看，在世界范围内，公立高等教育不仅在规模比例上占有优势地位，而且在质量上也处于领先地位。美国是一个例外。只有在美国，私立高等教育独领风骚，在高等教育金字塔结构中，处于第一方阵，占有绝对的质量优势。美国私立大学发展的态势，与美国特定的社会和历史背景存在着密不可分的关系。私立高等教育研究专家 Daniel C. Levy 教授在他的论著中，多次阐述了美国私立高等教育的特殊性，甚至是不易模仿性。Levy 教授将世界私立高等教育分为四种主要形式：需求吸纳型、准精英型、精英型和文化特色型。对照这个分类，他认为，多数中国民办高等学校属于需求吸纳型，少数属于准精英型，其他两种类型尚未出现。我以为，他的论断是符合中国实情的。最后，从治理形式看，有些国家只允许非营利私立高等学校存在，也有些国家允许营利与非营利学校并存。美国属于后者。在实际运行过程中，借非营利之名行营利之实的情况比比皆是。中国新修订的《民办教育促进法》采美国的作法，对于营利和非营利做了法律上的区分，要求新建的民办高校起始时就要明确类型选择，已有民办高校需要一个过渡。但目前的实际运行，仍然在很大程度上延续着过去的作法。综上所述，无论从数量、速度、质量和治理形式看，中国民办高等教育都没有什么特别之处，与世界平均状况相当。

第三，中国民办教育政策的取向。在现代化的进程中，中国既是一个后发外生型国家，同时也是一个集权国家。我们常常采取的是顶层设计和系统性改革的思路和方法，而不是自然演化的思路和方法。面对世界竞争格局，中国不甘心按照世界平均水平和步伐发展其民办高等教育，而是朝着最高目标奋进。无疑，美国就成为中国学习的一个典范。有意识或者无意识地，我们想要按照美国高水平和公益性标准去改造我们的民办高等教育体系。在这种发展态势下，我们会看到中国民办高等教育理想与现实之间的一种张力。其实，我们学习的对象美国采取的是自然演化的方式。如本书提到的斯坦福大学，其创立得益于斯坦福本人捐赠的经费和土地。在创立过程中，斯坦福及其家人参与其中。斯坦福去世后，其夫人主政董事会。20 世纪初，斯坦福大学经济系教授 Ross 因为言论问题，被校方勒令辞退，就是校长执行斯坦福夫人旨意的结果。本人 2014 年访学斯坦福，在上格兰诺维特教授的"经济社会学"时，询问大学是如何摆脱斯坦福家族的影响，得到的回答是，随着时间的推移，家族无意和无力参与办学，于是逐渐变成了一所非家族化的大学。不过，直到今天，我们仍然可以在大学建筑物和设施名称上，看到斯坦福家族和其他捐赠人的印记。换句话说，现代化不但没有去除社会关系，相反，社会关系有利于现代化的完善。正是由于社会关系的存在，现代化才表现出多种样态。

　　第四，深入研究民办高等教育发展的本质规律。中国民办高等教育在短短三十多年时间里发展到目前这个水平，其规模庞大、角色多样、关系复杂、矛盾重重，包含着很多研究的素材，值得研究人员去挖掘和分析。从总体上看，中国对于民办高等教育研究的数量和质量都有待提高。王一涛博士从举办人角度开展民办高等教育研究，视角独特，立意新颖。在他的调查中发现，我国有30%属于个人办学，30%属于企业办学，各10%分别属于国有民办和共同治理，其余20%属于股份制形式；另外，中国家族化的办学形式普遍，70%以上的董事会和30%以上的学校领导班子，表现出家族化的特征。一涛的调查工作是扎实的，与他的背景有一定的关系，他曾经长期在一所民办高校工作，在教育部发展规划司民办教育处借调过，也去美国访过学，走访了很多民办高校，对于民办高等教育中的问题有切身的感受和认识。在对于事实的阐释上，我与他有不完全相同的看法。本人认为，作为一个研究者，要尽可能与官方说法保持一定的距离，不要由于实践冲动而失去学术的冷静，从现实出发，不轻易否定异常，设法从异常中发现理论创新点，其中民办高等教育中的家族特点、社会关系、信任机制，都有值得肯定并做理论对话的必要。总之，书中调查材料丰富，在宽松的环境下，见仁见智是一种正常，学术争鸣是一件好事，读者可以自行予以分析和判断。

　　是以为序。

北京大学　　阎凤桥

2018 年 7 月 26 日于燕园

目　录

第一章　研究意义、文献梳理与研究方法 ……………………………（1）

第一节　概念界定 ………………………………………………（2）

一　民办高校 ………………………………………………（2）

二　举办者和创办者 ………………………………………（4）

三　权力、权力制约与权力监督 …………………………（5）

四　权利 ……………………………………………………（7）

第二节　研究缘起和研究意义 …………………………………（8）

一　历史意义 ………………………………………………（9）

二　理论意义 ………………………………………………（9）

三　实践意义 ………………………………………………（10）

第三节　文献述评 ………………………………………………（11）

一　我国民办高等教育文献的总体状况 …………………（11）

二　我国民办高校内部治理相关文献综述 ………………（12）

第四节　研究方法与研究伦理 …………………………………（13）

一　质性研究 ………………………………………………（14）

二　量化研究 ………………………………………………（15）

三　研究伦理的考察 ………………………………………（16）

第五节　专著脉络结构 …………………………………………（18）

第六节　本研究的创新 …………………………………………（20）

第二章　民办高等教育基本现状及类型划分 ………………………（23）

第一节　个人办学型民办高校 …………………………………（28）

一　个人办学型民办高校的概述 …………………………（28）

二　个人办学型民办高校的特征 …………………………（29）

　　三　个人办学型民办高校的利弊 …………………………… (31)

　　四　个人办学型民办高校的发展趋势 ……………………… (33)

第二节　企业办学型民办高校 …………………………………… (34)

　　一　企业办学型民办高校概述 …………………………… (34)

　　二　企业办学型民办高校特征 …………………………… (36)

　　三　企业办学型民办高校的利弊 ………………………… (38)

　　四　企业办学型民办高校的发展趋势 …………………… (41)

第三节　国有民办型民办高校 …………………………………… (42)

　　一　国有民办型民办高校概述 …………………………… (42)

　　二　国有民办型民办高校的特征 ………………………… (43)

　　三　国有民办型民办高校的利弊 ………………………… (44)

　　四　国有民办型民办高校的发展趋势 …………………… (46)

第四节　共同治理型民办高校 …………………………………… (47)

　　一　共同治理型民办高校概述 …………………………… (47)

　　二　共同治理型民办高校的特征和优势 ………………… (48)

　　三　共同治理型民办高校代表了我国民办高校

　　　　重要的发展趋势 …………………………………… (50)

第五节　股份制办学型民办高校 ………………………………… (51)

　　一　股份制办学型民办高校概述 ………………………… (51)

　　二　股份制办学型民办型高校的利弊 …………………… (54)

第三章　民办高校创办者的群体特征 …………………………… (59)

第一节　民办高校创办者群体的人口学特征 ………………… (61)

　　一　创办者的定义 ………………………………………… (61)

　　二　创办者的性别特征 …………………………………… (63)

　　三　创办者的年龄特征 …………………………………… (67)

第二节　民办高校创办者的教育背景 ………………………… (70)

第三节　民办高校创办者的职业背景 ………………………… (71)

第四节　民办高校创办者的政治面貌和政治身份 …………… (76)

　　一　创办者的政治面貌 …………………………………… (77)

　　二　创办者的政治身份 …………………………………… (79)

第五节　民办高校创办者的办学动机 ………………………… (84)

　　一　谋求经济回报 ………………………………………… (87)

　　二　追求权力与声誉 ································· （94）

　　三　自我实现和奉献社会 ··························· （96）

第六节　民办高校举办者与美国及民国时期私立高校

　　　　创办者的比较 ································ （99）

　　一　美国私立高校创办主体及其创办动机 ··········· （99）

　　二　我国民国时期私立高校创办者的群体特征 ······· （106）

第四章　民办高校举办者的办学贡献及权益保护 ·········· （111）

第一节　举办者对学校做出了突出贡献 ··············· （114）

　　一　举办者创建了民办高校的大学制度 ············· （115）

　　二　举办者整合了校内外的资源 ··················· （118）

　　三　举办者发现和利用了市场机会 ················· （125）

第二节　举办者制定了卓越的发展战略 ··············· （127）

　　一　教育战略 ····································· （127）

　　二　市场战略 ····································· （131）

　　三　政治战略 ····································· （136）

第三节　举办者的合法权益需合理保护 ··············· （145）

第五章　民办高校举办者的权力集中及影响 ············· （148）

第一节　研究假设 ································· （150）

　　一　举办者办学动机与学校发展水平 ··············· （150）

　　二　举办者能力与学校发展水平 ··················· （151）

　　三　举办者的权力集中度与学校发展水平 ··········· （152）

　　四　家族化水平与学校发展水平 ··················· （154）

第二节　研究设计与方法 ··························· （157）

　　一　民办高校办学水平的测量 ····················· （157）

　　二　举办者办学动机的测量 ······················· （158）

　　三　举办者办学能力的测量 ······················· （158）

　　四　举办者权力集中程度的测量 ··················· （159）

　　五　家族化的变量设计与测量 ····················· （159）

　　六　控制变量的测量 ····························· （159）

第三节　问卷发放与回收 ··························· （159）

第四节　数据分析 ································· （160）

　　一　描述性分析 ································· （160）

　　二　差异性分析 …………………………………………（168）

　　三　回归分析 ……………………………………………（181）

第六章　民办高校内部治理的完善 ………………………………（191）

　第一节　董事会对民办高校举办者的权力制约 ………………（194）

　　一　我国民办高校董事会的现状 ………………………（195）

　　二　美国私立高校董事会的比较借鉴 …………………（204）

　　三　优化我国民办高校董事会的对策建议 ……………（212）

　第二节　校长对民办高校举办者的权力制约 …………………（219）

　　一　当前我国民办高校校长的产生方式 ………………（220）

　　二　民办高校校长的群体特征 …………………………（224）

　　三　美国私立高校聘请校长的作法与经验 ……………（228）

　　四　完善校长队伍建设，建立校长对举办者的

　　　　权力制约机制 ………………………………………（238）

　第三节　民办高校党组织对举办者权力的制约 ………………（245）

　　一　党组织对民办高校举办者权力制约的可能性 ……（248）

　　二　当前民办高校党委书记的产生方式 ………………（250）

　　三　当前民办高校党委书记的群体特征 ………………（254）

　　四　完善党组织在民办高校内部治理中的作用 ………（258）

　第四节　民办学校监事（会）对举办者的制约 ………………（261）

　　一　我国大陆民办高校监事（会）设置情况 …………（262）

　　二　我国台湾地区私立学校监察人设置情况 …………（264）

　　三　完善我国民办高校监事（会）的对策建议 ………（265）

第七章　民办高校外部治理的完善 ………………………………（267）

　第一节　政府监督 ………………………………………………（269）

　　一　当前的监管手段和现状 ……………………………（270）

　　二　今后的监管优化路径 ………………………………（274）

　第二节　社会监督 ………………………………………………（291）

　　一　社会监督现状 ………………………………………（291）

　　二　社会监督的优化路径 ………………………………（294）

第八章　民办高等教育制度变迁的展望 …………………………（296）

　第一节　政治和经济领域制度变迁的启示 ……………………（298）

　第二节　民办教育制度变迁的影响因素 ………………………（303）

一　利益相关者的利益诉求与表达 ·················· （303）

二　社会舆论 ·· （305）

三　他国经验与启示 ································· （307）

四　重要决策者的偏好 ································· （308）

第三节　民办高等教育制度的发展趋势 ·················· （310）

一　教育制度的变迁是一个长期的历史过程 ·········· （310）

二　地方教育制度创新是诱致国家教育制度变迁的

重要力量 ··· （313）

附录一　民办高校办学体制调查问卷 ·················· （315）

附录二　截至 2018 年我国 747 所民办高校名单 ·················· （319）

后记 ·· （327）

第一章

研究意义、文献梳理与研究方法

本章摘要： 根据《民办教育促进法》，民办高校的举办者是国家机构以外的社会组织或个人。我国民办高等教育发展早期，大部分民办高校的举办者是自然人，但是新近举办的民办高校，其举办者大多数是社会组织，早期由个人举办的民办高校也往往通过一系列的法律手段，将举办者由个人变更为社会组织。调查发现，目前我国43.5%的民办高校的举办者是自然人，56.5%的民办高校的举办者是企业等社会组织。当民办高校的举办者是社会组织时，本课题将该社会组织的主要负责人作为研究对象。

目前学术界民办高校内部治理和国家监管的研究比较多，但是以举办者为视角和主线的研究还较为薄弱，举办者的形象气质、群体特征和办学理念还不为外人所知。民办高校的举办者可能担任董事长、校长、党委书记或其他职务，在民办高校的发展过程中发挥关键性作用。举办者群体打破了公办高等教育一统天下的格局，带领民办高校在激烈的竞争中脱颖而出，成功的创办者一般都具有教育家的情怀、企业家的智慧和战略家的眼光。

本研究具有历史、理论和现实的意义。从历史的角度看，我国民办高校创办者的平均年龄已经超过60岁，一些改革开放之初创建的民办高校的创办者已经辞世。本研究首次系统地描绘了改革开放以来中国民办高校举办者这一群体的基本特征，记录了部分举办者的办学事迹，提炼了部分举办者的办学理念，可以为后来的研究提供一些史料。从理论的视角看，我国民办教育政策的制定和完善过程是一个跌宕起伏的过程。教育领域内没有任何其他法律和政策像民办教育的法律和政策一样具有如此大的争议，因为民办教育是一个利益多元的领域，举办者、教师、学生和其他利益群体激烈地交锋和碰撞。民办教育领域成了检验、提升或更新教育理论（如教育制度变迁理论）的实验室。本研究对"投资办学理论""商业性市民社会理论""教育制度变迁理论"等进行了理论对话。从实践意义来看，民办高校的举办者是民办高校的舵手，是名副其实的"一把手"。本课题研究举办者群体的特征、办学动机、办学理念等问题，探讨民办高校内部权力分配的现状，提出制约举办者权力的对策，有助于推进我国民办高校现代大学制度建设，进而促进民办高等教育的健康发展。

本研究同时采用了质性研究和量化研究。笔者对我国 30 余所民办高校的举办者或举办者的接班者、20 余所民办高校的外聘校长、50 余位民办高校的中层干部、董事和教师进行了深入的访谈。笔者实地走访了北京、上海、重庆、浙江、江苏、山东、贵州、广西、广东、福建、内蒙古、宁夏、陕西、湖北等省（自治区、直辖市）的 30 余所民办高校，详细了解这些学校的创办过程、举办者身份特征、内部治理等方面的问题。根据非中伤、匿名保护、数据保密及知情人同意等研究伦理，本研究对于已经公开的案例以及笔者获得的不包含负面消息的案例，均采取真实呈现的方式，对于获得的包含负面消息的案例，则采取匿名的方式进行处理。质性研究可以对个案和局部事实进行挖掘性的、跟踪性的、多角度的深入研究，但是质性研究经常受到"代表性不足"的批评，因此，本研究以量化研究来弥补质性研究的不足。本研究设计了关于举办者办学动机、办学能力、权力集中以及家族化管理情况的问卷，通过数据模型验证民办高校内部治理与发展水平之间的关系。本研究还建立了不断更新的"中国民办高校举办者基本信息数据""中国民办高校董事会基本信息数据库""中国民办高校校长基本信息数据库"等数据库，为整体性、跟踪性的大数据研究奠定了基础。

第一节　概念界定

一　民办高校

截至 2016 年 5 月 30 日，全国共有普通高等学校 2595 所，其中民办普通高校 734 所（不含 7 所中外合作办学高校），民办普通高校占全国普通高校总数的 28.2%。在这 734 所民办普通高校中，共有 317 所民办专科

（高职）院校和 417 所民办本科高校。在 417 所民办本科高校中，又包括 151 所独立设置的民办本科高校和 266 所独立学院。

《民办教育促进法》（简称《民促法》）第二条规定："国家机构以外的社会组织或者个人，利用非国家财政性经费，面向社会举办学校及其他教育机构的活动，适用本法。"本研究中的民办高校即是国家机构以外的社会组织或个人举办的具有学历授予资格的高校，不包括专修学院等民办高等教育研究机构。

需要指出的是，本研究所涉及的民办高校还包含少量由国家机构或国家机构主导的教育投资公司举办的民办高校。国家机构举办的民办高校有浙江树人大学（举办方是浙江省政协）[①] 和潍坊科技学院（举办方是寿光市人民政府）[②] 等；还有一些民办高校是由国家机构成立的教育投资公司独立举办或与其他机构合作举办的，如江苏教育发展投资中心，该中心是江苏省教育厅直属事业单位，先后投资举办了应天职业技术学院（该校其他两个股东分别是南京特希投资有限公司和江苏教育电视台）、南通理工学院（该校另外一家举办方是江苏江海科教开发有限公司）、宿迁学院、南京审计学院金审学院、江苏信息职业技术学院等高校。这一类民办高校的数量比较少，全国大约只有 10 所。

教育部 2008 年出台的《独立学院设置与管理办法》（教育部 26 号令）第二条规定，独立学院是指"实施本科以上学历教育的普通高等学校与国家机构以外的社会组织或者个人合作，利用非国家财政性经费举办的实施本科学历教育的高等学校"。该《办法》第三条规定，"独立学院是民办高等教育的重要组成部分，属于公益性事业"。根据上述两条规定，独立学院也属于民办高校，在教育部的统计中，独立学院是被当作民办高校来统计的。和独立设置的民办高校相比，独立学院举办方的情况更为复杂，大多数是由公办高校与社会组织或个人合作举办的，但是也有相当比例的独立学院是由公办高校自身举办（校中校）或者公办高校与地方政府合办。从内部治理来说，公办高校与社会组织或个人合作举办的独立学校与独立设置的民办高校（即纯粹的民办高校）较为类似，而公办高校自身举办或者与地方政府合作举办的独立学院在内部治理上不同于独

---

① 浙江树人大学简介，浙江树人大学官网（http://www.zjsru.edu.cn/sdgk1/xxjj.htm）。

② 潍坊科技学院简介，潍坊科技学院官网（http://www.wfust.edu.cn/xygk.htm）。

立设置的民办高校。因此，独立学院的内部治理情况比较复杂。

二　举办者和创办者

大部分民办高校在章程或官网中会使用"举办者"这个概念，但是也有部分民办高校会使用"创办者"这个概念。从学术研究的严谨性出发，也为了给读者一个清晰的认识，有必要对上述概念进行辨析。

"举办者"这一概念经常出现在民办教育的法律法规中。新的《民办教育促进法》第十条指出："举办民办学校的社会组织，应当具有法人资格。举办民办学校的个人，应当具有政治权利和完全民事行为能力。"据此，民办高校的"举办者"可以是举办民办高校的社会组织或个人。教育部与国务院法制办给出的民办学校举办者的定义为"以出资、筹资等方式，发起、倡议并具体负责创办民办学校的社会组织或公民个人"。[①] 许安标和刘松山认为，民办学校的举办者主要有公民个人、私营企业和个体工商户、集体经济组织、国有企业、事业单位和社会团体。[②] 需要注意的是，根据《中华人民共和国民法总则》（2017 年 3 月 15 日第十二届全国人民代表大会第五次会议通过）第五十六条："个体工商户的债务，个人经营的，以个人财产承担；家庭经营的，以家庭财产承担；无法区分的，以家庭财产承担。"可以看出，个体工商户是以个人或家庭的财产承担债务的，因此不能满足法人依法独立承担民事责任的要件。

我国民办高等教育发展早期，大部分民办高校的举办者是自然人，但是新近举办的民办高校，其举办者大多数是社会组织，早期由个人举办的民办高校也往往通过一系列的法律手段，将举办者由个人变更为社会组织（主要是教育投资公司），如山东英才学院的举办者于 2017 年由自然人夏季亭变更为济南双胜教育咨询有限公司。当民办高校的举办者是教育投资公司时，民办高校的实际控制者更容易实现自己的权益，最常见的方式是通过对教育投资公司股权变更来实现自己的利益。

---

① 教育部政策研究与法制建设司、国务院法制办公室教科文卫法制司：《民办教育促进法实施条例释义》，中国青年出版社 2004 年版，第 44、50 页。

② 许安标、刘松山：《〈中华人民共和国民办教育促进法〉释义及实用指南》，中国民主法制出版社 2003 年版，第 46 页。

大部分民办高校的章程对学校的举办者进行了说明，比如，《北京吉利学院章程》第六条规定如下："学院举办者：北京吉利国际教育有限公司。"笔者曾在 2016 年搜集了我国 38 所民办高校的章程，34 所明确规定了学校的举办者，其中 24 所民办高校的章程注明举办者是一个社会组织（大多数是企业），2 所民办高校的举办者是两个社会组织，4 所民办高校章程注明举办者是个人，4 所民办高校章程注明举办者是多个自然人，1 所民办高校的章程注明举办者是个人和社会组织。在 2017 年 11 月武汉东湖学院召开的全国民办高校党建工作推进会上，笔者对 90 所民办高校（包括 14 所独立学院）进行了调查。调查发现，38.8% 的民办高校的举办者是企业，43.5% 的民办高校的举办者是自然人，9.4% 的民办高校的举办者是社会组织，8.2% 的民办学校的举办者是其他机构。76.5% 的民办高校只有 1 个举办者，12.9% 的民办高校有 2 个举办者，4.7% 的民办高校有 3 个举办者，5.9% 的民办高校有更多个举办者。

"举办者"是一个法律概念，这个概念强调举办者对于学校的控制。举办者可以变更，变更以后学校的控制权即发生改变。在强调举办者对学校控制的语境中，会使用举办者的概念。由于本书主要是围绕民办高校内部权力的分配来展开的，所以本书主要采用举办者这一概念。"创办者"并非一个严格的法律概念。本书在一些语境中也使用创办者这个概念。创办者是指初创民办高校的人。创办者主要是一个学术和历史的概念，创办者这一概念强调创办者对学校的奠基性作用。学校的举办者可以变更，但创办者不会改变，因为历史不会改变，比如浙江越秀外国语学院的创办者是邵鸿书，但是学校在发展过程中吸引了浙江新和成公司的加入，目前该公司是浙江越秀外国语学院的主要举办方。此外，创办者一般是某个自然人而非社会组织。当分析我国民办高等教育发展历史时会用到这个概念，此外，在分析国外以及民国时期私立高校的创办者群体并与我国民办高校举办者群体进行比较时，会用到这个概念。

三　权力、权力制约与权力监督

罗伯特·A. 达尔（1987）曾说，"很少有比权力更复杂的事物，也很少有像权力那样经常被粗劣地简单化了的事物"。① 不同学者会根据自己的研究目的和研究重点对权力做出不同的界定。马克斯·韦伯认为权力"意味着在一种社会关系里哪怕是遇到反对也能贯彻自己意志的任何机会"。② 丹尼斯·郎将权力定义为"某些人对他人产生预期效果的能力"。③ 权力可能来自国家授权,也可能来源于权力主体所拥有的特殊技能或魅力。参照这些定义,本书将民办高校举办者的权力定义为举办者影响、控制民办高校内部其他主体并进而影响学校发展的力量。

权力具有如下几个特点。第一,权力可以通过选举、任命等合法或正当的途径获得,也可以通过非正式的方式获得,比如,"一位只有有限正式权力的系主任,由于享有较大的尊重,因而也可能行使很大的权力"。④ 第二,权力具有支配性,即权力主体可以支配或影响他人,如他人拒绝服从,权力主体往往可以借助军事、法律、行政等强制手段或经济惩罚手段进行干预。第三,权力具有扩张性,即拥有权力的人往往存在滥用权力的倾向。孟德斯鸠指出,"一切有权力的人都容易滥用权力,这是万古不易的一条经验。有权力的人们使用权力一直到遇到界限的地方才休止"。⑤

权力制约是指对权力的制衡和约束,以防止权力的滥用,在不同权力主体之间形成一种均衡的关系。分权(将权力分解到不同的权力主体手中)是实现权力制约的基本方式,政治领域中最典型的权力制约方式即立法、行政和司法三权分立。本书中的举办者权力制约是指民办高校的党组织、董事会、校长、监事会、教职工代表大会等学校内部权力主体对举办者的权力制约。民办高校内部权力主体对举办者权力的制约是通过对举办者的直接制约来实现的,也就是说,这些权力主体可以对举办者的权力进行直接的制约和影响。

权力监督是指权力的拥有者"把权力委托给他人行使以后,控制后

---

① [美]罗伯特·A.达尔:《现代政治分析》,王沪宁等译,上海译文出版社1987年版,第30页。

② [英]弗兰克·帕金:《马克斯·韦伯》,刘东等译,四川人民出版社1987年版,第81页。

③ [美]丹尼斯·郎:《权力论》,陆震纶等译,中国社会科学出版社2001年版,第3页。

④ [加]约翰·范德格拉夫、[加]多萝西娅·弗思:《导论》,载[加]约翰·范德格拉夫等《学术权力——七国高等教育管理体制比较》,王承绪等译,浙江教育出版社1989年版,第2页。

⑤ [法]孟德斯鸠:《论法的精神》(上),张雁深译,商务印书馆1961年版,第154页。

者按照自己的意志和利益行使权力的制度安排和行为过程"。① 权力监督和权力制约的主要区别在于两者的向度不同：权力制约是双向或多向的，不同权力主体之间可以实现相互影响和制衡；而权力监督则是单向的，权力的所有者控制、监督权力受托者的机制，而后者对前者没有反向的牵制权。② 本研究中的举办者权力监督是指政府、媒体和第三方中介组织等民办高校的外部权力主体对举办者的权力监督。民办高校外部权力的主体无法对举办者的权力进行直接的监督，因为这些群体不是直接和民办高校举办者发生关系，他们是以监督和检查民办高校办学行为的方式实现对举办者的间接监管。

四　权利

权利是指法律赋予人实现其利益的一种力量，是法律赋予权利主体作为或不作为的许可、认定及保障。权利与义务相对应，是法学的基本范畴之一。权利通常包含权能和利益的两个方面。权能是指权利能够得以实现的可能性，它并不要求权利的绝对实现，只是表明权利具有实现的现实可能；利益则是权利的另一主要表现形式，是权能现实化的结果。权能具有可能性，利益具有现实性。也可以说权能是可以实现但未实现的利益；利益是被实现了的权能。

权力和权利存在区别。首先，两者的来源不同，权利的获得往往基于某种身份（如具备某国国籍或属于某个社会组织），具有生来具有的特征，而权力一般需要经过合法或正当途径获得，也可能基于主体所具备的某些特殊的技能或魅力。由于权利基于某种身份，所以权利往往是平等的，至少权利平等应该作为一种值得追求的理想。由于权力来源于国家授权或权力主体所拥有的特殊技能或魅力，所以不同权力主体的权力存在巨大差异。其次，从方向来看，权力一般是强者相对于弱者而言的，如国家相对于个人或组织的领导者相对于对组织的一般参与者，因此一般会强调权力的制约和监督，而权利一般是弱者相对于强者而言的，所以强调权利的保护。

---

① 迟景明等：《我国大学内设学院权力运行制约与监督现状和对策》，载张德祥等主编《大学治理——权力运行制约与监督》，科学出版社 2016 年版，第 33 页。

② 同上书，第 32 页。

权力和权利也存在联系。从权力是对他人影响力这个定义来看，任何主体都可以拥有权力，比如，即使是民办高校中的普通教师，若能够展开集体行动，也会拥有相当大的权力并对举办者的权力产生巨大的制约；同样，任何主体的权利都需要保护，比如，即使是在民办高校内拥有包括人事权、财务权等巨大权力的举办者，其合法的权益也需要得到法律的有效保护，否则其办学积极性会受到打击。

本研究中举办者权力制约和监督与举办者的权利保护实际上可以看作同一枚硬币的两个方面。可以用一条联系的光谱来表示举办者的权力制约和权利保护的关系，这条光谱的一端是举办者权力得到绝对制约的状态，另一端则是举办者权利得到充分行使的状态。很显然，只有举办者的权力制约和权利保护达到均衡状态才是最理性的状态，在这种状态下，举办者具有充分的办学积极性，同时其权力又得到了有效的制约，其他利益主体的权利也得到了充分的保障。

第二节　研究缘起和研究意义

大学内部治理的关键就是权力（authority）和责任（responsibility）在不同治理主体之间的划分。① 近年来，关于大学权力在大学内外部不同权力主体之间如何分配的研究引起了很多学者的关注，如张德祥（2016）、刘献君（2016）等。这些学者主要关注我国公办高校的权力分配、权力制约和权力监督。民办高校内部权力划分的研究相对薄弱。我国民办高校和公办高校的内部治理情况存在较大差异，所以对公办高校内部权力制约的研究结论不能直接运用到民办高校中。民办高等教育已经成为我国高等教育的重要组成部分和未来的重要增长点；为了促进我国民办高等教育的进一步发展，我们需要了解民办高校的权力分配和现代大学制度的建设进展。

对我国公办高校内部权力分配的研究发现，我国公办高校内部存在权力过于集中的现象，权力过于集中不利于公办大学建立现代大学制度。与公办高校相比，我国民办高校内部的权力分配更加集中。公办高校的权力

---

① Harold T. Shapiro, University Presidents—Then and Now, William G. Bowen & Harold T. Shapiro, *Universities and their Leadership*, Princeton University Press, 1998：65.

集中在党委书记和校长两个关键的领导者身上，他们共同分享权力在一定程度上降低了权力的集中程度。而民办高校内部的权力更加集中，而且权力高度集中于举办者一人身上。权力集中导致民办高校决策失误，风险多。权力集中既是民办高校现代大学制度建设滞后的结果，也是制约民办高校现代大学制度进一步完善的阻碍因素。建设民办高校的现代大学制度依赖于对民办高校举办者权力配置的深入研究。

因此，从调查民办高校举办者权力的现状出发，分析制约和监督民办高校举办者权力的对策，提出完善我国民办高校内部治理的对策建议，是促进我国民办高校健康可持续发展的关键。具体而言本研究具有如下意义。

一　历史意义

历史意义体现在本研究记录、整理和分析了我国民办高校创办者群体的办学动机、办学诉求、办学历程、办学成就等若干问题。从 1982 年乐天宇创办九嶷山大学到 2017 年，民办高等教育已经成为我国高等教育的重要组成部分，深刻地改变了我国高等教育的布局和结构，历史上从来没有任何一个时期民办高等教育在短时间内获得如此大的发展。我国民办高等教育的发展历史就是民办高校创办者的创业史，创办者群体打破了公办高等教育一统天下的格局，他们带领民办高校在激烈的竞争中脱颖而出。成功的创办者都具有教育家的情怀、企业家的智慧和战略家的眼光。这个群体蕴含着宝贵的学术资源。我国民办高校创办者的平均年龄已经超过60 岁，一些改革开放之初较早建立的民办高校的创办者已经辞世，如我国第一所民办高校九嶷山大学（湖南九嶷职业技术学院的前身）的创办者乐天宇、福建仰恩大学的创办者吴庆星、西安翻译学院创办者丁祖诒等。为了保存一份史料，我们有必要详细记录这个创造了我国改革开放后民办高等教育发展历史的群体，我国高等教育发展历史中应该留下他们的声音和轨迹。

二　理论意义

理论意义既包括对已有文献的突破和创新，也包括对相关理论的回应、对话和批判。本研究从举办者的视角来研究民办高校，丰富了关于民办高校内部治理、民办高校现代大学制度和教育制度变迁的相关理论。就教育制度变迁理论来看，我国民办高等教育的制度变迁提供了检视制度变迁理论的极好机会。我国民办教育政策的制定和完善的过程是一个跌宕起伏的过程。2002 年《民促法》经过全国人大常委会四次审议，最后经过当时的全国人大委员长亲自调研、关注之后才最终通过。2015 年全国人大为配合《民促法》的修改而将其与《教育法》《高等教育法》三部法律进行一揽子修改，后两部法律顺利通过人大常委会的审议而《民促法》的修改却没有通过人大常委会的审议。《民促法》在经过全国人大常委会二次审议之后依然意见分歧很大，后来中央深化改革领导小组审议通过了《营利性民办学校登记管理条例》从而对民办教育分类管理定下基调之后，全国人大常委会才最终三审通过了《民促法》的修改。国务院从2013 年开始酝酿《国务院关于鼓励社会力量兴办教育促进民办教育健康发展的若干意见》，直到 2016 年底才最终出台，共经过四年时间，先后易稿 30 余次。教育领域内没有任何其他法律、政策像民办教育的法律和政策一样具有如此多的争议。民办教育的法律和政策之所以具有这么多的争议，是因为民办教育是一个利益多元的领域，不同利益主体之间不断进行激烈的交锋和碰撞。马克思说，经济基础决定上层建筑，经济利益是最根本的利益。教育领域内的其他争论多半是教育理念、教育方法的争论，而民办教育内的争论不仅涉及教育理念的纷争，更涉及物质利益的分配。所以，民办教育领域为检验、提升或更新有关教育理论提供了实验室。

三　实践意义

民办高校的举办者是民办高校的舵手，是名副其实的"一把手"。目前不乏关于民办高校治理体系的研究，但是这些研究往往因为缺乏对举办者这一群体的关注而难以提出有针对性的对策。目前也有很多针对民办高校校长的研究，但是民办高校的校长往往只是一个没有太大职权的荣誉性角色，并不是我国民办高校内部治理机制的关键和核心。因此，从研究举办者群体的特征、办学动机、办学理念等问题入手，探讨民办高校内部权力分配的现状，提出制约举办者权力的对策，有助于完善我国民办高校现代大学制度，这是本研究的第一项实践意义。目前对民办高等教育政策之所以有很大的争论，最根本的原因之一就是不同的利益相关者对"民办高校举办者办学动机和办学行为"这一问题的看法不同。一些学者和政策制定者认为举办者的办学就是为了得到合理回报且他们得到的回报已经太多了，所以他们就提出不断加大对举办者的权力制约的对策建议；一些学者和政策制定者认为大部分举办者是在认真办学且他们应该得到合理回报，他们会更认真地倾听举办者的声音，从他们的视角来审视包括分类管理在内的政策。此外，民办高等教育政策能否有效实施也在很大程度上依赖于举办者对政策的回应，举办者群体是一支具有一定话语权的政治力量，他们会影响民办高等教育政策的制定和实施。因此，对民办高校举办者群体的研究会提出更符合我国民办高等教育发展实际的对策建议。

第三节　文献述评

一　我国民办高等教育文献的总体状况

我们以 2008 年为分界点，对 2008—2017 年的文献进行梳理。主要通过知网期刊全文数据库、硕博学位论文数据库这两个途径整理相关数据。我们以"民办高等教育、民办高教、民办高等学校、民办普通高校、民办高校、私立高等学校、私立高校、民办大学、私立大学"作为篇名检索词，分别在知网的"学术期刊网络出版总库、博士学位论文全文数据库、优秀硕士学位论文全文数据库、重要会议论文全文数据库"收录的 2008—2016 年的论文进行检索。以单个关键词进行检索，在相应数据库中得到的文献数量如表 1-1。大部分文献的主题集中在"民办高等教育"和"民办高校"这两个词条上，而类似"私立高校"和"私立大学"往往都是以国外私立大学为案例的比较研究。

表 1-1　　　不同检索词下不同数据库相应文献数量统计

	学术期刊网络出版总库	硕博学位论文全文数据库	重要会议论文全文数据库
民办高等教育	145	60	16
民办高教	5		
民办高等学校	6	10	
民办普通高校	6	14	2
民办高校	883	681	142
私立高等学校	3	3	1
私立高校	35	8	2

续表

	学术期刊网络出版总库	硕博学位论文全文数据库	重要会议论文全文数据库
民办大学	24	11	8
私立大学	54	27	10

　　我们以 2016 年的文献为例分析民办高等教育研究领域内得到关注的问题。在中国知网的期刊数据库中，发表时间选择 2016 年，篇名分别选择"民办""独立学院""私立""营利性""中外合作"以及"混合所有制"进行搜索。经人工筛选，剔除新闻宣传类、重复发表的以及与民办高等教育无关或不具备民办高等教育特殊性的论文后，共获得 2266 篇相关论文。提取这些论文的所有关键词，选择词频在 10 次及以上的，经Pajek 软件处理后，得到 2016 年民办高等教育研究领域关键词的原始状态可视化词频共现图（见图 1-1）。

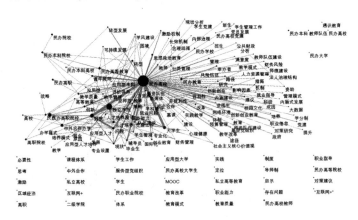

图 1-1　2016 年民办高等教育研究领域的关键词可视化词频共现

二　我国民办高校内部治理相关文献综述

　　本书的主要研究意图之一是建立完善的内部治理机制以对民办高校举办者的权力进行必要的监督和制约，从而保障我国民办高校的健康可持续发展，因此，关于民办高校内部治理的文献是本研究的主要研究基础。国内很多学者从不同角度对民办高校的内部治理进行了研究，择其要者综述如下。

　　潘懋元先生是我国民办高等教育研究的重要开拓者和奠基人。潘先生在《民办高等教育发展之困境与前瞻》（2006）、《高等教育治理的规约机制》（2016）、《高等教育治理的衡平法则与路径探索——基于我国高教权责失衡的思考》（2016）等论文中指出了民办高校家族化管理、董事会形态虚设等问题并提出了改革的方向。邬大光在《投资办学：我国民办教育的本质特征》（2006）一文中提出的"我国民办教育是投资办学而非捐资办学"的观点是对我国民办高等教育基本国情的精练概括。文东茅在《走向公共教育：教育民营化的超越》（2008）专著中提出的民办高校控制权及控制权收益的概念是理解我国民办高校举办者办学动机和办学行为的基础性概念。阎凤桥在《商业性的市民社会：一种阐释中国民办高等教育特征的视角》（2012）所提出的"我国民办高等教育是商业性市民社会的产物"的判断是我国民办高等教育的重要理论基础之一，指出了我国民办高等教育的基本特征。周海涛在《完善民办高校法人治理结构的难题与策略》（2015）等论文中提出在对民办高校进行营利性和非营利性分类管理的制度框架下，迫切需要直面治理困境，突破举办者权益及政府监管等政策瓶颈，明确健全法人治理结构。徐绪卿在《我国民办高校治理及机制创新研究》（2017）等系列专著中提出了民办高校治理的模式和架构，构建了董事会决策、校长执行、党委把关、教职工参与、社会广泛辅助的治理体系。董圣足先后出版和发表《民办高校的善治》《民办高校发展战略》《民办高校校长》等专著和若干篇论文，对我国民办高校的内部治理机制进行了全面的论述，对民办高校的校长、民办高校的董事会等内部治理的关键主体进行了专门的阐述。

上述学者的研究都对民办高校举办者有所涉猎。但是，以举办者为主线的研究还较为薄弱。比如，目前关于民办高校的研究并无对两类校长进行区分，而民办高校的校长实际上包括两类权力完全不同的主体：举办者担任的校长和非举办者担任的校长，若举办者不担任校长，校长往往仅仅是咨询者或"形象代言人"，真正起作用的仍然是担任董事长、党委书记或其他职务的举办者。因此，对举办者进行单独研究具有比研究校长更为重要的意义。

第四节　研究方法与研究伦理

不同的学者往往从不同的视角对研究方法进行划分。质性研究和量化研究是很多学者对人文社科所采用的研究方法的划分，本研究同时采用了这两种研究方法。

一　质性研究

质性研究是一系列研究方法的总和，不同学者所理解和使用的质性研究方法往往是不同的，但是质性研究也有一些基本的特征，比如通过访谈、观察和实物分析等方式收集资料，通过对个案的解剖或有限样本的深入研究得出结论。

访谈是本研究最重要的资料收集方式。在过去的四年时间内，笔者对我国 30 余所民办高校的举办者或举办者的接班者进行了深入的访谈。除了直接面对面的访谈之外，笔者还借鉴"交友研究法"（Buddy Research）的研究思路，通过共同参会、共同研讨等方式从多角度来观察和理解举办者的办学诉求和办学理念。除了对举办者及其接班者的访谈和观察，笔者还与 20 余所民办高校的校长（非举办者）、50 余位民办高校的中层干部、董事和教师进行了深入的访谈。笔者希望通过对这些主体的访谈，多侧面加深对举办者的了解。访谈的关键是找到既"能够"又"愿意"告诉研究者实情的受访者。对于举办者所经历的某些事件，研究者很难找到举办者本人进行访谈，原因可能是举办者身居高位、事务繁忙（比如担任全国党代表或全国人大代表），也可能是事件本身非常敏感（比如因为欠债被追责），在这种情况下，研究者只能找到事件的"知情者"进行访谈。

质性研究会将研究者个人的身份和经验带到研究中，质性研究也会受到研究者和受访者之间的关系以及受访者个人视角和主观情绪的影响。这可能是质性研究的不足之处，但也可能是质性研究的长处。"上帝之眼"是不存在的，世界上并不存在完全客观的观察世界的视角。"所有的视角都是某个视角，因为都会受到观察者的地点（社会的和理论的）和'眼镜'的限制。"① 使用质性研究的学者会真诚地反思并如实汇报和研究对象的关系，供其他人评判。在进行访谈和其他研究活动的过程中，笔者也时刻反思自己和受访者的关系是否影响研究的"客观性"和"准确性"。

案例研究是质性研究的重要类型之一，很多经济学家也喜欢用案例研究，巴泽尔指出，一个精心选择的案例比很多抽象的模型更能够说明问题

---

① Joseph A. Maxwell：《质性研究设计》，陈浪译，中国轻工业出版社 2008 年版，第49页。

的实质。① 案例研究也是高等教育研究的重要方法之一，在约翰·奥伯利·道格拉斯（2008）等学者的研究中可以看到，这些学者随时用案例说明或支撑自己的观点，对案例的娴熟运用体现了一个学者对实践的熟悉和对理论的把握。② 在本研究的过程中，笔者实地走访了北京、上海、重庆、浙江、江苏、山东、贵州、广西、广东、福建、内蒙古、宁夏、陕西、湖北等省、自治区和直辖市的 30 余所民办高校，详细了解了这些学校的创办过程、举办者和内部治理等方面的问题。本研究在论证某些重要观点的时候，一般都会使用案例来加以证明。

从写作风格来说，本研究具有鲜明的"写实"风格，很大篇幅的内容都在描述"事实到底是什么"，这种风格受到了人类学的影响，是质性研究方法基本的写作方式。对于人文社科而言，把握社会事实的基本状况是研究的第一步。人文社科领域（包括教育领域）内的重要争论，主要原因是不同主体所看到的、听到的、所关注的事实不同。因此，准确地呈现事实是深刻地分析事实的前提，如果不同主体对事实本身持有不同的看法，那么对解决问题所需要的对策就会存在更大的争议。

二 量化研究

质性研究可以对个案和局部事实进行挖掘性的、跟踪性的、多角度的深入研究，但是质性研究经常受到"代表性不足"的批评。费孝通先生曾经以"类型"这个概念来回应学者对人类学研究"代表性不足"的指责，认为学者可以通过对代表某种"类型"的个案进行深入研究来认识某种"类型"，当认识了组成整体的所有类型之后，就可以达到认识整体的目的。尽管如此，质性研究的代表性问题依然存在：如果整体是由无数多个"类型"组成，或者说组成整体的无数多个个体各有自身特色，难以归属到某种"类型"的时候，我们就必须依赖于其他的研究手段了。质性研究的另一个缺陷是难以对不同的对象进行准确的比较和计算，某些问题只有经过"数字化"之后才能进行有效的比较。比如，假如我们能够找到某些"数字化"的证据来表明某种大学治理的方式比另外的大学

---

① ［美］巴泽尔：《产权的经济分析》，上海三联书店、上海人民出版社 1997 年版，第 32 页。

② ［美］约翰·奥伯利·道格拉斯：《加利福尼亚思想与美国高等教育——1850—1960 年的总体规划》，周作宇等译，教育科学出版社 2008 年版。

治理方式更有效（虽然这样的证据很难寻找），我们就会有效地推动大学治理的改革。

由此之故，本研究同时采用了质性研究方法和量化研究方法。量化研究收集资料的主要手段是问卷。笔者设计了关于举办者办学动机、办学能力、权力集中以及家族化管理情况的问卷，通过结构访谈的方式访谈举办者、校长和中层干部等群体来填写问卷（问卷设计思路、问卷发放和回收等见第五章）。在问卷调查的基础上，笔者还通过查找资料等方式建立了动态性、不断更新的"中国民办高校举办者基本信息数据库""中国民办高校董事会基本信息数据库""中国民办高校校长基本信息数据库"等。和抽样调查获得的信息相比，数据库所提供的相关问题的信息更接近于整体信息，能够对相关问题提供更加客观准确的答案。

三　研究伦理的考察

无论是质性研究还是量化研究都越来越强调研究的伦理原则。伦理学考虑的是人类行为的道德，在涉及社会研究时，它是指研究者这一方在整个研究过程中道德上的考虑、选择和责任。[1] 研究者需要遵循的基本道德义务包括：非中伤的原则、匿名保护、数据的保密及取得知情同意。[2] 美国的《贝尔蒙报告》（Belmon Report）提出以人为研究和试验对象的科学研究应该遵循的三个基本伦理原则：尊重个人、对方受益和公平原则。[3] 黄盈盈、潘绥铭（2009）等学者认为不仅要注重"道德层面"上研究伦理，还更应该重视"方法论以及更为具体的方法操作层次"上的研究伦理问题，后者包括"知情同意、尊重与平等、无伤害与受益"等原则，这些原则可以帮助研究者更好地获得真实的信息。[4] 国外很多研究的资助

---

① 梅拉尼·莫特纳等：《质性研究的伦理》，丁三东等译，重庆大学出版社 2008 年版，第 16 页。

② Carter, Denise, "Living in Virtual Communities: An Ethnography of Human Relationships in Cyberspace." Information, Communication and Society, 2005 (2).

③ Office of the Secretary Ethical Principles and Guidelines for the Protection of Human Subjects of Research, The National Commission for the Protection of Human Subjects of Biomedical and Behavioral Research, The Belmont Report, April 18, 1979.

④ 黄盈盈、潘绥铭：《中国社会调查中的研究伦理：方法论层次的反思》，《中国社会科学》2009 年第 2 期。

者和研究协会都对其成员制定了各种伦理宣言，越来越多的社会科学研究中心和大学也在建立伦理委员会（Institutional Review Board）。对社会科学的研究者来说，研究伦理委员会已经成为一个他们必须打交道的对象。很多国外的学术期刊在审阅来稿时要求作者提交研究伦理的审查报告。我国学术界对研究伦理的关注度还不高，研究伦理的把握主要依赖研究者个人的研究水平和研究意识，还没有成为制度性的要求。

本研究的伦理考量主要体现在对真实信息的呈现方式上。普吉湾大学（University of Puget Sound）原校长苏珊在撰写《再论大学治理》（Governance Reconsidered）时，采取了如下的研究方法：对于已经披露的事件，无论是正规媒体披露的，还是诸如博客、facebook 等自媒体披露的，都采用真实呈现的方式，虽然这些媒体所披露的信息可能是带有偏见的；而对于作者自己调查得知的负面事件，出于对学校的考虑，则采用化名处理。在这些事件案例中，苏珊有时候"主动篡改"校长、董事或其他关键人物的人口学特征信息，甚至改变案例学校所处的环境，但是，作者的修改并不改变案例事件的基本事实。① 从质性研究的要求来看，苏珊"主动修改"事件信息的处理方式并不违背质性研究的研究伦理，质性研究中的叙事研究、事件—过程分析等方法允许研究者对事件过程进行一定程度的想象性补充。本研究参照苏珊的处理方式，对于已经公开的案例，笔者一般采用真实呈现的方式并说明信息获得的来源，对于笔者通过观察或者访谈获得的信息，如果并不包含负面的信息，笔者也采用真实呈现的方式，但是如果笔者确信公开这些信息会导致受访者的不愉快，笔者则采取匿名处理的方式。

本研究的伦理考量还体现在如实向受访者陈述研究目的和研究内容。对于举办者本人，笔者会在一系列"寒暄性"问题之后抛出"您如何看待子女接班？""您如何看待金钱和财富？"以及"您如何看待权力集中与共同治理的关系"等敏感性问题，虽然偶有尴尬的境况产生，但是这种真实呈现的方式使研究者和受访者能够围绕这些敏感问题进行开诚布公的讨论，从而"构建"出相对客观的事实。对于校长、中层干部等由举办者直接任命和管理的群体，笔者既与他们讨论学校在举办者领导下所取得

---

① Susan Resneck Pierce, *Governance Reconsidered: How Boards, presidents, Administrators, and Faculty Can Help Their Colleges Thrive*, Jossey-Bass, 2014, xviii.

的巨大成就，也客观分析当前我国民办高校内部治理的优化空间。

第五节　专著脉络结构

本课题共分8章。

第一章是介绍本课题的重要概念、研究背景和研究意义、研究方法、研究伦理等内容。

第二章介绍我国民办高等教育的最新发展情况以及我国民办高校的办学类型。我国民办高校类型多样，不同的办学类型往往决定了举办者的特征和内部治理的特征，因此要充分了解我国民办高校举办者的特征必须对我国民办高校的类型划分了然于胸。刘莉莉等学者对我国民办高校的类型划分进行过专门的研究，但是经过多年之后，一些民办高校的类型已经不复存在或者发生了改变，更重要的是，由于资料掌握不足等原因，这些研究没有指出不同类型的民办高校在我国所有民办高校中所占的比例。本研究将提出我国民办高校的类型划分标准和框架，并指出不同类型民办高校的数量，从而使读者对我国民办高校的最新发展和办学类型形成一个整体印象。

第三章介绍我国民办高校创办者的群体特征，描绘民办高校创办者的群像。有一些创办者已经是具有一定知名度的民办教育家，如胡大白、黄藤、秦和等，但是更多的举办者行为低调，外界知晓不多。本章将通过访谈、问卷、搜索公开披露的信息等途径，刻画这一群体的基本特征，同时与我国民国时期的私立高校以及美国私立高校创办者群体特征进行比较。

第四章分析民办高校举办者的权力来源。和公办高校不同，民办高校举办者的权力主要不是来自国家的授权，而是来源于在创办民办高校的过程中所发展、积累和表现出来的个人魅力、管理能力和对民办高校内部各项资源的支配能力。很多民办高校创办者白手起家，在国家没有投入一分钱的情况下，依靠自己对教育市场机会的精准把握和对人力、物质等各项资源的有效配置，带领学校从无到有、从小到大、从默默无闻到具有较高的知名度。举办者带领学校成长和发展的过程决定了对民办高校举办者权力制约和监督一定要坚持辩证的观点：既要制约和监督他们的权力，不断完善现代大学制度；同时也要认真倾听举办者的心声和诉求，充分保护他们的合法权益，继续激发他们的办学积极性；既要建立现代大学制度，又要为一大批教育家型的举办者提供成长的土壤和环境。

第五章分析民办高校举办者的权力占有与分配，即分析为什么要对民办高校举办者的权力进行制约和监督。上文指出，既需要制约和监督举办者的权力，也需要保护其合法权益，但是在当前和今后相当长的时间内，对举办者的权力进行制约和监督更加重要和迫切。举办者大权在握，人事权、财务权等重要的权力都掌握在举办者手中，董事会、校长和党组织无法对举办者的权力形成有效制约，教职工和学生的利益经常受到侵害。由于缺乏现代大学制度的支撑，举办者的人治代替了法治，一旦举办者变更，学校便有可能在短时间内由盛至衰。

第六章分析民办高校内部如何对举办者的权力进行监督和制约。《民促法》规定民办高校的最高决策机构是董事会，举办者拥有的对民办高校的绝对控制权源于举办者对董事会的绝对控制，因此完善董事会的成员结构和运行机制，提高董事会的独立性和权威性是民办高校建设现代大学制度的第一步。目前民办高校的校长往往作为举办者的"雇员"而存在，职权有限，董事会领导下的校长负责制有名无实。完善校长的选聘和评价机制，赋予校长在教学和科研等事务中的决策权和在人事、财务等重大决策中的话语权，是提高校长作用的重要步骤。国家近期出台了多项文件加强民办高校党组织建设，党组织在民办高校治理中的作用越来越重要，党组织宜作为民办高校的监督机构或监督机构的领导者。教职工和学生也应该通过合适的途径发挥作用，维护自身利益。

第七章分析民办高校外部力量如何对举办者的权力进行监督。外部力量包括政府、社会中介机构和媒体，其中政府是民办高校举办者的最重要监督者，当然，政府对举办者的监督是通过对民办高校的监督来实现的，政府并不直接监督举办者本人或由举办者所主导的董事会。政府一方面可以通过制定政策来完善董事会、校长、监事会和党组织等内部治理机构的运作来实现对民办高校的监督；另一方面也可以通过年检等方式直接监督民办高校的办学行为。社会中介组织通过对民办高校的评估来促进民办高校内部治理机制的完善，媒体可以发挥"瞭望员"的职能对民办高校进行及时诊断，通过营造舆论和信息发布来引导学生用脚投票。

第八章对我国民办高等教育的制度变迁进行回顾和展望。完善举办者权力制约和监督的过程就是我国民办高等教育制度变迁和制度完善的过程。特别是新修订的《民促法》指出对民办学校进行分类管理，未来我国民办高校会分为营利性和非营利性两类高校，这是我国民办高等教育的重大制度改变，未来我国民办高等教育的制度将会如何改变？举办者会如何抵制或顺应我国民办高等教育的制度变迁？这一章将利用制度变迁的相关理论对我国民办高等教育的制度演进方向进行分析和预测。

第六节　本研究的创新

第一，研究内容的创新，对民办高校举办者群体进行了系统性的研究。

本研究在国内较早系统地描绘了改革开放以来中国民办高校举办者这一群体的基本特征、办学动机、对民办高校的历史贡献以及对这个群体进行权力制约和监督的必要性。国内也有学者通过个案的方式对部分民办高校的举办者进行了研究，也有大量媒体对民办高校的举办者进行报道，但是，国内尚无研究者对我国民办高校的举办者群体进行整体性的研究。

民办高校举办者所受到的行政制约远远小于公办高校学校领导，一些民办高校的举办者勇于创新，不断改革，已经成为具有一定影响力的教育家。民办高校的举办者群体也是一支重要的政治力量，多人担任全国党代表、全国人大代表、全国政协委员以及其他重要的政治角色，他们不仅深刻影响我国的民办高等教育政策，甚至对于我国整体的教育政策，都产生一定的作用。民办高校的举办者也是一支重要的经济力量，多名举办者是我国知名企业家和"富豪榜"上的富豪，他们深谙经济之道，熟悉产业规律，具有丰富的管理经验，他们所领导的民办高校在建设创新型大学和培养应用型人才方面具有独到的优势。

第二，研究视角的创新，从举办者的视角研究了民办高校如何构建现代大学制度。

本研究的重要内容是民办高校如何建立现代大学制度以及国家如何完善关于民办高等教育的政策。就这个问题而言，国内实际上已有大量的文献。但是，本研究另辟蹊径，从举办者的视角来研究我国民办高校的现代大学制度和民办高等教育的国家政策。因为举办者是当前我国民办高校内部治理最关键的主体，民办高校整体上尚处于"人治"状态，所以，民办高校建立现代大学制度的过程就是对举办者的权力进行监督和制约的过程。研究视角的转换，使得本研究的对策建议更符合当前我国民办高等教育的发展实践。将举办者作为建设民办高校现代大学制度的出发点会使我国民办高校现代大学制度的建设过程更加平稳。董事会制度建设、大学校长制度建设、党组织建设、监事（会）建设等民办高校内部治理的基本维度，都需要在充分考量举办者对民办高校所施加的深刻的影响的基础之上进行，否则提出的对策建议将受到举办者的抵制而很难实施。

第三，研究方法的创新，对民办高校内部治理及其与学校发展绩效之间的关系进行了实证研究。

本研究除了运用深度访谈、个案解剖、问卷调查以及统计分析等方法之外，采用建设数据库的方式来掌握我国民办高校举办者、校长、党委书记等群体的整体特征，进而提出更加符合实际的对策。本研究先后建立了如下几个数据库。

"中国民办高校举办者基本信息数据库。"该数据库消耗了大量的时间和精力，因为很多民办高校的举办者并不容易确定。该数据库全面收集了我国民办高校举办者的基本信息，包括姓名、性别、年龄、学历、学科背景、职业生涯轨迹、政治面貌、政治身份（如是否全国人大代表）等基本信息，从而为全面准确地勾勒民办高校举办者的群像奠定了数据基础。这一数据库不仅为理论研究提供了基础，而且蕴含着一定的史料价值和文献价值。

"中国民办高校董事基本信息数据库。"国外有大量学者对私立高校的董事会制度和董事进行过深入研究。董事会是我国民办高校最高决策机构，其成员结构的群体特征值得研究。本课题建立了我国民办高校董事基本信息数据库，为深入分析我国民办高校董事会的成员构成、内部运作提供了基础性数据。

"中国民办高校校长基本信息数据库。"该数据库收集了我国民办高校校长的基本信息。我国部分民办高校校长由举办者兼任，但是大部分校长是外聘校长。部分外聘校长是公办高校退休的校长，也有外聘校长是民办高校通过其他途径聘任的。当前我国民办高校的举办者（董事长）是民办高校的"一把手"，未来民办高校的校长将越来越重要，当民办高校的创办者退出学校领导岗位之后，校长可能成为民办高校最重要的决策者。通过建立民办高校校长数据库，分析民办高校校长的遴选方式、群体特征及其与学校发展绩效的关系，可以为今后完善校长的专家治校提供基础性资料和对策建议。

第二章

民办高等教育基本现状及类型划分

本章摘要：私立高校具有复杂性和多样性的特征，只有对私立高校进行分类，才能准确地认识私立高校的特征并为私立高等教育的研究奠定基础。金·凯文（Kevin Kinser）以"所有权类型"为标准，将美国的营利性私立高校分为个人或家庭举办的私立高校、企业举办的私立高校和上市公司举办的私立高校。本研究以"举办者对权力的集中程度"作为分类的依据，通过分析官方网站、访谈举办者和其他知情人等方式，将我国民办高校分为个人办学型、企业办学型、国有民办型、共同治理型和股份制办学型等五种类型，并估计了各类民办高校占所有民办高校的比例。

个人办学型民办高校是我国民办高校的主体，约占我国民办高校总数的30%。这类民办高校由个人或家庭筹资创办，主要依靠收取学费滚动发展。这类民办高校的举办者权力集中，家族管理气息浓厚。个人办学型民办高校具有较高的决策效率，学校的战略规划具有稳定性，但举办者的权力过于集中，董事会领导下的校长负责制流于形式，家族式经营制约学校的长远发展。这类民办高校将在我国民办高等教育中长期存在。

企业办学型民办高校约占我国民办高校总数的30%，这类民办高校依托公司、企业集团的丰厚收益和充足的资金流量进行规模化发展。其主要特征为：学校依托于企业，发展与企业息息相关；受到企业的控制；聘任的校长拥有更多实权。其优势表现为：经费充足、办学条件优渥；更容易实现产学研合作。其风险表现为：对投资方的过度依赖，存在被投资方"连累"的风险。

国有民办型民办高校占我国民办高校总数的比例不超过10%。这类民办高校由政府、教育行政部门或国有企业创办，主要领导由政府任命，能够获得一些财政拨款。主要特征表现为：具有明显的公益性，发展稳定；资金较为充裕；政府在学校管理中发挥重要作用。其优势表现为：物质、人力、资金等资源丰富，学校发展具有较大潜力；内部管理公开透明，不存在家族化管理弊端。其劣势表现为：受到政府的影响较大；校长任期不长，人员的频繁变动影响学校的长期发展。这类民办高校组织稳定性极强，在发展中必须恰当地处理学校与政府之间的关系。

共同治理型民办高校约占我国民办高校总数的 10%。这类民办高校包括捐资办学和多人共同办学等情形，可以在出资者、管理者、教师以及校外人员之间合理配置控制权，形成利益相关者共同治理的管理格局。其特征和优势表现为：坚持公益性办学，学校管理者的权力相互制约；进行民主管理，决策的科学性及效率较高；可以得到较多的优惠政策和政府支持，拥有更大的发展空间。共同治理型民办高校今后可能是个人控制型、企业办学型和国有民办型民办高校的发展归宿。

股份制民办高校约占我国民办高校总数的 20%。这类民办高校采用股份制的形式吸纳社会闲散资金，然后把资金、知识、技术等要素组合起来，在学校所有权和经营权分离的基础上由教育专家管理和经营。股份制民办高校的优势包括：提高了社会的融资能力，为学校的发展提供了安全稳定的资金环境；学校入股者组成利益共同体，提高了办学的积极性；所有权和经营权分离，提高了学校的办学自主权；股权债权化，较好地解决了资本寻利性和学校公益性之间的矛盾。其劣势表现为：我国金融资本市场不规范，风险较大；学校与股东之间缺乏资金风险分割机制；学校的独立法人地位缺乏法律保护。

对事物进行类型划分是认识事物的重要方式，只有对事物进行了类型划分，才标志着对事物的认识进入更高层次。韦伯提出的"理想类型"对后来的学术界产生了深远的影响，有学者认为，"理想类型"是西方哲学与科学乃至整个西方文明的一个奠基性概念。[①] "理想类型"是从一定的角度出发对现实中某类成分的抽象和概括。现实世界中很多成分和内容往往是混沌而非纯粹的，抽象和概况的过程能将某些不相关的内容排除在关注范围之外，从而可以更清楚地认识事物的本质。"理想类型"不是描

---

① 樊浩：《韦伯伦理——经济"理想类型"的道德哲学结构》，《南京大学学报》（哲学·人文科学·社会科学版）2005 年第 5 期。

述性概念，它并不对应于某个具体的经验实体。理想类型是一种"概念上的纯净体"，但它不是思辨的产物；它建立在经验的基础上，又高于经验。[①] 划分类型的方法也是社会学和人类学经常采用的认识社会的方法。费孝通认为，复杂的社会往往由许多类型组成，每个类型都可以通过一个典型的个案加以代表。在相同的经济和社会条件下形成的类型，就会具有相似性，通过对不同个案所代表的不同类型的解剖，就可以实现对社会总体的了解。[②] 费孝通先生的学术实践也正是遵循着通过研究不同的社会类型来认识中国总体社会的方法。

金·凯文（Kevin Kinser）指出，私立高校具有复杂性和多样性的特征，只有对私立高校进行分类，才能准确地认识私立高校的特征并为私立高等教育研究奠定基础。[③] 我国民办高校类型多样，水平不一，只有进行类型划分才能准确认识我国民办高校的全貌。很多学者已对我国民办高校的办学类型进行过划分。顾美玲（1999）按照民办高校的办学主体提出不同的办学模式，包括公民个人办学、社会团体办学、国有企事业单位办学、私营企业办学、中外合作办学、政府与民办企业或个人联合办学、企业与个人联合办学、股份制办学等不同形式。[④] 史秋衡等（2005）从评估的角度将我国民办高校分为独立民办高校与民办附属型独立学院。[⑤] 金京（2009）以广东省为例，将我国民办高校分为个人举办、企业举办、社会团体举办（如南华工商学院是在广东省总工会干部学校基础上创办的，广东省总工会提供部分办学经费）、民间举办政府协助（如广东培正学院由梁尚立及其他热心教育人士捐资创办，政府无偿提供 40 亩土地）、政府与民间机构合办（如广东新安职业技术学院由广东省教育促进会和深圳南山区政府合建）、民主党派创办（如广东建华职业学院由民建中央和中华职业教育社创办）和股份制（如私立华联学院）等七种办学形式。[⑥]

---

① ［美］杰里·加斯顿：《科学的社会运行》，光明日报出版社 1988 年版，"译者前言"第 3 页。

② ［美］费孝通：《江村经济——中国农民的生活》，商务印书馆 2001 年版，第 319 页。

③ Kevin Linser. From Mail Street to Wall Street：the Transformation of For－Profit Education，Jossey－Bass，2006. 25.

④ 顾美玲：《中国民办教育探索》，四川教育出版社 1999 年版，第 17—18 页。

⑤ 史秋衡、吴玫、游淑芬、王德林、刘文华：《中国大陆民办高校的分类与评估》，《民办教育研究》2005 年第 2 期。

⑥ 金京：《广东省民办高校类型及特色探究》，《黄河科技大学学报》2009 年第 9 期。

刘莉莉（2012）专门对我国民办高校进行过类型划分，她根据"民办高校的资金来源和创办主体不同"，将我国独立学院以外的民办高校分为以学养学—滚动发展模式、以产养学—注入式发展模式、国有高校—改制运作模式、资本联合—教育股份制模式以及教育集团—连锁经营模式等。①

上述学者对我国民办高校类型的划分对于深入认识我国民办高等教育具有重要作用，有助于我们获得关于我国民办高等教育发展的完整图像。但是，近年来，我国民办高等教育的外部经济和政策环境以及民办高校的实际情况都发生了重大变化，已有的关于民办高校类型划分的研究已经不足以支撑我们对我国民办高等教育的认识。

第一，有一些民办高校的类型已经发生了变化。比如，曾经被一些学者作为民办高校案例的浙江万里学院、温州大学、大连外国语大学等高校目前已经转为公办高校。

第二，上述某些类型在逻辑上不能并列，比如，根据资金来源或者创办主体的不同，"教育集团—连锁经营模式"与滚动发展、以产养学或者资本联合并不是并列关系。社会团体举办、民间举办政府协助、民间机构与政府合办这三种类型也是相互包含的关系而非并列的关系。

第三，有一些办学类型往往只是一种"假象"，如果对其深入调研和分析就会发现其类型实质与表面宣称并不一致。有一些民办高校对外宣传的举办者其实仅仅是挂名而已，既不出资也不参与学校管理。一些民办高校所宣称的作为举办者的社会机构，其实只是作为实际举办者的个人为控制学校而成立的社会机构，比如，一个举办了民办高校的社会团体的注册资金只有 3 万元，员工人数只有 2 人，而这所民办高校自身的资产高达十几亿。当研究者对民办高校的实际情况了解不深，仅仅依赖一种信息源时，就会对这种民办高校进行错误的类型划分。

第四，进行类型划分之后，必须指出各种类型占我国民办高校的比例（即使是大体的比例也是有益的），只有指出这一点，才能够看到我国民办高等教育发展的整体面貌，这是目前已有的民办高校分类研究普遍欠缺的。要确定各种类型民办高校的比例，就必须尝试确定我国 734 所民办高校或至少 468 所独立设置的民办高校分别属于什么类型，这无疑是一个非常具有挑战性的任务。舍恩伯格（2013）指出，在大数据时代，要分析

① 刘莉莉：《中国民办高等教育发展模式研究》，吉林人民出版社 2012 年版。

与某事物相关的所有数据，而不是依靠分析少量的数据样本，"大数据是建立在掌握所有数据，至少是尽可能多的数据的基础上的，所以我们就可以正确地考察细节并进行新的分析"。① 根据舍恩伯格的观点，如果仅仅根据有限的个案就对我国民办高校进行类型划分，就难以充分认识我国民办高等教育的真实情况。卡内基委员会将美国 4664 所美国高校分成 33 个类型，每一所高校都被归入一个类型中，对所有而非部分高校进行类型划分是卡内基分类体系能够在世界范围内产生巨大影响的重要原因。②

为了验证对民办高校的类型划分是否符合我国民办高等教育的实际，笔者对浙江省和江苏省的民办高校举办者进行了调查。从表 2-1 可以看出，所有的民办高校都可以归为上述五种类型中的一类，这种分类框架适合于我国民办高等教育的实际情况。

表 2-1　　　　　　　　　　浙江和江苏部分民办高校归类

省份	学校	举办者（方）	类型划分
浙江	浙江育英职业技术学院	浙江育英教育集团	企业办学型
	杭州万向职业技术学院	杭州市人民政府和万向集团合作举办	股份制型
	浙江长征职业技术学院	民革浙江省委员会与嘉宏控股集团有限公司联合举办	股份制型
	浙江广厦建设职业技术学院	由广厦控股集团有限公司投资创办	企业办学型
	浙江汽车职业技术学院	吉利集团出资举办	企业办学型
	浙江东方职业技术学院	直属温州市人民政府，归口温州市现代服务业投资集团有限公司管理，学院党政主要领导由温州市委市政府直接任命	国有民办型
	嘉兴南洋职业技术学院	上海交通大学教育（集团）有限公司、嘉兴市教育发展投资有限责任公司和浙江科技孵化开发建设有限公司共同出资	股份制型
	浙江树人大学	浙江省政协举办	国有民办型
	宁波大红鹰学院	原创办者为大红鹰集团，目前举办者变更为宁波开发投资集团有限公司	国有民办型

---

① ［英］维克托·迈尔-舍恩伯格、肯尼思·库克耶：《大数据时代生活、工作与思维的大变革》，盛杨燕等译，浙江人民出版社 2016 年版，第 41 页。

② the Carnegie Classification of Institutions of Higher Education, Standard Listings, http：//carnegieclassifications. iu. edu/lookup/standard. php.

续表

省份	学校	举办者（方）	类型划分
江苏	苏州高博软件技术职业学院	吴中集团和高博教育管理（苏州）有限公司合作举办	股份制型
	硅湖职业技术学院	著名教育家、建筑学家梁顺才博士于1998年创办	个人办学型
	炎黄职业技术学院	涟水籍台胞、教育家、爱国实业家蒋志平筹资创办	个人办学型
	宿迁泽达职业技术学院	学院由浙江泽达教育集团投资兴建	企业办学型
	民办明达职业技术学院	由爱国台胞顾怀祖、顾建东、顾怀祐兄弟及其家族投资创办	个人办学型
	九州职业技术学院	由中国矿业大学原党委书记邢凯于1993年创始创办，徐州矿务局原局长陈引亮和徐州师范学院（现江苏师范大学）原院长侯德润共同创办	共同治理型
	应天职业技术学院	学院由南京特希投资有限公司（控股）、江苏教育发展投资中心、江苏教育电视台共同出资	股份制型
	扬州中瑞酒店职业学院	由富力集团投资举办，与北京中瑞酒店管理学院是姊妹院校	企业办学型
	无锡南洋职业技术学院	学院由上海中锐控股集团投资举办	企业办学型
	南通理工学院	由江苏江海科教开发有限公司与江苏省教育厅直属江苏省教育发展投资中心共同举办	股份制型
	三江学院	1992年陶永德、戚焕林、丁承懋、谢明才四位教授或教育工作者发起并创办	共同治理型

数据来源：各高校官方网站以及对部分高校知情者的访谈。

第一节　个人办学型民办高校

一　个人办学型民办高校的概述

个人办学型民办高校是先由公民个人以一定数量的筹资或者投资作为启动资金创办，而后主要依靠收取学费和赞助费以及建校费逐步积累发展起来的民办高校。在我国民办高等教育发展早期，这类民办高校曾是我国民办高校的主体。在改革开放初期，个人办学型民办高校借助改革的春风破土而生，在社会主义市场经济体制的建设基础上，个人办学型民办高校如雨后春笋般迅速发展。这类民办高校在知识、经济需求的刺激下孕育而生，由原有的补习班、助学考试机构、职业培训班等小规模教育基地而发展成为具备招生和颁发学历资格的大规模高等院校。随着我国高等教育市场饱和度逐渐提高，民办高等教育的竞争越来越激烈，从"三无"开始起步的民办高校越来越少，创办民办高校的门槛越来越高，企业投资办学成为我国民办高等教育的主体。此外，很多早期个人创办的民办高校也出于保护举办者权益的目的，纷纷将举办者由个人变更为企业。很多民办高校的举办者虽然在名义上变更为企业，但其内部治理的基本特征与个人办学型极其类似，因此，个人办学型民办高校可以大体代表我国民办高校内部治理的整体面貌。

根据教育部有关部门的调查，我国31.1%的民办高校是由一个自然人举办的，也就说，我国1/3左右的民办高校属于个人办学型民办高校。

二　个人办学型民办高校的特征

个人办学型民办高校具有三个主要特征。

第一，学校起步初期办学条件艰难，属于滚动发展。

改革开放以后，民办高校如雨后春笋般迅速发展。该时期创办的民办高校几乎是在无资金、无校舍、无教师的条件下诞生的，个人创办的民办高校面临的困难更大。例如黄河科技学院是由胡大白校长于1984年创办的，学校成立初期是郑州市高等教育自学考试辅导班，仅有100多名学生，校舍是租赁的破产工厂车间，胡校长就是在"三无"的情况下，从30元人民币开始起步，凭借勤俭办学，苦心经营，建成了一所万人规模的民办本科普通高校，成就了固定资产近3亿元的黄河科技学院。现如今的黄河科技学院不单单拥有雄厚的资金，更是有着独特的经营理念和良好的办学质量。[①]

第二，学校的突出特征表现为举办者个人权力集中。

举办者不仅仅是个人办学型民办高校的缔造者，更是学校发展的掌舵者。举办者往往担任民办高校的董事长或理事长，有的举办者还兼任院长或党委书记。此外，举办者还充当学校的公关人、融资者、咨询者和决策

---

① 张博树、王桂兰：《重建中国私立大学：理念、现实与前景》，教育科学出版社2003年版，第112页。

者等。作为学校的"一把手",举办者不仅拥有至高的职位,更掌握着关系学校发展的重要实权,尤其是学校的人事、财务、教学、科研、后勤等方面的权力。每个学校具体情况存在差异,但是举办者在学校发展的决定作用是毋庸置疑的,所以举办者在民办高校的稳固地位几乎没有人可以取代,随着学校的发展,在位时间越来越长,学校权力越来越集中。《民办教育促进法》没有规定民办高校董事长的任期,所以举办者除非由于年龄过大或者健康原因而退出学校管理岗位,否则举办者一直是学校的最高决策者,这是个人办学型民办高校最明显的特点。

有一些个人办学型的民办高校是由一个人创办起来的,也有一些个人办学型的民办高校是由多人合作创办的,但是这些民办高校在发展过程中,某一位核心创办者可能在学校发展中起到了越来越大的作用,获得了对学校越来越大的控制权,其他的创办者可能逐渐被排挤出核心决策层。一些早期的合作办学者会选择接受举办者所安排的工作岗位,也有一些无法忍受权力受到削弱的合作者会选择离开,到其他领域创业或另创其他民办高校,陕西的多所民办高校举办者曾经是同一所民办高校的合作创办者,后来由于各种原因各自"单干"而创办了自己掌舵的民办高校。①

第三,学校带有浓厚的家族管理气息。

为了加强和延续对民办高校的控制,个人办学型民办高校一般具有浓厚的家族管理的氛围。家族化表现在两个方面。其一,两位或多位家族成员在董事会或学校关键岗位中担任职务,这种家族化可以称为"横向家族化"。笔者通过分析民办高校的官方网站、访谈民办高校的举办者和校级领导以及其他知情人等方式,获得了我国106所民办高校董事会的成员构成。调查发现,106所民办高校中至少有46所民办高校董事会中有2人或多人是同一家族成员,比例为43.3%,这些家属关系包括夫妻、兄弟(妹)、父子(女)、母子(女)等。此外,很多民办高校的财务部门负责人也由举办者的家族成员或者其最信赖的人担任。福建某民办高校在章程中明确提出,校长只能"聘任和解聘除财务负责人和人事负责人以外的学院工作人员,并实施奖惩",而财务和人事负责人只能由举办者来

---

① 田著:《野蛮生长的民办高校西安派:赌博式创业VC不敢投》,《创业家》2012年第11期。

任免。其二，民办高校举办者在退出学校领导岗位之前，培养子（孙）女担任学校重要管理职位，这种家族化可以称为"纵向家族化"。在举办者已经去世或举办者年龄较大的民办高校中，子（孙）女接班的现象非常普遍。

三　个人办学型民办高校的利弊

根据武汉大学邱均平教授发布的 2015 年中国民办高校排行榜，前十名分别是江西科技学院、浙江树人大学、吉林华桥外国语学院、宁波大红鹰学院、烟台南山学院、北京城市学院、黄河科技大学、黑龙江东方学院、西京学院和无锡太湖学院。这 10 所民办高校中的江西科技学院、吉林华桥外国语学院、黄河科技学院等都为个人办学型民办高校，可见个人办学型民办高校的发展水平还是比较高的。

个人办学型民办高校之所以呈现出显著的发展优势，主要的原因在于举办者担任学校的实际决策者，具有较高的决策效率，学校的战略规划具有稳定性。个人办学型的民办高校是一元决策体制，举办者往往是学校的董事长或者理事长，掌握学校财务、人事、教学、后勤等实际权力，并且很少受到他人外在条件的干扰，在重要事宜的决策上，举办者的意志起到决定作用，有效避免了"议而不决"等低效率现象以及各方权力争夺所导致的组织耗损，大大缩短了学校诸多事宜的决策议程。譬如，个人办学型的民办高校很少出现公办院校的"以党代政""党政不分"的现象，更不会因为党委书记和校长权责不清而影响决策效率和质量。每个学校都有自身的发展战略规划图。规划图的制定和落实受到学校领导者的意志、权力影响，而一个学校的发展规划图是学校发展的蓝图和指南针，学校的领导者必须保证学校在一定发展时期发展路线的稳定性和方向一致性。萨尔米在提交给世界银行的一份报告中指出，强有力的领导（leadership）和清晰的战略规划（strategic plan）是大学发展的关键因素之一。[1] 萨默斯也指出，哈佛大学之所以成为世界上最优秀的大学的原因之一就是校长长期任期制，颇具魅力的领导长期任职能

---

① Jamil Salmi, *The Challenge of Establishing World – Class Universities*, Washington, D. C. : World bank, 2008, p. 35.

使学校为适应变化的新时代的需要而在现有体制的基础上不断更新和改进。① 反观我国的一些公办院校，党委书记和校长更迭频繁，任期较短，而每一届的领导在任期间都会提出独特的办学理念和发展规划，这无形中使得学校的发展航船陷入迷途困境，搁浅停滞。故而个人办学型民办高校举办者对学校的长达几十年的领导，为学校的平稳发展奠定了重要基础。

个人办学型民办高校也存在一些弊端，这些弊端将制约个人办学型民办高校的持续发展。个人办学型民办高校的弊端主要有以下两方面。

第一，举办者的权力过于集中，使得董事会领导下的校长负责制流于形式。

举办者在董事会中担任董事长或理事长等职务，但由于举办者的特殊地位，董事会重大决策"不记名投票，少数服从多数"的表决方式而被"民主协商，董事长裁决"的表决方式所取代。举办者对民办高校的控制导致个人办学型民办高校的发展严重受制于举办者的办学动机、办学境界和管理能力等个人因素。当举办者具备卓越的管理能力和先进的办学思想时，学校就会稳定快速发展；若举办者管理能力不足、办学动机不纯，学校发展就会面临重大风险。如果举办者个人的错误决策得不到他人的劝谏，将直接影响到学校的发展，甚至产生不可挽回的损失，这样的案例并不少见。

第二，个人办学型民办高校家族式经营使得家族气息浓重，制约民办高校长远发展。

家族式的经营和管理，虽然积极调动了举办者亲朋好友的积极性，团结一致为学校的发展出谋划策，但随着高校的发展，各种利益体的冲突和竞争无疑是对学校发展的损耗。个人办学型的民办高校面临着更大的接班人选择问题，优秀的管理人才是一种紧缺资源，一个家族不可能永远都能为学校提供顶尖的管理人才。而个人办学型民办高校倾向于从家族内部挑选接班人，会错失很多挑选优秀接班者的机会，更不利于学校的长久发展。南方 YN 学院曾经是我国最优秀的民办高校之一。创办者捐献了大笔资金办学，学校的教学质量和社会声誉一度达到非常高的水平。遗憾的

① ［美］劳伦斯·H. 萨莫斯（Lawrece H. Summers）：《21 世纪大学面临的挑战——在北京大学的演讲》，《中国大学教学》2002 年第 7 期。

是，2005 年举办者去世以后，其接班的子女不具备管理大学的经验，学校教育质量急剧下滑。接班者甚至挪用学校办学经费，教师工资无法足额按时发放，最终导致教师罢课。后来经过省教育厅的干预，学校才逐渐恢复教学秩序，但是学校受创严重，元气大伤。放眼全球，家族化的大学普遍存在，但很难跻身于世界名校。从美国的哈佛大学、斯坦福大学、芝加哥大学到日本的早稻田大学、韩国的高丽大学等，这些私立高校目前都不存在家族化管理现象，某些私立高校（斯坦福先生去世后其妻子长期管理学校）在早期曾经有创办者家族成员参与管理，但是目前的家族化痕迹早已消失。这些著名大学形成了在全国甚至全球范围内挑选优秀人才担任校长的惯例，从而保证了这些学校得以百年传世、经久不衰。

四　个人办学型民办高校的发展趋势

个人办学型民办高校在创立、发展的阶段经历了相比其他类型院校更加艰难的过程，在未来的发展阶段，将面临更大的挑战。这类民办高校需要摆脱现有的桎梏，科学合理地利用自己优势，使得其在高等教育竞争激烈的环境下超越自我。

从未来发展来看，由个人办学型所演变而来的家族化大学将在我国民办高校长期存在，成为我国民办高校中富有特色的基本类型之一。一部分个人举办型的民办高校会从举办者家族内部挑选第二代和第三代的接班者，从而在很长的时间内延续举办者的家族成员治理。阿特巴赫指出，家族化大学在东南亚等国家长期存在，而且比例相当高。我国台湾地区的很多私立高校（如正修科技大学）目前是创办者的第三代接班者掌握学校的管理权。我国大陆部分民办高校也出现了第二代和第三代创办者同时掌握学校决策权的格局。当然，举办者在培养子女接班的过程中，往往由于接班的子女不具备接班的能力而使学校的决策出现重大失误，学校发展遇到重大挫折，这是该类民办高校所面临的特殊风险。

最稳固的家族化大学，在发展到一定阶段以后家族化状态也会消失。首先，即使是创办者家族的后代成员担任最高的决策者，也必须从家族外部聘请管理者并赋予其相应的管理权。其次，民办高校发展到一定程度，其最高的决策者必然会从创办者家族外部挑选，所有的民办高校都不可能无限期地延续从举办者家族内部挑选接班人的治理格局。一部分民办高校的举办者由于子女没有接班的意愿或能力，或者面临资金风险亟需外部投资者资金注入等原因，不得不在第一代创办者退出学校领导岗位前便将管理权以无偿或有偿的方式转让给他人。若将管理权转让给公司，则民办高校成为企业控制型高校（如浙江越秀外国语学院）；若将管理权委托给政府，或者政府主动介入某些民办高校的管理，则民办高校的治理中将体现更多的政府色彩（如南京三江学院）；若举办者主动或被动让更多的利益相关者分享学校的管理权限，学校就会体现出共同治理的色彩，美国的斯坦福大学等私立高校就是从带有家族化色彩的高校向共同治理高校转变的范例。

第二节　企业办学型民办高校

一　企业办学型民办高校概述

企业办学型民办高校主要是依托公司、企业集团的丰厚收益和充足的资金流量进行规模化投资，并引进现代化企业管理机制的运行模式。随着高等教育的不断发展，教育资源供求的矛盾日益突出，个人办学的热潮激发更多企业家对教育的关注。企业，作为市场经济中的主体，对市场有着独特的敏感性，不仅意识到高等教育的买方市场，更能敏锐地了解市场中对职业性人才的短缺。

企业办学型民办高校实际上可以区分为两种类型。第一类企业办学型民办高校实际上就是个人办学型，举办民办高校的个人为了更好地控制学校并更好地保护自己的投资权益，而架构了"教育集团"等投资方，实际的决策者依然是个人。也有一些民办高校本来是个人办学型，后来变更成为企业办学型。这一类的企业办学型民办高校和个人办学型民办高校非常类似。第二类企业办学型是真正的企业办学型，这类民办高校的投资方具有广泛的经济业务和丰裕的现金流。这一部分的分析主要是针对第二类企业办学型民办高校而言的。

根据教育部有关部门的调查，我国 23.3% 的民办高校是由一家企业举办的，还有 4.44% 的民办高校是由两家企业举办的。大部分企业投资型民办高校的投资方是私营企业，少数是国有企业。由于国有企业举办的民办高校的资产属于国有资产，主要领导往往由政府任命，所以本研究将国有企业举办的民办高校视为国有民办型。表 2-2 是部分企业举办的民办高校。此外，一些企业为了追求规模效益，举办了多家民办高校，见表2-3。

表 2-2　　　　　　　　　　部分知名企业所举办的民办高校

学校名称	举办企业及其简介	办学层次
湖南三一工业职业学院	三一重工集团。我国最大的重工集团，集团总裁梁稳根曾列我国大陆福布斯富豪榜首位	民办高职
浙江越秀外国语学院	浙江新和成股份有限公司。中国医药工业百强、中国上市公司百强	民办本科
浙江横店影视职业学院	横店集团。以"电气电子""医药化工""影视旅游""现代综合服务业"四大产业为主的特大型企业集团。中国特大型民营企业。横店集团以"世界磁都""中国好莱坞""江南药谷"享誉全球	民办高职
烟台南山学院	南山集团。稳居中国企业 500 强前列的村企合一的大型民营股份制企业集团	民办本科
天津天狮学院	天津天狮集团。天狮集团业务辐射全球 190 多个国家，在 110 个国家和地区建立了分公司，并与全球众多国家的一流企业结成了战略联盟。公司董事长李金元曾为天津首富	民办本科
上海建桥学院	上海建桥集团。一家以发展高等教育、养老和医疗等公共事业为主，以能源、矿产和房地产等多元投资为依托的跨地区、跨行业企业集团	民办本科
安徽新华学院	安徽新华集团投资有限公司。是一家集教育、科技、金融、物业投资和房地产开发于一体的跨地区、跨行业大型民营企业集团	民办本科
湖南涉外经济学院	湖南猎鹰实业有限公司。曾跻身"湖南省私营企业 100强"。2018 年宇华教育耗资 14.3 亿元收购了猎鹰公司的全部股权	民办本科
四川国际标榜学院	四川国际标榜形象设计科教有限公司	民办高职
郑州工业应用技术学院	中原华信商贸集团。总资产 20 多亿元的大型现代化企业集团	民办本科

资料来源：各民办高校官网以及民办高校举办方的官网。

表 2-3　　　　　　　　　一家公司举办的多所民办高校

公司名称	所举办的民办高校
海南航空公司	2 所：三亚航空旅游职业技术学院、南方都市职业技术学院
新高教集团	2 所：云南工商学院、贵州工商学院
广东珠江投资集团	3 所：中山大学南方学院、北京科技大学天津学院、天津财经大学珠江学院
湖北美联地产	3 所：华中科技大学文华学院、武汉科技大学城市学院、武汉外语外事职业学院
吉利集团	4 所：三亚学院、北京吉利学院、浙江汽车职业技术学院和湖南吉利汽车职业技术学院
河南春来教育集团	6 所：商丘学院、安阳师范学院人文管理学院、天津医科大学临床医学院、商丘学院应用科技学院、天津师范大学津沽学院、长江大学工程技术学院
邱小林家族及其实际控制的企业	4 所：南昌理工学院、海南科技职业学院、江西新能源职业技术学院、共青科技职业学院
重庆民生教育集团	4 所：重庆人文科技学院、重庆工商大学派斯学院、重庆应用技术职业学院、内蒙古丰州职业学院
庄毅及其实际控制的公司	7 所：辽宁中医药大学杏林学院、辽宁师范大学海华学院、辽宁医学院医疗学院、大连工业大学艺术与信息学院、沈阳城市建设学院、辽宁理工学院、大连财经学院
北方投资集团	16 所：首都师范大学科德学院、北京工商大学嘉华学院、中国矿业大学银川学院、燕京理工学院、武汉工程科技学院、云南师范大学商学院、重庆大学城市科技学院、桂林理工大学博文管理学院、华南农业大学珠江学院、哈尔滨广厦学院、中南林业科技大学涉外学院、南京航空航天大学金城学院、温州商学院、成都文理学院、云南城市建设职业学院（高职）、上海立达职业技术学院（高职）
希望教育集团	8 所：西南交通大学希望学院、贵州财经大学商务学院、山西医科大学晋祠学院、四川天一学院、四川希望汽车职业学院、四川文化传媒职业学院、贵州应用技术职业学院、西川希望汽车技师学院。此外，还举办了成都五月花高级技工学校、成都郫县希望职业学校、资阳汽车科技职业学校等 3 所中职学校，2 所国际化中小学和多个培训机构。在校学生达 10 万人，教师 7500 余人

资料来源：根据媒体报道以及对知情者的访谈。

二　企业办学型民办高校特征

第一，企业办学型民办高校依托于企业，学校的发展与企业息息相关。

企业办学型民办高校在建校初期，企业为其提供了办学的基本条件。在民办高校的发展过程中，学校的资金、校园文化、办学思想、培养模式、人才培养目标等往往受到企业文化的影响。企业的兴衰，直接影响学校的正常运行。企业和学校的联系程度越是密切，学校对企业的依赖程度越大，一荣俱荣一损俱损。企业处于鼎盛时期，则相应学校会得到飞速发展，但是一旦企业遇到资金困难，学校则会跟着陷入困境。

第二，企业办学型民办高校受到企业的控制。

大多数私营企业在投资民办高校后，投资方的董事长兼任所投资的民办高校的董事长，作为民办高校名义上的最高管理者。比如，南山集团董事长担任南山学院董事长，天狮集团董事长担任天狮学院的董事长。此外，投资企业往往安排多位企业高管进入民办高校董事会或担任民办高校关键岗位（如财务部门）的负责人。和个人控制型民办高校不同的是，虽然企业的董事长同样担任学校董事长的职务，但企业控制型民办高校的董事长一般不兼任校长或党委书记，而且企业董事长对民办高校的干预和控制程度低于个人办学型民办高校中举办者对学校的干预和控制。一方面，这是因为企业集团本身规模很大，而民办高校的资产规模、现金流较小，在企业集团中的地位不高，董事长把主要的精力和时间都放在了企业的主要业务上而没有更多的精力管理民办高校；另一方面，由于企业与高校在运行方式、人员构成、理念价值上存在很大差异，企业的决策者不具备管理民办高校的"比较优势"，所以更倾向于聘请具有高校管理经验的校长并赋予较大的职权。

第三，企业办学型民办高校实行校长负责制，聘任的校长拥有更多实权。

民办高校从外部聘任校长（一般是退休的公办高校领导），并赋予其包括部分财务权在内的重要权力。与个人控制型民办高校不一样的是，由于校长的权力较大，所以这类民办高校的管理体制最接近于"校长负责制"。校长不仅仅可以应用自己的实权对学校进行教育管理和教学改革，更重要的是这些聘任的校长具有丰富的管理经验和教学经验，这为民办高校适应现代化教育的发展提供了良好的条件。聘任一名好的校长可以发展学校，帮助学校适应民办高等教育的专业化发展，也可以为企业集团省去管理成本。比如，浙江越秀外国语学院的院长在正常的预算范围内具有财务审批权，这极大提高了学校决策的效率。一些企业对所投资的民办高校实行"指标化"管理。比如，笔者调查的 YTNS 学院的母体企业曾对学院提出了"招生递增"指标要求，只要达到了这个指标要求，YTNS 学院的院长就可以较为自由地配置学校资源。

三　企业办学型民办高校的利弊

知识经济时代的快速发展对教育质量提出了越来越高的要求。一些个人创办的民办高校由于资金少、条件差、质量低等原因而相继被淘汰。与个人控制型民办高校不同的是，企业办学型民办高校拥有充足的资金和优越的办学条件，这些优势为这些民办高校实现可持续发展奠定了基础。

第一，企业办学型民办高校经费充足、办学条件优渥。

个人控制型民办高校的所有经费主要来自学费，而企业投资型民办高校的经费既有学生的学费，也有企业的投资，这类高校的办学场地、教学设备、办公环境、食宿场所都大大优越于其他院校。除此之外，企业型民办高校可以高薪聘请名师，为学生提供一定的助学金，极大地刺激师生的工作学习热情。放眼世界，以哈佛、斯坦福等为代表的世界一流私立高校因为创办时间早于公办高校、能够得到大量社会捐赠和政府扶持等原因成长为一流高校，[①] 南美巴西、墨西哥、智利等国的一些私立高校依靠这些地区浓厚的宗教氛围和宗教机构的支持而成为地区名校，[②] 韩国的浦项科技大学则依靠举办方的巨额经费扶持而成为世界知名高校。韩国浦项科技大学是一所由浦项制铁公司创办的私立高校，成立于 1984 年（与我国的浙江树人大学等高校同年创办），该校克服了地理位置偏远（远离首尔都市圈）、非英语母语等困难，在短短三十几年的时间内就成为世界一流名校。高校快速成长的原因之一在于投资方提供了充裕的研究经费。[③]

未来我国的真正的一流民办高校也可能从这类民办高校中诞生。随着我国经济的迅速崛起，我国逐渐出现了一批在世界上具有一定知名度和影

---

① Roger L. Geiger, *Private Sectors in Higher Education—Strctures, Function, and Change in Eight Countries*, Ann Arbor: The University of Michigan Press, 1986. 161.

② Daniel C. Levy, *Higher Education and the State in Latin America—Private Challenges to Public Dominance*, Chicago: the University of Chicago Press, 1986. 224.

③ ［韩］李秉植：《处于边缘的世界一流大学：韩国浦项科技大学的案例》，载［美］菲利普·阿特巴赫、贾米尔·萨尔米主编《世界一流大学：发展中国家和转型国家的大学》，上海交通大学出版社 2011 年版，第 77 页。

响力的企业，如阿里巴巴、三一重工、华为等。若这些企业举办民办高校或加大对已有民办高校的投资力度，则这些民办高校就可能成为高水平的民办高校。吉利汽车集团举办的三亚学院和浙江新和成公司举办的浙江越秀外国语学院目前都已经进入我国民办高校的"第一方队"，尤其浙江越秀外国语学院进步明显，在"中国民办本科高校科研竞争力排行榜"中，浙江越秀外国语学院连年进步，2017 年排行第五。[①]

第二，企业办学型民办高校更容易实现产学研合作，学生学有所长，学有所用。

企业办学型民办高校实行校企合作，企业是人才的需求方，熟悉人才培养规格，可以对民办高校的专业设置、课程安排、教学方法等方面进行有效的指导。由于我国大多数民办高校定位于培养应用型人才，和劳动力市场保持紧密的联系是保障教学质量的重要条件，因此企业投资型民办高校在这方面具有天然的优势。举办方熟悉行业发展现状和未来发展趋势，更了解行业发展对人才的最新需求。三亚航空旅游职业技术学院由海南航空公司投资创办，该学院的很多实践导师均来自海航公司资深员工，他们为学生提供最直接的工作经验指导；公司为学院购置了数台航行模拟器（单台价值约 1 亿元人民币），既用于学生的实训，也用于海航公司的员工培训，为学生毕业后直接走上工作岗位做了充足的准备，真正做到了学有所长，学有所用。

第三，校长负责制保障了正确的决策。

这类民办高校的领导体制比较接近于"校长负责制"。企业的董事长兼学校的董事长不需要亲自管理自己不擅长的领域，不仅可以全身心建设经营企业集团，而且可以通过聘任经验丰富的校长而达到更好的管理效果。企业办学型民办高校的外聘校长一般都从事了多年的教育教学工作，能够遵从教育规律，应用掌握的权力进行教育教学改革创新，而不受制于董事会的约束，从而实现真正的专家治校。银川能源学院是由宝塔石化集团所创办的民办高校，宝塔石化集团的董事长孙珩超是全国人大代表，他将所有的精力都放在壮大企业实力并为银川能源学院提供经费支持上，赋予校长非常大的自主权。

---

① 王一涛、高飞、邱昆树、王磊：《2017 年中国民办本科高校及独立学院科研竞争力评价研究报告》，《浙江树人大学学报》2018 年第 1 期。

企业办学型民办高校也有其弊端，如果不对这些弊端有所防范，可能会影响此类民办高校的健康发展。

第一，企业办学型民办高校对投资方过度依赖，存在被投资方"连累"的风险。

企业办学型民办高校存在一个基本悖论：企业的平均寿命短而高校的平均寿命长，举办民办高校的企业倒闭之后民办高校必然深受影响甚至倒闭。在竞争激烈的市场经济条件下，很难存在百年不衰的企业。而民办高校过度依赖于企业，企业存在的风险会波及民办高校，有的民办高校坚持的办学方针就是"为企业服务"，一旦企业遭遇危机，则依附的民办高校不仅仅会受到牵连，甚至需要挪用学校的办学资金来挽救濒临倒闭的企业，最后的结果往往是，学校的资金不但没有挽救母体企业，而且由于资金衰竭而引发自身的巨大风险甚至倒闭，此类案例在我国民办高等教育中比比皆是。深圳华懋集团倒闭后，旗下的建华职业技术学院停止招生，实际上处于倒闭状态；托普集团倒闭后，旗下位于绍兴、嘉兴、上海、成都的民办高校都受重创，最后均被其他企业所兼并。在我国高等教育发展历史上，具有企业背景的一些私立高校也由于举办方出现风险而受到牵连。比如，厦门大学由陈家庚先生出资兴办，由于抗日战争爆发，陈先生的产业无力继续支撑厦门大学，迫于无奈，陈先生将厦门大学转交给政府接管，使厦门大学成为一所国立大学。

第二，企业办学型民办高校办学具有营利性倾向，影响民办高校健康发展。

企业能否向其举办的民办高校提供充裕的经费一方面取决于企业的经济实力，另一方面也取决于举办方的办学动机。如果企业并非出于兴办教育的目的而办学，而是出于"圈地"或"谋求经济回报"等经济目的而办学，那么民办高校就会随时被"抽血"，不仅难以成长为高水平的民办高校，甚至还会存在较大的风险隐患。企业家往往首先计算办学的成本和收益，当前很少企业家完全出自公益性的动机而办学。张博树、王桂兰指出，办学完全可以是无本生意，"只要有生源，一纸办学执照，'生意'就可以开张，财源就可以滚滚而来"。[①] 和其他产业相比，教育产业具有

---

① 张博树、王桂兰：《重建中国私立大学：理念、现实与前景》，教育科学出版社2003年版，第119页。

成本弹性大等特征，这个特征为举办者获利提供了便利。世界一流高校的生均培养成本非常高（见表2-4），我国民办高校的生均培养成本则非常低。以独立学院为例，独立学院在向母体高校提供学费收入的30%的"管理费"和提出必要的"合理回报"（大约占学费收入的20%）之后依然可以运转。由于民办高校不需要向母体高校缴纳"管理费"，所以可以推测：民办高校以学费收入的一半就可以维持学校的运转，而另外一半收入就可以当作"回报"。所以，教育产业可谓是低风险、高回报，举办方一旦将民办高校的办学目的定位为营利性，那么学校的发展规划就会偏离其正常的运行轨道，也将失去大学作为高等教育学府的原有价值。

表 2-4　　　　　中外 10 所大学 2014 年生均成本比较　　（单位：万美元）

高校	清华	北大	哈佛	斯坦福	耶鲁	麻省理工	牛津	东京大学	浦项科技
总支出	175895	129706	440600	738900	307946	291850	214395	235940	27380
在校生	45237	39714	21000	16190	12018	11319	22348	28133	3555
生均支出	3.88	3.27	20.98	45.64	25.62	18.77	9.60	8.39	7.70

资料来源：各高校数据均来自各高校官网。清华、北大的原数据单位是人民币，换算为美元的比例为6.5∶1；牛津大学的原数据单位是英镑，换算为美元的比例为1∶1.5。学校支出并不是全部用来培养学生，故本研究可能高估了各校的生均成本。

四　企业办学型民办高校的发展趋势

企业投资型民办高校是我国民办高校的基本类型之一，从未来发展趋势来看，随着我国经济的迅速发展和越来越多的企业成为世界知名企业，企业举办的民办高校可能会成为高水平的民办高校。若创办民办高校的企业不追求对民办高校的控制权，企业的决策者有足够大的胸怀，则企业办学型民办高校有可能向共同治理型民办高校转化。

企业所面临的风险决定了企业举办型民办高校的举办者变更比其他类型的民办高校举办者变更更加频繁。由于企业面临经济周期变动、产品更新换代、技术升级淘汰等多方面的风险，企业的风险会传递给学校并影响学校的政策运转。一旦原来的投资方企业出现重大经营风险时，只有转换新的投资方才可以继续维持民办高校的发展，比如齐鲁医药学院（曾名山东万杰医学院）的投资方由民营的山东万杰集团转变为国有的鲁商集团，再比如，托普集团倒闭后旗下的民办高校纷纷变更新的举办者。企业办学型民办高校若在举办方出现重大风险之后找不到接盘的企业，政府可能会出于维持社会稳定的考虑而接收民办高校的管理权，使此类民办高校成为国有民办型民办高校，如绍兴市教育局在绍兴托普信息职业技术学院出现风险后接管了该校并将该校更为绍兴职业技术学院。

第三节　国有民办型民办高校

一　国有民办型民办高校概述

国有民办型民办高校是一系列民办高校的集合，这个集合内不同民办高校与政府的亲疏关系不同，所体现的国有性质也有所不同。最典型的一种国有民办型民办高校是由政府或教育行政部门创办的，这种民办高校的主要领导由政府任命，所谓的民办机制主要体现在财政拨款较少而学费按照民办高校的标准来收取。这种民办高校之所以采取民办机制，主要是出于有利于升本和减轻财政压力的考虑。首先，国家原则上不同意公办高职院校升本，但是对民办高职院校升本给予较多的照顾，一些地区的教育行政部门便筹设民办高校以图升本的便利。其次，对于县级政府而言，完全以县级公共财政举办一所公办高校实属困难，而以民办机制举办高校，可以通过提高学费收入来减轻公共财政的负担。如潍坊科技学院是由寿光市人民政府所举办。

还有一种民办高校是由政协创办的，政协不提供经费；但是，相比其他民办高校，政府会为这种民办高校提供一定的财政经费。这种民办高校的典型代表是浙江树人大学。浙江树人大学的创办者为浙江省原政协主席王家扬，他退休后和其他几位省政协委员共同创办了浙江树人大学。在2000年经过省政府同意，浙江树人大学和周边的四所公办中专学校合并成为新的浙江树人大学。学校的举办方为浙江省政协，采取民办机制。厦门华厦学院的创办历史和浙江树人大学类似，创办者为原厦门市政协主席蔡望怀，学校的举办方曾经是厦门市政协，后来出于升本的考虑而将举办者变更为厦门市社会发展研究会。宁夏理工学院的情况和前两所民办高校非常类似。该校创办者为曾文结先生，该校在发展过程中也得到了政府的大量资助，地方政府给学校行政划拨了1500亩土地（还有3000亩水域面积），宁夏回族自治区政府还帮助学校一次性化解基建债务1.7亿元，学校的大部分资产都是国有资产，学校成为国有民办型民办高校。

国有企业举办的民办高校也可以看作国有民办型民办高校。国有企业举办的民办高校有两种情况，一种情况是政府有关机构先以经营性国有资产成立一家教育投资公司，然后由该公司出面创办并管理民办高校，该公司的主要业务就是经营和管理民办高校，这种类型的民办高校是典型的国有民办型。例如，南宁学院以前是由民革广西区委举办，目前由南宁威宁投资集团有限责任公司（归属于南宁市人民政府）与民革广西区委合作共办。另一种情况是一家主要经营其他业务的国有公司投资举办并管理民办高校，这种类型的民办高校具有企业办学型民办高校的特征，属于这种类型民办高校的案例包括：茅台学院，它的举办者是茅台集团；浙江东方职业技术学院，它的举办者为温州市现代服务业投资集团有限公司；宁波大红鹰学院，它是由宁波大红鹰集团创办，由于国家烟草总局要求各地的烟草企业剥离非主营义务，宁波大红鹰学院的举办者变更为宁波市城市投资公司；齐鲁医学院，它的原举办者山东万杰集团发生经济危机之后，学院的举办者变更为国有的山东鲁商集团。

根据笔者调查，如下 22 所民办高校可归为国有民办型民办高校。浙江树人大学、湖南九嶷职业技术学院、北京城市学院、南京三江学院、厦门华厦学院、南宁学院（原广西邕江大学）、潍坊科技学院、宁夏理工学院、杭州万向职业技术学院、浙江东方职业技术学院、德州科技学院、潍坊工商职业学院、枣庄科技职业学院、山东海事职业学院、山东文化产业职业学院、江海职业技术学院、苏州高博软件技术职业学院、宿迁学院、上海视觉艺术学院、三亚航空旅游职业学院、北大方正软件技术学院、四川文轩职业学院。整体来看，国有民办型民办高校所占我国民办高校的比例在 10% 以内。

二　国有民办型民办高校的特征

第一，国有民办型民办高校具有明显的公益性，发展稳定。

国有民办型民办高校的全部资产或部分资产的所有权属于国有，故而不存在投资方利用学校牟取暴利的情况。学校的举办方仅仅对学校进行经营管理，不要求获得合理回报。公益办学为这些民办高校的健康发展奠定了基础。浙江树人大学、北京城市学院、厦门华厦学院等国有民办型民办高校在办学的过程中，坚持公益性，为社会公众服务，以较高的教学科研水准，赢得了良好的社会声誉，均在我国民办高校的"第一梯队"之列。

第二，此类民办高校的资金较为充裕。

由于举办方不求办学回报，政府不会担心资产流失，所以对这类民办高校的优惠政策和财政扶持优于其他类型的民办高校。学校在不追求投资回报的前提下，可以将全部收入用于教学和科研，这样学校的资金来源可能要比某些公办院校还要多，比如，2017 年浙江树人大学的学费为 18000元/年，每年的生均财政补助约为 4000 元，生均培养成本约为 2.2 万元/年，超过了一些地区公办高校的培养成本。再比如，宁波大红鹰学院得到宁波市财政一次性 5000 万元的"大宗商品实验室"建设经费。

第三，政府在国有民办型民办高校的管理中发挥重要作用。

这类民办高校董事会的部分成员是政府官员，由于董事会是民办高校的最高权力机构，所以这类民办高校的重大决策受到政府的重要影响。这类民办高校的部分行政领导也是政府任命的并有一定的行政级别，如潍坊科技学院和潍坊工商职业学院的院长都是所在城市的教育局党委委员。浙江树人大学校长的任命首先由浙江省政协和浙江省教育厅组成联合考察组对候选人进行考察，通过考察的候选者才能报送到浙江树人大学董事会，然后由董事会聘任。上海市教委也在上海视觉艺术学院的领导遴选、任命等环节中扮演重要的角色。

三　国有民办型民办高校的利弊

这类民办高校的优势主要有以下几点。

第一，国有民办型民办高校办学资源较为丰富，蕴含较大发展潜力。

部分国有民办型民办高校是由公办高校转制而来的。它们在原有学校转型之初，就已经具备基本条件，为学校后期发展奠定了基础。在学校转变为民办高校之后，学校所有的资产都作为新的资源重新组合并进行使用。除了原有学校的物质条件之外，原有学校的师资也是学校发展的重要资源。在新的民办体制下，教师命运与学校的兴衰紧密联系，每个人都积极投身于教育工作，创造自我价值，共同推进学校的发展。国有民办型民办高校还可以得到远远高于其他民办高校的财政投入，资金充裕使得这类学校的发展平稳。

第二，国有民办型民办高校内部管理公开透明，不存在家族化管理弊端。

国有民办型民办高校具有公益性，很多董事会成员由政府官员担任，使得该类高校不以经济利益作为办学的出发点。学校的所有资产归国家，管理者之间不存在财产分配和权力交易，不存在利益冲突，具有较高的公开性和透明度。我们曾于2016年浏览我国444所民办高校的官方网站，寻找民办高校董事会的成员构成，结果发现我国444所民办高校中只有16所民办高校在其官网公布了董事会的成员名单，这16所民办高校大部分属于国有民办型民办高校。国有民办型民办高校不存在类似于个人控制型民办高校和企业投资型民办高校的家族化管理弊端，更不会产生举办者子女接班现象。这就为学校的稳定发展扫除了不必要的纷争和动荡，大大降低了学校的办学风险。

第三，国有民办型民办高校管理机制的转变，有利于学校的创新改革。

国有民办型民办高校很多由原来的公办学校改制而来，改制之前的学校往往存在官僚化现象，改制之后的民办学校利用民营方式激活了原有僵化的管理模式。新型的管理机制更加适应市场经济的发展，利用市场的竞争性，达到对人员和经费的合理配置。从长远来看，这样的管理模式更加能够适应现代大学的发展趋势。国有民办高校，自筹资金，开源节流，自负盈亏，为国家省去了较大的资金和管理负担，让学校实现可持续发展。

国有民办型民办高校可以优化的地方包括以下两方面。

第一，国有民办型高校受到政府的影响较大。

首先，这类民办高校的发展往往取决于政府的重视程度，甚至是某些政府官员的重视程度。如果政府不重视这些民办高校，就会减少对这些民办高校的优惠政策和资金支持。比如，某地政府希望将一所国有民办型民办高校转让给一家私营企业，但后来受到全校领导和教职工的强烈抵触才最后作罢。其次，国有民办型民办高校的董事会成员中不少是政府官员，学校的发展容易受到这些官员的影响。最后，学校的所有资产归国家所有，学校的收益同样全部归国家所有，在某种程度上会制约学校的发展。特别是学校经费开支受到严格限制。我们访谈的一位校长表示，学校所有的开支都纳入政府采购范围增加了学校的成本并且降低了效率。他甚至表示，如果学校能享受充分的办学自主权，他宁愿不要政府的财政资助，在充分的办学自主权和有限的财政资助之间，他宁愿选择充分的办学自主权。

第二，国有民办型民办高校的领导都有一定的任期，人员的变动影响学校的长期发展。

政府往往任命没有教育管理经验的官员到这些民办高校中任职，这种官员对高校的领导效率往往不高，专业性也不强。此外，政府任命的学校领导都会有一定的任期，如果任期过短的话会影响学校发展理念和发展战略的持续性和稳定性。每位领导者都会根据自己对教育和对民办高校的理解而为学校制订不同的发展规划，提出不一样的理念思想。理念和规划经常改变的学校其实是没有理念和规划的，因为这样的理念既难于被教职工所广泛接受，也难以被长期有效地执行。

四　国有民办型民办高校的发展趋势

国有民办型民办高校在发展过程展中展示出来的优越资源条件、公开透明的管理机制等优势是其他民办高校所无法与之相比较的，这些优势使得这类民办高校组织稳定性极强。在政府的扶植下，获得更多的资金和优惠政策，对于学校的发展也是最为关键的。其次，国有民办型民办高校拥有较为规范合理的内部治理系统，这成为学校的重要保障。学校完全公益性的办学主旨，使得学校的办学者、管理者将学校所有的结余都用于学校的后期发展中，有助于学校的长远发展。然而这类民办高校的弊端，比如政府干预过甚和领导任期过短等可能成为阻碍学校发展的绊脚石。因此，国有民办型民办高校必须恰当地处理学校与政府之间的关系。首先，学校应当争取更多的自主权，大学应当是自主、自治之地。如果学校的办学自主权受到限制，不管有多好的外在条件，都不能促进学校的发展。学校有着自身的发展规律，只有真正懂教育的人才能遵从其规律，如果没有接触过教育领域，那么这些管理者的管理方式、管理理念、管理活动对学校的长远发展很难取得成效。其次，国有民办型民办高校虽然会得到政府的很多优惠，但学校不能产生对政府的依赖性。国有民办型民办高校在民营式的运行下，自负盈亏，政府不是"衣食父母"，学校需要的不单单是管理，更是经营。

国有民办型民办高校在今后的发展中，也将面临转型，主要有两种可能性。第一，由于受到政府的干预，一些国有民办型民办高校会逐渐向公办院校转化。但是一旦这些民办高校转型为公办院校，那么政府将承担一切经费开支和管理成本。在我国，高等教育的教育经费本就吃紧，政府目前还没有足够的资金来支持大量民办高校转化为公办院校。第二，与第一种情况正相反，国有民办型民办高校在自我管理、自我经营的基础上，逐步消除对政府的依赖，而政府在改革的过程中，逐步减少对学校的控制，淡化学校的政府色彩，使得国有民办型民办高校转化为纯粹的民办高校。第三，国有民办型民办高校向共同治理型民办高校转型，与前两者相比，学校转为共同治理型可行性更大。这种转型模式，不仅会取得政府一如既往的支持，而且学校在治理方面获得更大的自主权，可以淡化政府色彩。

第四节 共同治理型民办高校

一 共同治理型民办高校概述

美国私立高校内部治理的典型特征就是共同治理（Shared Governance）。共同治理型民办高校不存在处于支配地位的个人和企业，受政府的影响和干预也较小。即使某个人或某家企业在其中具有较大的影响，但是其对民办高校的影响力和支配性远远低于个人办学型中的个人以及企业办学型中的企业。宋斌认为，民办高校共同治理是指在民办高校出资者、管理者、教师、学生、家长及其校外人员间合理配置民办高校的控制权，从而形成利益相关者共同治理的管理格局。①共同治理型民办高校包括如下几种情况。

第一种情况是捐资办学。捐资者提供建校资金和日常运行经费，聘请专业人士负责学校的管理，不谋求经济回报和所有权。贵州盛华职业技术学院是捐资办学的案例之一，台胞王雪红夫妇捐资举办贵州盛华职业技术学院，学费低于公办高校学费水平，学校相当多的学生是贫困家庭子女。目前我国属于捐赠办学的民办学校比例并不高。2017 年 12 月，民政部和教育部统计了全国在民政部门登记的民办学校属于"捐资举办的民办学校""出资举办不要求合理回报的民办学校"以及"出资举办要求合理回报的民办学校"的各自比例。调查发现，9.54%的民办学校（包括幼儿园、小学、初中、高中、中职、高校和培训机构）属于捐资办学，16.07%的民办学校不希望获得合理回报，63.78%的民办学校希望获得合

---

① 宋斌：《民主决策：民办高校共同治理结构下的核心价值》，《黑龙江高教研究》2011 年第4 期。

理的办学回报。[①] 由于民办学校的办学许可证和登记证中并没有"是否是捐资办学"的表述,因此,"是否是捐资办学"的结果主要依赖于举办者或问卷填写者的主观性回答,客观性不强。由于不属于捐资办学的民办学校也可能声称自己是捐资办学,因此,全国真正属于捐资办学的比例会少于9.54%。今后,随着我国经济的不断发展,世界一流企业和拥有巨额财富的富豪会越来越多;同时随着我国民办高校分类管理的逐步推行,真正的捐资办学可能会越来越多,真正的非营利性民办高校也会越来越多。

第二种情况是个人滚动办学,但是创办者不追求经济回报,如九州职业技术学院。

第三种情况是多人共同办学,办学者们不谋求经济回报,也不追求对学校的控制权。黑龙江东方学院是这种情况的典型代表。黑龙江东方学院创办者之一孟新在接受媒体采访时表示,创办民办高校就像和尚集资建庙,寺庙属于大家而不属于某一个和尚。

在我国,共同治理型民办高校的发展可以说处于起步阶段,数量非常少,统计我国449所民办高校中,较为典型的共同治理型民办高校包括贵州盛华职业技术学院、上海杉达学院和黑龙江东方学院等。这类民办高校占我国所有民办高校的比例应该低于10%。但是这种类型的民办高校会越来越多,因为随着分类管理的推行,大部分民办高校都会选择成为非营利性民办高校。如果国家在向非营利性民办高校提供经费扶持的同时加强对非营利性民办高校的监管力度并对民办高校的内部治理提出严格要求,则这种类型的民办高校就会越来越多。

二 共同治理型民办高校的特征和优势

第一,共同治理型民办高校坚持公益性办学,学校管理者的权力相互制约。

与个人控制型民办高校和企业办学型民办高校不同,共同治理型民办高校的举办者不追求经济回报,更不要求学校的所有权。学校具有独立的法人,举办者在办学期间不享有办学结余分配权,学校的净收入归学校法人所有。这类民办高校创办者办学的唯一动机就是为社会培养人才,不追求经济回报,也不谋求个人产权,学校是真正的公益性办学,这就减少了

---

① 民政部、教育部:《在民政部门登记的民办学校基本情况统计》,2017年。

学校不同利益主体的纠纷，保证了学校的稳定性。学校共同治理的所有利益相关者选举董事会作为学校管理的委托方，并对学校负责。董事会作为决策主体，掌握着学校的决策主导权，但共同治理型的民办高校校长具有更多的办学自主权，与个人控制型民办高校、企业办学型民办高校、国有民办型民办高校相比，董事会与校长的关系更为融洽。

第二，共同治理型民办高校进行民主管理，提高决策的科学性及效率。

共同治理型民办高校的资产所有权全部属于学校法人，不属于某个人、某个家族或某个企业，也就不存在由个人、家族、企业控制学校的情况。学校董事会的成员由不同的专家、学者、教育家和官员等组成，有利于保证学校发展规划的科学性，提高决策的效率。学校的决策主体进行公平合理地竞争，凭借自身的能力担任学校的领导者，大大激发了个体的积极性，直接促进学校的发展。上海杉达学院和黑龙江东方学院都在学校章程中注明实行亲属回避制度，学校主要创办者均没有安排子女在学校中担任重要职务，为了保证领导团体的科学性，学校建立董事会领导、校长负责、党委政治核心保障、教授治学、民主管理的机制。上海杉达学校现任董事会的 12 位成员中，2 位董事具有行政管理经验，4 位董事具有高校管理经验，3 位董事是在学术上具有重要影响的专家，2 位董事系教师代表，1 位董事具有商界经验。① 这种董事会结构既具有很高的专业性，又具有较高的代表性，学校避免家族式的管理，扩大选用人才的范围，任人唯贤，不仅仅有助于学校的长久发展，更适应了当代大学的发展趋势。

第三，共同治理型民办高校可以得到更多的优惠政策和政府支持，同时拥有更大的发展空间。

共同治理型民办高校因为不追求经济回报，也不谋求对学校的控制权，所以政府更加支持这种民办高校。在政策允许的范围内，政府会给予更多的优惠政策和更多的财政支持，政府官员视察这种高校的机会明显高于其他民办高校。这也是很多民办高校标榜公益性和内部治理规范性的原因所在。

部分共同治理型民办高校的主要领导往往也是退休的政府官员或公办

---

① 《上海杉达学院领导介绍》，http://www.sandau.edu.cn/19/list.htm，检索时间：2015年 10 月 12 日。

高校的领导，政府在这些领导的产生过程中也发挥了支持和推荐等作用，但是与国有民办型民办高校相比，这种民办高校的领导产生并不受政府的直接干预，学校拥有更大的自我组织和自我管理权，接近于美国私立高校的治理结构，如上海杉达学院现任董事会是由上一届董事会选出来的，政府并没有参与董事会的遴选过程。学校具有独立的法人、独立的财务、独立的管理体制、独立的教务活动，拥有足够的发展空间，学校采用民营的机制，将学校的人员、资金、场地、食宿等资源合理配置，达到人尽其才、物尽其用。学校在自负盈亏、自我管理、自我经营下，遵循高等教育发展规律，适应市场经济规律，形成院校发展的独特发展之路。黑龙江东方学院确立了"四位一体"法人治理结构，将决策行政系统、党组织系统、学术系统和民主管理与民主监督系统有机地融合，实现治理结构之间的协调配合与相互制约。学校以法人结构为基石，形成现代民办大学制度的基本框架，为学校依法自主办学提供了制度保证。宽松自由的校园环境成为人才聚集、思想碰撞的圣地，直接促进学术的培养、交流和发展。民主和谐的学校氛围为改革创新的萌芽提供了肥沃的土壤，现代化的大学承担着培养优秀人才的职责，更肩负着科技创新，造福社会的重任。而只有这样的校园环境和学校氛围才能让学校有更大的发展空间，超越自身、超越他校，成为一流院校。

三　共同治理型民办高校代表了我国民办高校重要的发展趋势

共同治理型民办高校在我国仍然处于萌芽的状态，虽然现在基本成型的院校数量很少，但其显现出的优势远远大于个人控制型民办高校、企业办学型民办高校及国有民办型民办高校。共同治理型民办高校的内部管理模式与美国成熟的私立高校最为接近，而美国的高等教育水平是全世界有目共睹的，值得我国的办学者学习。我国的民办高校在未来的发展中有向共同治理型民办高校转型的趋势，在不久的将来会出现更多的共同治理型民办高校。

首先，个人控制型民办高校向共同治理型民办高校发展。

个人控制型民办高校的举办者在创办学校的初期，带着对教育事业的热忱和奉献精神将自己毕生的心血投入自己学校，学校就像自己的孩子，逐步地壮大成长。随着学校规模的扩大，办学者的年龄、身份、精力等都不足以为学校独当一面，而且社会经济的快速发展也需要选择更为科学合理的管理模式。我们访谈的 YNGS 学院的创办者说："我创办的学校不仅教育了学生，也教育了我自己。"所以，在办学初期，民办高校的举办者往往强调对学校的控制，但是随着学校规模的扩大以及社会声誉的上升，很多民办高校的举办者放松了对学校的控制而逐渐采取共同治理的方式。

其次，企业办学型民办高校向共同治理型民办高校发展。

企业办学型民办高校自创立起，学校既享受企业集团给予的雄厚财力，也承担着与企业福祸相依的风险，而这是企业办学型民办高校最为致命的要害。在学校未来的发展过程中，通过建立学校与企业之间的风险分割机制，减少企业对学校的干预和控制，使民办高校逐渐独立发展。在学校的董事会人员构成上裁减企业的家族成员及员工，而增加专家型学者、经验丰富的管理者和懂教育的教育家等，建立完善的董事会管理机制，才能紧跟时代的潮流，成为现代化的大学，促进学校的发展，创立百年名校。

最后，国有民办型民办高校向共同治理型民办高校发展。

国有民办型民办高校和共同治理型民办高校有很多相似之处，都比较接近于非营利性的公益高校。但是政府的干预和控制在很大程度上限制了国有民办型民办高校的健康发展。虽然有很多民办高校选择成为国有民办型高校，但这并不是出于有利于教育自身发展的考虑，更多的原因是想要得到政府的资金和优惠政策。未来，民办高校希望减少政府的干预，拥有更多的办学自主权、那么共同治理型民办高校的发展模式更加适合国有民办型高校的发展。

第五节　股份制办学型民办高校

一　股份制办学型民办高校概述

股份制是指以入股方式把分散的，属于不同人所有的生产要素集中起来，统一使用，合理经营，自负盈亏，按股分红的一种经济组织形式。根据此定义，股份制民办高校就是多个举办者以入股方式共同使用资金、人力资本等要素来建立的民办高校，各入股者根据股份份额和其他约定享有权益并承担义务。在我国民办高等教育的早期阶段，不少民办高校采取股份制办学形式，也有学者高度认可股份制办学的积极意义。2002《民办教育促进法》颁布以后，由于国家不断强调民办高校的公益性和非营利性办学属性，而股份制与经济回报存在紧密的联系，所以很多股份制民办高校不再强调股份制这一办学制度。

近年来，随着教育领域特别是职业教育领域中混合所有制受到越来越多的关注，股份制民办高校又有进一步发展趋势。股份制民办高校和混合所有制民办高校存在共同之处。董圣足认为，混合所有制是指不同产权主体多元投资、互相渗透、相互贯通、相互融合而形成的新的产权配置结构和经济形式，从本质上说是一种股份制经济或者以股份为基础的经济。[①]混合所有制在社会经济发展中发挥了极大的促进作用，逐步被应用到公司、企业、医院、学校等部门，极大地促进了各行各业经济的发展。

根据教育部有关部门的统计，我国 11.3% 的民办高校有三个或三个以上举办者，12.5% 的民办高校有两个举办者，76.3% 的民办高校有一个举办者，见表 2-5。大部分由两个或多个举办者所举办的民办高校都可以视为股份制性民办高校，当然，部分多个举办者所举办的民办高校也可能属于共同治理型，因为这些民办高校的多个创办者并不是以股份的形式共同创办高校。

表 2-5　　　　　　　　　　　　我国民办高校举办者数量

举办者个数	百分比	累计百分比
三个或三个以上	11.3%	11.3%
两个	12.5%	23.8%
一个	76.3%	100%

PPP 模式即公私合作（Public-Private-Partnership），是指在政府、私人组织之间的一种合作模式，一种合作伙伴关系。公私合作是目前全球高等教育领域内出现的重要趋势，典型模式有英国的私人融资计划、澳大利亚新南威尔士州的新学校项目、美国的特许学校和契约学校、菲律宾的学校领养计划等。[②]"民营化大师"萨瓦斯认为介于完全由政府提供和完全私有化之间的所有公共服务提供方式都称为 PPP。从全球高等教育发展来

①　董圣足：《教育领域探索"混合所有制"：内涵、态及策》，《教育发展研究》2016 年第 3 期。

②　阙明坤、潘奇：《发展混合所有制职业院校初探》，《职业技术教育》2015 年第 4 期。

看，随着大学自身的发展以及社会、政治、经济、宗教和教育环境的变化，大学的"公""私"性质已从较为清晰变为非常模糊。[①] 从学校的资助来源来看，公办高校中来自学费、社会捐赠等非政府的资金来源越来越多，私立高校中得到政府财政拨款的数量也越来越多。比如，巴黎经济学院也是一所私立高校，该校创办经费不仅仅来自国家和地方政府，而且来自私人公司和美国的一家基金会，学校创办以来在经济研究领域取得了卓越的成就。[②] 韩国浦项科技大学和阿卜杜拉国王科技大学（KAUST）等后发型的世界一流私立高校，也都接受了政府的大力资助。

PPP 模式在我国也有不断发展的趋势。"产教融合、校企合作"的办学模式可实现职业教育办学主体多元化，公立学校与私立学校的界限正趋于模糊，混合制的学校正在兴起。2014 年国务院下发《关于加快发展现代职业教育的决定》，明确提出："探索发展股份制、混合所有制职业院校，允许以资本、知识、技术、管理等要素参与办学并享有相应的权利。"之后由教育部、国家发展改革委、财政部等六部委联合组织编制的《现代职业教育体系建设规划（2014—2020 年）》提出："积极支持各类办学主体通过独资、合资、合作等多种形式举办民办职业教育，探索发展股份制、混合所有制职业院校。"至此，我国教育领域的混合所有模式也得到了广泛使用，直接促进了各项教育事业的发展。

资金短缺问题是制约我国民办高校发展的主要问题，寻求多元化投资主体是发展的主要途径。

联合投资成为民办高校混合所有制的主要应用方式，但联合投资多元产权结构有两种模式。一种是在学校层面直接形成多元产权结构，俗称"股份制学校"。合作的内容既有货币资本之间的联合，也有货币资本与人力资本的联合，还包括了有形资产与无形资产之间的联合，各种形式不一而足。另一种多元产权结构的模式体现在学校之上的层面，即多元投资主体共同出资（人力资本或货币资本，有形资产或无形资产等）组建一个股份公司，然后由这个股份公司投资办学，俗称"教育股份制"，椒江的民办教育实践就是这一模式的典型案例。[③] 近期我国上市的民办高等教育集团，如中国新高教集团、华立大学集团、民生教育、宇华教育等大都

---

① 喻恺：《模糊的英国大学性质：公立还是私立》，《教育发展研究》2008 年第 Z3 期。

② Jamil Salmi. The Challenge of Establishing World-Class Universities. World bank，2008.

③ 吴华：《民办学校产权模式新视角》，《教育研究》2004 年第 12 期。

采取这种模式。

股份制民办型高校的产生主要源自民办高校自身的发展需要和股份制在市场经济发展中显现出的优势。民办高校自身也是市场经济中存在的特殊经济实体,学校的正常运行离不开教学科研、基础设施建设、设备的配置和维修等日常的活动,需要各项规章制度及管理机制,关系到学校的学生、教师、行政人员、后勤人员等。作为独立的社会运行组织机构,学校无法回避一定的经济活动。学校不仅需要科学的管理,更需要有效的经营来保障其正常运行,而单纯地依赖国家政府的财政经费和拨款,已经无法解决学校办学成本激增、后续发展资金短缺等资金问题,同时也制约学校的教育改革、管理经营,从而制约学校的发展。而且在市场经济条件下,民办高校只有满足家长和学生的教育要求才能够得以生存发展,那么学校就需要拥有现代化的基础设施、卓越的师资队伍、优良的教育服务等,而这些都需要民办高校拥有雄厚的资金做基础。股份制的出现,迎合了民办高校发展的需要,作为一种资本组织形式,为民办高校创办和发展所需的资金提供了方法途径。与此同时,股份制基础上建立的所有者和经营者之间及权力机构、管理机构和监督机构之间形成相互独立、相互制约、权责分明的关系,并通过建立相关的规章制度从而提高效益,这便给民办高校的管理和经营提供了较好的运行模式。我国的西湖大学(浙江西湖高等研究院)也是公私合作的产物,未来可能崛起为一流的民办高校。

二　股份制办学型民办型高校的利弊

自 17 世纪股份制诞生以来,它为资本主义的经济发展发挥了前所未有的力量,使得资本主义的经济得以迅速扩张。同样在我国,改革开放以来,股份制作为资本集中的最有效方式,为公司企业创造了强大的生产能力,使得很多行业公司突然崛起。股份制在经济领域的成功应用可以为其他领域提供借鉴,教育股份制就是股份制在教育领域的一种生成,作为新生物,显现出了独特的优势。

第一,股份制办学型民办型高校提高了社会的融资能力,为学校的发展提供了安全稳定的资金环境。

随着高等教育大众化的到来,高等教育的供求矛盾更加严峻,国家必须扩大高等教育的供给,然而紧迫的财政拨款根本无法满足高等教育发展所需资金。民办教育的"异军突起"很大程度上弥补了高等教育的供给不足，但民办高等教育单纯依赖个人、企业、组织，学校的发展会很缓慢。股份制民办高校的融资方式可以弥补资金短缺的问题。首先，股份制民办高校采用的股份制在社会范围内，可以快速地聚集社会大量的闲散资金，在短时间内便可为学校筹集雄厚的办学经费，将促进学校的快速发展。这种股份制的融资模式，在各个地区的适用性也很强。其次，股份制中自然人的投资成为学校法人的资产，投资者的投资部分所有权已转化为股权，只能从股权中获得相应的股息，但不能直接处置法人资产，可以自由转让股权，但不能抽回原有的资产。此外，教育股份制虽然不允许投资者撤资，学校不存在偿还本金的问题，但是在学校的发展过程中可以继续增资扩股，这将保证学校在保留原有资产的基础上继续累积新的资金。在股份制基础上，民办高校将获得雄厚的办学和发展资金，而且安全稳定的资金环境，可以为学校的正常运行和长远发展提供保障。

第二，股份制办学型民办高校的入股者组成利益共同体，提高了办学的积极性。

股份制民办高校的入股者按股权大小获得相应股息及盈余，使得每一位投资者均享受入股的权益。而股份制民办高校在创立之初，融合了社会公众的各项资金，使得学校的发展受到社会公众的多方关注，学校的经营好坏将影响投资者的利益。股份制极大地提高学校的凝聚力和创造力，尤其是持有学校股份的教师、员工，提高了主人翁责任感，调动了工作的积极性，从而促进学校的快速发展。股份制将投资者的权、责、利结合在一起，为了保证学校的正常运行和发展，投资者将时刻关注学校的发展动态，并通过建立股东大会及董事会来监督、管理学校。除此之外，所有的投资者为了使股权利益最大化，会最大限度地促进学校的发展，只有学校办学取得更多的收益才会使每一位投资者获利更大。这样的共同利益追求使得投资者组成利益共同体，并起到团结和激励作用，权责共享，荣辱与共。

第三，股份制办学型民办高校的所有权和经营权分离，提高了学校的办学自主权。

股份制民办高校的股份制采用法人制度，使得学校原有资产的所有权分为法人所有权和股权。投资者在结束对学校的资产投入后，只有股权而不能直接干涉学校的任何资产，而学校作为法人，获得所有资产的实物所有权和使用权。代表投资者意愿的股东大会通过选举董事会间接管理学校，董事会只对股东大会负责，而不受任何个体意愿的支配。董事会对关系学校重大方针政策及重要事宜进行管理之外，学校的日常活动和教育教学由校长全权负责，与个人办学型、企业办学型和国有民办型民办高校相比，校长拥有更多实权，极大地发挥了校长的领导作用。股东大会、董事会、校长之间的相互分工建立起的授权与被授权、委托与代理的关系，成为维系学校正常发展的强力纽带。这样的经营管理模式，使得所有权和经营权更加明确，并为学校取得更多办学自主权，让真正懂教育的教育家、专家进行办学，有利于学校遵循教育自身的发展规律而发展。

第四，股份制办学型民办型高校将股权债权化，较好地解决了资本的寻利性和学校的公益性之间的矛盾。

学校作为独立的经济实体，需要人力、物力、财力的支撑，而资本的寻利性决定了投资者的投入要获得相应的回报，然而对于民办高校而言，国家并没有明确的法规条例指出投资者获得多少回报算是合理。而股份制民办高校利用股份制在一定程度上很好地解决了这个问题。所有的投资者在资产入股之后，就失去了资产初始所有权，由此获得了股权；而且与公司的股份制不一样的是，民办高校的股权回报不是经济股份的利益分红，而是将其债权化，以股息的形式作为投资者每年的回报。资本的寻利性不等于营利性，同样学校的公益性不等于无利性，学校的营利性和公益性不在于学校最初的办学目的，而取决于最终的办学结果。如果民办高校通过办教育而追求营利，那么这样的教育肯定办不好，办不长久；相反，不惜一切成本，不计任何回报的办教育也行不通，在如今的社会经济条件下，还不具备足够的资金创办完全公益性的高等教育。

股份制民办高校作为新时代经济条件下的独特产物，依托股份制迸发出普通民办高校所不具备的优势，比如融资能力显著、经营权和所有权分离、寻利性和公益性矛盾的适当解决等；但是，它不可避免地存在一些问题和不足，需要得到进一步改进。

第一，我国金融资本市场不够规范，股份制民办高校暗含风险。

我国的金融资本市场虽然已经运行多年，但依然不够规范，使得股市瞬息万变，很多公司、企业、个人、组织在股市的机遇和风险中冰火两重天。在改革的新时期，相应的法律和法规依然不健全，金融资本市场没有规范的法律环境，存在资本运作不合理、投资者利益受到损害等问题。目前国内的股票市场呈现低迷态势，这样不稳定的金融股市条件为股份制民办高校进入股市增添了更大的风险。虽然股份制学校的上市可以进一步扩大融资，提高学校的竞争力，创办良好的教育，赢得社会声誉，但是一旦进入股市，学校就会承担更大的风险，陷入金融市场的旋涡。

第二，股份制办学型民办高校与股东之间缺乏资金风险分割机制。

股份制民办高校与其他的高校一样，回报周期长，甚至在几年内都看不到投资效益，而且随着学校的进一步建设发展，需要源源不断地投入更大的资金，而股份制民办高校的资金主要通过向社会公众及组织进行融资，一旦投资者得不到收益，不但不会继续投资甚至会重新转让股权。此外，学校和企业也一样，会出现经营不善的情况，这不仅仅会减少学校的生源和节余、阻碍学校的发展，更重要的是学校的经营好坏与投资者休戚相关。学校如果不能每年给予投资者相应的股息作为回报，股东大会和董事会就会直接干预学校的正常运行发展。而股东大会和董事会干预学校的正常运行，就会与学校的办学者发生冲突，学校的所有权和经营权陷入混乱状态。在这样的情况下，学校将经受不必要的损耗，阻碍学校的发展。很多情况下，学校为了保持自己的办学自主权，会通过挪用办学资金、借贷款、寻找新的资金等方式来偿还股东的股息。由于股份制民办高校与股东之间缺乏资金风险分割机制，学校没有属于自己的资金链，大多依赖投资者的资金，会为学校的稳定发展埋下隐患。其实，在学校的运行发展中，资金只是前提保障，更重要的还是管理者要懂得开源节流，懂得经营创收。

第三，股份制办学型民办高校的独立法人地位缺乏法律保护。

股份制民办高校的投资者享有股权，学校法人享有法人财产权，通过股东大会和董事会间接管理学校，从而也就形成了所有权和经营权的分离。在实际的学校运行中，如果学校不完全按照投资者的意志运作，就会引发投资者和办学者之间的矛盾，而作为投资者利益代表的董事会就会重新调整对学校的管理，比如人事更替、资金配置、计划调整等，从而保证投资者的利益不受到损害。但是学校作为独立的法人，具有不受干预的资产所有权、经营权，不仅是投资者的利益来源，更是在校师生和社会的收益体。在我国，民办高校以财产独立为核心的法人制度并没有受到法律的保护，由此引发一系列问题，将直接损害学校法人的合法权益。这不仅仅直接制约学校的日常发展，更容易出现董事会过度控制管理学校，而学校的办学思想、管理效益、教育质量、教学方法等都会受到影响，那么学校的可持续发展将不复存在。

第三章

民办高校创办者的群体特征

本章摘要：我国民办高等教育的发展史就是一部民办高校创办者的奋斗史。本章全面分析创办者的群体特征和办学动机，同时通过国际横向比较和历史纵向比较，研究了国外私立高校和我国民国时期私立高校创办者群体，由此探讨社会、经济和政治对私立高校创办者群体的影响，描绘出我国民办高校创办者群体的立体图像。

本章分析了民办高校创办者群体的人口学特征、教育背景、工作履历、政治面貌和政治身份。民办高校女性创办者的比例较高，这提升了我国高等教育中女性领导的整体比例，女性创办者以她们独有的包容心、同情心、亲和力及忍耐力带领民办高校取得了辉煌的成绩。民办高校创办者的年龄偏高，平均年龄已达 58 岁，未来 10 年内，民办高校创办者的接班问题将成为影响我国民办高校发展的重要问题。民办高校创办者们具有良好的教育背景，是一个典型的高知群体和精英群体，教师、退休干部、专家和企业家是这个群体的主要组成人员。创办者群体中中共党员的比例较高，也有大量的民主党派成员。许多创办者拥有全国党代表、全国人大代表、全国政协委员等政治身份，拥有较大的话语权和政策影响力。

创办者的办学动机影响办学行为，办学行为影响民办高校的发展水平。本章采用访谈和问卷的方式，利用"三角印证"的方法，对创办者"听其言""观其行"，全面了解他们的办学动机。创办者的办学动机主要有三条主线：经济回报、权力获得和自我实现，三条主线之间相互重叠和交叉。首先，很多创办者追求经济回报。创办者通过开发房地产、压缩办学成本、计提折旧、关联交易和转让学校举办权等手段获得丰厚的经济利益。在学校的不同发展阶段，他们对经济回报有着不同的看法，并受到我国经济和文化环境的深刻影响。分类管理后，创办者获得经济回报的动机依然存在，他们会通过各种方式来实现自己的经济诉求。其次，创办者"获得权力"的动机来源于权力欲，权力能为他们带来巨大的"效应"，所以他们不断谋求权力最大化。他们一般担任学校最重要的职务——董事长（理事长），部分举办者还兼任院长或党委书记，同时安排家属成员担任重要职务。最后，自我实现之所以会成为创办者的主要办学动机，是因为他们希望从办学中获得成就感，确证自我价值和社会价值。改革开放后诞生的第一批民办高校的创办者大都带着非功利性的动机办学。当前一些商界领袖开始捐资办学。还有一些民办高校发展到一定程度之后，创办者开始追求自我实现。

本章获得了美国 424 所非营利性和 393 所营利性私立高校的举办者信息。非营利性私立高校的举办者主要有宗教组织或神职人员、少数族裔者、专家或学者、富豪、非营利性组织、集体组织或政府、政府官员等。这些举办者办学可能是为了宣传教义并培养神职人员，可能是为了增进社区和国家的福利，可能是为了促进专业领域的发展，也可能是为了传播或践行某些教育理念。营利性私立高校的创办者主要是企业家。美国的私立高等教育在发展过程中通过"自然演化"而非"政府计划"的方式实现了营利性与非营利性的分类发展，两类学校的创办者身份具有显著的差异，营利性私立高校在美国高等教育中的比例越来越大。我国民办高等教育的发展历史和社会背景决定了建设真正的非营利性民办高校将是一个长期的过程，而且非营利性民办高校也将在较长的时间内继续保持商业性的特征。

毁家以创办南开的严修，捐巨资创办厦门大学的陈嘉庚，说服父亲和伯父捐资创办中华大学的陈时，这些私立高校的创办者在我国近代高等教育发展史上留下了深刻的足迹。他们艰苦创业、甘受清贫，为推进我国高等教育的历史进程甚至是我国近代化的历史进程做出了巨大的贡献，他们已经彪炳史册。

改革开放后我国民办高等教育应时而生。创办者是目前我国民办高校的"掌舵者"和"一把手"，在民办高校的发展中发挥着不可替代的关键性作用，他们决定着我国民办高校的发展方向、发展模式和发展路径，进而决定着我国民办高校的发展成就和发展高度。可以说，改革开放以来我国民办高等教育的发展历史，就是民办高校创办者这一群体勇于实践、不断探索的奋斗史。没有民办高校创办者这一群体，就没有我国当前民办高等教育的今天。

一些民办高校的创办者已经产生了较大的社会影响，如胡大白、黄藤等，但是更多的创办者不为人所熟知。本章希望对民办高校创办者群体的个人特征进行研究，包括性别、年龄、教育和学科背景、职业生涯轨迹、政治面貌和政治身份等，从而描绘出民办高校创办者群体的立体图像。

Hambrick 和 Mason（1984）认为要研究企业家的认知基础和价值观，必须要研究企业家的背景特征（background characteristic），如年龄、组织任期、职业背景、教育、性别、种族、社会经济背景、团队异质性等。因为企业家的认知基础都是从他的经验（包括背景和训练）中演化而来的，因而背景特征是企业家品质的指示器（indicator）。[1] 根据我国的实际情况，考虑到资料收集的成本和不同创办者之间比较的可能性，同时考虑到各种特征与本研究的相关性，本章从创办者的人口学特征、教育和学科背景、职业背景、政治面貌与政治身份等几个方面分析创办者的特征。在分析了我国民办高校创办者的办学动机之后，本章将通过国际比较和历史比较的方式，研究国外私立高校和我国民国时期私立高校创办者的群体。通过这种跨越时空的比较，能够看到不同的社会、经济和政治对高等教育的深刻影响。

第一节　民办高校创办者群体的人口学特征

一　创办者的定义

相当比例的举办者是社会组织而非自然人，本章所研究的创办者指代自然人而非社会组织。当民办高校为个人举办时，举办者即该自然人。当民办高校为多人举办时，本章的创办者指在学校治理中发挥最重要作用的人。当学校为某社会组织举办时，本章所指的创办者指该组织的实际决策者，即实际控制人。比如，在本章中，北京吉利学院的创办者被认定为李书福。之所以将组织的实际决策者当作民办高校的创办者，有如下原因：

---

① Donald C. Hambrick, Phyllis A. Manson, Upper Echelon, "The organization as a Reflection of Its Top Managers", The Academy of Management Review, 1984（2）.

第一，组织的决策是由人做出的，特别是在制度不太规范的情况下，决策者个人对组织的发展会产生更大的作用，将分析单位定位于自然人，会使分析更有针对性和深入性。第二，自然人在举办民办高校时，为了便于获得土地的使用权，也便于对学校的控制，一般会先成立一个教育投资公司或者其他类似的投资公司，以公司的名义购置土地、筹办学校，而实际的决策者依然为自然人，所以，即使是自然人创办的民办高校也往往有一个投资公司作为"壳"。第三，很多民办高校的投资公司除了运营民办高校之外，并没有其他的业务，即使有其他的经营业务，其业务量也微不足道。第四，在访谈很多民办高校的教职工时，当问到"谁是学校的举办者或创办者"，受访者一般不会说是某个公司，而是直接说该组织实际负责人的名字。

将创办者界定为自然人的方式也符合管理学的研究方式。高闯在研究企业的终极股东时强调，终极股东一定是具有实际控制权的自然人。上市公司披露的控制性股东无论是企业法人还是其他经济组织实体，都有一个相对具有控制影响力的自然人，他在代表个人及某个组织执行上市公司的控制权力。[①] 夏立军等学者在一项研究中，根据各个样本公司的招股说明书来确认企业由哪个人或者哪一群人发起设立的，对于由多人创立的公司，他们将发挥最为重要作用（持有发行前股份最多，或者在企业最初创立过程中担任董事长或总经理等）的创立者视为创始人。[②]

大多数民办高校都在学校官网的显要位置介绍本校的创办者。很多民办高校在官网的显要位置介绍本校的"创办者"或"举办者"，也有一些民办高校在官网的"现任领导"栏目中介绍作为董事长的举办者。当然，也有一些民办高校的举办者十分"神秘"，学校官网中几乎没有他们的任何介绍，只有通过知情人访谈或者媒体的零星介绍（比如担任某些民办高校的董事长或法人代表由于法律诉讼的缘故被媒体披露）才能获得创办者的相关信息。

改革开放后，我国民办高等教育的历史并不长，少数民办高校创办于20世纪80年代或90年代，大部分民办高校创办于2000年前后，所以大

---

①　高闯、郭斌、赵晶：《上市公司终极股东双重控制链的生成及其演化机制——基于组织惯例演化视角的分析框架》，《管理世界》2012年第11期。

②　夏立军、郭建展、陆铭：《企业家的"政由己出"——民营IPO公司创始人管理、市场环境与公司业绩》，《管理世界》2012年第9期。

部分民办高校的创办者依然是民办高校的实际负责人。若一所民办高校的初创者已经去世，其子女或后人接班，则本研究分析该创办者的特征。若一所民办高校发生了举办者变更，原来的举办者通过出售控制权的方式退出了学校领导地位，则本研究仅仅分析目前学校举办者的情况。

二　创办者的性别特征

本章从性别和年龄两个维度来刻画创办者的人口学特征，并分析这两个人口学特征对我国民办高等教育的影响。张应强等学者在对大学校长的研究中，还研究了大学校长的籍贯、民族等人口学特征。① 目前校长的籍贯和民族等人口学特征对于大学的发展没有显著影响，故本研究不分析这些特征。

世界上多数地区在历史的绝大多数发展时期都是男权社会，男性在经济、政治、文化中占有更重要的职务、发挥更重要的作用。部分国家和地区的女性仅仅有资格参与家庭事务，参与管理的机会很少。但是，近年来，女性在政治、经济乃至广泛的社会领域彰显的领导力为世人所瞩目，这也被认为是时代文明进步的表现。②

经济领域中女性企业家发挥了越来越重要的作用。很多学者的研究发现，女性企业家所表现出"关怀导向"的领导风格以及她们较强的风险控制能力，在应对经济周期波动中显示出了比男性更大的优势。③ 杨静、王重鸣对41位创办并经营企业的企业家进行了半结构化访谈，基于扎根理论，编制出包括6个维度36个行为条目的原始量表。调查发现，女性创业型领导不仅体现出创业型领导的核心内涵——应对外界复杂多变环境，鼓励员工实施变革与创新活动，还凸显了女性创业者和企业家的典型社会性别特征——女性特有的"亲和感召"和"母性关怀"。④ 正是因为女性企业家所具有的包容心、分享权力、善于培养下属、乐于帮助人、善

---

① 张应强、索凯峰：《谁在做中国本科高校校长》，《高等教育研究》2016年第6期。

② 陈至立：《文化与教育的包容性发展及女性赋权——在第五届世界大学女校长论坛上的致辞》，《现代传播》（中国传媒大学学报）2011年第12期。

③ 史清琪：《2009中国女企业家发展报告：走出危机，踏上可持续发展之路》，地质出版社2010年，第10页。

④ 杨静、王重鸣：《女性创业型领导：多维度结构与多水平影响效应》，《管理世界》2013年第9期。

于合作、具有同情心等特质，随着女性创业在全球范围内蓬勃兴起，女性创业者和企业家已经成为推动经济与社会发展的重要力量，一些国家和地区的女性企业家对于推进当地女性平等和社会进步发挥了不可或缺的作用。①

女性在政治领域也发挥着越来越重要的作用。20 世纪 50 年代，担任一国元首或政府首脑的女性仅有 1 人，60 年代有 3 人，70 年代有 7 人，80 年代有 11 人。到了 21 世纪，女性领导人数量显著增加。万明研究发现，女性领导人不仅在国内享有崇高的权力和威望，在世界舞台上的地位也越来越重要。她们在国际政治沟通理念建构、公共议程设置、公众形象传播、政治说服等方面区别于传统男性政治，甚至导致国际政治话语显现出不同以往的柔性化特征。②

教育领域是女性具备"比较优势"的行业，女性在教育领域的优势比在经济领域和政治领域中的优势更加明显。从高等教育来看，美国大学中女性校长的比例较高。郭俊、马万华的研究发现，美国女性大学校长的比例 1986 年为 9.5%，2006 年增长到 23%，2011 年达到 26.4%。③ 笔者对 2016 年上海交通大学全球大学学术排行榜中前 100 强大学中的美国大学校长性别进行了调查。该排行榜中前 100 强大学中共有 50 所美国大学，其中公办大学 26 所，私立大学 24 所。调查发现，26 所公办大学中有 2 所大学的校长是女性，比例为 7.7%，24 所私立大学中有 5 所大学的校长是女性，比例为 20.8%，私立大学女性校长的比例高于公立大学女性校长的比例。李培元认为，大学女校长作为最为耀眼的女性教育领导者，在世界高等教育发展中扮演着巨大的作用。女校长们的风采与魅力、睿智与魄力是世界各国高等教育发展的宝贵经验和丰厚财富。④

相比之下，我国大学女性校长的比例较低。张光进等学者在 2007 年

① Donna J. Kelley, Candida G. Brush, Patricia G. Greene and Yana Litovsky, *Global Entrepreneurship Monitor* -2010 *Women's Report*, Babson College and the Global Entrepreneurship Research Association, (GERA), 2011, pp. 1-47.

② 万明：《女性视角下的国际政治沟通理念与实践——以女性领导人为例》，《国际观察》2013 年第 6 期。

③ 郭俊、马万华：《美国大学校长群体特征的实证研究——基于履历背景的视角》，《比较教育研究》2013 年第 1 期。

④ 世界大学女校长论坛精彩发言：《谁说女子不如男》，http://www.jyb.cn/world/gjsx/201111/t20111105_ 462071. html。

对我国103所"211"大学校长的研究发现（部分"211"大学的校长信息缺失），我国"211"大学中仅有3位女性校长，占比2%，"985"大学中一位女性校长也没有。[①] 张应强等学者在2015年对我国759所公办普通本科高校的研究发现，女性校长的比例只有3.7%，其中"985"高校的校长皆为男性，"211"高校中女性校长的比例只有1.8%，女性校长主要分布在除了"985"高校和"211"高校之外的本科高校，尤其是新建本科高校的女性校长比例较高。

本研究共获得了344位创办者的性别信息，其中男性304位，占88.4%，女性40位，占11.6%（见表3-1）。很显然，民办高校中女性创办者的比例较高，这提升了我国高等教育中女性领导的整体比例。需要指出的是，未来我国民办高等教育领域中女性领导的比例会进一步提高，因为很多民办高校的二代接班者都是女性，这会进一步改变我国高校女性领导偏低的状况。

表3-1　　　　　　　　　　我国民办高校创办者性别分布

性别	频率	有效百分比（%）
男	304	88.4
女	40	11.6

哈佛大学校长福斯特曾说：我不是哈佛女校长，我是哈佛校长。[②] 在实际工作中，领导不分性别，但领导角色有男女之分。刘继南认为，女性的人文素养为女校长以温柔的力量追求办学的成功提供了特殊的有利条件，女性是改造世界的温柔力量。[③] 2015年我国普通本专科女学生数占在校生总数的51.35%，研究生（包括硕士和博士）中女生的比例达48.98%，普通高校中女教师占教师总数的47.28%。[④] 中国女科技工作者共1400多万人，占全国科技工作者总量的40%，在具有高级专业技术职

① 张光进、王鑫：《中美大学校长群体特征的比较分析及启示》，《复旦教育论坛》2007年第5期。

② "Women in Leadership: Drew Gilpin Faust". http://wp.nbr.com/transcripts/women-in-leadership-pamela-j-newman-20111230.

③ 陈雅芳：《论成功女校长的素质特征》，《教育研究》2007年第2期。

④ 《各级各类学校女学生数》，http://www.moe.gov.cn/publicfiles/business/htmlfiles/moe/s7567/201309/156890.html。

务的科技工作者中女性占 1/3。在高校中女性学生、女性教师和女性科技工作者比例不断提高的背景下，适当提高高等教育中女性领导的比例有利于促进我国高等教育的健康发展。李卫红指出，鉴于现实生活中女性领导力的匮乏不足，除了正规教育体系应予以特别关注和重视外，应该大力开拓非政府组织的女性领导力培育空间。[1]

　　一些民办高校的创办者也认识到自身的性别优势对于大学发展的积极作用。上海震旦学院的创办者张惠莉在接受采访时表示，"作为女性，我特别注重在集团发展和管理的过程中遵循情理相融、软硬兼施和动静相济的原则"[2]。正是由于女性在教育领域的相对优势，部分女性"掌舵者"带领民办高校取得了不俗的成绩，她们所领导的民办高校成为我国较为知名的民办高校。表 3-2 是由女性掌舵的部分高水平民办高校。

表 3-2　　　　　　　　我国部分女性创办者掌舵的民办高校

学院名称	创办者或掌舵者姓名	学校办学水平
黄河科技大学	胡大白（董事长）、杨雪梅（院长）	2016 年武书连排行榜第 2 名；2016 年科教评价得分 86.73，第 3 名；2016 年校友会得分 98.89，第 14 名
山东英才学院	杨文	2016 年武书连排行榜得分 1.44，第 21 名；2016 年科教评价得分 66.41，第 41 名；2016 年校友会得分 99.65，第 3 名
吉林华桥外国语学院	秦和	2016 年武书连排行榜得分 2.40，第 4 名；2016 年科教评价得分 78.72，第 5 名；2016 年校友会得分 99.45，第 7 名
宁波大红鹰学院	孙慧敏	2016 年武书连排行榜得分 1.32，第 25 名；2016 年科教评价得分 73.12，第 15 名；2016 年校友会得分 97.98，第 19 名
无锡太湖学院	金秋萍	2016 年武书连排行榜得分 1.61，第 15 名；2016 年科教评价得分 74.35，第 11 名；2016 年校友会得分 94.46，第 48 名
周口科技职业学院	周海燕	民办本科高校

---

　　① 龙小农：《教育与女性领导力的提升：第六届世界大学女校长论坛综述》，《现代传播》（中国传媒大学学报）2014 年第 11 期。

　　② 本刊记者：《一个永远的创业者——记震旦教育集团管委会主任张惠莉》，《教育发展研究》2005 年第 3 期。

续表

学院名称	创办者或掌舵者姓名	学校办学水平
黑龙江外国语学院	刘英	2016 年武书连排行榜得分 0.80，第 62 名；2016 年科教评价得分 67.72，第 33 名；2016 年校友会得分 94.42，第 49 名
辽宁财贸学院	郭立新	2016 年武书连排行榜得分 0.93，第 51 名；2016 年科教评价得分 69.34，第 27 名；2016 年校友会得分 94.24，第 54 名
广西外国语学院	朱桂玲	2016 年校友会得分 84.58，第 102 名

三 创办者的年龄特征

年龄代表着人的阅历，进而影响人的世界观和行为选择。国外学者关于年龄与认知关系的研究表明，随着年龄的增长，企业家的认知能力会下降，知识结构会老化，变通能力会降低，抵制变革的倾向会增加，因而年老的企业家的决策质量会下降。[①] 但有关学者对中国企业进行研究后发现，年长的企业家拥有更多的资源特别是社会关系资源，因此，年长的企业家会有更高的决策质量。陈传明等学者认为企业家年龄与企业多元化程度呈"∩"形关系，年轻企业家的人力资本（如管理经验）、物质资本以及社会关系资源的不足限制了企业的多元化扩张，而处于中年（年龄拐点为 51 岁）的企业家在管理经验、社会关系资源和精力等方面都具有优势，因此具有较高的决策质量。当企业家年龄老化之后，由于健康逐渐变差等原因，其决策质量会逐渐下降。[②]

我国相关法律对高校的领导班子年龄有明确要求。《中共教育部党组关于进一步加强直属高等学校领导班子建设的若干意见》（教党〔2013〕39 号）指出："列入中央管理的党委书记和校长初任时，属提拔任职的年龄一般不超过 58 岁"，"党政领导班子实行任期制，每届任期 5 年，任期届满应及时换届"。

---

① Hambrick, D. C. & Mason, P. A., "Upper Echelons: The Organization as a Reflection of Its Top Managers," *Academy of Management Review*, 1984 (2): 193-206.

② 陈传明、孙俊华：《企业家人口背景特征与多元化战略选择——基于中国上市公司面板数据的实证研究》，《管理世界》2008 年第 5 期。

教育部的相关文件对民办高校校长的年龄也有规定。《民办高等学校办学管理若干规定》（教育部令第 25 号）规定民办高校校长应当具有 10 年以上从事高等教育管理经历，年龄不超过 70 岁。校长报审批机关核准后，方可行使《民办教育促进法》及其《实施条例》规定的职权。《教育部关于废止和修改部分规章的决定》（教育部令第 38 号）修改了教育部令第 25 号的规定，民办高校校长不再需要审核机关核准，但是仍然需要具有 10 年以上从事高等教育管理经历，年龄不超过 70 岁，任期原则上为 4 年。

由于举办者大多担任董事长，也有举办者担任党委书记，而国家对民办高校董事长没有年龄要求，也没有出台文件规定民办高校党委书记的年龄，所以，国家关于民办高校校长的年龄要求对举办者基本上起不到约束和限制作用，我国民办高校举办者的年龄普遍偏大。截至 2015 年 12 月，本研究共获得 212 位创办者的年龄信息。年龄最小者为 33 岁，最高者 99 岁，平均年龄 58 岁。我们以 10 岁为一个年龄段，绘制我国民办高校创办者年龄段分布图。从图 3-1 可见，年龄在 39 岁以下的比例只有 2%；40—49 岁的比例为 25%；50—59 岁的举办者最多，共有 73 位，比例为 38%；60—69 岁的比例为 18%；70—79 岁的比例为 9%；80 岁及以上的比例为 8%。进行简单计算可知，60 岁及以上的创办者共有 68 位，占 35.6%，也就是说，1/3 以上的民办高校创办者年龄超过了 60 岁。

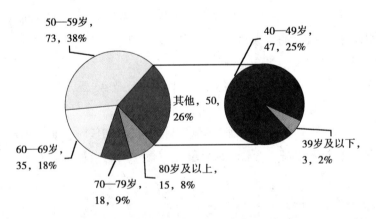

图 3-1 我国民办高校举办者年龄分布

我国民办高校是改革开放之后开始兴办的，从 1979 年开始办学的湖南九嶷山大学（湖南九嶷职业技术学院前身）可以视为我国第一所民办高校。[①] 我国民办高校的办学高潮期发生在21世纪初，21世纪初我国教育领域的"教育产业化"大讨论是推动我国民办高校大发展的重要因素之一。本研究搜集了我国民办本科高校的创办时间，1995年、1999年和2002年是我国民办本科高校的3个创办高潮年，见图3-2。

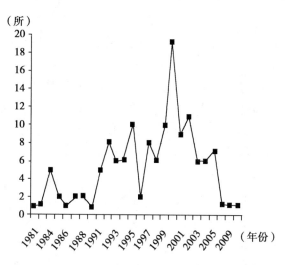

图3-2　中国民办本科高校创办时间分布

　　创办大学既需要较高的文化基础、经济基础和管理素养，更需要社会资本，而社会资本的积累与人的社会阅历息息相关，所以，只有很少的民办高校是由初出茅庐的年轻人创办的，大部分民办高校是由中年人或已经退休的干部、教师等群体举办的。而且，创办者一开始往往以培训班、专修学院等形式办学，经过多年的滚动发展之后才逐渐升格为高职院校或本科院校。所以，我国民办高校创办者的年龄普遍偏高。

　　虽然民办高校的创办者可以终身担任学校的董事（理事）长，在法律上并没有障碍，但是，管理一所大学需要健康的身体和充沛的体力、精力，年纪太大的创办者一定会力不从心。所以，随着创办者年龄的逐渐增加，尤其是到了70岁以后，选择接班人问题就摆在他们的面前。由于我

① 我国第一所民办高校存在争议，主要原因是判断标准不同。如果从办学行为开始，则1979年开始办学的湖南九嶷山大学可视为我国第一所民办高校，但是该校很晚才获得教育部批准。1994年，国家教委批准浙江树人学院、上海杉达学院、黄河科技学院和四川天一学院，这4所民办高校是我国第一批成立的民办高校。

国 1/3 的创办者年龄超过了 60 岁，所以今后 10 年内，民办高校创办者退出领导岗位以及随之发生的领导权更替问题，将是影响我国民办高校可持续发展的重要问题之一。

第二节　民办高校创办者的教育背景

一个人的正式教育背景包含了丰富的信息，它能较为准确地衡量一个人的知识和技能基础。受教育程度反映了个体的认知能力以及对新知识的搜集、处理和分析能力。受过更高教育的人更愿意接受新思想和新事物，能够更好地适应新的变化并搜集自身所需要的信息。管理学领域的学者研究发现，企业家的社会认知复杂程度与学历正相关，企业家的社会认知越复杂，就越容易在复杂多元化的经营环境中准确定位，因此学历越高的企业家越容易发生战略变革。[①] 胡荣研究发现，学历越高的社会主体参与社会交往的频率和程度越高，社会交往对象的层次也越高。因此，高学历企业家的社会网络在网络规模和网络成员层次上具有显著优势，其通过社会关系运作获得的资源或支持更多。[②]

民办高校既有商业组织的属性，更有教育组织的属性，因此，创办者的教育和学历背景会对其所创办的民办高校产生显著影响。本研究共获得190 位创办者的教育背景信息，见表 3-3。从表 3-3 可见，民办高校的创办者是一个典型的高知群体，他们具有良好的教育背景，知识水平高，文化素质好。民办高校创办者群体的教育背景和其他产业创办者群体的教育背景形成了鲜明的对比。据全国工商联在 2009 年的调查，全国私营企业业主低学历段（含文盲、小学、初中、普高、职高）的比例为 76%，而高学历段（含中专、大专、大学本科和研究生）的比例只有 24.1%。[③] 可以认为，民办高等教育领域是一个"选择性排斥"的领域，低学历者进入民办高等教育会遇到较大的困难，如果创办者本人没有接受高等教育的经验和成功体验，他可能既没有兴趣也没有能力创办一所大学。

---

① Karen A . Bantel, "Top Management Team Demography and Corporate Strategic Change", *Academy of Management Journal*, 1992（1）：91-121.

② 胡荣：《社会经济地位与网络资源》，《社会学研究》2003 年第 5 期。

③ 杨轶清：《企业家能力来源及其生成机制——基于浙商"低学历高效率"创业现象的实证分析》，《浙江社会科学》2009 年第 11 期。

表 3-3　　　　　　　　　　民办高校创办者学历层次

学历层次	频率	有效百分比（%）	累计百分比（%）
博士	51	25.6	25.6
硕士	73	36.7	62.3
本科	45	22.6	84.9
专科	16	8.0	92.9
专科以下	14	7.0	100

为了验证创办者的教育背景和学校发展水平之间的关系，笔者对创办者的教育背景与学校发展水平这两个变量进行了交叉分析，得到表 3-4。从表中可以看出，创办者的教育背景与学校办学层次之间并不存在显著的相关关系，进行 Pearson 卡方检验，P=0.764。对于这个结果可作如下理解：民办高等教育是一个知识密集型行业，存在很高的学历门槛，无论是民办高职院校还是民办本科高校，没有较高学历的创业者都很难进入。创办者一旦突破了学历等门槛进入了民办高等教育领域之后，创办者本人的学历高低便与学校的办学层次并无直接关系。

表 3-4　　　　民办高校创办者教育背景与学校办学层次的交叉

创办者教育背景	办学层次	
	民办本科高校	民办高职院校
专科以下	7.2%	6.9%
专科	10.8%	6.0%
本科	20.5%	24.1%
研究生	34.9%	37.9%
博士	26.5%	25.0%

第三节　民办高校创办者的职业背景

职业背景是指创办者在创办民办高校之前的主要职业经历。管理学的研究表明，是否具有丰富的其他企业或其他职业任职经历会显著影响企业家的战略选择。职业经历单一的战略决策者，其工作经验的积累可能会有助于很好地完成例行性任务，却有战略视角狭窄的缺陷，因为他们只能对外部环境进行有限的搜索。反之，如果企业家在多个企业任过职，具有多种职业经历，则应对多元化经营中出现的复杂问题和突发事件的能力越强。[1] 此外，在多个企业任过职的企业家，其社会关系网络的规模更大，其领导的企业实施多元化战略的可能性越高。

　　本研究获得了 159 位创办者的职业背景，民办高校创办者的职业背景显示了这一群体的精英性质，教师、退休干部、专家和企业家是我国民办高校的主要创办者。赵树凯在 1999 年调查北京市 114 所打工子弟学校创办者时发现，79 所学校的创办者当过教师，另外的则是半路出家，从包工头、小贩、厨师、菜农、建筑工、清洁工、保姆等形形色色的职业走上了办学道路。[2] 很显然，低层次的打工子弟学校的创办者和民办高校的创办者的群体特征存在显著的差异。

　　首先是"教师办学"。117 所民办高校的创办者具有学校工作经历，占创办者总数的 59.7%，其中 79 人具有大学工作经历，占创办者总数的49.7%。教师办学具体包括几种情况。第一种是退休教师办学，如三江学院、杉达学院的创办者。第二种是教师辞职办学，如上海建桥学院的创办者。有一些教师离开学校后直接创办学校，通过滚动发展的方式使学校从小到大，如黄河科技学院的创办者胡大白，也有一些教师先在其他行业摸爬滚打积累了创业经验和财富之后，再以"投资办学"的方式创办民办高校，如银川能源学院的创办者孙珩超。学校工作的经历使他们热爱教育，熟悉教育，这是他们创办民办高校的重要动力，而且，创办者在学校工作中积累的经验也是他们带领学校发展的重要力量源泉。

　　其次是"老领导办学"。22 位创办者有政府工作背景，占创办者总数的 13.8%，他们或者从政府机构退休后举办民办高校，或者在尚未退休之际便"下海"办学。一些创办者在退休之前曾担任省部级领导。政府官员拥有重要的社会资本，官员所有的行政级别会给官员带来更多社会交往优势，比如，他们有机会认识政府中更高行政级别的官员，在各种社会活动场合中也会被给予更多的尊敬。[3] 尤其在我国民办高等教育发展早期，举办民办高校带有一定的政治风险因而很难获得批准，担任过政府官

　　① March, J. G. & Simon, H. A., *Organizations*, New York：Wiley. 1958.

　　② 赵树凯：《农民的新命》，商务印书馆 2012 年版，第 199 页。

　　③ 朱旭峰：《中国政策精英群体的社会资本：基于结构主义视角的分析》，《社会学研究》2006 年第 4 期。

员的举办者无疑会有巨大的优势。部分担任政府官员的民办高校创办者见表 3-5。

表 3-5　　　　　　　　　　部分退休官员所创办的民办高校

民办高校	创办人	创办时间	原职务
浙江树人大学	王家扬	1984	浙江省原政协主席
广东新安职业技术学院	王屏山	1998	广东省原副省长
广西演艺职业学院	黄国安	2004	玉林市长，玉林市委书记
北京科技职业学院	周继庭	1997	1989—1993 年任延庆县委书记
厦门华厦学院	蔡望怀	1993	1992 年 12 月起任第八、第九届厦门市政协主席、党组书记
民办四川天一学院	蔡文彬	1991	曾任共青团四川省委书记，成都邛崃县委书记（挂职）
南昌工学院	原省委书记傅雨田为首的一批老同志	1988	1978 年 12 月至 1983 年 1 月傅雨田任中共江西省委书记
三亚航空旅游职业学院	陈峰	2005	1990 年出任海南省省长航空事务助理
黑龙江东方学院	孟新	1992	曾任黑龙江省政协教科文卫委副主任、黑龙江省委高校工委副书记。
民办万博科技职业学院	韩恩业	2000	1984—1994 年中华人民共和国纺织业工业部教育司司长、教授
四川长江职业技术学院	韩谨	2010	曾任四川万县市副市长

再次是"专家办学"。很多创办者长久钻研某个领域，对于某些领域具有强烈的兴趣，他们创办民办高校受到自己兴趣的强烈驱使并希望培养这些领域的青年人才。某些创办者是在某个领域内做出较大成绩、取得较大社会影响的学者、专家，这类民办高校是典型的"专家办学"，这些创办者所创办的民办高校的"拳头专业"与他们自身的专长往往是一致的，比如刘积仁所创办的三所软件学院，甄忠义所创办的河北美术学院，刘宝山所创办的嵩山少林武术职业学院等（见表 3-6）。

表 3-6　　　　　　　　　　部分专家所创办的民办高校

民办高校	学校的特色	创办者	创办者擅长的领域及取得的成就
辽宁何氏医学院	医学	何伟	国家千人计划科学家，眼科专家

续表

民办高校	学校的特色	创办者	创办者擅长的领域及取得的成就
成都东软学院等3所民办高校	软件	刘积仁	原东北大学副校长，软件专家
河北美术学院	美术	甄忠义	"朦胧画派"的开创者
安徽三联学院	交通、汽车	金会庆	交通事故预防方面的专家
陕西国际商贸学院	商贸、医药	赵步长	心脑血管病专家
嵩山少林武术职业学院	武术	刘宝山	中国武术九段，全国著名拳师
沈阳北软信息职业技术学院	软件	张桂平	人工智能领域专家
泉州华光职业学院	摄影	吴其萃	担任中国华侨摄影学会副主席、福建省高校摄影学会主席

12位民办高校创办者有过军旅生涯经历，占创办者总数的5.7%。近年来，研究企业文化的学者提出了"兵商文化"的概念，所谓"兵商文化"，是指退役军人在经商实践中把军人文化和商业文化融合起来，沉淀、积累形成的一种文化。① 整体来看，拥有军旅生涯的举办者所在的民办高校并未表现出发展优势，12所民办高校中有2所是民办本科高校，其余10所是民办高职院校，其中一所民办高职院校已经被取消招生资格，实际上处于倒闭状态。

最后是"企业家办学"。我国很多民办高校是由企业举办的，部分企业家是位于各类富豪榜上的著名富豪。部分企业家希望创办民办高校来为自己的企业提供人才，如湖南三一工业职业技术学院主要"根据三一集团各事业部、子公司的用人需求，对学生进行定向培养"，工程机械类专业是学校的主要专业类型，学院着力打造"工学交替""项目导向""顶岗实习"等特色教学模式，努力实现学习与岗位的"零距离"无缝对接。② 也有一些企业家捐资办学、回馈社会，如王雪红夫妇在贵州惠水县创办盛华职业技术学院，章程明确规定举办者永远不分红和公益办学不求经济回报，致力于帮助优秀贫困学生"零成本"完成学业并找到一份工作。

---

① 李雷：《当军旅经历融入企业——走进"兵商文化论坛暨改革开放三十年军旅企业家座谈会"》，《中国人才》2009年第4期。

② 学院简介，http://www.sanyedu.com/xygk/list.asp? D_ CataID = A0001。

表 3-7　　　　　　　　　　**部分富豪所创办的民办高校**

民办高校	创办者	举办者财富状况
湖南三一工业职业技术学院	梁稳根	梁稳根个人以 305 亿元人民币位居"2013 福布斯中国 400 富豪榜"第 14 位，曾以 594.5 亿元人民币列"2011 福布斯中国富豪榜"第 1 位
杭州万向职业技术学院	鲁冠球	鲁冠球父子以 207.4 亿元人币民列"2013 福布斯中国 400 富豪榜"第 29 位
北京吉利大学等 5 所民办高校	李书福	李书福个人以 125.1 亿元人民币列"2013 福布斯中国 400 富豪榜"第 54 位
烟台南山学院	宋作文	宋作文个人以 120.2 亿元人民币列"2013 福布斯中国 400 富豪榜"第 59 位
浙江越秀外国语学院	胡柏藩	胡柏藩个人以 57.3 亿元人民币列"2013 福布斯中国 400 富豪榜"第 186 位
陕西国际商贸学院	赵步长	赵步长父子以 54.9 亿元人民币列"2013 福布斯中国 400 富豪榜"第 200 位
浙江广厦职业技术学院	楼忠福	楼忠福家族以 42.7 亿人民币列"2013 福布斯中国 400 富豪榜"第 305 位
贵州盛华职业学院	王雪红	王雪红及其夫婿以 24 亿美元列"2013 福布斯全球富豪榜"第 613 位
天津天狮学院	李金元	李金元个人曾以 56.7 亿元人民币列"2012 福布斯中国 400 富豪榜"第 131 位

资料来源：企业家的财富信息引自福布斯中文网，2014-11-28，http://www.forbeschina.com。

　　房地产领域的企业家是我国民办高校创办者的重要组成部分。《中国青年报》曾报道，我国 70% 的独立学院由"房地产及各类投资公司、企业"所举办，这个报道凸显了房地产对我国民办高等教育领域的强烈渗透。[①] 这一报道虽然没有具体分析独立学院举办方中房地产和其他投资公司的比例，但是笔者估计，主营业务属于房地产的公司或者有房地产背景的公司可能占我国独立学院举办方的 50% 左右。笔者对独立设置的民办高校（不包括独立学院）的举办者调查表明，至少有 58 位民办高校创办者拥有房地产行业背景，约占独立设置的民办高校总数的 22%。这些创

---

① 李剑平：《近七成独立学院由房地产等投资资本掌控》，《中国青年报》2014 年 4 月 15 日。

办者大部分都在房地产行业积累了资金之后开始创办民办高校，他们在成功创办民办高校后一般还在继续经营着房地产企业；也有一些创办者在举办民办高校的同时兴办房地产；也有一些创办者举办民办高校的主要目的在于以办学为借口，通过较低的土地成本从政府中获得土地的使用权。房地产行业是高风险的行业，房地产行业对民办教育的潜在风险应该引起关注。郭娜等学者指出，近年来我国房地产市场周期的波动幅度剧增，且受到宏观经济因素和政策因素的影响，国家政策或经济形势发生变化，房地产业会发生强烈震动。① 由于我国大部分民办高校尚未建立与投资方的风险分割机制，所以，一旦作为民办高校投资方的房地产公司出现风险，就可能给民办高校带来灾难性影响。近几年比较有影响的案例有湖南涉外经济学院投资方资金链断裂和安徽文达信息工程学院投资方资金链断裂事件，这些事件的起因大都是因为举办方投资于房地产的资金无法收回，举办者减少对学校的投资或者挪用学校的资金，导致学校资金出现困难，给学校带来风险。

第四节　民办高校创办者的政治面貌和政治身份

我国是一个有着数千年官本位传统的国家，"大社会小政府"的改革目标尚未实现，政府依然掌握着资源分配的重要权力。张建君等学者指出，对于民营企业而言，其政治行为、政治选择和政治战略对于企业的竞争优势和生存发展有着极其重要的影响。政府环境构成了民营企业外在环境的重要部分，对企业的生存和发展发挥着至关重要的作用。如何应对政府环境、处理与政府的关系是民营企业战略决策和经营行为的重要方面。②

与企业相比，民办高校作为提供精神产品、维护国家意识形态的教育组织，其和政府之间的关系比企业和政府之间的关系更为密切，民办高校受到政府的影响比企业受到政府的影响更深远。政府所掌握的权力和资源较多，土地划拨、招生指标分配、财政扶持、评优评奖等重要权力都掌握

---

① 郭娜、梁琪：《我国房地产市场周期与金融稳定——基于随机游走滤波的分析》，《南开经济研究》2011 年第 4 期。

② 张建君、张志学：《中国民营企业家的政治战略》，《管理世界》2005 年第 7 期。

在政府手中，政府手中的资源往往并不是平等地投向所有民办高校，办学水平高的民办高校以及举办者拥有较高政治身份的民办高校更容易获得优惠政策。民办高校创办者的政治面貌和政治身份反映了这一群体努力争取权力的现实以及他们在向政治权力靠拢的过程中所取得的成就，创办者政治地位的上升也为他们争取各方面的办学资源提供了便利。

除了帮助民办高校获得优惠政策和政府的财力支持之外，举办者的政治地位还具有如下作用。第一，创办者的政治地位是很好的名片，有利于提高社会知名度。民办高校往往在官网以及其他重要场所宣传举办者的政治地位。第二，如果学校遇到麻烦，创办者可以利用自己的政治地位来"摆平"这些麻烦。比如，当学校出现某些负面新闻导致媒体介入时，具有较高政治地位的举办者可以利用自己的政治影响，阻止媒体对负面新闻的报道。

一　创办者的政治面貌

本研究的政治面貌特指举办者所属的党派。本研究共获得了157位创办者的政治面貌信息（见表3-8）。可以看出，民办高校创办者属于中共党员的比例很高。我国的各类社会精英加入中共的比例，远远高于一般社会群众加入中共的比例，民办高校创办者作为我国社会精英的组成部分，党员的比例也较高。我国相关的教育政策一直强调民办高校要坚持社会主义办学方向，相当比例的创办者属于中共党员，在客观上有利于保证民办高校正确的办学方向。

表3-8　　　　　　　　　　民办高校创办者政治面貌

政治面貌	中共	民盟	民进	民革	九三学社	民建	农工党	致公党	群众
频率	106	12	10	7	6	5	4	3	4
有效比（%）	67.5	7.6	6.4	4.5	3.8	3.2	2.5	1.9	2.5

从表3-8也可以看出，各民主党派成员是我国民办高校的重要创办力量。我国有几所民办高校主要是由民主党派的基层组织而非民主党派成员创办起来的，如民盟绍兴市委是浙江越秀外国语学院的创办者和目前的举办者之一，民革广西区委是南宁学院（原邕江大学）的主要举办方，民革浙江省委员会是浙江长征职业技术学院的举办方之一。之所

以很多民主党派举办了民办高校，与国家早期的民办教育政策有关。1987 年 7 月国家教委发布的《关于社会力量办学的若干暂行规定》中，把社会力量界定为"具有法人资格的国家企业事业组织、民主党派、人民团体、集体经济组织、社会团体、学术团体，以及经国家批准的私人办学者"。

除了民主党派的基层组织作为民办高校的创办者之外，很多民主党派的成员直接创办了民办高校。在我国的 8 个民主党派中，除了台湾民主自治同盟之外，其他 7 个民主党派都有成员创办民办高校，其中，民盟成员创办民办高校的比例最高。民办高校创办者中来自民主党派的人数较多，是由两种情况造成的。第一种情况是"先办学后加入民主党派"。各民主党派一般倾向于从社会地位高、社会成绩突出且没有加入共产党的社会成员中发展成员，所以民办高校的创办者成为各民主党派争相发展的对象。第二种情况是"先加入民主党派再办学"。各民主党派的成员往往有较高的文化水平，且有通过办教育来奉献社会的良好愿望。在办学的过程中，各民主党派的成员可以获得本党派其他成员以及民主党派组织的支持、帮助和指导，这大大提高了他们办学成功的可能性。

民办高校创办者中属于中国民主同盟（简称民盟）的包括：四川三河职业学院创办者王忠平，石家庄科技职业学院创办者武志永，石家庄经济职业学院创办者刘素军，西安欧亚学院创办者胡建波，武昌理工学院创办者赵作斌，宁夏理工学院创办者曾文结，湖北开放职业学院创办者游清泉，河北美术学院创办者甄忠义，上海建桥学院创办者周星增，浙江越秀外国语学院创办者邵鸿书，江西服装学院创办者涂润华，民办合肥滨湖职业技术学院创办者吴成明；

民办高校创办者中属于中国民主促进会（简称民进）的包括：吉林华桥外国语学院创办者秦和，西安外事学院创办者黄藤，云南工商学院和贵州工商学院的创办者李孝轩，安徽新华学院创办者吴俊保，安徽外国语学院创办者吴化文，西安翻译学院创办者丁祖诒，安徽文达信息工程学院创办者谢春贵，西安东方亚太职业技术学院创办者张艳，青岛求实职业技术学院创办者林夕宝，云南经济管理学院创办者杨红卫；

民办高校创办者中属于中国致公党（简称致公党）的包括：绍兴职业技术学院、四川托普信息技术职业学院创办者宋如华，湖南软件职业学院创办者任玉奇，民办安徽旅游职业学院、蚌埠经济技术职业学院创办者汤大立；

民办高校创办者中属于中国民主建国会（简称民建）的包括：赣西科技职业学院创办者詹慧珍，安徽涉外经济职业学院创办者王叙平，上海工商外国语职业学院创办者周小弟，青岛黄海学院创办者刘常青，吉林城市职业技术学院创办者孙进，厦门安防科技职业学院创办者张文彬，泉州信息工程学院创办者郭小平，四川应用技术职业学院创办者苏华；

民办高校创办者中属于中共国民党革命委员会（简称民革）的包括：山东协和学院创办者盛振文，浙江育英职业技术学院创办者黄纪云，南昌职业学院创办者张跃进，哈尔滨剑桥学院创办者于松岭，辽宁传媒学院创办者姜立，河北传媒学院创办者翟志海，金肯职业技术学院创办者鲍丽萍；

民办高校创办者中属于九三学社的包括：山东外事翻译职业学院创办者孙承武，郑州澍青医学高等专科学校创办者王树青，郑州电子信息职业技术学院创办者陈卿，长沙医学院创办者何彬生，郑州科技学院创办者刘文魁，贵州城市职业学院创办者周鸿静；

民办高校创办者中属于中国农工民主党（简称农工党）的包括：辽宁何氏医学院创办者何伟，山西工商学院创办者牛三平，黄河交通学院创办者李顺兴，江西泰豪动漫职业学院创办者黄代放。

二　创办者的政治身份

本研究将创办者的政治身份界定为曾经或者正在担任各级党代表、人大代表或政协委员的情况。本研究共获得了 115 位创办者的政治身份信息，见表 3-9。这 115 位创办者均拥有各种政治身份，假定没有获得信息的其他创办者均不拥有这些政治身份，拥有各类政治身份的创办者占全部创办者的比例也达到了 17% 左右。

表 3-9　　　　　　　　　115 位民办高校创办者政治身份

政治身份	频率	有效百分比（%）	累计百分比（%）
全国党代表	4	3.5	3.5
全国人大代表	18	15.7	19.2
全国政协委员	9	7.8	27.0

续表

政治身份	频率	有效百分比（%）	累计百分比（%）
省人大代表	10	8.7	35.7
省政协委员	40	34.8	70.5
市人大代表	17	14.8	85.3
市政协委员	10	8.7	94.0
其他级别的人大代表或政协委员	7	6.1	100.1

可以看出，民办高校创办者群体是一支具有较高政治身份的队伍，有一些创办者往往同时拥有多个政治身份，比如武汉东湖学院董事长周宝生是中国共产党十六大、十七大代表，第七、第八、第九、第十、第十一届全国人大代表。拥有全国党代表、全国人大代表、全国政协委员等政治身份的民办高校举办者见表3-10。

表3-10　部分全国党代表、人大代表和政协委员所创办的民办高校

民办高校	创办者姓名	创办时间	创办者的政治身份	创办者校内担任的职务
北京城市学院	付正泰、陈宝瑜	1984	现任党委书记、校长刘林是中国共产党十八大代表	自2009年起刘林担任党委书记、院长，两位创办者退出学校领导岗位
三亚航空旅游职业学院	陈峰	2005	十六次全国党代表，十八大代表，也是全国政协委员	2013年陈峰不再担任董事会长、院长，张晓帆担任新一届董事长、院长
武汉东湖学院	周宝生	2000	中国共产党十六大、十七大代表，第七、第八、第九、第十、第十一届全国人大代表	周宝生任该校董事长
广东新安职业技术学院	王屏山	1998	中共十二大代表，第三届全国人大代表，第六、第七届省人大代表	王屏山2006年去世，现由何荣贵担任院长
辽宁财贸学院	郭立新	2005	中国共产党十八大代表	郭立新任该校董事长、党委书记
安徽三联学院	金会庆	1997	九、十、十一、十二届全国人大代表	金会庆任该校校长

续表

民办高校	创办者姓名	创办时间	创办者的政治身份	创办者校内担任的职务
阜阳科技职业学院	张贺林	1984	九届全国人大代表	张贺林任阜阳科技职业学院院长
成都艺术职业学院	余开源	2002	第十二届全国人大代表	余开源任该校董事长、院长
西安外事学院、大连装备制造职业技术学院	黄藤	1992 2009	第十届、第十一届全国人大代表	黄藤任两校董事长
沈阳北软信息职业技术学院	张桂平	2011	第十届、第十一届全国人大代表	张桂平任该校校长
北京师范大学—香港浸会大学联合国际学院	许嘉璐	2005	第七届、第八届全国人大代表、全国人大常委会委员、第九届全国人大常委会副委员长	许嘉璐任该校董会主席
河北传媒学院	翟志海	2000	第十二届全国人大代表	翟志海任精英集团董事长及总裁
湖南涉外经济学院	张剑波	1997	第十一届全国人大代表	张剑波任该校董事长
湖南软件职业学院	任玉奇	2001	第十、第十一届全国人大代表	任玉奇任该校董事长
长沙医学院	何彬生	2005	第十二届全国人大代表	何彬生任该校执行校长
黄河科技大学	胡大白	1984	第十届全国人大代表	胡大白任该校董事长
	杨雪梅	1984	第十二届全国人大代表	胡大白之女；黄河科技大学院长
周口科技职业学院	李海燕	1981	第十、第十一届全国人大代表	李海燕任该校校长
江西科技学院	于果	1994	第九、第十、第十一届全国人大代表	于果任该校董事长
江西泰豪动漫职业学院	黄代放	2008	第十一届全国政协常委，第十届、第十二届全国人大代表	黄代放任该校董事长
杭州万向职业技术学院	鲁冠球	1950	中共十三大、十四大代表和九届全国人大代表	鲁冠球任该校董事长
浙江广厦建设职业技术学院	楼忠福	1985	第十届全国人大代表	楼忠福曾任该校董事长，其子楼明现为学院董事长

续表

民办高校	创办者姓名	创办时间	创办者的政治身份	创办者校内担任的职务
烟台南山学院	宋作文	1991	第十、第十一、第十二届全国人大代表	宋作文任该校董事长
三亚学院、湖南吉利汽车职业技术学院、北京吉利学院等	李书福	2005 2010 2012 2000	第十二届全国政协委员	李书福任上述四校董事长
山东英才学院	杨文	1998	第十二届全国政协委员	杨文任该校董事长
银川能源学院	孙珩超	1999	第十一届全国政协委员	孙珩超任该校校长
吉林华桥外国语学院	秦和	1995	第十二届全国政协委员	秦和任该校院长
湖北开放职业学院	游清泉	1984	第九届全国政协委员	游清泉任该校校长
广东培正学院	梁尚立	1993	中国人民政治协商会议第三、第四、第五届全国委员会委员，第六、第七、第八、第九届全国委员会常务委员	梁尚立2010年逝世。其子梁普建现任学院董事长
广州松田职业学院	马云珍	2007		马云珍为执行校长
广东东软学院、大连东软信息学院、成都东软学院	刘积仁	2002 2000 2002	第十届全国政协委员	刘积仁任上述学校董事长
闽南理工学院	许景期	1998	第十二届全国政协委员	许景期任该学院董事长
辽宁何氏医学院	何伟	1999	第十二届全国政协委员	何伟任该学院院长
重庆人文科技学院	李学春	2000	第十一届、第十二届全国政协委员	李学春任该学院董事长
西京学院	任芳**		第十二届全国政协委员	院长
四川应用技术职业学院	苏华		第十二届全国政协委员	该校董事长

注：＊刘林是该校现任校长、党委书记，不是该校的创办者。

　　＊＊任芳是该校创办者的第二代接班者，现任该校院长。

少部分民办高校的创办者在办学之前就获得了较高的政治身份，如企业家鲁冠球、李书福、周宝生等，他们在办学之前都是著名的企业家，并被遴选为全国人大代表或全国政协委员。高等教育是一个准入门槛相对较高的行业，没有足够的经济实力、社会资本和政治身份是很难进入的，拥有较高政治身份的人具有进入该领域的相对优势。① 但是大部分民办高校的创办者是在办学成功之后，由于社会成绩突出，社会影响广泛，而被遴选为各级党代表、人大代表或政协委员，如黄藤、翟志海、张剑波等。第十二届全国政协委员共有 2237 人，其中"教育界"共 108 人，民办高等教育领域中有许景期、任芳、李学春、杨文等 4 位委员。北京吉利大学举办者李书福和辽宁何氏医学院举办者何伟也是第十二届全国政协委员，在全国政协的届别统计中，分别被归入"经济界"和"医学界"中。此外，北京工业大学耿丹学院的举办者俞敏洪、北京邮电大学世纪学院举办者张杰庭也是全国政协委员，因为是独立学院的举办者，所以不在本研究范围统计之内。如此高比例的举办者被遴选为全国党代表、全国人大代表和全国政协委员，说明了民办高等教育在我国教育系统中的地位，也说明了国家对民办高等教育的高度重视。

民办高校创办者所拥有的政治身份使得这一群体能对国家和区域性教育政策的制定和实施产生很大的影响。首先，他们会通过提交提案等方式从政策源头上形成对民办高校有利的政策，比如，全国人大代表、江西科技学院董事长于果在 2010 年提出"落实民办学校教师和公办学校教师的同等待遇"的提案；全国政协委员、吉林华桥外国语学院院长秦和在 2009 年和 2013 年两次提出"制定和实施'国家级示范性民办高校建设计划'"的提案；全国政协委员、山东英才学院董事长杨文在 2014 年提出了大力发展职业教育的提案。省级人大代表或政协委员也会提出制定省级民办教育政策的提案。其次，在政策的执行和实施阶段，创办者也能够利用自己的社会地位和政治地位，对政策执行施加影响。我国重大民办教育政策一般由国务院或教育部制定，而政策的实施则主要依靠省级教育行政部门，民办高校的创办者会利用自己在省内的政治身份和社会关系影响政策的实施。

需要指出的是，举办者作为重要的政治力量，不仅会提出有利于我国民办高等教育发展的提案，有时候也往往会从自身利益出发，提出有利于举办者利益的提案，当然，他们是以促进民办教育发展的名义提出这些议案的，其中最典型的当属他们利用自己的政治影响力影响我国《民办教

---

① 周国平：《社会资本与民办高校资源整合研究》，广东高等教育出版社 2012 年版，第87 页。

育促进法》的修改进程以及《若干意见》的出台过程。《民办教育促进法》的修订经过三审才得以通过，《若干意见》先后经过 6 年博弈、易稿 30 余次才最终出台，主要原因是一些制约和监督举办者权力的条款受到举办者的抵制和反对。所以，民办高等教育政策只有较好地实现了举办者权利保护和权力制约的均衡之后，才能得到最有效实施。

赵军在研究我国民办高等教育制度变迁中，将民办高等教育的投资者以及办学者视为民办高等教育制度变迁的第一行动集团，在民办高等教育制度变迁过程中起到了第一位的作用，"他们最先捕捉到既有制度安排中潜在的利润，并以制度变迁主体的身份提出了实现潜在利润的制度需求"①。从民办高校举办者所拥有的政治身份来看，举办者不仅是民办教育制度变迁的"制度需求者"，也在一定程度上发挥"制度供给者"的功能，他们本身也是制度和政策的供给者之一。民办教育政策取决于举办者和其他政策制定者以及政策参与者的博弈。只有对举办者的政治身份和政治影响力进行深入的了解，才能了解举办者影响政策制定和实施的过程，才能更好地理解我国民办高等教育的制度变迁过程。

第五节　民办高校创办者的办学动机

动机是激发行为的直接原因，举办者的办学动机决定其行为，而其行为又直接影响到民办高校的发展。一方面，举办者或其家族成员牢固地掌握了学校的控制权，对学校发展产生巨大影响；另一方面，由于我国民办高校内部治理的关键信息不透明不公开，外界很难对这类民办高校进行有效的监督，特别是很难进行有效的财务监督，导致这类民办高校类似于一个"黑匣"。在这两个约束条件下，控制者所具有的办学动机就成为学校发展中非常重要的问题：如果举办者的办学动机就是"赚钱"，那么举办者完全有机会通过各种方式逐渐"掏空"学校；如果举办者的理想就是"办百年名校"，则民办高校有更大的可能实现可持续发展。

借由观察行动者的言行来推测其行为动机是社会科学研究的应有之意，关键在于归纳和推理的过程应当符合逻辑和正常的因果规律。韦伯指

---

① 赵军：《民办高等教育制度变迁中的政府行为研究》，中国海洋大学出版社 2014 年版，第 27 页。

出，对行动的正确因果诠释意味着行动的外在过程及动机可以被如实地把握，并可以理解相关联的行动。[①] 在以前的研究中，很多学者从不同角度回答了举办者的办学动机问题。比如，郝瑜、王冠分析了丁祖诒（西安翻译学院）、黄藤（西安外事学院）、任万钧（西京学院）、胡建波（西安欧亚学院）等四位民办高校创办者各自的办学动机。[②] 邬大光认为我国80%的民办高校属于"投资办学"，大部分举办者有获得"合理回报"的动机。[③] 文东茅认为举办者很重要的目的是获得控制权。[④] 阎凤桥等通过"商业性市民社会"的概念来论证我国民办高校举办者的投资属性。[⑤] 但是总体来看，对于举办者办学动机问题而言，我们的研究还是较为平面化的，缺乏专门的研究，缺乏立体性和足够的深度。

笔者同时采用了访谈和问卷的方式来分析举办者的办学动机。笔者曾对 10 位民办高校的创办者（founder）、5 位创办者的接班人（Heir）和 9 位民办高校的管理者（administrator）围绕民办高校创办者的办学动机问题进行了深度访谈。此外，笔者在问卷中设计了关于举办者办学动机的问题，通过问卷方式所获得的举办者办学动机，将在后文中描述。

无论是访谈还是问卷，选择既"能够"又"愿意"告诉研究者真实情况的被调查者都是决定调查能否成功最重要的问题。动机不同于行为，隐藏在人的心理深处，很难直接观察，研究的信度和效度难以把握。当访谈举办者本人时，他可能隐瞒自己的真实动机；当访谈其他知情者时，知情者可能只是从自己的角度来理解举办者的办学动机，甚至带有自己的主观偏见。正如哈罗德 T. 夏皮罗（Harold T. Shapiro）在评价校长时说，人们总是习惯拿着三棱镜（prism）来看待校长，不同视角（perspective）、

[①]　Weber, Max. *Economy and Society*：*An outline of Interprtive Sociology*，edited by Guenther Roth and Claus Wittich, Berkeley ：University of California Press, 1978：352。

[②]　郝瑜、王冠：《陕西民办高校群落的成因分析》，《陕西师范大学学报》（哲学社会科学版）2004 年第 1 期。

[③]　邬大光：《我国民办教育的特殊性与基本特征》，《教育研究》2007 年第 1 期。

[④]　文东茅：《走向公共教育：教育民营化的超越》，北京大学出版社 2011 年版，第 55、114 页。

[⑤]　阎凤桥：《商业性的市民社会：一种阐释中国民办高等教育特征的视角》，《教育研究》2012 年第 4 期。

不同职位（position）的人会对同一个校长的办学动机得出不同的结论。①
很明显，当知情者对举办者有好感甚至有利益关系时，他会从积极的方面
来理解举办者的动机，而当知情者对举办者没有好感或怀有敌意时，就可
能从消极的方面来理解举办者的动机。

为了克服这个困难，笔者采用"三角印证"的方法。当对举办者进
行访谈时，既"听其言"，更"观其行"；既进行正式的访谈，也通过共
同参会、共同进餐、闲谈等方式进行非正式访谈；②既考察其办学动机，
也考察其所举办的大学的发展水平；既直接询问举办者的办学动机，也询
问其他知情者对举办者办学动机的看法，同时也利用各种公开的资料来考
察举办者的办学动机。根据叙事研究的观点，社会事实是参与社会互动的
主体建构出来的，站在不同角度会对同一事实得出不同的结论。"叙事研
究假定在人类现实领域不存在绝对真理。"③叙事研究还认为，"要了解人
的内在世界，最直接的渠道便是听他说说关于自己生活和亲身经历的故
事"④。虽然通过倾听的方式所获得的关于受访者或被研究者的信息是不
完全"客观的"，但这些信息依然为我们理解受访者或被研究者提供了
渠道。

人性假设理论对动机做了大量而深刻的阐释，针对不同的人性动机提
出了不同的激励策略。在西方管理思想史上，曾出现多种人性假设，它们
是各种管理理论产生的逻辑起点。影响较大的人性假设有经济人假设、社
会人假设、自我实现人假设和复杂人假设。这些人性假设的部分观点相互
交叉，但不同的人性假设所强调的重点不同，这些人性假设像探照灯的光
束一样，为我们认识人的需求和动机提供了光源。

"经济人"（Economic Man）假设起源于亚当·斯密的劳动交换经济
理论，这一派学者提出人的本性是利己的，动机受物质需要的支配；应承
认人的利己性，用物质利益来激励人的行为。"经济人"假设后来有所变
化，这个假设虽然认为每个人都会极力追求自己的目标，但是这个假设也

---

① Harold T. Shapiro, University Presidents—Then and Now, William G. Bowen & Harold
T. Shapiro, *Universities and Their Leadership*, Princeton University Press, 1998: 65.

② Joseph A. Maxwell:《质性研究设计》，陈浪译，中国轻工业出版社 2008 年版，第 100 页。

③ 艾米娅·利布里奇等:《叙事研究: 阅读、分析和诠释》，王红艳译，重庆大学出版社
2008 年版，第 1 页。

④ 同上书，第 6 页。

认为每个人所追求的"效用目标"是不同的，有些人追求物质利益，有些人则追求权势和声名。"社会人"（Social Man）假设是梅奥等人依据霍桑实验的结果提出来的。这一假设认为，人们最重视的是工作中与周围人友好相处，物质利益是相对次要的因素。梅奥说过："人是独特的社会动物，只有把自己完全投入到集体之中才能实现彻底的'自由'。""自我实现人"（Self-Actualizing Man）假设是由马斯洛等人提出，这一假设认为，人的需要由五个层次构成，低层次的需要满足后高层次的需要才能实现；自我实现是需要的最高层次，应创建适宜的环境，让人能自我表现、成熟及发展。"复杂人"假设由沙因等人提出，这一假设认为，人性是复杂的，人既是"经济人"，又是"社会人"，也是"自我实现人"；人的需要不断变化决定了动机的复杂性，应根据不同的需要和动机采取灵活的激励方式。

民办高校举办者所从事的事业是教育事业，教育事业和其他行业有明显不同，教育行业既可以教育受教育者，也对举办者自身具有教育意义。同时，当前我国民办教育具有"投资办学"的属性。这些特点使得我国民办高校和美国以及我国民国时期私立高校举办者的办学动机有所区别。我们尝试将民办高校举办者的办学动机分为经济回报、权力获得和自我实现三个方面。虽然这三个方面有时候相互重叠和交叉，但是依然提供了认识举办者办学动机的基本框架。

一　谋求经济回报

举办民办高校是可以获得经济回报的。北京邮电大学世纪学院原举办者、董事长张杰庭直言，"搞教育来讲，某种意义来说，是一种暴利行业，超过我们房地产行业的平均利润"①。媒体的一些披露也说明了民办高校是可以获得回报的。四川外国语学院成都学院是 2004 年由四川外国语学院与德瑞企业创办的独立学院，双方合作协议约定，以国家计划招生 3000 人规模计算，学费收入扣除不超过 40% 的学校运行成本后，按照四川外国语学院占 35%、德瑞占 65% 的比例进行利润分配。超出此规模的人数，按四川外国语学院占 15%、德瑞占 85% 的比例进行分配。2007 年

---

① 张杰庭：《教育很赚钱不要过度强调其公益性》，http：//edu.qq.com/a/20100303/000270.htm。

底和 2008 年底，川外成都学院经审计的扣除税项及非经常项目前后的净溢利分别为 3203.9 万元、5193.4 万元。《证券日报》记者援引业内人士的评价说，这种投资的收益水平较高。① 目前我国已有多家主要业务收入来自高等教育的公司登录新三板或者在港股上市，包括湖南三一工学院股份有限公司②、民生教育集团有限公司（目前拥有和运营四所高校，即重庆人文科技学院、重庆工商大学派斯学院、重庆应用技术职业学院和内蒙古丰州职业学院）③、中国新高教集团有限公司（目前运营云南工商学院和贵州工商学院）④ 和中国宇华教育集团有限公司（目前运营郑州工商学院和 24 所 K12 学校）⑤ 等。民办高校分类管理以后，不仅营利性民办高校可以上市，非营利性民办高校也可能继续通过 VIE 结构上市。

　　举办者获得经济回报的办学动机被很多学者的调查和研究所证实。比如，邬大光认为我国 80% 的民办高校属于"投资办学"，大部分举办者有获得"合理回报"的动机。⑥ 张铁明对广东省民办学校调查发现，超过90% 的民办学校举办者希望获得经济回报并希望拥有学校的产权（所有权）。⑦ 刘林在支持民办学校分类管理的一篇论文中指出，"尽管法律严禁民办学校举办者营利，但由于政府监管不到位，许多表面风光的民办学校，实际已面临被掏空之虞，一旦生源锐减，马上可能引发社会性事件。一些举办者之所以敢置法不顾，公然把学校做'提款机'主要是看清了政府的"软肋"。⑧

---

　　① 袁玉立：《川外成都学院获注资 2.6 亿教育资产叩上市大门》，《证券日报》2009 年 6 月11 日。

　　② 《"高等职业院校第一股"上市破除高校盈利性争议》，http：//news. cnfol. com/chanye-jingji/20170222/24328791. shtml。

　　③ 《三所重庆高校 H 股上市民生教育老板身家 31 亿》，http：//news. sina. com. cn/c/2017-04-21/doc-ifyepsra4942030. shtml。

　　④ 《新高教集团成功上市首控集团誓打造特色金融服务》，http：//www. huaxia. com/tslj/flsj/wh/2017/04/5286162. html。

　　⑤ 《宇华教育申请香港上市老板 29 岁女儿任总裁》，http：//stock. qq. com/a/20160914/054301. htm。

　　⑥ 邬大光：《我国民办教育的特殊性与基本特征》，《教育研究》2007 年第 1 期。

　　⑦ 《中国民办教育的财政贡献》调研组：《信心回归：破解难题给举办者一个良好的成长环境——举办者信心丧失是民办教育发展的最深层危机》，《当代教育论坛》2015 年第 5 期。

　　⑧ 刘林：《分类管理安民兴教》，《人民政协报》2011 年 6 月 1 日。

（一）获得经济回报的方式

2002 年的《民办教育促进法》规定民办学校的举办者可以获得合理回报，但是获得合理回报需要遵循必要的程序，也需要满足一定的条件，还需要在学校章程中注明要求获得合理回报。现实中几乎没有举办者通过法律所规定的程序提取合理回报，而且大多数举办者在学校章程中注明不要求获得合理回报。但是现实中，在获得了学校的控制权特别是财务和人事的控制权之后，举办者可以通过开发房地产、压缩办学成本、计提折旧、关联交易、转让学校控制权等方式利用国家监管的漏洞获得经济回报。

第一，通过开发房地产获得收入。首先，一些民办高校的举办者可以利用办学过程中积累的物质基础和政府资源获得极其紧张的房地产用地指标，许多民办高校的举办者或家人开发的楼盘已经成为地方名楼，收益不可估量。其次，一些用地指标不太紧张的二线城市或县级市的地方政府为了吸引民办高校前来建校，在给民办高校教育用地指标之外，顺便将高校附近的土地使用权转让给民办高校的举办者，举办者将这些土地用于商业地产。一些民办高校的举办者还违规占用教学用地开发房地产。《南方周末》曾以"校园里栽楼"为题报道过海南某民办高校违规占用教学用地开发房地产的事实。[①] 用教学用地开发的房地产没有产权证，即所谓的"小产权房"，虽然价格低于市场上的房地产价格，但是依然可以在一定范围内交易或出租，收益巨大。

第二，通过压缩办学成本来获得收入。一些民办高校在招生中投入大量精力和成本，不惜通过"虚假宣传"来招生，在培养学生的过程中则千方百计压缩办学成本。教育行业高度依赖人力资本，是典型的人力密集型行业，人力资本的工资收入是学校开支的主要方面。所以，压缩办学成本的主要方式是降低工资支出。民办高校压缩人力资本开支的方式包括：首先，招聘成本较低的教学型教师。大部分民办高校主要招聘硕士毕业生或本科毕业生，博士的比例很低。因为博士毕业生的成本远远高于硕士和本科毕业生。还有一种现象是一些民办高校主动提高教师的辞职率。一些民办高校在与试用期满的教师签订用工合同时故意提出各种苛刻的条件，

---

① 王瑞峰：《校园里栽楼，海南工商职业学院占教学用地开发房产》，《南方周末》2015 年 7 月 30 日。

逼迫老师离开学校，这样学校就可以再招聘成本更低的新入职教师。其次，提高教师的工作量，让"一人干多人的活"。华东某省一所由独立学院转设而来的民办本科高校的英语系共有 6 位老师，后来 1 位老师辞职、1 位老师休产假，剩下的 4 个老师要负责 8 个班的教学工作，每个班级 30 个人，每位老师平均每周上 6 天课，每天 6 节课。而且教师在暑假期间还要参与招生和迎新工作（包括打扫新生宿舍）。这些学校中，举办者是"老板"，教师是"员工"，学生则是"顾客"。再次，维持较低的工资水平。大部分民办高校的教师工资远远低于公办高校的工资待遇。民办高校教师待遇偏低，一方面与国家财政不足有关，但另一方面也与举办者过于追求经济回报有关。访谈的教师都知道民办高校所有收入都来自学费的事实，但是老师们认为他们的工资收入与学校的收入不成比例。很多民办高校的教师认为他们的举办者办学就是为了"赚钱"，所以他们多以"老板"而非"董事长"或"院长"来称呼举办者。

第三，计提折旧获得收入。很多举办者属于投资办学，向学校投入大笔资金，但是这些资金往往通过计提折旧的方式被举办者回收，而且还获得更多的回报。华东某民办院校原校长在接受笔者的访谈时说，举办者控制着经营权，每年对学校计提折旧，逐渐收回自己的投资。

第四，通过关联交易获得收入。举办者建立房地产公司和建筑公司等经济实体，这些经济实体将名下的房产出租给民办高校或向民办高校提供其他服务，民办高校再向这些实体交付房租或者其他费用，从而获得大量收入。一些民办高校举办者获得的收入主要来自于民办高校向自己控制的房地产交付的租赁费。教育部 25 号令要求"民办高校的资产必须于批准设立之日起一年内过户到学校名下"，各省对民办高校执行此规定的要求不同，一些省严格执行了此规定，但是也有一些省没有严格执行该项规定。目前大多数民办高校的学生宿舍、食堂等房产都不在民办高校的名下而是在投资方的名下，学校需要向投资方缴纳租赁费。

目前很多民办高校通过 VIE 结构上市，VIE 结构也是一种典型的关联交易行为。VIE 结构是一个变通结构，是由投资者（自然人或法人）成立一个离岸公司，再由该离岸公司在中国境内设立一家公司，最常见的是技术咨询服务公司，技术咨询服务公司对境内的运营公司提供实际出资、共负盈亏，并通过合同关系拥有控制权和利润的分配权。以宇华教育为例，宇华教育的 VIE 框架大体思路为：宇华教育在海外注册作为上市主体，又通过其在香港的子公司，在中国境内注册"外商独资企业"西藏元培信息科技管理有限公司。后通过协议安排，将旗下民办学校的利润，以服务费的方式，支付给西藏元培，从而间接流入宇华教育，实现股东分红。根据目前我国法律法规，合约安排支付服务费不被视为分派回报或利润。与宇华教育类似，睿见教育也安排了相应的 VIE 结构。①

第五，转让学校举办权以获得收入。2002 年和 2016 年的《民促法》都允许"举办者变更"。"举办者变更"在多数情况下是学校控制权及控制权收益的主动交易行为。周红卫的研究发现，几个案例学院的"控制权价值从几百万元人民币到数亿甚至十几亿元人民币不等。在民办高校控制权交易中，交易双方对交易价格达成共识，交易就能成功"。② 在案例 3.1 中，哈尔滨广厦学院的"举办权"经过了三次变更，举办方内部的股权也发生过变更，每一次变更都伴随着价格的增加，而学校举办权或股权的价格增加往往是以损害学校的资源为代价的。

例 3.1　哈尔滨广厦学院举办权层层转让，价格不断提高。③

　　哈尔滨广厦学院创办于 2000 年。学院的创办者是大庆广厦房地产公司。后来举办者变更为中科俊泰投资公司（广厦房地产公司的下属企业）。根据黑龙江城源会计师事务所审计，从 2000 年到 2008 的 8 年时间内，两家企业累计向广厦学院投资 5333 万元。

　　2008 年 9 月，北京北科昊月科技有限公司（简称"北科昊月"，"北科昊月"也是北京科技学院的举办方，也曾经是厦门华天涉外学院的举办方）从中科俊泰投资公司手中购买了广厦学院 80% 的举办权，"北科昊月"共支付了 1.93 亿元的交易费。也就是说，如果不考虑资金的时间价值，广厦房地产公司在举办广厦学院这一经济活动中共获利 1.397 亿元。

　　2014 年 2 月，"北科昊月"资金链断裂，债务产生，被迫出售广厦学院的举办权以化解资金困境。北京市第一中级法院公开拍卖

①　袁建胜：《新民促法为教育机构"营利性"画圈，K12 教育市场继续洗牌》，《财经》2017 年第 7 期。

②　周红卫：《民办高校控制权私利研究》，博士学位论文，北京大学，2012 年。

③　王瑞锋、梁嘉莹：《买卖民办高校产权"一团乱麻"》，《南方周末》2015 年 11 月 19 日。

"北科昊月"持有的广厦学院80%的举办权。北京华夏联合汽车网络技术有限公司（联想控股全资子公司，简称"华夏网络"）以2.24亿元竞得广厦学院80%的举办权。2014年7月，教育部下发批文，同意广厦学院80%的举办权由"北科昊月"变更为"华夏网络"。在这个交易过程中，"北科昊月"拥有的广厦学院80%的举办权增值3100万元。

仅仅过了2个月，联想控股股份有限公司将"华夏网络"持有的广厦学院80%的举办权内部调整到北京杏坛管理咨询公司（简称"北京杏坛"）名下。"北京杏坛"是联想控股新成立的子公司，该公司有两个股东，分别是北京弘毅同人顾问中心和弘毅志诚投资公司，这两个公司也都属于联想集团。2015年1月，教育部下发批文，同意广厦学院80%的举办权由"华夏网络"变更为"北京杏坛"。

就在教育部下发批文后的一个月，北京杏坛的两个股东（弘毅同人和弘毅至诚）将北京杏坛100%的股权转让给北京北方投资集团有限公司（以下简称"北投集团""北投集团"旗下共有17所独立学院或民办高校），价格为2.6亿元。这笔交易又使广厦学院80%的举办权增值3600万元。需要注意的是，股东转让的是股权，此时广厦学院的举办方依然是"北京杏坛"，而且公司层面的股权变动无须教育部门审批。

由于举办民办高校可以获得丰厚的回报，所以目前很多投资者大量买卖民办高校，全国已涌现出一批专门从事民办高校或独立学院投融资的教育集团和上市公司，例如，北京北方投资公司投资了北京化工大学北方学院、首都师范大学科德学院、重庆大学城市科技学院等7所独立学院；河南春来教育集团投资举办了河南师范大学华豫学院、安阳师范学院人文管理学院、天津师范大学津沽学院等4所独立学院；广东珠江投资集团有限公司投资创办了中山大学南方学院、北京科技大学天津学院、天津财经大学珠江学院；湖北美联地产创办了华中科技大学文华学院、武汉科大城市学院。这些教育集团办学的出发点之一就是把投资教育作为民营经济新的增长点，甚至有一些投资办学者把独立学院与企业一起打包上市，作为企业融资的一张招牌，获取资本效益的最大化。这种教育投资集团和美国的营利性教育集团具有很大的相似性。

（二）不同举办者对获得合理回报的态度

举办者在创办民办高校的不同阶段对经济回报有不同的看法。一些民办高校举办者白手起家创办民办高校。他们创办学校时并没有巨额财富，他们办学的目的就是获得稳定的收入，养活自己和家人。一位创办者大学毕业后"误打误撞"进入了民办教育领域，当时他"并没有崇高的想法，就是工作，要生存下来"。他举办民办教育机构的动机，和其他领域的创业者创办小规模企业不无一致，就是通过办学来赚钱好养活自己和家庭。俞敏洪创办新东方也是这样的，"最初成立新东方，只是为了使自己能够活下去，为了每天能多挣一点钱"。① 一些举办者一开始并没有希望从办学中获得经济回报，他们本希望通过办学来为自己的产业提供人力资源或提高自己的社会知名度，但是随着学校规模的扩大发现学校所带来的收入竟然丝毫不少于其他产业所带来的收入。华东某省民办高校原校长回忆说：

> 举办者办学校的初衷，就是为自己的医院和其他产业培养人才。他并没有想到办到后来的样子，但是随着1999年的扩招，那个时候落榜生特别多，一年能够招好几千人，每个学生的学费是4000多元，学校一下子进来三四千万，他发现这个来钱更快啊。他是一个企业家，这是一个朴素的概念，因为他的钱投进来是资本啊，资本的寻利的行为是不会改变的，一下子收了三四千万。

当民办高校达到一定的规模进入良性发展之后，举办者以工资、津贴、在职消费等方式获得的收入已衣食无忧，但是经济回报依然是非常重要的追求。一位举办者表示，"商业和教育其实不冲突。老师也可以富裕，需要得到尊重"，"你的事业做得足够好的话，社会就该体现你的价值，你会过得更富足"。一些民办高校的举办者在其他领域举办了企业，民办高校往往为其他产业起到了提供资金和稳定资金链的作用。特别当其他产业遇到经营风险、资金链出现断裂可能时，举办者便会从学校提取资金以帮助其他产业应对困难，这种情况有时会引发民办高校的办学风险，如安徽文达信息工程学院。极个别民办高校的举办者甚至养成了赌博等恶

---

① 申华：《俞敏洪传奇》，中国经济出版社2009年版，第56页。

性，媒体报道某民办高校的举办者"嗜赌成性"，在海外赌博输掉几亿元，为学校发展带来巨大风险。

与艰苦创业、一心办学的举办者相比，接班后的举办者子女的办学动机和管理资金的能力更让人担心。我国出现过这样的案例：某民办高校的创办者倾心办学，但是去世后接班的子女违背了举办者的办学初衷，挪用学校办学经费为自己所用，最后引发学校巨大风险。

个人的选择受到外部环境的影响和制约，我国民办高校创办者对经济回报的追求受到我国经济和文化环境的深刻影响。从经济发展来看，改革开放之前我国实行计划经济体制，呈"平均主义的贫困状态"，居民家庭积累的财富很少。改革开放之后大部分办学者是退休的老领导和老教授，当时我国的收入结构呈现"脑体倒挂"的状态，知识分子的收入并不多，知识分子也需要通过办学来为自己和家庭成员积累更多的财富。从文化环境来看，我国缺少和美国相似的宗教环境和社会捐赠环境。从国家监管来看，国家对民办高校的监督存在很多盲点，民办高校内部制度设计不完善，这些都为举办者获得经济回报提供了可乘之机。

2016 年，我国新修订的《民促法》对民办高校进行分类管理。根据我们的调研，大多数民办高校会选择成为非营利性民办高校而不是营利性民办高校。根据新的《民促法》，非营利性民办高校将不能获得合理回报。但是，由于举办者获得合理回报的动机依然存在，我国民办高等教育的基本社会和经济背景也没有发生剧烈改变，分类管理后部分民办高校的举办者依然会通过各种方式来获得经济回报。

二　追求权力与声誉

我们可以从狭义和广义上来理解权力。狭义上的权力与国家强制力相关，权力是国家机器所分配的依附于国家强制力的影响力，一个人在国家机器中所占有的职位越高，其权力越大。西方学者一般从广义上来理解权力。韦伯说，"权力意味着在一种社会关系里哪怕是遇到反对也能贯彻自己意志的任何机会"。① 弗伦奇（French Jr.）和雷文（Raven）将权力定义为权力主体（个人、一群人、一个组织或种规范）对权力客体（个人）

① ［英］弗兰克·帕金：《马克斯·韦伯》，刘东等译，四川人民出版社 1987 年版，第 101 页。

施加的"影响"，所谓的影响是指"引起心理的变化"。两位学者进而将权力分为奖赏权力（reward power）、惩罚权力（coercive power）、合法性权力（legitimate power）、参照权力（peferent power）和专家权力（expert power）。① 奖赏权是权力主体对客体奖励的能力。惩罚权力是对权力客体实施惩罚的能力。合法性权力是指由于签订合同、文化认同等产生的权力，比如老年人可以享受被让座的权利。参照权力是指权力客体希望与权力主体形成联系从而获得某种身份，比如 A 希望成为某一家连锁企业的一员时，这家连锁企业的决策者就拥有了对 A 的权力。专家权力是权力主体因为拥有某些知识和技能所产生的影响。可以看出，这五种权力都强调权力主体对权力客体某些形式的影响力。综上所述，可以将权力界定为权力主体对权力客体的影响力和支配力，行使权力的过程也就是满足权力主体需要的过程。

举办者"获得权力"的动机来自权力欲，罗素曾说"权力欲和荣誉欲是人类行为的两大动机。当获得适当的财富后，人们会把追求财富作为追求权力的手段，甚至可能为权力的发展而放弃财富的增加"。② 尼采也曾说："求生存只是最基本的要求，人的本质是权力意志，其渴望统治和扩张力量。"③ 民办高校的举办者对多个权力客体拥有多方面的权力：可以对上万名学生产生影响——决定他们的受教育机会；可以对上千名教职工产生影响——决定他们的工作机会和薪酬；可以对几十名甚至上百名管理干部产生实实在在的影响——决定他们的校内升迁和待遇。此外，举办者拥有享受合法性的在职消费机会，如国内外的旅游考察、参加各种音乐会和展览会、接受重要领导人的会见以及各色人等的拜访等。

权力和声誉往往相伴而生。根据弗伦奇和雷文对权力的分析，声誉本身就是权力（特别是参照权）的来源之一，拥有权力的人一般也有较高的声誉。在马斯洛的需求层次理论中，获得他人尊重也是人的重要行为动机之一。民办高校的举办者可以通过多种方式为自己赢得社会声誉：获得重要政治身份和社会兼职、参加重要会议并在会议发言、施行教育理念、著书立说等。和企业家相比，作为教育家的举办者似乎有更好的名声，这

① John R. P. French Jr. and Bertram Raven, "The Bases of Social Power", Shafritz Ott Jang, *Classics of Organization Theory*, Boston：Cengage Learning, 2016, p. 251.

② ［英］伯特兰·罗素：《权力论》，吴友三译，商务印书馆 2012 年版。

③ ［德］尼采：《权力意志》，孙周兴译，商务印书馆 2007 年版。

往往也是一些企业家在获得了大笔财富之后创办民办高校的原因之一。

因为权力为举办者带来巨大的"效应"，所以举办者不断谋求权力最大化。举办者一般担任最重要的职务——董事长（理事长），还有很多举办者兼任院长或党委书记，虽然国家提出了"校长及关键领导岗位亲属回避"的要求，很多举办者仍然同时担任上述三大职务中的两项或三项。为了加强权力控制，很多举办者安排家属成员担任重要岗位的领导职务。一些举办者谋求对学校的长期控制，很多举办者即使年龄过大，依然不愿意交班，不愿意培养新人，更不愿意向年轻人让渡权力。

三　自我实现和奉献社会

在中国古代，儒家提出了"修身、齐家、治国、平天下"的自我实现路径，大部分中国人也把"立德、立功、立言"作为自我实现的目标。在西方，萨特提出了"存在先于本质"，认为自我从"存在"出发，通过计划、选择和行动，实现自我的创造和超越。[①] 马斯洛提出"需要层次论"，认为自我实现既是人的自发性动机，也是人格特征；既是最终状态，也是发展过程。[②] 自我实现意味着举办者将他人和社会需要的满足而非自身需要的满足作为自己行为出发点。自我实现之所以会成为举办者的一种主要办学动机，是因为其有确证自我价值和社会价值的需要，举办者希望从办学中获得胜任感和成就感等，能够完成自我的认识、自我的发展和自我的完善。

改革开放后诞生的第一批民办高校，其创办者往往是退休的老教授、老干部，他们中的一部分希望通过办学来进一步改善自己和家人的物质需要，但是更多人的办学动机是非功利性的。改革开放早期，公办高校的招生名额有限，高校门槛太高，高等教育的供给远远满足不了需求。一些退休的老干部和老教师在法律允许的条件下创办了民办大学为落榜青年提供读大学的机会，他们借此发挥余热奉献社会。在我国民办高等教育早期发展历史中，涌现出许多无私奉献的创办者。许多创办者在物质上倾尽私

---

① 吴倬:《人的社会责任与自我实现——论自我实现的动力机制和实现形式》,《清华大学学报》(哲学社会科学版) 2000 年第 1 期。

② Daniels M. The Development of the Concept of self‐actualization in the Writings of Abraham Maslow. *Current Psychological Review*, 1982 (2): 61~76.

囊，为学校发展贡献了全部的精力。刘莉莉评价说，中国民办高校的第一代创办者，他们不是在办学校，而是在建设自己的精神家园，用的不仅是力更是心，力所不能及，心能感天地。① 比如，中国农业大学第一任校长乐天宇（毛泽东的友人）1979 年退休后回到条件异常艰苦的湖南宁远九嶷山，创办了九嶷山大学（湖南九嶷职业技术学院的前身）。当时九嶷山不通电、不通车。乐天宇将舜帝陵庙简陋的厢房作为教室，把土墩、石块当桌椅，把"文革"后国家补发的 5 万元全部作为学校开办经费。后来，他还把每个月的 350 元离休工资也当做了学校的运转经费。② 再比如，老革命家于陆琳（陈云的妻妹，将军军衔）退休后于 1982 年创办了中华社会大学（北京经贸职业学院的前身）。虽然当时的《宪法》已经允许社会力量办学，但是创办民办高校仍然面临重重困难。为了办学校，于陆琳四处奔走，八方求援，付出了巨大的心血。于陆琳长期坚持不拿工资，并于 1986 年设立了"于陆琳教育基金"，以资助"思想好、学习好、经济上有困难"的学生。③ 黑龙江东方学院创办者孟新等人把自己比喻为"化缘建庙的和尚"。很多民办高校的举办者希望明晰学校的产权，希望自己的所有权能够得到政策的认可，但是孟新等人拒绝将学校产权量化到个人，"我们当年办学就像老和尚化缘，建起来的庙不能说是个人的"，使学校走上了公益发展的道路。④

随着我国经济的发展，一些商界领袖也开始投资教育。他们并不希望从办学中获得回报，而希望以捐资的方式举办民办高校。根据马斯洛的需求层次理论，当较低级的物质需求得到满足以后，人类就会追求尊重和自我实现等高层次的需求。武汉学院创办人为陈一丹，陈一丹系腾讯公司主要创始人、腾讯公益慈善基金会发起人兼荣誉理事长，热忱于公益和教育事业，被誉为"中国互联网公益教父""互联网公益第一人"。以"办学不取回报"的方式，投资举办武汉学院，开启国内非营利性民办公益大学的先河。陈一丹说："教育是百年大计，是一项无比神圣的事业。大讲关系到国家之未来，小讲关系到每个学生的前途和命运。""办教育是一件

---

① 刘莉莉：《中国民办高等教育发展模式研究》，吉林人民出版社 2012 年版。

② 湖南民办教育协会。

③ 张博树、王桂兰：《重建中国私立大学：理念、现实与前景》，教育科学出版社 2003 年版，第 65 页。

④ 《资产属于谁？一所民办高校的公益性选择》，《新华每日电讯》2009 年 7 月 20 日。

利国利民的善事，也是一件有着社会责任的难事。要按事物发展的客观规律，用心投入，积极创新。""办教育是不求回报的公益事业，更是带着信仰与使命的志业。"① 贵州盛华职业学院是华人商界领袖、台湾爱国企业家王雪红陈文琦夫妇捐赠举办的一所公益性慈善大学。② 该校举办者为威盛信望爱公益基金会。威盛信望爱公益基金会根据民政部《关于威盛信望爱公益基金会设立登记的批复》（民函〔2009〕45号）于2009年2月正式设立登记。基金会由威盛电子发起成立，以"关怀弱势群体，改善贫困及偏远地区之环境和灾区重建，为其提供教育、医疗、科技等服务，参与社会公益活动，促进社会安定和谐，发扬信望爱之精神"为宗旨，在中国积极开展针对各类慈善事业及爱心公益活动的捐赠、赞助工作。基金会业务范围为"捐赠、救助社会弱势群体，社区关怀、福利工作，为扶贫、赈灾等目的提供教育、医疗、科技服务及筹建学校、安置用房等慈善、公益活动"。③

很多民办高校的举办者在办学初期是希望获得办学回报的，但是当学校发展到一定程度之后，经济回报不再是他们主要的办学追求。云南工商学院李孝轩认为，"教育事业既可以教育别人，也可以教育自己"，"我觉得做其他的商业没有做教育有价值，价值不一定体现在钱上，我们做的这个事情能让自己觉得被需要，有崇高感，觉得自己很神圣。培养那么多小孩，本身就是很难得的一种幸福体验。我很有成就感，等老了以后，可以桃李满天下"。

我们看到，我国民办高校举办者的办学动机是复杂的。首先，同一个举办者往往同时追求不同的动机，举办者往往既希望获得一定的经济回报，同时又有其他的追求，比如追求权力、社会声誉以及自我实现等。其次，不同民办高校的举办者所追求的重点不同，有些举办者办学动机的目标函数中，物质回报是最主要的，而在其他一些举办者的目标函数中，其他方面的追求才是更重要的。再次，不同举办者在不同的发展阶段，其动机会发生变化。比如，在办学初期，我国大部分举办者仅仅将办学作为谋生的手段，但是随着学校进入良性循环发展阶段，举办者不再"为稻粱

---

① 陈一丹：《明德创新、解行并进，办一所受人尊敬的大学！》，http：//www.whxy.edu.cn/list/1/630.htm。

② 《贵州盛华职业学院》，http：//www.forerunnercollege.com/Menus.aspx？id=34。

③ 《举办者介绍》，http：//www.forerunnercollege.com/Menus.aspx？id=35。

谋"时，更多的举办者便开始考虑如何实现自己的教育理想和人生价值，经济回报往往不再是举办者的主要目标函数。最后，外部环境往往会对举办者的办学动机产生影响。某民办高校举办者所言，"如果国家对我够意思，我也会够意思，如果国家对我不够意思，那我们也没有必要那么死心塌地为学生和社会着想"。

举办者办学动机的复杂性印证了"复杂人"的人性假设。首先，"复杂人"人性假设认为，人的需要是多种多样的，外部环境是不断变化的。人在不同的组织、不同的工作部门和岗位可以有不同的动机模式。因此，不存在一个适应任何时代、任何组织和任何个人的普遍有效的动机模式。其次，"复杂人"人性假设认为，人的需求是多样且因人而异、随发展条件和情况而变化的。人不仅具有复杂的需要体系，而且人的这种需要是随着人的发展和生活条件的变化而变化的，并且需要因人而异，需要的层次也不断改变。再次，就是对同一个人而言，人的需要和潜力会随着年龄的增长、知识的增加、地位的改变、环境的改变以及人与人之间关系的改变而各不相同。

第六节　民办高校举办者与美国及民国时期私立高校创办者的比较

美国是私立高等教育最为发达的国家，也一直是我国民办高等教育主要的学习对象之一。我国民国时期的私立高等教育也曾经达到非常高的水平。美国的学者认识到，私立院校的创办要归功于创办者的全身心投入，创办者不仅认识到创办学校的重要性和紧迫性，而且还能集结一批志同道合的支持者。[①] 民国时期我国私立高等教育的发展也有赖于严修、陈嘉庚、陈时等一大批教育家型办学者。

一　美国私立高校创办主体及其创办动机

笔者采用官方网站分析的方法来获得美国两类私立高校（营利性私立高校和非营利性私立高校）的创办者身份。卡耐基高等教育分类机构（CCIHE）在2016年的最新大学分类中，根据办学层次和教学内容将美国

---

① ［美］亚瑟·M. 科恩、［美］卡丽·B. 基斯克：《美国高等教育的历程》，教育科学出版社2012年版，第7、36页。

4665 所高校划分为 33 种类型（纵向分类），又根据办学性质的不同，将所有高校分为公立、非营利性私立和营利性私立三种类型（横向分类）。①笔者通过分层抽样的方式确定样本：在 33 类高校中，每一类高校都按照系统抽样（SYS 抽样）的方式各选择 20 所非营利性私立高校和营利性私立高校，当某一类型的非营利性私立高校和营利性私立高校不足 20 所时则全部取样，最终共获得 424 所非营利性私立高校和 393 所营利性私立高校的创办主体、创办时间等信息。

（一）美国非营利性私立高校的创办主体及其创办动机

宗教在美国私立高校特别是非营利性私立高校的创办中发挥至关重要的作用。非营利性私立高校的举办者主要为宗教组织或神职人员。大部分非营利性私立高校的创办者是宗教组织或神职人员。比如成立于 1836 年的埃默里大学（Emory University）是由卫理公会（The Methodist Episcopal Church）所建立的。成立于 1845 年的贝勒大学（Baylor University）是由得克萨斯州浸礼会教育社所创办的。成立于 1948 年的布兰迪斯大学（Brandeis University）是由美国犹太社团（American Jewish community 所创办的。成立于 1908 年的拜欧拉大学（Biola University）是由两位牧师所创办的。成立于 1838 年的杜克大学是由信仰卫理公会和贵格会的社会所创办的，后来得到了信仰卫理公会的烟草大王华盛顿·杜克（Washington Duke）的巨额捐赠。一些宗教机构在美国创办多所私立高校，比如卡龙德莱特姐妹会（Sisters of Saint Joseph of Carondelet）在全美举办了艾维拉大学（Avila University），圣凯瑟琳大学（St. Catherine University），芳邦大学（Fontbonne University），圣玛丽山学院（Mount St. Mary's College），圣玫瑰学院（The College of Saint Rose）等五所高校。宗教机构或神职人员所创办的私立高校，在创办初期带有明显的宗教目的，比如宣传某一个教派的教义或者为某一个教派培养神职人员等。当然，在完成宗教使命的同时，这些私立高校也传授基本的文化知识。

一些私立高校是少数族裔的人为传播本族裔的文化，或者帮助自己族裔的人读书写字所创办的（当然，这些学校也不排斥其他族裔的孩子入校）。美国是一个移民国家，不同种族不同国别的人在不同的时期大量涌

---

① The Carnegie Classification of Institutions of Higher Education. Standard Listings，http：//carnegieclassifications. iu. edu/lookup/standard. php.

入美国，早到美国的同族裔人通过创办教育机构的方式来传播本族裔的文化，并为后来的人提供接受教育的机会。如卡迪纳尔斯特里奇大学（Cardinal Stritch University）是圣·弗朗西斯姐妹会（sisters of St. Francis of Assisi）于 1937 年所创办的，圣·弗朗西斯姐妹会最早成立于 1849 年，是德裔美国人所创办的，这个机构的重要使命之一是帮助德裔人读书和写字。再比如加州整合学院（California Institute of Integral Studies）的主要创办者为斯坦福大学的施皮格尔贝格（Frederick Spiegelberg）教授，他是印裔美国人，他希望创办此大学来研究和传播印度的文化。

一些非营利性私立院校的创办者是各个领域的专家或学者。这些专家包括心理学家、医生、艺术家、作家、钢琴演奏家等。这些私立院校的主打专业一般就是这些创办者所擅长的领域。比如，哈克姆大学（Harcum College，一所副学士学位授予院校）的创办者为艾迪斯·海彻，她是一位富有天才的钢琴演奏家，哈克姆大学最有影响的专业便是钢琴演奏以及音乐表演和创作。

富豪也是很多非营利性私立高校的创办者。比如，成立于 1865 年的康奈尔大学（Cornell University）的创办者是发明家和大富豪埃兹拉·康奈尔（Ezra Cornell）。成立于 1891 年的德雷赛尔大学（Drexel University，具有博士学位授予权的大学）是由金融家和慈善家安东尼·J. 德雷赛尔所创办的。成立于 1912 年的约翰逊学院（Johnson College，具有学士学位授予权的学院）的创办者为奥兰多·S. 约翰逊，他是一名富裕的煤炭经销商。这些富豪希望通过办学来培养人才、繁荣文化并增进社会的团结。如果按照马斯洛的需求层次理论来理解，这些富豪希望通过奉献社会来获得尊重或达到自我实现。

例 3.2　斯坦福夫妇与斯坦福大学

斯坦福·利兰是斯坦福大学的创办者。他出生于纽约并在那里学习法律。在同时代的许多其他人一样，他在淘金潮中来到了西部。他在铁路事业中积累了大量财富。后来担任加利福尼亚州的州长和美国参议员。他和妻子斯坦福·简唯一的儿子小利兰于 1884 年在意大利的旅途中因为伤寒而夭折，当年小利兰只有 15 岁。小利兰去世后，斯坦福夫妇悲恸欲绝，决定帮助加利福尼亚的孩子以纪念自己的儿子。斯坦福夫妇考虑了几种可能性：创办一所大学、建立一所职业技术学校或者博物馆。斯坦福夫妇去东部做了一次旅行，他们参观了哈佛、麻省理工、康奈尔和霍普金斯大学，从这些大学的校长和教师那里寻求意见。在哈佛大学他们听取了当时的校长艾略特的意见，艾略特建议他们办一所大学，并且认为至少需要捐赠 500 万美元。最终，斯坦福夫妇决定以小利兰的名义捐赠 2000 万美元建立一所大学和博物馆（该博物馆本来设在旧金山，后来和斯坦福大学合并）。1891 年 10 月 1 日，在经过了 6 年的筹备之后，斯坦福大学成立了。这所大学在很多方面颠覆了美国之前大学的传统：当时的大学主要接受男生，而斯坦福男女同校；当时的大学一般依附于某一个教派，但是斯坦福并不如此。纽约的一家报纸预测斯坦福大学的教授将"对着空空的教室讲课"，这个预言被证明是错误的。斯坦福夫妇聘请戴维·乔丹（David Starr Jordan）担任斯坦福大学的第一任校长，乔丹担任斯坦福大学校长共 24 年时间。在乔丹的带领下，斯坦福大学成为美国西部乃至整个美国的名校。

非营利性组织也是私立高校的重要创办者。非营利性组织往往会同时在不同区域举办多所非营利性私立高校，如"富辰"（Future Generation）举办了多所旨在通过教育促进代际交流和社区融洽的学院。再比如，洛杉矶犹太学院（Los Angeles ORT College）隶属于 ORT（犹太教育联盟），ORT 在全球 64 个国家有 800 多个教育机构。[①]

一些私立高校是由集体组织甚至是政府所创办的，带有强烈的集体色彩，在发展中也得到了殖民地政府或建国以后美国联邦或州政府的帮助。比如阿勒格尼学院（Allegheny College，美国第 32 古老的大学）是由宾夕法尼亚州的米德维尔区居民所建立起来的，当地的居民们梦想着建立一所能够给本地孩子提供教育机会的学校，他们筹集资金并请来了知名人士阿尔顿（Rev. Timothy Alden）来创办学校。哈佛大学（美国最老的大学）是由马萨诸塞大法院（the General Court of Massachusetts）于 1636 年所创办的，1638 年哈佛先生捐赠了 779 英镑，后来校名改成了哈佛大学。[②] 一些私立高校是由政府官员所创办的，如美国研究生院是由美国当时的农业

---

① https：//www.ort.org/.

② John S. Whitehead, The Separation of College and State Columbia, Dartmouth, Harvard and Yale, 1776-1876, New Haven and London, Yale University Press, 1973, 11.

部部长所创办的，他希望创办此学校来培养联邦工作人员以此提高联邦政府的工作效率。

和营利性大学相比，非营利性大学的创办者不是为了追求经济上的目的而创办大学。他们可能为了宣传某一教派的教义并为这些教派培养神职人员，也可能是为了增进社区和国家的福利，也可能是促进某一个专业领域的知识增长，也可能是传播或践行某种教育理念。就传播教育理念而言，私立大学在女性教育中发挥了重要作用。19 世纪末 20 世纪初，很多公办院校依然坚持只对男生开放的政策，很多开明人士便举办了对女性开放的私立院校。比如，成立于 1889 年的巴纳德学院（Barnard College，目前是一所拥有学士学位授予权的学院）的主要创办者为安妮·内森·迈耶（Annie Nathan Meyer），是一名毕业于哥伦比亚大学的作家，他对当时哥伦比亚大学只招收男生的行为不满，他希望创办一所能够对女子开放的大学。安妮创办该校以后，以当时的教育家、数学家和哥伦比亚大学的第十任校长巴纳德的名字（Frederick A. P. Barnard）命名该校，因为巴纳德也是女性教育的倡导者。

从办学模式来看，早期的非营利性私立大学大都是模仿牛津和剑桥大学的模式建立的，殖民地时期所创办的大学，如哈佛大学、威廉玛丽学院、耶鲁大学、费城大学、普林斯顿大学、哥伦比亚大学、布朗大学、罗格斯大学和达特茅斯学院等，都是如此。从教学内容来看，非营利性私立大学和当时的大多数公立大学一样，大都致力于神学、希腊语、拉丁语、古典文化以及哲学的教学与研究。从人才培养目标来看，非营利性私立高校的主要职责是为了把少数名门贵族的子女培养成神职人员或其他拥有较高社会地位的人，如法官、医生、教师等。

（二）美国营利性私立高校的创办者及其创办动机

和非营利性私立高校不同，营利性私立高校的官网中很少介绍该校创办者的情况。笔者认真研读了营利性私立高校的官方网站，发现只有很少私立高校的官网描写了创办者的情况。私立高校的官方网站对创办者的介绍寥寥无几，其中的原因值得寻味。笔者推测的第一个原因是，营利性高校的举办者会像公司的股东一样频繁变更，在这种情况下，学校的最早创办者是谁已经成为一个不太重要的问题。第二个原因是，从历史叙述的角度看，非营利性私立高校的发展水平和社会声誉较营利性私立高校要高，而且非营利性私立高校的创办者不追求经济回报，这种无私奉献的精神更容易让后人所铭记。

从目前掌握的营利性私立高校的创办者身份来看，能够看到营利性私立高校和非营利性私立高校的创办者身份存在一些区别。第一，虽然营利性私立高校的创办者也可能是宗教组织，如中北大学（Northcentral University，目前是一所拥有博士学位授予权的高校）的创办者是宗教组织，但是由宗教组织或神职人员所创办的私立高校比例较低。第二，社区组织、政府组织和非营利性组织几乎没有出现在营利性私立高校的创办者名单中。第三，一些营利性企业往往是营利性高校的创办者，特别是一些营利性的教育集团在全国举办了多所营利性私立高校，如阿波罗教育集团等。

大多数营利性高校的创办者为自然人，这个群体的特征和我国民办高校创办者的群体特征大体相同。第一，大部分营利性私立高校的创办者拥有较高的学历，具有丰富教育经验的人士在创办学校时更会得心应手。第二，教师或者拥有教师经历的人成为私立高校创办者的比例较高，如瓦尔登大学（Walden University，博士学位大学）的创办者是两位教师，他们希望创办大学以帮助成年人获得博士学位。席勒国际大学（Schiller International University）创办于 1964 年，创办者是芝加哥大学的神学教授，他看到很多人希望到德国学习，便萌生了创办一所以德国文化为特色的大学。第三，拥有某一个领域的特长并同时拥有丰富商业经验的人也可能成为营利性大学的创办者，如五城学院（Five Towns College，学士学位学校）的创办者是两位音乐家，他们于 1972 年创办了该校。第四，营利性民办高校的创办者中也有富豪，但是富豪并不是出于捐资的目的办学，而是将营利性民办高校作为自己产业布局中的一个链条，或者希望营利性民办高校能够培养自己建立的其他产业所需要的人才，如美国总统特朗普曾经创办特朗普大学（Trump University）。

从创办动机来看，一些举办者毫不掩饰自己获得经济回报的动机，在学校经营困难或者学校资产估值最高的时候，他们会毫不犹豫地出售学校的所有权。但是也有一些营利性私立高校的举办者并不是过于追求经济回报，他们只希望充分利用营利性大学在吸引外部投资和内部治理上的优势，更好地培养受教育者，使受教育者能够在尽量短的时间内、以尽量低的成本来获得知识，提升在劳动力市场上的地位。从教学的内容来看，由于与人们的生产生活存在密切关系领域的知识没有得到非营利性机构的重视，从 17 世纪营利性私立高校的诞生开始，强调能够在劳动力市场上立即应用的技能一直是营利性私立高校的特色所在。在美国高等教育发展的早期，测量、船只导航、舞蹈、刺绣、记账等方面的知识主要由营利性私立高校来满足。[①] 今天，营利性私立高校更强调商业、计算机、美容等方面的应用型知识。

（三）中美私立（民办）高等教育创办者的比较

美国的私立高等教育在发展过程中通过"自然演化"而非"政府计划"的方式实现了营利性与非营利性的分类发展。两类私立高校的创办者身份具有显著的差异，非营利性私立高校的创办者大多为宗教机构、神职人员、非政府组织、富豪等，而营利性私立高校的创办者大多数为追求经济利益的商人和企业家。美国私立高等教育的发展与美国的历史和社会背景息息相关。从高等教育历史来说，美国先有以哈佛为代表的私立高校，而后才有公立高校，这为私立高校的先发优势创造了条件；从高等教育的发展环境来说，美国具有浓厚的宗教氛围以及由宗教所引发的慈善捐赠氛围，这也为非营利性私立高校的发展创造了条件。

非营利性私立高校的生命周期更长，更容易存活下来。就目前来看，美国非营利性私立高校的比例高于营利性私立高校的数量，特别是办学历史较长的私立高校大都是非营利性私立高校。笔者将调查的 424 所非营利性私立高校和 393 所营利性私立高校的创办时间共分为七个时间段，其中1830—1980 年的时间内以 30 年为一个周期，分别计算每个时间段内非营利性和营利性私立高校的比例。统计结果见图 3-3。从图 3-3 可见，建校时间在 1981 之后的营利性私立高校的比例超过了相同建校时间的非营利性私立高校的比例，而建校时间在 1981 年之前的高校中，非营利性私立高校的数量远远多于营利性私立高校。实际上，在美国高等教育发展中的任何一个阶段，新成立的营利性私立高校的数量可能都多于非营性私立高校的数量，只不过营利性私立高校面临的风险更大，生命周期更短，在长期的高等教育发展过程中纷纷倒闭了。也就是说，美国数量众多的非营利性私立高校是历史积淀的产物。

我国民办高等教育的发展历史和社会背景决定了我国建设真正的非营利性民办高校将是一个长期的过程。我国缺乏宗教和社会捐赠的氛围，此

---

① Lawrence A. Cremin, *American Education：The National Experience*, Happen & Row, 276.

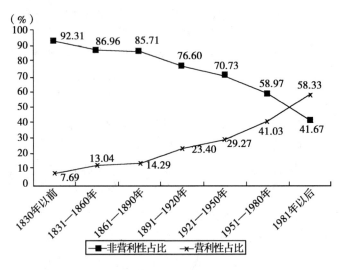

图 3-3 美国私立高校创办时间分布

外，改革开放后的民办高校是在公办高校占据了绝对领先地位之后开始兴起的。因为民办高校发展水平低，缺乏有效的政府资助，难以吸引社会捐赠资金，所以依靠捐赠的真正非营利性民办高校难以形成和发展。分类管理以后，即使有很多民办高校会选择成为非营利性民办高校，但是我国的非营利性民办高校也将继续保持一些商业性的特征。

二 我国民国时期私立高校创办者的群体特征

北洋时期创办私立大学的资格异常宽松，一人便可以创办大学，如果试办三年后，拥有正式校舍和 5 万元的基金，就可以成为国家立案的正规私立大学。在此种宽松政策下，私立大学如雨后春笋出现。很多私立大学取得了卓越的办学成就，对于促进我国近代高等教育的发展和社会进步做出了不可磨灭的贡献。1936 年国立、省立（公立）和私立大学的数量分别是 13 所、9 所和 20 所。国立大学、省立大学和私立大学的在校生数量分别是 11694 人、4689 人和 13033 人，私立大学在校生数量超过国立大学的 11%。1936 年以后由于受到抗战的影响，中国的大学受挫严重，而私立大学受挫更甚，国立大学逐渐成为大学教育的主要组成部分。抗战胜利后，私立大学之阵营虽已不及国立大学但仍有所发展。到 1949 年时，全国有国立大学 39 所，私立大学 27 所，私立大学较 1936 增加 7 所。①

宋秋蓉发现，由于政府管理松弛，存在有法不依、执法不严的情况，中华人民共和国成立前存在相当数量的"学店""野鸡大学"，办学混乱、质量低劣。② 虞和平也发现，不排除当时也存在"借办学以敛钱，以开办大学为营业者"的现象。③ 但是，凡是成功的私立大学的创办者，大都心系社会，兴怀天下。很多私立大学的办学者"是务实的资产阶级改良主义者，教育救国理想的信奉者，他们把教育看作是社会进步和社会改革的根本方法，坚信教育是拯救中国的唯一途径"。④ 私立大学的举办者希望通过教育来改变当时贫弱的中国，为天下储英才，为国家图富强，而非获得经济回报或谋求个人私利。追其一时之利的创办者，充其量只是"学商"而已，很快就会被历史所湮没。淡泊名利、关爱师生、胸怀国家的创办者才有可能成长为在国家的高等教育历史中留下深刻印记的教育家。卓越的私立大学一定是理想和信念的产物，与国家前途以及民族命运结合在一起的民办高校才有可能成长为一流大学。

下面我们以陈时、陈嘉庚和张寿镛三位教育家为例，回顾民国时期我国私立高校的艰辛办学历程。

例 3.3 陈时与中华大学

中华大学是我国最早的私立高校之一，华中师范大学的前身之一。1912 年，同盟会会员陈时说服其父陈宣恺、伯父陈朴生，捐田 200 石（约合 1300 亩）、白银 3000 两，官票 5000 串，书籍 3000 余部，折合银圆共计 3.9 万元，在武昌创办大学，命名"中华大学"，取"振兴中华"之意。该校先办中学和大学预科，1913 年 4 月改办大学，1915 年呈准民国政府教育部立案，成为正式大学。陈时自述其办学动机是："民国成立，以教育为陶冶共和国要图。"在其所采取的校歌中又进一步表白说："中华大学随中华民国同年诞降。达材

① 金以林：《近代中国大学研究》，中央文献出版社 2000 年版，第 335 页。

② 宋秋蓉：《近代中国私立大学研究》，天津人民出版社 2003 年版，第 279 页。

③ 虞和平：《辛亥革命对教育变革的影响——以民国前期商人捐办大学为中心》，《史学月刊》2015 年第 6 期。

④ 宋秋蓉：《近代中国私立大学研究》，天津人民出版社 2003 年版，第 160 页。

成德三民大同与河山具永，与国族人类以无疆。"[1]

　　中华大学初期的办学经费主要是陈时变卖家族财产而来的，几十年中，他为学校募集了大笔经费，但从未从中领取报酬。在学校遇到经费困难时，他甚至将家中的"旧衣银屑，送入质库"，同事和熟人见面之后，"有相顾垂涕者"[2]。他回顾自己的办学历程时说："我办中华大学，好比佛教建寺，开头我是大护法，大施主，同时当上了方丈。不久就远出化缘，抗战时期等于挂单，沿门托钵。抗战胜利后，回到老寺，我成了赤贫僧，有人说，老和尚该休息了，我说'债未还清，愿还未了呢'。"[3] 陈时的生活起居特别注意从简，他家住一栋老式平房，一住几十年，从不愿意多花钱进行整修。有人提议给他新建一座住处，他婉言谢绝，说："我是一个办教育的人，有时候身无分文，有时候腰缠万贯。如果为了自己的奢侈享受，把办学的钱中饱私囊，我这个校长还当得下去吗？住差一点不要紧，只要把学校办得下去就行了。否则，那是被社会人士唾弃的。"[4]

例3.4　陈嘉庚与厦门大学

　　厦门大学的创办者是陈嘉庚。陈嘉庚于1919年创办厦门大学时号召工商各界说："今日国势危如累卵，所赖以维持者，惟此方兴之教育与未死之民心耳"；"救亡图存，匹夫有责"；"众擎易举，众志成城，是所望于海内外同胞也"。[5] 陈嘉庚为办学不计代价，气势非凡。他"认捐开办费100万元，作两年开销，复认捐经费300万元，作12年支出，每年25万元。并拟于开办两年后，略具规模时，即向

---

　　① 虞和平：《辛亥革命对教育变革的影响——以民国前中期商人捐办大学为中心》，《史学月刊》2015年第6期。

　　② 娄章胜、郑昌琳：《陈时教育思想与实践》，华中师范大学出版社2001年版，第30页。

　　③ 同上书，第118页。

　　④ 陈庆中：《中华大学校长陈时的一生》，《武汉文史资料》第20辑，1985年，转引自娄章胜、郑昌琳《陈时教育思想与实践》，华中师范大学出版社2001年版，第119页。

　　⑤ 阎广芬：《经商与办学——近代商人教育活动研究》，河北教育出版社2001年版，第237—238页。

南洋富侨募捐巨款"，①，以期学校的持续发展。他曾于 1927 年和 1935 年两次在南洋募得基金 20 万元和 30 万元，但募捐巨款之计划未能如愿，加之自己经营的企业不景气，学校的运营十分困难。面对艰难境遇，陈嘉庚态度仍很坚定地说："宁可变卖大厦，也要支持厦大。"他曾经将自己的三座大厦变卖，作为维持厦大的经费。1937 年，陈嘉庚遇到了严重的经济危机，无力继续支撑学校，于是向国民政府提出申请，希望国民政府将厦门大学收归国立。到厦大收归国有之时，他对厦门大学的实际捐资数额正好为其在开办时所承诺的 400 万元。②

例 3.5 张寿镛与光华大学

张寿镛（1875—1945）是民国时期著名的教育家、藏书家和财政经济家。历任浙江省财政厅厅长、湖北省财政厅厅长、江苏省财政厅厅长、山东省财政厅厅长和国民政府财政部次长（1928 年）等职务。遍尝官场生涯甘苦辛酸，终于长揖辞官，以办学、编书为乐。民国十四年（1925 年）五卅惨案发生后，圣约翰大学（在华办学时间最长的一所教会学校）师生 550 余人因校长卜舫济以高压手段阻挠学生的爱国举动，愤慨离校，共商自办学府。张寿镛为离校学生善后委员会的工作捐款、捐物，并捐资 3000 元作为校舍建筑费，新校筹备委员会决定成立光华大学（今华东师范大学前身之一），推举张寿镛为校长。是年 9 月光华大学成立。

张寿镛主持光华校政，竭力效法蔡元培，延请教授不拘一格，兼收并蓄，罗致人才极一时之盛。抗日战争初期，大西路校舍在战火中被毁，学校迁入租界上课。太平洋战争爆发，日军进入租界，要各校向日伪当局登记，张寿镛立即表示："我宁愿解散光华，决不登记。"张寿镛在光华还亲自授课，其讲稿辑成《约园演讲集》《经学大纲》和《史学大纲》等书。作为一名成功的办学者，光华大学校长张寿

---

① 陈嘉庚：《倡办厦门大学》，《南侨回忆录》，1946 年印行，第 13 页。转引自虞和平《辛亥革命对教育变革的影响——以民国前中期商人捐办大学为中心》，《史学月刊》2015 年第 6 期。

② 陈嘉庚：《厦大献于政府》，《南侨回忆录》，第 18—19 页。转引自虞和平《辛亥革命对教育变革的影响——以民国前中期商人捐办大学为中心》，《史学月刊》2015 年第 6 期。

镛对私立大学创业之艰辛有着深切的感受，他曾经写道："方其经营之时，狂奔疾走，呼号相及，借甲偿乙，补屋牵梦，托钵提缘，自忘愚痴。热诚者一呼百应，冷嘲者讥为多事。于是财产无分于公私，事兼理于巨细。访求师范，登门鞠躬。考订章程，专家是赖。……缔造之艰，非身历其境者不知也。"①

---

① 光华大学校友会：《光华的足迹——光华大学建校七十周年纪念集》，华东师范大学出版社 1995 年版。

第四章

民办高校举办者的办学贡献及权益保护

本章摘要：举办者作为民办高校大学文化的塑造者、发展方向的引领者和办学资源的组织者，在民办高校的发展中扮演着不可或缺的角色。他们为学校做出了突出贡献、制定了卓越的发展战略，保障了学校的平稳运行。在带领学校发展前进的过程中逐步成为学校的最高决策者。基于举办者的核心角色和历史贡献，保护他们的合法权益应成为我国制定民办高等教育政策的基本出发点，从而更多地激发其办学积极性和主动性。

借鉴契约学派、资源学派和机会学派的观点，本研究从不同视角分析举办者对民办高校的贡献。契约学派指出，利润是对冒险的补偿，企业家是风险的承担者，因此资本家索取剩余具有天然合理性。举办者创建了民办高校的各项制度，承担了学校运营中可能出现的各种风险，理应成为学校的最高决策者并享有剩余索取权和剩余控制权。资源学派提出了稀缺资源理论、复合基础资源理论和资源依赖理论。根据稀缺资源理论，举办者是民办高校最重要的稀缺资源，其素质决定学校的发展水平；根据复合基础资源学派，举办者将民办高校获取的普通资源通过富有创造性的战略手段整合在一起，使学校获得与公办高校同台竞争的机会，举办者是学校资源的发现者、组织者和增值者；根据资源依赖学派，组织要生存必须从外部组织获得资源，举办者是学校关键资源的提供者和争取者，学校要想生存与发展，就必然依赖于其提供资源，因此举办者获得了民办高校的支配权。机会学派认为，在同样环境下，只有少数人能够发现机会。举办者就是高等教育机会的发现者和利用者。

举办者作为民办高校的主要决策者，为学校的发展制定了卓越的教育战略、市场战略和政治战略，教育战略是发展的基础，市场战略是发展的动力，政治战略是发展的保障，三者缺一不可。实施教育战略意味着举办者需要具备教育家的理想情怀、素质基础和思想追求。举办者提出了适合民办高校发展的大学文化，根据学生的社会背景、学习基础、职业定位等提出了"应用型"人才培养模式。对市场战略的把握意味着举办者需要具备企业家的素质。举办者应当根据市场规律，借鉴企业运营模式，在节约办学成本的基础上获取最大的办学效益。充裕的经费是大学发展的基础和关键，民办高校的市场战略主要围绕经费的筹集展开，如宣传和营销等。民办高校的政治战略不可或缺是因为民办高校的大部分关键性资源离不开政府。民办高校政治战略的主要目标包括获得更多的招生指标、土地指标、资金扶持，提升办学层次，减免税收，增加合法性，得到媒体的正面报道等。举办者所采取的政治战略包括积极学习、领会党和国家的政策文件，以国家大政方针为基础办学；积极争取政治身份；聘请退休官员或公办高校领导；与政府官员建立联系。

民办高校的生存和发展是因为举办者做出了创办学校的决定并采取了行动，他们成为学校组织结构和战略规划的最初架构者以及大学文化的塑造者，他们凝聚了家庭、社会和政府各个方面的资源，带来了民办高等教育的欣欣向荣。因此，举办者的合法权益应受到有力的保护，这样才能激励他们投入更多的精力和资源到学校，同时吸引更多潜在的投资者进入民办教育。全社会要形成尊重举办者、理解举办者、关怀举办者、支持举办者的社会氛围，尊重举办者的特殊劳动，重视举办者的社会价值，充分肯定举办者队伍对我国民办教育发展所做出的贡献。

民办高校举办者这一群体将在我国民办高等教育发展历史中甚至是我国高等教育发展历史中留下深刻的足迹。伴随着市场化改革的进程，在教育规模快速提高、教育体制急剧变化的过程中，中国民办高等教育的发展和民办高校举办者队伍的成长，就是一个不断迎接挑战、应对困难并在开拓创新中不断成长和壮大的过程。民办高校的举办者作为民办高校大学文化的塑造者，大学发展的引领者和社会资源的组织者，在民办高校的发展中扮演了极其重要的作用。

40多年改革开放取得的巨大成绩和进步，为很多民办高校的举办者成为民办教育家创造了有利的条件。经济快速发展带来居民家庭对高等教育支付能力的增强、教育市场化程度的提高等条件为中国形成一批具有重要社会影响的民办教育家群体提供了广阔的天地。党的十九大继续坚持

"扶持和鼓励社会力量兴办教育"的方针，为民办教育举办者群体进一步成长提供了广阔的发展空间。

民办高校和公办高校的领导产生方式是不同的。根据《高等教育法》等法律法规，我国公办高校中的党委书记和校长都是政府任命的，其权力来自国家授权。党委书记和校长都有一定的行政级别，985 高校的书记和校长一般都是副部级领导，其他高校的书记和校长一般是厅级或副厅级领导。我国民办高校的校领导产生方式不同于公办高校。民办高校中最重要的三位领导者一般是董事长、校长或党委书记。董事长由民办高校自主产生；校长的产生曾经需要审批机关审批，但是根据教育部最新文件，民办高校的校长不需要审批机关审批；部分地区的省委教育工委等机构向民办高校派驻党委书记，也有一部分地区的党委书记由民办高校自己产生。所以，民办高校的领导主要是自己产生的而非国家任命。

我国民办高校兼具大学和企业的特质，可以视为大学和企业的混合体。企业的发展离不开企业家。一个企业之所以存在是因为一个人或者一群人做出了创立一家企业的决定并且采取了行动，这个人或者这一群人是企业组织结构和战略定位的最初架构者以及企业文化的塑造者。[1] 彼得·杜拉克指出："现代大学的创建和发展，尤其是现代美国大学的创建和发展是讲述企业家精神发展历史的最好教材。"[2] 管理学的研究也表明，民营上市公司的公司治理在很大程度上依赖创始人的作用，尤其是在那些市场化程度较低的地区。一旦创始人因年龄、健康状况、个人违法违规行为等原因不能亲自管理企业，企业的经营管理就可能面临极大的风险。[3]

将民办高校举办者对学校的控制和企业股东对企业的控制进行比较可以更好地理解前者的控制权。从法律意义上讲，股东是公司的所有者，拥有公司的终极所有权。高闯等学者发现，我国公司治理中存在终极股东对公司的"双重控制链"，两条控制链分别是股权控制链和社会资本控制链。一般情况下，终极股东首先会利用股权控制链占有上市公司的控制权，同时分散股权，尽可能地使控制权和现金流权偏离；然后，动用社会

---

① 夏立军、郭建展、陆铭：《企业家的"政由己出"——民营 IPO 公司创始人管理、市场环境与公司业绩》，《管理世界》2012 年第 9 期。

② [美] 彼得·杜拉克：《创新与企业家精神》，海南出版社 2009 年版，第 7 页。

③ 夏立军、郭建展、陆铭：《企业家的"政由己出"——民营 IPO 公司创始人管理、市场环境与公司业绩》，《管理世界》2012 年第 9 期。

资本，任命自己所信任的人为公司高管，形成社会资本控制链，强化对上市公司的控制。在获得对公司的双重控制以后，终极股东会通过股权转让等方式从股权控制链的最终节点上退居幕后，遥控指挥，隐蔽其"隧道挖掘"行为。[1] 社会资本控制链对于理解我国民办高校举办者对民办高校的控制权具有十分重要的理论意义。我国部分民办高校属于滚动发展，举办者向学校投入的资金有限。当然也有一些民办高校的举办者向学校投入的资金较多，但是根据新修订的《民促法》，非营利性民办学校终止后的财产并不能返还给举办者。所以，我国民办高校举办者对学校的控制权主要不是来自资金控制而主要是社会资本控制。举办者在创办学校并带领学校发展壮大的过程中，逐渐成为学校发展中最重要的领导者和决策者，这是举办者权力的合法性基础。与此同时，举办者任命自己所信任的人担任学校重要领导岗位，不断强化自己对学校的控制。

民办高校举办者的权力来源于其带领学校发展中所扮演的不可替代的角色。理解举办者对民办高校控制权的关键就在于理解举办者在我国民办高校的发展历程中所扮演的角色和发挥的作用。

第一节 举办者对学校做出了突出贡献

可以从很多视角来分析举办者在民办高校形成和发展过程中所起到的重要作用，本章将借鉴经济学和管理学对企业家在企业形成和发展中的作用分析。从组织学的视角看，高校和企业都是现代社会中重要的组织形态，虽然两者在组织目标上存在明显区别，但是两者也都存在类似之处：都需要通过竞争的方式获得维持组织所必需的资源，而且这些资源基本是相似的，例如物质资源、人力资本等。[2] 实际上，很多经济学家的部分结论就是建立在对学校等非营利性组织的观察基础之上的，如阿尔钦和德姆塞茨在分析组织的交易成本对组织行为的约束时就利用了大学的例子：

---

① 高闯、郭斌、赵晶：《上市公司终极股东双重控制链的生成及其演化机制——基于组织惯例演化视角的分析框架》，《管理世界》2012 年第 11 期。

② ［美］E. A. 汉纳谢克：《教育生产函数》，［美］Martin Carnoy：《教育经济学国际百科全书》（第二版），闵维方等译，高等教育出版社 1998 年版，第 352 页。

在大学中，教师用公家电话、纸张和邮票干私活。学校管理机构通过确定各种情况中的责任人可以阻止这种行为；但是，这样做的成本超过了行政部门愿意承受的程度。确定责任人（而不仅仅确定这种行为的存在）所需的成本会超过减少教师这种"不光彩行为"所节约的成本。①

和公办高校相比，民办高校和企业具有更多的相似性，民办高校也需要在市场竞争中获得资源，如果不考虑两者在生产方式和组织目标上的差异，民办高校可以看作通过出售教育服务而获得生存的企业。因此，关于企业的各种理论对于民办高校而言同样具有解释力。

秦志华等学者归纳出关于企业创立和发展的三种基本理论观点，分别是契约学派、资源学派和机会学派。② 契约学派将企业看作是一系列契约的结合，代表性学者是科斯（Coase，1937）。资源学派将企业看作是利用特定资源并使资源增值的过程，代表性学者是阿尔瓦雷斯和布森尼兹（Alvarez & Busenitz，2001）。机会学派则将企业看作是企业家实现自己所发现的市场机会的场所，代表性学者是西恩和文卡塔拉曼（Shane & Venkataraman，2000）。三种观点从不同的视角分析了企业家在企业成长发展中的作用。

一　举办者创建了民办高校的大学制度

契约学派的基本思路起源于对这个问题的思考：价格是配置资源的基本机制，企业外部的生产是通过价格机制来协调的，但是企业内部的各种交易（各种谈判过程、协调过程和指挥过程等）并非通过市场交易实现的，而是通过企业主的指挥来实现的。那么，企业和市场的边界是什么呢？为什么会产生企业这一组织呢？科斯通过"交易成本"这个概念解释了企业的产生。科斯认为，企业是在一定范围内对市场价格机制的替代机制。使用价格机制是存在成本的——这个成本是交易成本的组成部分之

---

① ［美］A. A. 阿尔钦、H. 德姆塞茨：《生产、信息成本和经济组织》，载［美］路易斯·普特曼、兰德尔·克罗茨纳编《企业的经济性质》，孙经纬译，上海财经大学出版社 2009 年版，第 172 页。

② 秦志华、刘艳萍：《商业创意与创业者资源整合能力拓展——白手起家的创业案例分析及理论启发》，《管理世界》2009 年第 S1 期。

一，通过价格机制组织生产的最明显的成本是通过谈判确定价格的成本。当企业内的组织成本——交易成本的组成部分——等于其他企业内部的组织成本或通过价格机制组织交易时的成本时，企业的边界就确定了。①

因为企业内部的生产经营活动存在交易成本，通过建立合适的契约关系，就能够节约交易费用并提高经济效益。企业通过建立利益相关者之间的管理权威，把生产经营活动纳入组织体系之中，以此减少分工协作中的交易费用。而管理权威的产生与归属，以生产协作过程中的比较优势为基础，通常归于发起有计划分工协作的企业家。奥尔森分析了集体行动和组织内部的"搭便车"行为，"有理性的、寻求自我利益的个人不会采取行动以实现他们共同的或集团的利益。除非集团成员同意分担集团目标所需的成本的情况下，给予他们不同于共同或集团利益的独立的激励，他们不会采取行动以增进他们共同的目标或集团目标"。② 阿尔钦和德姆塞茨的企业理论重点分析了企业内的监督成本。他们指出，除非受到监督，否则企业员工就会有偷懒行为，那么，谁来监督监督者本人呢？在他们的理论框架中，企业家的激励来自对生产活动的剩余收入的索取权（剩余索取权）。克服"搭便车"行为的有效措施是设立监督者，而确保监督有效的可行途径是把监督权和团队剩余权对称地分布于出资者。③

契约学派指出，企业家是风险的承担者。企业的职业经理人和其他人员有机会领取固定的工资，但是企业家没有固定的工资可拿，除非企业的收入在扣除各项工资以及其他开支之外还有剩余，否则企业家就没有收入。为了保证自己能够有足够的剩余收入，企业家必须勤勉工作并承担企业的全部风险。如果没有承担风险的企业家的存在，企业就不会产生。奈特（Frank H. Knight）（1921）从不确定性和风险出发，指出利润是对冒险的补偿，从而得出资本家索取剩余具有天然的合理性这一结论：愿意冒险者是当然的企业所有者，承担经营结果的不确定性；而不愿意冒险者成

---

① ［美］科斯：《企业的性质》，载［美］路易斯·普特曼、兰德尔·克罗茨纳《企业的经济性质》，孙经纬译，上海财经大学出版社 2009 年版，第 71 页。

② ［美］曼瑟尔·奥尔森：《集体行动的逻辑》，陈郁等译，上海三联书店、上海人民出版社 1995 年版，第 2 页。

③ ［美］阿尔钦、德姆塞茨：《生产、信息成本和经济组织》，载［美］路易斯·普特曼、兰德尔·克罗茨纳《企业的经济性质》，孙经纬译，上海财经大学出版社 2009 年版，第 190 页。

为领取固定工资的雇员，并接受前者的指挥。[①]

　　根据契约学派的观点，民办高校的创办者是民办高校内部各项制度的创建者。招生宣传、招聘教师、教学授课、考试评价、毕业求职等过程涉及方方面面的活动，任何活动都需要制度进行调节，也需要办学理念和大学精神进行指引。没有完善的大学文化和制度建设，民办高校就是一盘散沙，举办者在其中功不可没。民办高校在完成基建投入之后便成为典型的"人力资本密集型"行业，人力资本在学校中所扮演的作用远远高于物质资本所发挥的作用。校级领导、中层管理干部、专任教师、教辅队伍等都在学校发展中起到非常重要的作用。民办高校的创新和发展是一项艰巨持久的系统工程，举办者需要得到管理团队和全体教职工的大力支持。民办高校由于缺乏财政资金扶持和社会捐赠，仅靠举办者投资和学费收入难以保证民办高校的教职工享受和公办高校相同的待遇。在这种情况下，单靠物质利益很难激励员工积极参与学校发展，举办者的精神感召力就显得十分重要，举办者需要以身作则，凝聚人心，以高尚的精神和坚强的毅力，激发师生员工的精神力量。

　　根据契约学派的观点，民办高校举办者是最大的风险承担者，也是剩余索取权和剩余控制权的拥有者。教职员工有固定的收入，而举办者能否获得经济回报依赖于学校的持续发展水平和办学结余情况。即使举办者有很多条获得回报的渠道，若学校随时都在"齐脖深的水中"艰难挣扎，则举办者不仅难以获得经济回报，而且也难有在职消费的机会。经济学家认为，人类行为的目标函数不仅仅包括可以货币化的物质利益，还包括无法货币化的声誉、权力、尊重，以及自我满足等。组织内部承受最大风险的人理应成为组织的最高决策者，最高决策者为了保证自身的利益，必须尽最大的努力来保证民办高校的发展。一所民办高校举办者的接班人（担任学院副书记）在接受访谈时说：

　　　　晚上十点之前到我们学校去看，好多人都在办公室，包括我和我爸爸。我爸爸住在学校里面，我基本上是十一点以后才离开学校。心系在那里，没日没夜地考虑学校，包括安全。像命根子一样去爱护学校。老师和学生都像对待自己的亲人和孩子一样去看待。

---

①　Frank H. Knight, Risk, *Uncertainty, and Profit*, Orlando：Signalman Publishing, 155.

为了实现更好地生存和发展并与公办高校相竞争，民办高校非常注重提高组织效率。潘懋元先生发现，同公办高校相比，民办高校的管理机构力求精简高效，表现为职工人员占教职工比例小、中高层领导管理人员较少、一职多能、部门分工不严格、层层请示与相互推诿的现象较少。由于民办高校有这些优势，因而能降低管理成本并提高管理效率。①

二　举办者整合了校内外的资源

资源学派认为，生产任何的产品和劳务都需要土地、设施设备、人力资本等各种资源。这些资源之所以可以创造新的价值，是因为这些资源拥有固有的效用。但是，这些效用的价值却依赖于不同人的判断，不同的人发现这些资源的价值的眼光不同。莎拉斯瓦蒂（Sarasvathy）指出，那些具有更高眼光的人能够更早发现别人没有发现的资源的价值。他们可以以较低的价格从别人手中获取资源，再按照自身发现的效用对资源进行开发利用，从而获得更高的价值。发现、实现并使资源增值的过程，就是创业活动的本质。发现和开发资源能力较强的人，就是资源整合活动的引导者，即企业家。这种发现和实现资源新效用的过程，就是创业活动的本质。② 福斯和克莱因（Foss & Klein，2012）将科斯的企业理论与创业理论结合起来，认为发现资源新价值的能力是管理权威赖以形成的基础。按照这个理论，企业家就是发现资源的价值并使之增值的人。③

资源学派没有否认契约学派的观点，但强调契约的基础不是理性计算而是每个人的资源开发能力不同。创业者的资源开发能力与其已有的经验和知识，也与其所感知的机会有关。谢恩等学者（Scott Shane）的实验结果还证明，在剔除了收入、受教育程度、婚姻状况、年龄、种族和移民状况等因素的影响后，遗传基因影响了创业倾向的 41% 的变异，当然，他

---

① 潘懋元、罗先锋：《民办高校机制优势研究》，《浙江树人大学学报》（人文社会科学版）2014 年第 9 期。

② Sarasvathy, S. D., Simon, H. A., & Lave, L. (1998). Perceiving and managing business risks: Differences between entrepreneurs and bankers. *Journal of Economic Behavior and Organization*, 33 (2), 207-225.

③ Nicolai J. Foss, Peter G. Klein. *Organizing Entrepreneurial Judgment: A New Approach to the Firm* (1st Edition), Cambridge University Press, 2012.

们也认为外部环境因素也影响创业行为。① 因此资源学派对于企业来源的解释由契约谈判力转到了个体创造力和个体所掌握的资源。这相对于契约学派是一种认识的深化，因为投入产出计算依赖于价值尺度，而这一尺度受个体偏好即个性差异影响。资源学派内部包括若干个不同的分支学派，如稀缺资源理论、复合基础资源理论和资源依赖理论。这三个分支学派从不同视角分析了组织的创造和发展过程，也从不同视角分析了组织的创办者对组织的影响和控制作用。这些理论流派对于民办高校举办者在学校中的权力来源都具有重要的解释作用。

（一）稀缺资源理论

稀缺资源理论认为组织的发展壮大是因为组织掌握了其他组织难以掌握的资源。该理论流派的主要奠基人杰恩·巴尼（Jay Barney）曾经将影响组织创造价值的资源分为三类，分别是物质资本资源（physical capital resources）、人力资本资源（human capital resources）和管理资本资源（organizational capital resources）。物质资本资源包括组织所使用的技术、所使用的设备设施、地理位置、组织的原材料等。人力资本资源包括企业管理人员和员工所接受的训练，所拥有的经验、判断力、智力、洞察力以及所拥有的外部关系（社会资本）。管理资本资源即组织的正式和非正式的计划、协调、控制体系以及组织内部各非正式团体之间的关系。②

巴尼区分了竞争优势（Competitive Strategies）和可持续的竞争优势（Sustained Competitive Strategies）。当组织采取了某种创造价值的战略行为没有被其他竞争者所模仿时，该组织就具有竞争优势。当组织采取了某种创造价值的战略而其他的竞争者永远无法模仿时，组织就具有可持续性的竞争优势。③ Barney 认为，如果各个组织所拥有的资源都是同质的和可流动的，那么，任何一个组织都不可能建立起相对于其他组织的可持续的竞争优势，因为组织所采取的任何战略行为，由于资源的同质性和可流动性，都可以被其他组织在短期内借鉴和模仿。但是，组织的资源往往是异质的（Heterogeneous）和不可流动的（Immobility），这就决定了那些拥有

---

① Scott Shane and S. Venkataraman, "The Promise of Enterpreneurship as a Field of Research," *The Academy of Management Review*, Vol. 25, No. 1 (Jan., 2000), pp. 217-226.

② Jay Barney, "Firm Resources and Sustained Competitive Advantage," *Journal of Management*, 1991 (1): 99-120.

③ Ibid.

不可代替的、不可模仿的稀缺资源的组织更具有可持续的竞争优势。

　　根据组织的稀缺资源理论，组织的主要创办者是组织最重要的、不可替代的资源之一。对于民办高校而言，其举办者就是民办高校最重要的资源，对民办高校的战略形成和运行轨迹有着巨大的影响。观察我国当前的民办高校，一所发展水平高、发展潜力大的民办高校，一定有一位拥有人格魅力和战略眼光、教育理念卓越、社会活动能力突出的创办者。可以说，民办高校举办者的水平就决定了民办高校的发展水平。李维民在总结陕西民办高等教育发展原因时指出，一批热爱民办教育事业的创办者和办学者是推动陕西民办高等教育发展的六个基本原因之一。这些创办者不断研究民办高等教育的规律，提出办学的新思路、新举措，同时具有实干、苦干精神，锲而不舍、勤奋努力，实现了学校建设的跨越式发展和办学层次、水平的提升。[①]

　　除了民办高校举办者本人之外，民办高校还必须寻找其他的关键性核心资源，其中最重要的资源是人力资源，尤其是职业化的校长和高水平的师资。职业化的校长在民办高校的发展中发挥重要作用，美国一些私立高校就是在若干卓越的校长的领导下奠定在高等教育中的地位的，如乔丹对于斯坦福大学，吉尔曼对于霍普金斯大学等。目前我国民办高校外聘校长的权力和发挥的作用还有限，随着第一代创办者逐渐退出领导岗位，今后职业化的校长将在我国民办高校的发展中扮演关键性作用。能否找到卓越的职业化校长对于今后民办高校的发展至关重要。高水平的教师也是民办高校发展中的重要资源。梅贻琦说，大学非大楼之谓也，大师之谓也。凡是在教学和科研取得卓越成就的民办高校，都是能凝聚一大批高水平师资的民办高校。民国时期的私立高校之所以能够和当时最好的公办高校相媲美，从资源的角度来看，就是因为当时私立高校聚集了一大批高水平的师资。以上海光华大学为例，当时任教的教授包括：胡适、张歆海、徐志摩、潘光旦、廖世承、罗隆基、吴泽霖、张君劢、张东荪、王造时、黄炎培、田汉等，这些教授要么是毕业于世界名校、掌握最新科技或理念的学者，要么是学富五车的国学大师或文教界名流。师资等资源是需要以学校的资金为基础的，民办高校要尽力为高水平师资提供良好的工作和生活条

---

　　① 李维民、银冰冰：《陕西高水平民办高等教育发展研究》，陕西人民出版社 2017 年版，第 32 页。

件，但是，举办者的个人魅力，包括对学术自由的尊重、对教育事业的执着、对优秀教育理念的培育也是吸引高水平师资的重要原因。民国时期私立大学的创办者们求贤若渴，他们自知国立大学的待遇要优于私立高校，所以采取一切方法打动教授们的"芳心"，比如，1939 年，萧公权受光华大学成都分校副校长薛迪靖的邀请来校任教，薛校长代其租房安家，后又将其接入新建的别墅居住，萧公权安心在光华任教 8 年，完成了名著《中国政治思想史》的写作。

（二）　复合基础资源学派

复合基础资源学派是在解释以我国为代表的发展中国家的企业在全球不断扩张时所提出的分析框架。以联想、海尔、华为、三一重工为代表的中国企业在全球迅猛扩张，但是这些企业并不拥有显著的竞争优势，也不具备难以模仿和不可替代的核心能力，它们的成长对传统的战略理论带来了理论上的挑战。复合基础资源学派认为，普通的甚至外部可以购买到的资源，通过创造性地复合，一样能够为企业尤其是那些缺乏所谓"核心资源"的"普通"企业带来竞争优势。

陆亚东等强调了发展中国家的企业可以通过内生性和外生性相结合的方式构建自身资源，也就是说，既可以通过模仿式创新、标杆企业定点超越等内生方式获得有机成长，也可以注重通过外部购买、企业并购、合作共享等外生性的途径快速超越，而不必拘泥于企业自身的缓慢的或渐进的内部积累。[①] 例如，对于那些发展中国家的企业和那些中小型企业而言，它们无论是在规模还是在能力方面，都处于相对劣势，然而，在较短的时间内发现最迫切需要构建的能力或资源，并且通过已有的少量资源集中力量进行个别能力的突破，在取得突破的能力基础上，再进一步构建其他能够撬动的相关能力，这个过程既是能力的构建过程，更是企业超越对手的成长过程。因此，复合基础观为它们提供了一条新的战略发展思路。它们不必去遵循大型企业和那些实力强劲的跨国公司走过的同样道路，而是可以在厘清内在能力构建逻辑的基础上，通过外生性和内生性的资源结合构建组合能力，从而获得超越竞争对手的发展速度。

复合基础资源学派强调对现有内部资源与可获得的外部资源独创性的

---

① 陆亚东、孙金云：《中国企业成长战略新视角：复合基础观的概念、内涵与方法》，《管理世界》2013 年第 10 期。

整合，使得企业既能更快地应对市场，掌握机会，又能减轻现有内部资源相对缺乏的压力，从而独创性地形成企业自身的资源组合能力。在业务战略的选择上，复合基础资源学派和稀缺资源理论学派也存在显著的差异。稀缺资源理论认为，业务战略的选择源于企业拥有的独特资源。对于那些成本控制能力强的企业，可以采用成本领先战略提供简单价廉的商品，比如迈瑞（Mehri）通过质性研究方法发现，虽然丰田汽车公司常常损害员工健康和权益，却可以为世界提供廉价富有竞争性的产品。[①] 在规模不大的小市场或利基市场则可以采用目标集聚的战略以获得竞争优势。复合基础观则强调在对目标顾客需求的深入研究基础上，不单纯执着于价格或产品的差异化特征，而是为顾客提供相对于竞争对手更高的性价比、更加快速的响应速度或更为广阔的市场覆盖。

复合基础资源学派对于后发国家和新兴市场国家的企业竞争力有很强的解释力。尽管以中国为代表的新兴市场国家企业存在着明显的不足，如核心技术和品牌知名度缺乏、美誉度不高、产品创新能力偏弱等，但是它们也具有显著的优势，包括成本优势和渠道优势。通过巧妙地运用这些优势，上述国家的企业不仅在中低端市场取得了快速的发展，而且开始逐步克服自身的缺点，向中高端市场和发达国家市场进军。在此过程中，出现了能够与西方跨国公司抗衡的诸多明星企业。曾鸣（Ming Zeng）指出，中国企业最初的成本优势来自天然的成本优势——廉价劳动力和规模效应，以及市场不完善时人为压低和扭曲的资源低价，但是目前许多中国企业已经开始拥有创新带来的成本优势，即"成本创新"。以低成本的方式进行技术创新，以技术创新的方式降低成本，这将成为未来全球竞争的核心。[②]

复合基础资源学派的观点对于我国民办高等教育的发展历史具有一定的解释力。和公办高校相比，我国民办高校属于典型的后发型高校：创办时间更晚、教育质量更差、知名度更低。因此，民办高校除了举办者这一独特的资源外，其他的资源和公办高校相比并不具有显著优势，生源、外聘校长、师资、图书设备、土地（地理位置）等资源都劣于公办高校的

① Mehri, D., The Dark Side of Lean: An Insider's Perspective on the Realities of the Toyota Production System, *Academy of Management Perspectives*, Vol. 20, 2006 (2), pp. 21-42.

② Zeng, M. & Williamson, P. J., *Dragons at Your Door: How Chinese Cost Innovation Is Disrupting Global Competition*, Harvard Business School Press, 2007.

相应资源。民办高校的举办者将这些普通资源通过富有创造性的战略手段整合在一起，使我国民办高校开始起步并逐步获得与公办高校同台竞争的机会。北京、上海、南京、杭州、西安、南昌等我国民办高校起步较早并发展较快的城市，都拥有相对丰富的公办高等教育资源，可以为民办高校的起步和发展提供外生性资源。

根据复合基础资源学派的观点，举办者必须发挥资源的发现者、组织者和增值者的角色。我国民办高校今后能否实现超常规发展取决于两个因素：一是能否将已有的普通性的资源加以改造、提升和创造性地整合，使其发挥出最大的价值，比如不断提高本校教师的能力和素质，不断激发他们教书育人和科学研究的积极性等；二是能否将"非我所有"的资源变成"为我所有"，比如聘请高水平师资到校指导青年教师等。2017 年 9 月，笔者调查了宁夏理工学院和西安思源学院，这两所民办高校在创造性地借用其他高校的资源方面都进行了积极探索。宁夏理工学院在教育部的支持下，每年选派若干名教师到东北大学攻读硕士学位和博士学位，同时选派若干名学生到东北大学进行合作培养，四年累计有 500 多名学生完成了在东北大学的学业。西安思源学院每年选派 30 名青年教师到西安交大学习（思源学院的创办者周延波曾经是西安交大的教师），西安交大相应安排 30 位教授对思源学院的青年教师进行一对一的指导，起到了极好的效果。

（三）资源依赖理论

理查德·斯科特将组织理论分成三种，分别是理性系统视角、自然系统视角和开放系统视角，和前两个视角相比，开放系统视角更加关注组织与环境之间的关系，环境被认为是组织延续所离不开的物质、能量和信息的终极来源，组织自我维系能力的基础是加工从环境获得的资源。[①] 资源依赖理论（Resource Dependence Theory）认为，在开放的组织环境中，一个组织要生存必须不断从外部环境中获得资源，这些资源包括实物、资金、人力资源、信息、社会和政治的合法性支持等。拥有资源控制权的外部组织对该组织有一定的控制权。[②] 该理论可以推导不

---

① ［美］W. 理查德·斯科特、杰拉尔德·F. 戴维斯：《组织理论——理性、自然与开放系统的视角》，高俊山译，中国人民大学出版社 2011 年版，第 108 页。

② Amy J. Hillman, Michael C. Withers, Brian J. Collins. Resource Dependence Theory: A Review, *Journal of Management*, 2009, (6).

同组织之间的相互依赖情况：假如 B 能帮助 A 达成的目标越多，A 对 B 就越依赖；能不经由 B 而达成相同目标的方法越多，A 对 B 的依赖就越低。从组织内部来看，组织内部的权力配置与组织从外部获得资源的情况之间存在一定的关系。组织内部的个人或团体从组织外部争取到的资源越多，其在组织内部的影响力就越大。[①] 该观点可以解释组织内部不同主体之间的权力依赖现象：如果 B 能提供给 A 必需的资源，A 如无法提供等值的回报，只能服从或迁就 B，B 也就在 A—B 关系中处于主导和控制地位。

　　一些学者运用资源依赖理论来解释大学中的权力配置。Harold T. Shapiro 指出，美国大学校长的职权高于欧洲同行，并不是由于美国大学的校长更有激情（passion）、更有远见（vision）、更有决策的勇气（courage）、更坚强的意志（determination）和更聪明（intelligence），也不是美国大学的校长更有责任心（commitment），而是根植于美国大学所处的历史传统和组织环境，和欧洲相比，美国大学校长需要从政府和社会中争取资源，而欧洲的大学校长更像是政府的工作人员，学校的经费主要不依赖校长的极力争取。[②] 刘向东等学者指出："大学的权力结构中，无论是纵向各层次间、还是横向各主体间权力的分配取决于相互间的依赖程度，尤其是相互间资源的依赖程度。若下层主体对上层主体的依赖程度越高，则越倾向于形成集权式的权力关系，反之，则形成分权式的权力关系。"[③]

　　我国民办高校举办者的权力也与民办高校的组织环境和资源形成渠道有关。我国大部分民办高校的主要收入来自学费，部分民办高校可以获得国家财政资助，但是财政资助所占的比例非常低。学费可以看作是服务收入，从这个角度看，民办高校实际上具有商业组织的性质——通过提供产品或服务来获得生存和发展的资源。此外，民办高校所能享受到的土地、税收和招生指标等优惠政策，也在很大程度上取决于举办者的积极争取。所以，民办高校的举办者和私营企业的举

---

　　① Pfeffer, J., Salancik, G. R. *The External Control of Organizations*: *A Resource Dependence Perspective*. New York: Harper & Row, 1978. 245.

　　② Harold T. Shapiro, University Presidents—Then and Now, William G. Bowen & Harold T. Shapiro, *Universities and their Leadership*, Princeton University Press, 1998: 66.

　　③ 刘向东、陈英霞：《大学治理结构剖析》，《中国软科学》2007 年第 7 期。

办者具有高度的相似性，都是组织生存发展所需要的关键资源的争取者。举办者既是学校的创立者，又是学校资源的主要提供者，其控制着学校发展所需要的主要关键性资源，如资金、设施及人员等；学校组织要想生存与发展，就必然依赖于其提供资源，因此产生了学校与举办者之间的依赖关系。举办者为学校提供的资源越多，其获得的权力就越大。全国人大和教育部联合调研组在《民促法》修法之前进行的调研座谈会上，济南和德州等地的民办高校举办者认为，一所民办学校能成长，靠的是举办者的资金、心血、热情和智慧等。现在很多学校背负沉重债务，如果举办者没有支配权和管理权，那么学校的债务也就无人承担。如果要求举办者把债务偿还后再把权力归还社会不符合社会主义初级阶段的基本国情。所以，举办者普遍认为应明确举办者对学校的支配权和管理权，只有这样才能调动他们的办学积极性，促进学校的健康发展。①

三 举办者发现和利用了市场机会

机会学派的基本思路是：生产经营活动立足于市场机会，市场机会是低价购入高价售出的操作空间，来自社会供求关系的不平衡状态。② 能够发现供求不平衡的人能够利用机会获取超额利润，为防范他人仿效，进一步建立经营计划机制来利用机会，企业由此产生。机会学派有两个重要的观点。第一，在同样环境下，只有少数人能够发现机会。大多数人要么发现不了机会，要么即使发现了机会也不敢或没有能力利用机会。第二，机会学派强调机会的客观性，创业者不同的个体特征决定其能否发现和利用市场机会。

从机会学派的观点来理解，改革开放之初，我国存在旺盛的高等教育需求机会，大量高中毕业生无法进入高校而成为"落榜青年"。民办高校的创办者就是早期的高等教育机会的利用者。民办高等教育发展过程中，也存在一系列的发展机会，这些机会被一些举办者进一步地充分利用。有

① 张志勇：《民促法修订需要解决的问题和建议》，http://www.rmzxb.com.cn/c/2016-03-23/744035.shtml。

② Scott Shane, S. Venkataraman. The Promise of Entrepreneurship: A Filed of Research, *Academy of Management Review* 2000, Vol. 25, No. 1, 217-226.

的民办高校举办者满足于已有的办学条件和办学水平，而有的举办者则不断搜寻和利用新的发展机会。这些举办者带领民办高校从不具备学历授予资格的民办高等教育机构升格为民办高职院校，再从民办高职院校升格为民办本科高校。

搜寻和利用机会意味着举办者需要对环境保持灵敏，对社会需求有精准的把握。波特提出的 SWOT 战略模型非常强调外部环境因素，该模型将外部环境分为机会（opportunity）和威胁（threat）两个方面。机会是对组织有利的因素，威胁则是对组织的发展造成负面作用的因素。卓越的举办者能够提前感知有利的因素并提前化解风险。我国民办高等教育早期存在"陕西现象"和"江西现象"。这两个地区都存在有利于民办高等教育发展的外部因素。郝瑜、王冠指出，陕西省学而优则仕、书香门第、耕读传家的儒学观念和历史影响、极度有限的高等教育资源与社会青年接受高等教育的迫切愿望之间的尖锐矛盾，为陕西民办高等教育的起步和发展提供了良好的机会。① 与陕西民办高等教育所存在的的"供给侧"机会不同，江西民办高等教育则存在"需求侧"机会优势。江西毗邻广东和浙江，广东和浙江的本地人口少、经济发展快、需要大量接受过较高教育程度的技能型和应用型人才。江西民办高校充分利用本地较为宽松的政策环境、充裕的生源、低廉的师资与土地成本等优势，大量为珠三角和长三角培养技能型人才。江西的多所民办高校在广东等地设立常设性的办事机构，深入了解当地的就业需求，并根据这些就业需求来灵活地调整专业（方向）设置、课程安排、教学方法，提高了学生的就业率和就业水平。

我国民办高校未来的发展将在很大程度上依赖于创办者能否找到并合理地利用来自政府和市场中的各种机会。比如，内蒙古师范大学鸿德学院利用了"内蒙古自治区被国务院定为全国唯一足球试点省"的机会，提出以鸿德学院为主组建内蒙古足球培训中心的申请，当地政府高度支持，无偿划拨了 105 亩土地并给予了 2000 多万元的配套资金。鸿德学院不仅扩大了办学空间、获得了政府资助还提高了社会影响。

---

① 郝瑜、王冠：《陕西民办高校群落的成因分析》，《陕西师范大学学报》（哲学社会科学版）2004 年第 1 期。

第二节　举办者制定了卓越的发展战略

发展战略就是一定时期内对组织发展方向、发展速度与质量、发展点及发展能力的重大选择和规划。组织战略可以帮助组织指引长远发展方向，明确发展目标，指明发展点，并确定组织需要的发展能力。组织的实际决策者在组织战略的制定中发挥关键作用。笔者发现，从战略制定的内容来看，卓越的民办高校举办者一般同时采取了三种战略，分别是教育战略、市场战略和政治战略。教育战略是民办高校发展的基础，市场战略是民办高校发展的动力，政治战略是民办高校发展的保障。三个战略相互交织，各有侧重，三者缺一不可，共同促进民办学校的发展。

一　教育战略

教育战略是指举办者在教育理念、人才培养目标设定和人才培养模式等方面的思考、谋略和探索。大学的三项基本职能是教学、科研和社会服务。对于公办高校而言，科研和社会服务具有相对独立性，而民办高校的根本任务是教学，科研和社会服务是围绕教学进行的，所以民办高校的教育战略主要表现在人才培养战略。

要实施教育战略，意味着民办高校的举办者需要具备教育家的理想情怀、素质基础和思想追求。蔡元培先生曾指出"教育事业应当完全交与教育家，懂得教育规律的专家管理"。[①] 顾明远认为"教育家是在教育实践、理想或思想上有创造性思想，有影响有贡献的杰出人才"。[②] 教育家一般富有崇高的教育情怀和教育理想，具备良好的教育理念和教育知识，并依据基本的教育规律创造了瞩目的教育成就，比如我国杰出的教育家陶行知、蔡元培、蒋梦麟等。中外许多大学的发展历史已经证明，校长的教育家素质决定着大学的文化和发展生命力。一个教育家与普通校长的区别，并不在于是否掌握学校的最高行政权力，而在于有无独特而科学的教育理念，有无对教育活动规律的独特理解，有无基于对现代社会深刻洞察基础上形成的教育思想，有无对教育对象、教育目标、教育方式有独到的

---

① 高奇：《中国高等教育思想史》，人民教育出版社 2001 年版，第 139 页。

② 顾明远：《在教育家书院成立大会上的讲话》，《教师教育研究》2010 年第 4 期。

定位和分析。

　　作为民办高校的掌舵者，举办者一定要对教育的本质有深刻的理解，对大学精神有独特的价值判断和坚定的信仰，有鲜明的教育理念。眭依凡认为，有理念的大学校长才能认准并坚定自己的大学发展的方向，从而不至于受到各种社会思潮的影响而随波逐流或不知所措，更不会陷入繁杂的事务中无所作为。① 民办高校是教书育人、成人成才的教育场所，应当交由教育家式的举办者进行管理。随着高等教育大众化和大学现代化的发展，为了进一步提升办学质量，民办高校越来越需要教育家式的举办者为学校制定科学的发展方向、培养目标，塑造良好的教育理念、文化特色，培养更加优秀的人才，创造更多的办学成就。只有教育家式的举办者才能理解何为教育思想，懂得如何教育实践，也只有坚持教育家办学治校，民办高校才能得以生存发展，所以民办高校的举办者必须首要是教育家。郝瑜、王冠（2004）将陕西的民办高校举办者称为民办教育家，是因为他们已经初步形成了系统的教育思考，并且以教育理念和大学文化的形式昭示社会，付诸实践，引领学校的发展，初步取得了较为显著的社会效益。②

　　首先，举办者在民办高校的大学文化形成中发挥重要作用。组织文化的概念复杂而混乱，不同学者往往从不同角度给出不同的定义。③ 眭依凡认为，大学文化主要包括由价值观、理想追求、思维模式、道德情感等构成的精神文化，主要由大学的组织架构及其运行规则构成的制度文化，主要由大学的物理空间、物质设施构成的环境文化。大学文化构成一个以精神文化为核心、制度文化居中、环境文化处于外围的同心圆。④ 这种"物质、制度、精神"三元组织文化论者是受到了人类学对文化定义的影响，一些学者不同意这种大杂烩式的、无所不包的文化定义，比如，郑金洲将学校文化界定为"学校全体成员或部分成员习得且共同具有的思想观念

---

① 眭依凡：《学府之魂》，《中外著名大学校长教育理念》，江西教育出版社 2001 年版，第12 页。

② 郝瑜、王冠：《陕西民办高校群落的成因分析》，《陕西师范大学学报》（哲学社会科学版）2004 年第 1 期。

③ ［美］韦恩·K. 霍伊、塞西尔·G. 米斯克尔：《教育管理学：理论·研究·实践》（第7 版），范国睿译，教育科学出版社 2007 年版，第 160 页。

④ 眭依凡：《好大学理念与大学文化建设》，《教育研究》2004 年第 3 期。

和行为方式"。① 这种定义更接近大多数研究组织理论的学者的界定。管理学的研究表明，企业文化的主要影响因素是企业家个人观念、企业传统和制度环境，其中排在第一位的是"企业家个人观念"。② "组织文化的最初来源通常反映了组织创始人的远景或使命。由于创始人具有独特性的思想……创始人通过描述组织应该是什么样子的方式来建立早期的文化……大多数新成立的组织规模较小，这就有助于创始人向组织的全体成员灌输他的远景。"③

同样，作为民办高校的主要负责人，举办者在大学文化的形成中发挥重要作用。大学掌舵者的首要任务"就是对大学的使命有清晰的意识并在其认识基础上坚守大学使命"，④ 比如，蔡元培先生提出的"思想自由、兼容并包"的办学理念成为北大的优秀传统，梅贻琦提出的"所谓大学者，非大楼之谓也，大师之谓也"、"行胜于言"以及"自强不息，厚德载物"等办学理念也为清华的发展奠定了文化根基。民办高校的创办者作为学校的最重要领导者，在大学文化的形成中也发挥了重要作用。吉林华桥外国语学院的创始人秦和提出了"桥梁文化"，希望学校成为"中华儿女走向世界之桥梁，中西文化合璧之桥梁"。西安翻译学院创办者黄藤提出了以"鱼化龙"精神为核心的大学文化，对学生提出了"今日且将汗作雨，明朝喜看鱼化龙"的殷切希望。黄河科技学院创办者胡大白提出了"敢为天下先"的口号，希望学子们脚踏实地，执着追求，托起明天的太阳，共创人类辉煌。

其次，举办者在民办高校的办学定位和人才培养目标定位中也发挥了重要作用。大多数民办高校举办者以培养应用型、复合型人才为己任，以此与公办高校进行错位竞争。比如，丁祖诒在1995创办西安翻译学院初期就鲜明地提出"外语+专业+技能"和"专业+外语+技能"的复合型人才培养目标定位。这一定位把基础知识、专业知识、多项技能综合为一体，强调实践环节的重要性，培养高素质应用技术技能型人才，这一人才培养

---

① 郑金洲：《教育文化学》，人民教育出版社2000年版，第240页。

② 中国企业家调查系统：《企业文化建设：认识、现状和问题——2005年中国企业经营者成长与发展专题调查报告》，《管理世界》2005年第6期。

③ ［美］斯蒂芬·P.罗宾斯、玛丽·库尔特：《管理学》（第7版），孙健敏等译，中国人民大学出版社2004年版，第65页。

④ 眭依凡：《论大学校长之文化治校》，《清华大学教育研究》2012年第6期。

目标符合民办高校生源和师资特点、符合社会经济发展需求。李维民（2015）认为，丁祖诒提出的这一人才培养目标定位，较近期大力倡导的新建本科高校要积极转型、以培养应用型人才为使命的要求早了近20年。[①]

最后，民办高校的举办者还应该根据学生的社会背景、学习基础、职业定位等因素提出适合民办高校发展的人才培养模式。丁祖诒结合民办高校生源的特点提出"全日制、全住校、全封闭"的准军事化管理模式，学生在校期间既接受了严格的管理，又受到了无微不至的关怀。青岛滨海学院创办者韩方希董事长接受访谈时说，该校的生源质量比青岛市的最好市属公办高校低100多分，但毕业时"正式签约率"（当兵、考研、网上签约三个指标相加）并不低于该市最好的市属公办高校。该校举办者采取的教育战略包括：学生每天进行5分钟演讲以锻炼公开表达能力；每天收看并速记新闻联播；熟练操作办公软件且每分钟打字60个以上；每个学期进行体育测试；教考分离，所有考试从题库出题，杜绝教师"放水"；末位淘汰制度，学期考试后5%黄牌警告，连续三个学期后5%，勒令劝退，每年红牌警告造成劝退者六七十人。

很多民办高校举办者的教育战略与他们成长的历史和环境有关。很多民办高校的创办者或具有教师经历，或出身于教师世家，或怀有浓厚的教育情结，比如西安翻译学院的创办者丁祖诒因为高考政审没有过关而与大学失之交臂，有着强烈的"大学情结"，最后通过个人奋斗登上了西安石油学院的外语课讲台。有一些民办高校创办者有在公办高校的工作经历，正是看到了公办高校在人才培养和管理体制中的一些弊端，才决定创办民办高校来改革公办高校的办学弊端，如北京城市学院创办者傅正泰和陈宝瑜。泉州理工职业技术学院的创办者吴金营曾参加对越自卫反击战，深知健康体魄的重要性，看到当前大学生的体质普遍偏弱，从学校成立之初就坚持让学生参加晨跑锻炼。所有学生每周一、周三要进行5公里晨跑，每周五要12公里登山跑（登山跑自愿参加）。虽然遇到了很多学生的抵制，但是该校一直未动摇此项措施。很多学生刚进校时不理解，但是逐渐形成了晨跑的习惯。新校区奠基日，学生们以"拉练"的形式早晨5点从老校区步行50公里到新校区。新校区在一个镇上，学生刚开始晨跑的时候，

---

① 李维民：《现代教育家丁祖诒的社会贡献》，《黄河科技大学学报》2015年第3期。

引起了全镇的轰动：镇民们跑到街上，或者站在窗边，瞪大了眼睛观看2000人晨跑的壮观景象。

二 市场战略

市场战略是指民办高校通过各种手段从市场获得资源、增加学校经费的战略。对市场战略的把握意味着举办者需要具备企业家的素质。薛天祥曾对大学校长的角色进行思考，认为"理想的大学校长角色首先是教育家，同时是教育管理专家"[1]。克拉克认为，"如果大学要成为一个有效的群体，那么有效的管理便是根本"。[2] 民办高校不是单纯的教学和学术机构，而是部门众多、事务繁杂、人员庞大、功能多样的组织，更需要有效的管理。举办者需要对学生、教师、教学、资产等资源进行计划、组织、指挥、协调、控制，可以说学校的教学、科研、人事、财务、外事等方方面面都需要举办者的经营和管理。举办者不仅要能够对校内资源进行合理配置，达到效果的最优化，还要兼顾高校和社会资源的整合。民办高校对市场信息的反馈更加敏感，举办者应当根据市场规律，借鉴企业式运营模式，在节约办学成本的基础上，获取最大的办学效益。

经费是大学的脊柱，获得充裕的经费是大学发展的基础和关键。有人说，19世纪的美国大学校长在办公室看的是康德，20世纪美国大学校长在办公室看的是账簿。民办高校由于缺乏公共财政的有效扶持和保护，通过竞争性手段从市场中获得经费就更加重要。民办高校的市场战略主要是围绕经费的筹集而展开的。

第一，适当的宣传和营销战略。民办高校在创办初期因办学历史短和自身的不完善，很难被社会认可，只有充分利用现代通信手段和各类新闻媒体，广泛深入地宣传民办教育的意义、地位和作用、民办学校的办学现状和发展前景，才能逐步提高社会、家长与考生对民办高校的认可度。李维民认为，西安翻译学院等民办高校的崛起，与其所采取的市场战略密不可分。西安翻译学院以自身的实力和媒体的推力使其知名度迅速在全国得到提高，使社会各界开始认同民办高等教育，也使陕西的民办高等教育走

---

① 薛天祥：《高等教育管理学》，广西师范大学出版社2001年版。

② ［美］伯顿·克拉克：《高等教育系统——学术组织的跨国研究》，王承绪译，杭州大学出版社1994年版，第121页。

向全国。陕西民办高校能有今天的社会影响与媒体的支持和配合密不可分。全国各地的广大青年正是通过各种媒体的大量宣传才了解了陕西的民办高校，特别是高等教育不发达的中小城镇和农村青年成为赴陕求学的主力军。这些生源反过来又形成新的、更为广泛的宣传源。①

　　不注重宣传和营销、市场战略过于保守的民办高校大都处于小规模、低水平的状态，无法获得扩大规模的机会，发展后劲明显不足。很多民办高校的举办者往往认为只要"埋头办学"就行了，"埋头办学"就能带来好的教育质量和社会声誉，"酒香不怕巷子深"。实际上，在高校和社会紧密联系、高校需要从社会获得资源的背景下，注重适度宣传是高校的普遍做法，目前公办高校也非常注重自我宣传和自我营销，注重将自身的办学理念、办学成绩通过媒体向社会公布，以求更多关注和了解。民办高校起步晚、发展水平低、社会知名度低，更需要进行适当的营销。如果民办高校不能尽快让更多的社会公众熟悉自己，就会遇到更大的困难，特别会影响报考率和报到率。当然，过多的宣传和营销也可能损害学校。某些省的民办高校之间陷入了恶性竞争之中，每名学生的招生成本在 5000 元左右，当一个省内的某些民办高校采用高投入的宣传和招生模式之后，其他的民办高校往往被迫这样做，否则就很难招到学生。创建良好的招生环境应该作为省级教育行政部门促进民办高等教育健康发展的重要任务之一。

　　第二，适度的规模优先战略。在一定的资源条件下，规模适度优先战略和提高教育质量的战略可能有所矛盾，更多的规模意味着需要购买更多的土地、进行更大规模的基础建设、容纳更多的在校生，从而意味着每个在校生所享受的教育资源更少。但是，由于学费收入是民办高校主要的甚至是唯一的收入来源，只有保持一定的土地和建筑规模，才能有更大的生源容纳量，才会有更多的学费积累，民办高校才会有更多的资金进行教学和科研，从而提高未来的教育质量和可持续竞争能力。当前发展较好的民办高校大都是在发展早期及时达到较大办学规模的民办高校。很多民办高校也都将达到万人规模视为摆脱风险、进入良性发展阶段的标志。

　　集团化经营是规模优先战略的形式之一。很多举办者通过投资新建或者并购的方式经营管理若干所民办高校，形成集团化战略。集团办学可以在几方面降低办学成本，提高办学效率。首先，集团化举办者提出的办学

---

① 李维民：《陕西民办高校发展成因分析》，《陕西教育》2006 年第 6 期。

理念或者教学方式经过一所民办高校的验证之后，推广到更多的民办高校之后就可以降低办学成本和风险。比如，云南工商学院的创办者经过长期研究之后探索出了一种适合民办高校生源特点的应用型人才的办学模式，他将这种办学模式从一所学校复制到另一所民办高校，以这两所高校为基础的"中国新高教集团"于 2017 年在港股上市。其次，在满足国家相关财务管理制度的情况下，各个学校之间的资金可以相互调配，从而提高了单所民办高校抗击风险的能力。

　　一些民办高校的举办者先在商业领域获得了丰富的实践经验并取得了令人瞩目的商业成就之后再来创办民办高校，如浙江越秀外国语学院的创办者胡柏藩兄弟、三亚学院等民办高校的创办者李书福等，也有的原是一介书生，在创办民办高校并带领学校发展的过程中逐渐学习掌握了现代商业的游戏规则和技巧，如西安翻译学院的创办者丁祖诒、西安外事学院的创办者黄藤、西安欧亚学院的创办者胡建波等。李维民（2006）分析过陕西民办高校创办者群体的市场战略，认为成功的民办高校创办者都具有企业家的素质，比如黄藤采取了"看准目标，筹措资金，负债经营，迅速扩张"的办学思路，任万钧开创了"自有资金+规模化贷款+硬件先行"的发展模式，胡建波采用了房地产发展融资的观念，丁祖诒率先投资购买即将倒闭的国营企业，并在招生中大量密集地运用营销学、广告学的策略和技巧，姜维之坚持"以产养教、产教结合"的办学路子。"无论入门早晚，他们不约而同地在实践磨炼过程中完成了自我知识结构和能力结构的重新整合转型。"[①] 在经营大学过程中，学会了应对基建、税务、财会、土地、租赁、买卖、广告招生、福利分配、员工管理等经济事务的方法。民办高校形成于市场经济之中，从竞争性市场中获得资源，从诞生之初就带有浓重的商业性。举办者如果没有掌握市场经济的游戏规则和技巧，就无法带领学校发展壮大。

　　不注重规模适当优先战略的民办高校大都失去了最佳发展时机。规模太小的民办高校无法实现有效积累，从而无法聘请到高水平的教师，无法提高学校的核心竞争力。上海某民办本科高校的举办者希望模仿美国私立文理学院的办学模式，采取"小而精"的办学模式，通过较高的教育质量和社会声誉来提供竞争力。但是该校的高收费、小规模、注重师生互

---

① 李维民：《陕西民办高校发展成因分析》，《陕西教育》2006 年第 6 期。

动、注重本科生科研的尝试并没有收到预期的市场效果。2015 年上海市给予该校的招生指标为 300 多人，但是该校只招收到了 13 名学生。这个案例说明，在运用国外教育经验的时候必须考虑到我国的现实国情，能否招到足够的学生是决定民办高校能否生存发展的第一步。福建某民办高校起步较早，在文艺方面形成特色。但是学校校园面积仅几十亩，每年只能招收几百名学生，在校生人数在 1000 人左右，仅有音乐、舞蹈、主持等几个专业。由于规模太小，学校无法形成有效积累。随着原有师资（主要是公办高校退休教师）年龄日趋偏大，学校没有能力吸引到高水平的年轻师资，难以提高教育质量，因此陷入风险中。目前该校在异地新征地 180 亩，但是新校园的建设和搬迁需要巨额资金，如何筹措这些经费是一个巨大的挑战。福建省另一所民办高校的举办者为几位海外华侨，起初本着捐资办学的目的，希望将学校办成"小而精"的大学。几年前学校错过了购买土地、扩大规模的"最佳发展期"。目前，学校每年招生几百人，再想扩大规模已经变得非常困难。20 世纪 90 年代，丁小浩在研究中发现，根据当时我国生均成本和学校规模的几何关系，我国当时高等院校的适度规模平均在 4000 人左右，即当学校规模低于 4000 人时，通过扩大规模而产生的生均成本的节约是比较显著的。[①] 根据笔者的初步估计，对于主要依靠学费生存的民办高校而言，3000 人的在校生规模是生存线，低于 3000 人的学校很难生存。

由于我国高等教育生源持续减少，二胎政策产生的新生儿童增加需要经过 15 年左右的时间之后才能成为大学生源，所以，未来一段时间内，我国民办高校的生源会继续下降，规模太小的民办高校很难获得较大的发展机会，甚至会面临生存危机。目前首当其冲的是民办高职院校。我国高校招生大体分成三个梯度，首先是公办本科高校，然后是民办本科高校或公办高职院校，最后一批是民办高职院校。当公办本科高校、民办本科高校和公办高职院校吸纳的生源越来越多时，留给民办高职院校的生源就越来越少，而且生源质量（以高考成绩来衡量）也越来越差。

升本是民办高职院校最好的发展机会之一，只有升格为本科高校，民办高职院校才能比较彻底地摆脱倒闭的风险。但是，民办高职院校能否抓

---

① 丁小浩：《中国高等院校规模效益研究——对有关研究结果的回顾》，《教育与经济》1995 年第 6 期。

住此机会依赖于其是否有良好的经济基础，"家底不够丰厚"的民办高校很难升本。目前国家基本上不允许公办高职院校升本，但是对民办高职院校升本给予了适当的照顾。民办高职院校要升本，需要满足很多条件，首先是土地要达标。根据国家相关文件，本科院校必须要有 500 亩土地。近几年我国城市开发力度加大，城市土地指标越来越紧张，土地价格越来越贵，民办高校获得土地指标变得越来越困难，很多地方政府为了增加地方财政收入，首先会考虑将土地用于商业开发，再来考虑预留教育用地。在考虑教育用地的时候，首先会考虑公办高校，再来考虑民办高校。根据《中华人民共和国城镇国有土地使用权出让和转让暂行条例》（国务院令〔1990〕第 55 号），国家可以通过"划拨"或"出让"的方式将土地使用权给予民办高校。划拨土地使用权是指土地使用者通过各种方式依法无偿取得的土地使用权。土地使用权出让是指国家以土地所有者的身份将土地使用权在一定年限内让与土地使用者，并由土地使用者向国家支付土地使用权出让金的行为。土地使用权出让可以采取协议、招标、拍卖等方式进行。这两种方式的区别在于，划拨方式获得土地较为便宜，而出让方式获得土地则需要民办高校按照市场价格缴纳土地出让金。"出让"意味着民办高校以市场价格获得土地使用权，大多数民办高校无力承担。即使是以"划拨"的方式获得土地权，民办高校依然要负担土地拆迁等费用。如果民办高校无力负担这些费用，就很难获得土地指标。为了获得价格相对便宜的土地，很多民办高校只能搬迁到更加偏远的郊区、县城或农村。一些民办高校在城市保留一部分校区，在偏远之处新建另外的校区，多地办学会增加办学成本；若全部迁移到偏远之处办学则会降低对生源的吸引力。总之，对于目前尚未升本的民办高职院校而言，今后的办学风险较大。

市场战略既不能保守，又不能过于冒进，过于冒进的市场战略也会给学校发展带来隐患。一些民办高校向银行和其他金融机构大量借债，圈地建房，但是学费数量并不能同步增加，学校资金积累有限，难于在约定期限内偿还银行或其他金融机构的借款，从而使学校面临巨大资金风险。学费收入不能随学校土地和房产规模扩大而增多的原因主要有三。第一，学校对升本预期盲目乐观，花费巨资准备升本但未成功。学校升本以后，学校一般既可以保留原有的高职招生指标也可以获得本科的招生指标，所以学校的学生规模会扩大，而且本科生的学费高于高职学生的学费。由于升本并不完全取决于学校的土地和房产，并不是说学校的土地和房产达到一定规模就一定能够升本，所以一些学校花费巨资购置土地并建造房屋，但是升本预期未实现，学校就面临较大风险。第二，学校没有争取到和学校规模相对应的高职或本科招生指标，招生指标不增加，学校的土地和房屋规模再大，也招不到学生。第三，教育质量不能随学校规模的扩大而提高，虽然学校有足够的招生指标，但是学校知名度不高或社会声誉不佳，学生的报考率和报到率极低。如青岛飞洋学院在 2015 年停止招生，在之前的几年时间内平均一年内只能招到个位数学生。优秀的举办者都知道保持市场战略和教育战略的均衡，没有教育战略支撑的市场战略是毫无意义的。

三 政治战略

戴维·巴伦（David P. Baron）将商务环境（busniness enviroment）分为市场环境和非市场环境两大类，市场环境的主体包括顾客、竞争对手、供应商等，非市场环境的主体包括政府、媒体以及其他的利益相关者。[1]传统的战略管理理论是以市场战略（例如差异化战略、集中战略、低成本战略、多样化经营战略）为核心，着重分析企业面临的市场环境。但是企业的成功不仅仅依赖于市场战略，也依赖于与政府、各种利益相关者以及社会公众等主体的关系。因此，越来越多的企业开始重视发展与以政府为主的非市场主体的关系。在我国的经济和社会环境下，政府对企业的生存和发展产生更大的影响。田志龙等学者对海尔、中国宝洁、四川新希望三家企业官方网站内容进行分析后发现，企业高层管理人员将其很大一部分时间投入企业非市场活动中。[2] 中国企业家调查系统发现，企业家将30%—50%的时间用于处理与政府及相关者有关的事项。[3] 罗亚东研究发现，"关系"在中国无处不在，无论是本土企业还是跨国公司，只要想在

---

① ［美］戴维·巴伦（David P. Baron）：《商务学——市场与非市场环境》，耿莹译，清华大学出版社 2014 年版，第 4 页。

② 田志龙、贺远琼、高海涛：《中国企业非市场策略与行为研究——对海尔、中国宝洁、新希望的案例研究》，《中国工业经济》2005 年第 9 期。

③ 中国企业家调查系统、彭泗清、李兰、潘建成、郝大海、韩践：《中国企业家成长 20年：能力、责任与精神——2013·中国企业家队伍成长 20 年调查综合报告》，《管理世界》2014年第 6 期。

中国更好地发展，都必须认真地处理"关系"问题。在与各种人的关系中，与政府官员的关系更重要，企业与政府官员的关系与销售增长和利润增长显著相关，和与其他企业的关系（横向关系）相比，与政府官员的关系（纵向关系）对企业的表现有更显著的影响。[①] 边燕杰对广州的 188 家公司的研究也发现，CEO 拥有的社会资本（主要表现为与政府的关系）能够显著提高生产能力和经营业绩。[②] 张建君等研究发现，能从政府那里拿到大量订单、区位好价格低的土地的企业都拥有良好的政府关系，他们比别的企业更有竞争优势，能够很顺利地办完审批手续，较少受到税收、工商调查，比别的企业更能生存。[③]

民办高校作为一个社会组织，也需要从外部环境中获得相应的资源，民办高校所处的环境也可以分为市场环境和非市场环境。民办高校市场环境的主体主要包括生源、人力资本（从中选择师资）、其他民办高校（竞争对手）以及教育生产中所需要的各种物质设备等。非市场环境包括政府、媒体、社会中介机构等，其中最主要的是政府。和企业相比，民办高校对政府环境的要求更高，因为民办高校的很多关键性资源并不是通过市场交易活动获得的，而是通过政府的指标分配、资金拨付或制定相关政策来获得的。

（一）民办高校政治战略的目标

政治战略就是民办高校处理和政府关系的策略，既包括主动建立并维护和政府之间关系的策略，也包括被动服从政府策略的战略。民办高校政治战略的主要目标包括获得更多的招生指标、土地指标、资金扶持，提升办学层次，获得税收减免，增加合法性，获得媒体正面报道以及避免负面报道等。

第一，获得招生指标。企业向市场提供的产品或服务的数量主要取决于产品的吸引力和企业的生产能力。但是高校向社会提供的教育机会的数量则不仅仅取决于学校自身，更取决于高校从教育行政部门得到了多少招生指标。高校的招生并不完全是基于供求关系的市场行为，而是政府分配的结果。政府分配的招生指标多寡对于民办高校的发展具有决定性的影

[①] Luo，Yadong，*Guanxi and Business*，River Edge World Scientific Publishing Company，2007.

[②] 边燕杰：《公司的社会资本及其对公司业绩的影响》，徐淑英、刘忠明主编《中国企业管理的前沿研究》，北京大学出版社 2004 年版。

[③] 张建君、张志学：《中国民营企业家的政治战略》，《管理世界》2005 年第 7 期。

响。民办高校的大部分经费都来自生源，所以生源是民办高校生存和发展的关键。近几年，随着生源下降和公办高校招生数额的增加，民办高校在生源分配中面临的竞争和压力也越来越大。在某些省份，民办高校即使想增加 1 个招生指标，学校的重要领导都需要和省级教育行政部门进行多次的沟通。

第二，获得土地指标。土地是民办高校的第一资源，民办高职（专科）和民办本科高校都有明确的土地指标要求，其中民办本科高校至少要有 500 亩自有土地，只有达到土地面积之后才可以获得举办民办高职（专科）或民办本科高校的机会。能否争取到土地指标、以什么方式（价格）获得土地指标、获得什么位置的土地，对于民办高校的发展具有至关重要的作用，而这些都在很大程度上取决于民办高校和政府土地管理部门的关系。华中某民办高校在 2007 年就被省教育厅当作升本的主推院校，但是因为土地证一直没有顺利办下来，所以该省其他几所创办时间晚于该校、社会声誉逊于该校的民办高校先后升格为本科，直到 2017 年该校依然没有升本，学校损失了 10 年宝贵的发展时间。

第三，获得资金扶持。经费是民办高校发展的基础，政府给予的财政资金扶持对于民办高校的发展至关重要。中央政府层面目前尚未建立财政资金扶持民办高校的通道，省级政府在给予民办高校的财政扶持时一般对省内办学水平相当的民办高校一视同仁，办学水平大体相等的民办高校一般会得到大体相当的财政资金，陕西、上海、重庆等地区对民办高校的财政扶持都是如此。省级政府的财政扶持方式要求民办高校团结一致，采取"集体行动"来游说政府以获得更多资金扶持。但是，也有的民办高校会得到政治战略的额外奖赏，所谓"会哭的孩子有奶吃"，比如，某些省份遴选省属重点高校时，只将少数几所民办高校考虑在内，也有的省份采取项目经费的形式给民办高校财政资助，让民办高校和其他高校进行竞争，此时，教学水平更高同时采取了更富前瞻性的政治战略的民办高校能获得更多的财政资助。

第四，提升办学层次。从培训机构升格为可以授予文凭的高职院校，从高职院校升格为本科高校，从本科高校升格为具有研究生教育资格的"准精英型"高校，每一次升级都意味着学校生存压力的下降、社会声誉的提升和可持续发展能力的增强。每一次升格都是学校的重大的事件，都是对学校教育战略、市场战略和政治战略的全面检验。以升本为例，民办高校升本有两个关键步骤：首先，省级教育行政部门综合考察平衡各个拟升本的高校后向教育部报送拟考察名单，其次，教育部安排高等学校设置评议委员会专家对民办高校进行考察，然后专家投票以决定考察的高校是否达到升本要求。这两个步骤都需要民办高校积极争取，每个步骤都对民办高校举办者的社会活动能力提出很高的要求。某省一所民办高校的举办者在拟升本前的三年时间内亲自拜访了教育部本科高校设置委员会的若干专家，汇报了学校的升本准备情况、表达了学校希望升本的强烈愿望并认真听取了专家们的意见。该校最终顺利升本。升本的成功表明举办者的这些社会活动是卓有成效的。与该校形成鲜明对比的是，该省另一所成立时间更早、招生分数线更高、人才培养质量更高的民办高校只埋头办学而疏于社会关系运作，同一年提交了升本申请但是没有成功，直到三年之后才得以升本。

第五，减免税收。我国实行"税由法定"的政策。《中国人民共和国税收征管法》第二条规定，税收的开、停、减、免、退、补，均依照法律的规定执行；法律授权国务院规定的，依照国务院制定的行政法规的规定执行。任何组织和个人不得擅自做出开、停、减、免、退和补税的决定。但是，税务机关依然具有较大的税收自由裁量权。民办学校最主要的收入是学费收入，根据《财政部国家税务总局关于教育税收政策的通知》（财税〔2004〕39号），学费收入是否免征企业所得税取决于学费收入是否纳入预算管理或者财政预算外资金专户管理。现实中大多数民办学校都不符合这个规定，若税务部门严格按照免税资格认定的标准来要求民办学校，则民办学校需要缴纳所得税，如果税务部门放宽认定的标准，就可能免收所得税。2015年广东省内16所民办高校（其中14所为独立学院）中，6所学校的企业所得税由国税部门管辖，其中2所高校的学费收入作为不征税收入，4所学校的学费收入作为征税收入；10所学校的企业所得税由地税部门管辖，其中2所高校的学费收入作为免税收入，7所高校的学费收入作为不征税收入，1所高校的学费收入作为征税收入。[①] 个人所得税也是民办高校较大的税收负担之一。依据个人所得税法及其实施条例、国家税务总局《征收个人所得税若干问题的规定》（国税发〔1994〕

---

① 范东东、熊万里、夏文斌、李强、黄莹莹：《从政策执行效应看民办教育行业税收政策完善》，http：//www.gdsswxh.com/product.asp? id=4442。

089 号）第十九条以及《国家税务总局关于个人兼职和退休人员再任职取得收入如何计算征收个人所得税问题的批复》（国税函［2005］382 号）的规定，企业与聘用的退休人员签订劳动合同，双方存在任职、受雇关系，企业支付给其的工资按照"工资、薪金所得"项目扣缴个人所得税；企业聘用的兼职人员，每月支付的报酬按照"劳务报酬所得"项目扣缴个人所得税。东北某省的税务部门本来并不对民办高校的兼职教师进行征税，但是由于近年来该省财政收入下降，税务部门遂希望严格按照国家文件规定对民办高校的兼职教师进行征税。由于民办高校相当数量的教师都是兼职教师，之前兼职教师不需要缴纳个人所得税，如果全面缴纳所得税要么降低兼职教师的收入，要么增加民办高校的经济负担。该省一所民办高校的举办者联合其他民办高校领导，积极、真诚地与税务部门沟通，希望税务部门能够考虑民办高校办学不易的现实给予民办高校税务减免。结果，税务部门经过与国家税务总局和省政府沟通之后，决定暂时不对民办高校兼职教师征收个人所得税。

第六，增加合法性（legitimacy）。组织合法性（legitimacy）是组织社会学和新制度学派的重要概念。早期学者将合法性界定为组织的活动和产出与社会对该组织的期望的一致性程度，也就是说，合法性是指一个组织被社会所接受的程度。[1] 张丽（Li Zhang）指出可以从三个视角来理解合法性的概念。首先，合法性组织的各种实践活动必须被认为是有价值和有意义的，能为社会创造价值。其次，组织是否具有合法性主要应该从利益相关者的角度进行判断和衡量。再次，具有合法性组织的各种活动应该符合社会主流价值观的期待。[2] 合法性可以提高组织获得各种必需的资源的能力，这些资源包括资金、技术、经理人员、雇员、顾客等，合法性对于组织的生存和成功非常重要。[3] 合法性对于新成立的组织影响更大。新成立的组织更难以获得社会的认可和信任，因此新的组织需要花费更多的精力来获得合法性。如果不能尽快获得合法性，组织失败的概率会很高，很多学者指出，组织的失败往往并不是因为组织无法获得必需的资源，而是

---

① Dowling, J., & Pfeffer, J., Organizational legitimacy: Social Values and Organizational Behavior. *Pacific Sociology Review*, 1975, 18 (1), 122–136.

② Li Zhang, International Branch Campuses in China: Quest for Legitimacy, University at Albany, StateUniversity of New York, 2016.

③ Scott, W. R., Institutions and Organizations. California: Sage. Thousand Oaks, 1995.

因为组织的合法性遇到了挑战。① 和公办高校相比，民办高校的合法性对于自身发展的意义更大。我国民办高校的教育质量和社会声誉低于公办高校，能否获得充足的合法性对于民办高校的意义重大。与政府的良好关系正是民办高校获得合法性的主要途径之一。被政府所认可、鼓励、表扬的民办高校更容易获得合法性，更容易在与其他社会组织打交道时获得充分的信赖。

第七，争取媒体正面报道或避免负面报道。媒体特别是主流媒体能对民办高校的发展产生巨大影响。正面的报道能够提升民办高校的知名度和社会声誉，有利于民办高校的招生、师资招聘和学生就业；负面报道能够引发社会公众与民办高校的对立，降低民办高校的社会声誉，导致民办高校招生困难、师资流失以及其他严重问题。特别是具有重要影响力的媒体在考生报考之前对民办高校进行负面报道，可能会对学校招生形成严重冲击。党管宣传、党管意识形态、党管媒体，是我国在长期实践中形成的重要制度，"媒体是党的宣传工具，是党、政府和人民的喉舌。媒体与执政党、政府的关系是部分与整体的关系。前者必须无条件地服从后者"②。政府可以从维护社会稳定的角度影响媒体的报道内容。由此之故，处理与媒体的关系是民办高校举办者非常重要的活动内容。尤其是学校出现教育教学事故时，会更加小心翼翼地和媒体进行沟通以避免媒体的负面报道。

（二）民办高校政治战略的实施策略

张建君的研究发现，我国企业政治战略的主体是单个的企业（家），政治战略的手段是大量灰色的或非法手段的使用（如行贿等），政治战略的目标是谋取对企业本身的直接好处（而不是通过与其他企业的集体行动和公共政策的改善来谋取好处）。③ 黄冬娅的研究发现，我国企业家一般通过五种方式去影响地方政策过程：迎合政绩、坐地要价、利益疏通、借力施压和正式沟通。在政府的政策目标有利于企业并使得政府及其官员因考核的需要而对企业产生依赖性的情况下，企业往往通过"迎合政绩"和"坐地要价"来获取政策影响力。其中，"迎合政绩"是指企业家迎合地方政府官员的政绩需要（如各地都希望上马国家大力支持的产业项

---

① Chen, H. Y., Griffith, D. A. and Hu, M. Y.. The Influence of Liability of on Foreignness Market entry strategies. *International Marketing Review*, 2006, 23 (6), 636-649.

② 王升华：《政府与媒体的互动关系》，《中共中央党校学报》2009 年第 8 期。

③ 张建君、张志学：《中国民营企业家的政治战略》，《管理世界》2005 年第 7 期。

目），"坐地要价"是指地方支柱企业自恃地方政府对其财税的依赖而不断对政府提出各种政策要求。当地方政府对于企业依赖较少时，企业家可能求助于"利益疏通"和"借力施压"的方式来影响地方政策过程。前者是一种底层路线，后者是一种上层路线：当政策监控比较弱的时候，企业家往往能够通过"利益疏通"来"搞定"基层官员；当上级政府的政策监控力度加强，企业家"难以搞定"基层官员的时候，一个可能的出路是"借力施压"，他们可以求助于其他更高的政府层级或者部门来改变地方政府的政策。如果政策监控强到不管是基层官员还是"上面的"的资源都不敢随意介入的时候，企业家最终只有通过制度化和组织化的渠道"正式反映意见"。①

我国的民办高校办学水平低，和公办高校相比没有不可替代性，无法实行"迎合政绩"或"坐地要价"的策略来影响地方政策，因此，"利益疏通"、"借力施压"和"正式沟通"是民办高校举办者经常采取的政治战略。不同民办高校举办者的政治战略能力是有区别的。有些举办者能够积极主动并富有前瞻性地与政府部门以及重要的政府官员建立良好的关系，这种政治纽带可以为学校争取到宝贵的资源、良好的待遇和有效的保护，而有些民办高校举办者只能被动地处理和政府的关系，等到学校需要政府审查、监管时才和政府沟通，这显然不利于民办高校的发展。民办高校举办者所采取的政治战略包括以下几项。

第一，积极学习、领会党和国家的政策要求，以国家大政方针为基础进行办学。积极服从党的政策比如成立党组织、学习党的文件、积极发展党员等，积极服从国家政策比如按照规定进行资产过户、按照教育部所期待的方式进行"应用型转型"等。一些民办高校不折不扣地执行国家和教育部的政策，一些民办高校以"雷声大、雨点小"的方式来执行这些政策，还有一些民办高校以消极的态度执行这些政策。很显然，前两种执行方式增加了民办高校向政府争取优惠政策的筹码。迈耶和罗恩（J. Meyer & B. Rowan）指出，任何一个组织必须适应技术环境和制度环境，否则就会出现合法性危机。② 需要指出的是，对政治环境和政策环境

---

① 黄冬娅：《企业家如何影响地方政策过程——基于国家中心的案例分析和类型建构》，《社会学研究》2013 年第 5 期。

② Meyer, John W. and Brian Rowan, Institutionalized Organizations: Formal Structure as Myth and Ceremony, *American Journal of Sociology*, 1977, 83: 340-363.

的适应是我国民办高校内部治理结构趋同（isomorphism）的重要原因之一。迪马齐奥和鲍威尔（DiMaggio & Powell）提出了"组织场"（organizational filed）这一概念来解释组织之间的趋同现象。[①]他们指出，不同的社会组织因为要适应大体相同的制度环境，所以他们之间会出现趋同现象，强迫、模仿和社会规范三种机制导致了组织结构和组织行为的趋同现象。

第二，积极争取政治身份。大多数民办高校的举办者都是中共党员，这为他们争取更多的政治身份提供了基础，如果举办者不是中共党员，一般也会加入其他民主党派以获得更多参政议政机会。大多数民办高校的举办者积极争取成为各级党代表、人大代表和政协委员。相对于企业家群体，民办高校举办者群体虽然不具有经济资本上的优势，但是在社会资本和政治资本上具有显著的优势。全国党代表、全国人大代表和全国政协委员在国家政策的制定中发挥重要作用，各地区的党代表、人大代表和政协委员也在地方性政策的制定中扮演重要角色。成为"代表"和"委员"之后，举办者可以利用参加各种会议的机会表达学校的诉求，为学校争取优惠政策，也可以认识更多更重要的政治人物，进一步丰富和拓展自身的社会资本和政治资本。也有一些民办高校的举办者本身就是退休或下海的政府官员，他们熟知政治运作过程，积极为自身争取利益。

第三，聘请退休官员或公办高校领导到学校任职。聘请退休的政府官员到学校担任荣誉性职务或实质性职务在民办高校中非常普遍。退休的官员由于长期在政府任职，具有较大的影响力并与政策制定者有良好的个人关系，所以可以帮助民办高校从政府那里获得各种资源和优惠政策。当民办高校遇到紧急事件时，这些社会资源可以帮助民办高校化解风险渡过难关。华东某高校长期聘请军队退休干部在学校担任领导，这些领导干部不仅给学校带来了军队高效优良的管理作风，而且大大拓展了学校可支配的社会资源。虽然学校并不直接和军队打交道，但是我国"军民一家"的政治体制使军队和政府之间的互动非常多，军队和政府的关系很密切，政府官员在很多场合会给军队官员"面子"，从而使得很多事情容易处理。该校的做法引起了位于同一城市的其他高校的模仿，他们也聘请退休军队

---

① Dimaggio, P. J., & Powell, W. W.. The Iron Cage Revisited: Institutional Isomorphism and Collective Rationality in Organizational Fields. *American Sociological Review*, 1983, 48（2），147-160.

官员到自己的高校担任领导职位。我国有一些地区不允许退休官员到民办高校任职，比如上海市在 2015 年出台文件，规定退休的政府官员不能在民办高校担任任何职务，这一规定导致上海某民办高校临时更换了董事长，因为该董事长曾经担任政府官员。当然，对于大部分地区而言，退休官员担任民办高校董事或其他领导的现象非常普遍。

第四，与政府官员建立联系。民办高校的举办者通过各种途径认识政府官员并加强和他们的联系。他们经常拜访官员，邀请官员到校参观指导。民办高校经常召开各种座谈会和研讨会，这些研讨会一般会邀请政府官员参会并致辞、作学术报告、解读或宣讲国家政策等。一般而言，会议的规模越大、级别越高，邀请的官员的级别越高。几乎所有民办高校的校史馆中都在显要位置呈现重要官员到校视察或者与举办者合影的照片。几乎所有民办高校的重要纪念性书面资料（如建校周年纪念册）都在前几页呈现重要官员对学校的视察或题词。

（三）政治战略与教育战略、市场战略的均衡

政治战略要和教育战略、市场战略保持均衡，没有教育战略和市场战略支持的政治战略不仅难以成功，而且即使成功了其收益也是微小的。舒勒（Douglas A. Schuler）以美国的钢铁企业为例研究发现，大企业更容易通过政治参与获得利益，因为他们拥有更多可用于政治参与的资源，此外庞大的规模也提高了大企业政治参与的收益。[①] 舒勒的研究结论也适应于民办高校。民办高校的办学规模越大、办学水平越高、办学质量越好，越容易采取积极的政治战略，其政治战略的成效越显著。以民办高校聘请政府官员或公办高校校长担任职位为例，在校生规模越大、学费总收入越高、社会声誉越好的民办高校，越能够聘用更高级别的政府官员担任校长。笔者研究发现，985 高校退休领导一般只选择在民办本科高校担任荣誉校长或其他职务，尚未发现 985 高校退休正职领导在民办高职院校担任董事或其他职务的案例。再以民办高校举办者建立与政府官员的关系为例，办学水平高、社会声誉好的民办高校更能够获得高级官员的青睐。办学水平低的民办高校举办者没有太多接触上层官员的机会，高级官员一般不会视察那些处于风险之中甚至随时面临倒闭的民办高校。笔者在调查中

---

① Schuler, D., "Corporate Political Strategy and Foreign Competition: The Case of the Steel Industry", *Academy of Management Journal*, 1996, 39: pp. 720-737.

发现，高水平的民办高校举办者往往主动建立与政府的关系，而办学水平较低的民办高校举办者更倾向于抱怨政府低质量的公共服务甚至抵抗政府的某些决策，在一个极端的案例中，一所民办高职院校的校长甚至带领部分员工公开抵制某直辖市高级法院的执法行为。

政治战略的实施是需要成本的，一些政治战略可能以影响教育战略或市场战略为代价，所以，一些民办高校举办者对所谓的政治战略不屑一顾。一位民办高校举办者放弃了获得某一个政治头衔的机会，因为获得这个头衔要付出不小的成本，该举办者认为应该将这些钱用在学生身上。一位民办高校的举办者拒绝了省教育厅主要领导的请托，该领导的关系人在该校读书，因为差了几个学分而拿不到学位证书。该领导希望学校能够通融一下，该举办者认为通融一人就会破坏学校的纪律，与人人平等的教育理念相违背。

第三节　举办者的合法权益需合理保护

如上文所述，民办高校的举办者是我国高等教育中的稀缺资源，部分举办者已经成长为具有一定教育理念的教育家。举办者在民办学校发展历史中扮演着非常重要的角色。一所民办学校之所以存在是因为举办者做出了创办学校的决定并且采取了行动，创办者成为学校组织结构和战略规划的最初架构者以及大学文化的塑造者。我国早期民办学校创办者们有着许多相同的气质：对发展机遇的敏锐嗅觉、带领学校渡过难关的坚韧意志、率先突破自我以适应全新环境的强大勇气、激发团队进行持续性变革的坚定信念。没有这些领导素质，也不会有我国民办教育的今天。为了学校的创建和发展，民办学校举办者制定了强大的市场战略和政治战略，凝聚了家庭、社会和政府各个方面的资源，形成了正确的学校文化，为社会做出了重要贡献。举办者在带领学校发展前进的过程中，成为学校的最高决策者。其对学校的平稳运行、革故鼎新、进步发展都具有决定性的影响和作用。举办者决定了民办学校的学校文化、战略规划和学校制度，并因而决定了民办学校的发展路径和发展方向。

因此，我国民办高等教育政策的一个基本出发点是维护好举办者权益保护和举办者权力制约的平衡。如果国家政策简单地要求举办者放弃对民办学校的财产性权利（财权）和管理权利（治权），就会打击他们的办学积极性。张铁明认为，降低民办学校举办者办学信心的政策是脱离"社会主义初级阶段"的杀鸡取卵式的非理性政策。[①] 在举办者拥有学校重要的决策权、掌握关键的人事任命、深刻影响学校发展的情况下，如果举办者的办学权益受损、办学积极性受挫，民办学校的发展就必然受到影响，相反，若举办者的权益受到有力保护，不仅可以使已经进入民办教育领域的举办者投入更多的精力和资源到学校，而且可以吸引更多潜在的投资者进入民办教育，扩大我国民办教育供给，促进我国民办教育更好更快发展。

所以，全社会要形成尊重举办者、理解举办者、关怀举办者、支持举办者的社会氛围，尊重举办者的特殊劳动，重视举办者的社会价值，充分肯定举办者队伍对中国经济社会发展所做出的贡献。鼓励举办者"安心经营、放心发展、用心创新"，否则就可能伤害我国民办高等教育的健康发展。管理学的研究发现，在一个市场制度（包括产权保护、契约执行、职业经理人市场等）不够完善的环境中，创始人管理的"人治"优势可能超过其给企业带来的负面影响。[②] 对于处于发展起步阶段的民办高校来说，举办者的"人治"可能更能够保证民办高校的发展。

2016 年 11 月 7 日，全国人大常委会通过了《民办教育促进法》修正案。这是我国民办教育发展历史上具有里程碑意义的事件，对于促进我国民办教育的健康可持续发展将产生十分重要的意义。这次修法的核心内容就是对民办教育进行分类管理，即民办学校可以根据自身发展实际，选择成为营利性民办高校和非营利性民办学校。2016 年 11 月 21—22 日，中国民办教育协会在浙江树人大学召开了民办教育促进法新法座谈会。教育部有关司局领导和全国 30 余所民办高校举办者参加座谈会，这些学校是我国最具影响力的民办高校，在各种关于民办高校的排行榜上都居于前列，不乏我国民办高等教育领域中的"示范校"和"明星校"。笔者利用此次机会，对 30 所民办高校的举办者进行了深入访谈和问卷调查，了解他们如何在营利性和非营利性民办高校之间进行选择。虽然样本数量很少，但是鉴于这些民办高校在我国民办高等教育中的领头羊地位，他们的

① 《中国民办教育的财政贡献》调研组：《信心回归：破解难题给举办者一个良好的成长环境——举办者信心丧失是民办教育发展的最深层危机》，《当代教育论坛》2015 年第 5 期。

② 夏立军、郭建展、陆铭：《企业家的"政由己出"——民营 IPO 公司创始人管理、市场环境与公司业绩》，《管理世界》2012 年第 9 期。

选择可能在很大程度上代表了我国民办高校举办者的选择意愿以及他们对《民促法》修正案的态度。

　　笔者共了解到 22 所民办高校举办者的选择意愿，有 7 所民办高校会选择成为营利性民办高校，8 所会选择成为非营利性民办高校，还有 1 所表示将终止办学。选择走营利性道路或终止办学的民办高校都是之前宣称"不要合理回报"的民办高校。需要注意的是，这个调查结果只能表明举办者们在当时阶段的选择预期，因为举办者的最终选择还要考虑更多的因素特别是省级配套政策之后才能做出。这个结果与国家的政策导向是不一致的：国家希望分类管理之后大部分民办高校能够选择成为非营利性民办高校，但是如此高比例（31.82%）的举办者倾向于选择成为营利性民办高校，说明了现有的制度设计可能还有待进一步完善。

　　进一步深入分析就会发现，这次调查其实是反映了举办者的真实诉求：他们不愿意将学校全部捐给社会，而是有经济和非经济上的办学诉求。举办者对于选择成为非营利性民办高校的积极性不高，其中很重要的一个原因是担心选择非营利性民办高校之后，自身的权益将无法得到有效保护，比如一些举办者担心一旦选择非营利性民办高校之后就没有任何财产权益了，还有一些举办者担心会失去对学校的决策权和管理权，还有一些举办者担心子女不能接班。

　　2017 年，多家教育公司先后借助 VIE 结构在港股上市，涉及江西科技学院、广东白云学院、云南工商学院等多所民办高校。上市的不是民办高校，而是这些民办高校的关联交易方，这些民办高校本身大部分都选择了非营利性。也就是说，这些民办高校可以在保持"非营利性"身份的同时使其关联交易方上市。VIE 结构使得希望获得经济回报的民办高校也可以选择非营利性，因为民办高校完全可以在保持非营利性身份的同时让其关联交易方获得利润，从而实现举办者的经济诉求。笔者认为，这是我国民办高等教育的基本悖论之一，如何看待和处理这个悖论，将是今后我国民办教育政策的博弈方向之一。

第五章

民办高校举办者的权力集中及影响

本章摘要：约翰·范德格拉夫将"结构的等级性"作为分析组织结构和权力配置的核心概念之一。本章从举办者的办学动机、办学能力、权力集中度和家族管理等四个方面研究民办高校的权力配置，并研究不同权力配置对民办高校办学水平的影响。

参照家族企业领域的研究，本章提出如下假设：举办者越追求经济回报，民办高校的发展水平越低；举办者的教育理念越好，学校的发展水平越高；举办者的战略规划和市场开拓能力越强，学校的发展水平越高；举办者激励和领导团队的能力越强，学校的发展水平越高；举办者的社会活动能力越强，学校的发展水平越高；民办高校的财权和人事权越集中，学校的发展水平越低；董事会或学校领导班子若存在举办者的家族成员，则学校的发展水平低；若举办者家庭成员存在办学理念的重大分歧或办学利益分配的重大矛盾，则学校的发展水平低；举办者安排子女掌握学校的实质性领导权会降低学校的发展水平等。

课题组对举办者的办学动机、办学能力、权力集中程度、家族化等进行了测量，通过结构式访谈收集到105份有效问卷。鉴于难以找到衡量民办高校发展水平的客观性、整体性数据，本章用办学层次来代替民办高校的发展水平，将学校分成民办高职院校和民办本科高校，再将民办本科高校分为一般水平的民办高校和相对高水平的民办高校。

课题组对样本进行了描述性分析、差异性分析和多分类Logistic回归模型分析。描述性分析发现，大部分民办高校的举办者非常看重经济回报。举办者的教育思想和教育理念、战略规划和市场开拓能力、激励和领导团队的能力、社会活动能力的均值分别是3.81、3.68、3.75和4.02，社会活动能力得到普遍重视，战略规划和市场开拓能力相对较低。现代大学中两种最重要的权力分别是财务权和人事权，这两大权力都牢牢掌握在举办者手中。70.5%的民办高校董事会存在家族化现象，32.4%的民办高校领导班子存在家族化现象，7.6%的举办者家庭成员之间存在显性的重大的矛盾分歧或利益纷争，13.3%的民办高校举办者子女已经实质性获得了学校的领导权。

差异性分析发现，高职院校的举办者获得经济回报的动机更加强烈，民办本科高校的举办者在办学能力方面显著优于民办高职院校的举办者；个人办学型民办高校的举办者对学校财权的介入最为深入，财权、规划权、人事权等权力高度集中于举办者；高职院校中领导班子的家族化现象比本科高校更为明显，高职院校中举办者家族成员更容易存在重大的矛盾分歧或利益纠纷。

回归分析的结果如下：从办学动机来看，若举办者过于追求经济回报，则民办高校成为前50名或排在50名之后民办本科高校的概率均在5%水平上显著低于其成为民办高职院校的概率，即民办本科高校的举办者追求经济回报的办学动机显著低于民办高职院校的举办者。从办学能力来看，无论是排名前50名，还是排在50名之后的民办本科院校，其举办者的战略规划和市场开拓能力分别在1%和5%水平上显著高于民办高职院校举办者的战略规划和市场开拓能力。排名前50名和50名之后民办高校举办者的社会活动能力均在5%水平上显著高于民办高职院校举办者的社会活动能力。从权力集中来看，排名50名之后的民办本科高校和排名前50名的民办本科高校的举办者的权力均值均在5%水平上小于民办高职院校的权力均值，说明和民办高职院校相比，民办本科高校的权力更为分散，更具有共同治理的趋向。从家族化管理来看，排名前50名的民办本科高校领导班子存在家族化的概率在1%水平上低于民办高职院校领导班子存在家族化的概率，这说明，与民办高职院校相比，民办本科高校领导班子中存在家族化的趋势较低。

根据组织行为学的基本原理，任何组织都是由个人构成的，组织的目标也是通过人的活动来实现的，如果组织中的决策者权力不受制约，决策者就会以组织的名义滥用职权。民办高校也是如此。民办高校内部种种失范行为，很重要的原因是权力高度集中于举办者，缺乏有效制约和监督。治理（权力）结构是实现大学职能的必要条件，权力结构上产生的问题只能从权力结构上去加以解决；权力制约的实质是通过职能分解、机构分设和人员分工，实现对权力的制约，以便当一种权力偏离了正轨时，其他的权力能够自行予以制止。

现代大学制度形式上是以制度规范权力，实质上是以权力制约权力。建立民办高校的现代大学制度，就是要依法明确各种权力的地位、职责和权限，以实现权力的合理配置；依法明确各种权力的行使规则、程序和界限，以保证权力的合理运行。民办高校现代大学制度的合理运行有赖于大学制度的规范，大学制度的有效实施又有赖于各主体权力的支撑，而能够支撑大学制度有效实施的权力必定是具有内在制衡机制的权力。通过大学制度对民办高校内部权力的等级、范围、效力，行使的程序、规则、责任等做出明确规定，使民办高校的举办者和其他权力主体具有可以遵循的统一标准、清晰的界限、既定的程序和明确的责任，从而减少权力行使的盲目性和随意性，确保权力在正常轨道上合理运行。①

本章将对民办高校内部治理和内部权力配置进行问卷调查，分别调查和测度民办高校举办者的办学动机、办学能力以及民办高校内部的权力分配情况。并通过实证研究探讨权力配置与民办高校发展水平之间的关系。

第一节　研究假设

一　举办者办学动机与学校发展水平

很多学者认为我国民办高校的举办者具有获得经济回报的办学动机。邬大光认为我国 80% 的民办高校属于"投资办学"。② 文东茅认为举办者很重要的办学目的是获得控制权。③ 阎凤桥等提出"商业性市民社会"概念来论证我国民办高校举办者的投资属性。④ 大学是遗传和环境的必然

---

① 李景鹏：《〈权力制约和监督研究〉评介》，《政治学研究》2008 年第 3 期。
② 邬大光：《我国民办教育的特殊性与基本特征》，《教育研究》2007 年第 1 期。
③ 文东茅：《走向公共教育：教育民营化的超越》，北京大学出版社 2011 年版，第 55、114 页。
④ 阎凤桥：《商业性的市民社会：一种阐释中国民办高等教育特征的视角》，《教育研究》2012 年第 4 期。

产物，举办者希望获得经济回报是当前我国经济、社会和教育背景下必然出现的结果。但是，若举办者过于追求经济回报，就会导致学校资源的不断衰竭，进而导致学校质量不断降低。特别是我国民办高校内部治理的关键信息不透明不公开，外界很难对这类民办高校进行有效的监督，因此，举办者所具有的办学动机就成为学校发展中非常重要的问题：如果举办者的办学动机就是"赚钱"，那么举办者完全有机会通过各种方式逐渐"掏空"学校；如果举办者的理想就是"办百年名校"，则民办高校有更大的可能实现可持续发展。所以，本研究提出如下假设。

H1：民办高校举办者的办学动机对民办高校的发展水平有显著影响，若举办者过于追求经济回报，则民办高校的发展水平就低。

二　举办者能力与学校发展水平

举办者是民办高校的"一把手"，拥有重要的职权，举办者的办学能力对民办高校的发展产生显著影响。郝瑜、王冠（2004）等学者曾对陕西民办高校的创办者进行过深入的访谈，了解了陕西民办高校创办者对自身素质的看法。黄藤认为，民办高校举办者的素质必须是综合性的，其中社会活动能力和公关能力在总比例中占50%，经营学校和经营企业的能力各占25%。任万钧认为，民办高校举办者主要的素质应该是公共活动家的素质，第二是教育家的素质，第三是企业管理家的素质。胡建波认为，民办学校举办者的素质，第一要有坚强的意志，要承担极大的压力，第二要有企业家的意识，要会经营，第三要懂教育，第四要有很强的活动能力。[①] 原中国民办教育协会会长王佐书多次强调，民办学校的举办者要坚持"三思办学"，即教育家思想、企业家思想和战略家思想。根据这些学者的论述，民办高校的举办者需要具备教育家、企业家和社会活动家这三重角色。教育家意味着举办者需要具备良好的教育理念，对人的发展和学校的发展有深入独到的理解。企业家意味着举办者需要具备战略规划能力和市场开拓能力，民办高校所需要的资源都来自市场，若缺乏战略规划和市场开拓能力，民办高校就难以有效积聚

---

① 郝瑜、王冠：《陕西民办高校群落的成因分析》，《陕西师范大学学报》（哲学社会科学版）2004 年第 1 期。

资源，就很难发展壮大，很难实现可持续的发展。同时，民办高校的发展不仅仅需要举办者个人的努力，还需要领导和团结一大批志同道合的人，这就对举办者的领导和激励能力提出了很高的要求。社会活动家要求民办高校能够开展广泛的社会活动，向政府呼吁优惠的政策和财政扶持。基于上述分析，提出如下假设。

H2a：民办高校举办者的教育理念对于民办高校的水平存在显著影响，举办者教育理念越好，民办高校的发展水平就越高。

H2b：民办高校举办者的战略规划和市场开拓能力越强，则民办高校的发展水平越高。

H2c：民办高校举办者的激励和领导团队的能力越强，则民办高校的发展水平越高。

H2d：民办高校举办者的社会活动能力越强，则民办高校的发展水平越高。

三　举办者的权力集中度与学校发展水平

关于高校内部的权力分类，很多学者进行了研究。伯顿·克拉克指出大学内部存在十种权力，分别是个人统治（教授统治）权力、集团统治（教授统治）权力、行会权力、专业权力、魅力权力、董事权力、官僚权力（院校权力）、官僚权力（政府权力）、政治权力、高教系统的学术寡头权力等。[①] 克拉克将这些权力统称为"学术权力"，可见，克拉克所使用的"学术权力"是一个很宽泛的概念，包括了高等教育系统内的各种权力，即国家各个层次对大学拥有的管理权以及大学内部各个主体所拥有的决策权。毕宪顺（2010，2012）将高等学校的内部权力划分为政治权力、行政权力和学术权力三大类。[②] 迪特里希·戈尔德施米特[③]、OECD

---

① ［美］伯顿·克拉克：《学术权力，概念，模式和观点》，载［加］约翰·范德格拉夫等编《学术权力——七国高等教育管理体制比较》，王承绪等译，浙江教育出版社1989年版，第2页。

② 毕宪顺：《制度·体制·机制——高等学校教授委员会制度研究》，高等教育出版社2010年版，第17页；毕宪顺：《决策·执行·监督——高等学校内部权力制约与协调机制研究》，教育科学出版社2013年版，第10页。

③ ［加］约翰·范德格拉夫等编：《学术权力——七国高等教育管理体制比较》，王承绪等译，浙江教育出版社1989年版，第169—177页。

（经济合作与发展组织）[①]、刘向东[②]等学者分别对大学的权力类型进行了描述，见表5-1。

表5-1

迪特里希的大学权力类型	OECD 的大学权力类型	刘向东等界定的大学权力类型
总体规划与决策权	房屋与设备资产权	预算与财务权
预算与财政权	借贷权	教师聘任与晋升权
招生权	财务预算权	招生权
课程与考试权	学科和课程设置权	学科与课程设置权
教师聘任权	雇用和解聘学术成员权	研究决策权
研究决策权	确定工资标准	房屋与设备资产权
	招生权	
	学费水平决定权	

根据上述学者的研究和我国民办高校的实际情况，笔者分别调查研究举办者、校长和党委书记下列权力的大小。

表5-2

举办者	校长	党委书记
1 财务预决算和重大开支	1 财务预决算和重大开支	1 财务预决算和重大开支
2 战略规划	2 战略规划	2 战略规划
3 董事会成员的遴选	3 董事会成员遴选	3 董事会成员遴选
4 关键中层干部的遴选	4 关键中层干部的遴选	4 关键中层干部的遴选
5 教学事务	5 教学事务	5 教学事务
6 科研事务	6 科研事务	6 科研事务
7 校长遴选	7 副校长遴选	7 副书记遴选
8 党委书记遴选		8 思政和党建
9 校园建设		

约翰·范德格拉夫将"结构的等级性"作为分析组织结构和权力配

[①] Institutional management in Higher Education, IMHE, OECD Report, 2003, 转引自刘向东、陈英霞《大学治理结构剖析》,《中国软科学》2007 年第 7 期。

[②] 刘向东、陈英霞:《大学治理结构剖析》,《中国软科学》2007 年第 7 期。

置的核心概念之一。结构的等级性用来刻画组织的陡平程度。最陡峭的是独裁结构，最平缓的是民主结构（collegial structure），独裁结构的权力集中于结构的顶层，民主结构的权力均匀地分布在组织的不同单位中，不同组织内部权力的分布是不同的。[①] 从企业发展的轨迹来看，初创时期的企业往往存在强有力的领导，企业的权力高度集中在创办者手中，企业的发展往往伴随着企业创办者权力的分散，企业发展到成熟期以后其权力逐渐向创办者之外的人分配。从大学的治理来看，共同治理是高水平大学的治理特征，世界一流私立高校都具有共同治理的特征，因此提出如下假设。

H3a：从举办者的职务上看，若董事长、校长或党委书记分设，则民办高校的发展水平较高，若举办者在担任董事长的同时兼任校长或党委书记，则学校的发展水平较低。

H3b：民办高校内部的财权和人事权越集中，则民办高校的发展水平越低。

四　家族化水平与学校发展水平

我国民办高校存在普遍的家族化管理现象。阿尔特·巴赫（2005）最早提出了"家族化大学"的概念，他指出家族化大学至少存在于墨西哥、泰国、日本、韩国、菲律宾、阿根廷、印度、我国大陆和我国台湾等国家和地区。他指出，家族化大学可以让富有魅力的大学领导人领导学校快速地发展，但同时也为创办者获得回报提供了空间。我国很多学者研究了民办高校的家族化现象以及家族化管理对民办高校发展水平产生的影响，比如徐绪卿（2009）、王一涛和徐绪卿（2009）、卢彩晨（2012；2013）、王一涛（2014）等。韩国学者申正哲（Jung Cheol）、[②] 金和金（Kim & Kim）[③]，我国

---

① ［加］约翰·范德格拉夫、多萝西娅·弗思：《导论》，载［加］约翰·范德格拉夫等编《学术权力——七国高等教育管理体制比较》，王承绪等译，浙江教育出版社1989年版，第2页。

② Shin, J. C. *Changing Governance and Management of Higher Education in South Korea*. Seoul National University, 2010.

③ Kim, S. B. & Kim, S. Private Universities in Korea. Altbach, P. G. & Levy, D. C. Private Higher Education A Global Revolution, Sense publisher, 2005: 113–115.

台湾学者江向才（*Hsiang-Tsai Chiang*）[①]、约旦学者曼苏尔（Mansour）[②] 等人研究了各自国家和地区私立高校家族化管理现象及其产生的影响。大部分关于家族化大学的文献都是开处方式的（prescriptive），缺少数据。少数学者运用实证方法研究了家族控制与学校发展水平之间的关系，但是这些研究结论并不一致。巴恩等人（Bae et al.）[③] 对韩国私立高校的调查发现，家族控制降低了私立高校的发展水平。但是江向才发现，私立高校董事会中家族成员的数量与私立高校的发展水平存在正相关关系，也就说，董事会中家族成员的数量越多，学校的发展水平越好。

　　对家族企业的研究为研究私立高校的家族化提供了参考。家族企业是世界各国最常见的企业形式之一，在家族企业研究领域，已经产生了丰富的文献。一些研究表明，家族企业的业绩表现优于非家族企业。安德森和瑞博[④]发现，家族企业的利润更好、企业价值更高，家庭所有制是一种高效的组织结构。安德森[⑤]在后来的研究发现，公司的透明性比公司的所有权更能够解释企业的经营绩效，家族企业的创办者和他们的后代只有在保持企业透明的前提下才能带领企业健康发展。莫瑞（2006）[⑥] 发现不同国家和地区中，家族企业的盈利水平都优于非家族企业，因为家族企业较容易处理所有者和管理者之间的委托—代理问题。很多学者分析了家族企业优于其他企业的原因。法修[⑦]发现，在腐败问题较为严重的国家和地区，

---

①　Chiang, Hsiang-Tsai & Lin, Mei-Chih. The Board Structure and Performance of Private Universities, *Advances in Management & Applied Economics*, Vol. 2, No. 4, 2012, 185-208.

②　Mansour, Osama, Smady, Ahnaf Al, Lutfi , Ahmad & Abdelkareem, Mustafa. *International Business Research*; Vol. 8, No. 6; 2015; 153-163.

③　Bae, K. H. , Kim, S. B. & Kim, W. Family Control and Expropriation at Not-for-Profit Organizations: Evidence from Korean Private Universities, *Corporate Governance: An International Review*, 2012, 20 (4): 388-404.

④　Anderson, R. C. & Reeb, D. M. . Founding-family ownership and firm performance: Evidence from the S&P 500. *The Journal of Finance*, 2003, 58: 1301-1327.

⑤　Anderson, R. C. , Duru, A. & Reeb, D. M. . Founders, heirs, and corporate opacity in the United States, *Journal of Financial Economics* 92 (2009) 205-222.

⑥　Maury, B. . Family ownership and firm performance: Empirical evidence from Western European corporations. *Journal of Corporate Finance*, 2006, 12: 321-341.

⑦　Faccio, M. . Politically Connected Firms, *The American Economic Review*, Vol. 96, No. 1 (Mar. 2006), pp. 369-386.

家族企业更容易获得优惠政策和财政补助。波特兰德和绍尔（2006）①认为三个原因导致家族企业优于非家族企业：首先，家族企业的经营者比公众企业更能从长期战略出发来考虑问题；其次，家族企业可以有针对性地对后代接班者进行教育，从而提高企业的高素质人力资源总量；最后，家族企业的家族成员担任高管，减少了企业对高管的监督成本。

也有学者发现家族企业的经营业绩劣于非家族企业。约翰逊等人（2000）② 以"隧道行为"来指代家族成员从家族企业中转移财产和利润从而损害其他成员的现象。瓦拉朗嘎和阿密特③发现，只有当创办者担任家族企业的董事会主席或 CEO 时，家族企业才有很好的业绩，当创办者的后代担任 CEO 时，家族企业的竞争力会随之下降，特别是担任 CEO 的家族成员若没有在高选拔性的大学接受教育的经历，则企业的表现会相当糟糕。瓦拉朗嘎等人引用斯宾塞的"教育信号"观点指出，能有资格获得高选拔性大学入学机会的人一般具有各方面的突出能力。波特兰德和绍尔（2006）④在分析家族企业的弊端时指出，员工升迁首先依赖于家族关系，然后才是工作表现，这不利于基层员工积极性的发挥。此外，创办者的后代们可能产生权力纷争，这也不利于家族企业的发展，即使是家族中的核心成员（直系亲属中的父母和子女）也不能保证利益完全一致。我国家族企业因为家族成员不团结、利益纷争导致企业破产的例子不胜枚举。基于上述分析，家族化影响民办高校的办学水平。因此，提出如下假设。

H4a：董事会中若没有举办者的家族成员，则民办高校的发展水平较高。

H4b：学校领导班子若没有举办者的家庭成员，则民办高校的发展水平较高。

① Bertrand, M. & Schoar, A. The Role of Family in Family Firms, *Journal of Economic Perspectives*—Volume 20, Number 2—Spring 2006—Pages 73-96.

② Johnson, S., Prota, R.L., Silanez, F. & Shleifer, A.. Tunnelling, *the American Economic Reviw*, 2000, 90 (2): 22-27.

③ Villalonga, B. & Amit, R.. How do family ownership, control and management affect firm value? *Journal of Financial Economics* 80 (2006) 385-417.

④ Bertrand, M. & Schoar, A. The Role of Family in Family Firms, *Journal of Economic Perspectives*—Volume 20, Number 2—Spring 2006—Pages 73-96.

H4c：举办者家庭成员若不存在办学理念的重大分歧或办学利益分配的重大矛盾，则民办高校的发展水平较高。

H4d：举办者安排子女掌握学校的实质性领导权会降低民办高校的发展水平。

根据前面章节的分析，从举办者的类型以及内部治理的重要特征来看，我国民办高校可以分为个人办学型、企业办学型、国有民办型、共同治理型和股份制办学型等类型，不同类型的民办高校不仅在内部治理上存在不同，而且和政府的远近关系、享受政策的优惠程度和得到财政资助的数量也有所不同。此外，民办高校都存在于特定的时间和空间环境中。大学发展需要时间的积累，高水平的大学一般都是成立时间较早的大学。大学所处于的地点也是影响民办高校的因素之一。由于无法在大城市获得土地指标或者土地使用成本昂贵等原因，我国相当比例的民办高校设置在县或县级市中。由于我国高等教育的资源分配和学生的选择具有明显的"大城市倾向"，设立在县或县级市的民办高校虽然可以以低价格获得土地的使用权，但是其在招生市场中的吸引力更低。上述三个变量被作为控制变量。

H5：民办高校的办学类型影响民办高校的发展水平。

H6：民办高校成立时间越长，发展水平越高。

H7：位于直辖市、省会城市或副省级城市（如宁波、青岛、厦门等）的民办高校，发展水平高于位于其他地级市或县城的民办高校。

第二节　研究设计与方法

一　民办高校办学水平的测量

我国民办高校的信息公开程度不高，因此很难获得量化数据。笔者所在的研究团队每年都对我国民办本科高校和独立学院的科研竞争力进行评价，为此收集了包括民办高校的论文、课题、奖励、专利在内的大量科研数据。但是我国民办高校的科研状况极不均衡，很多民办高职院校的科研产出几乎为零，这降低了对各个民办高校进行比较的效度。鉴于难以找到衡量民办高校发展水平的客观性、整体性数据，笔者用办学层次来代替民办高校的发展水平。首先将民办高校分成民办高职院校（赋值为1）和民办本科高校，然后将民办本科高校分为一般水平的民办本科高校（赋值为 2）和相对高水平的民办本科高校（赋值为 3）。办学层次能够代表民办高校的发展水平的原因如下。第一，升本是民办高职院校的普遍性发展目标。在过去的几年时间内，教育部对公办高职院校升本进行了严格的限制，但是对民办高职院校的升本留出了口子，也就是说，每一所民办高职院校都有基本相同的升本机会。由于民办高职院校面临着公办高职院校的竞争以及生源下降等威胁，几乎所有民办高职院校都将升本作为自己的头等目标。第二，升本是对民办高校全面的、严格的检验，只有办学条件好、办学风险小、办学质量较高的民办高职院校才有可能升本。在当前阶段，升格为本科的民办高校基本上意味着结束了"危险期"而进入了"发展期"，而尚未升本尤其是不具备升本必要条件（如土地）的民办高职院校则面临较大风险。

笔者所在的研究团队在研究民办高校科研竞争力时，发现我国民办高校的第一梯队已经形成，这些民办高校可以称为"相对高水平的民办高校"。笔者将"民办本科高校科研竞争力排行榜"与武书连的大学排行榜进行比较发现，这两个排行榜中居于前列的民办高校大体相同。鉴于此，笔者将武书连排行榜和"民办本科高校科研竞争力排行榜"中近三年中比较稳定地进入前 50 名的民办高校视为相对高水平的民办高校，这类民办高校共有 50 余所。

二 举办者办学动机的测量

关于举办者的办学动机，我们向受访者询问"举办者办学是为了获得经济回报吗"？回答选项设计为"一点也不同意""不太同意""一般""比较同意""非常同意"五个等级，依次赋值为 1 分、2 分、3 分、4分、5 分。

三 举办者办学能力的测量

本研究分别询问"举办者的教育理念和教育思想如何"、"举办者的战略规划和市场开拓能力如何"、"举办者的激励和领导团队的能力如何"和"举办者的社会活动能力如何"。这几个变量的回答选项均采用里克特五等级评分法，回答选项设计依次为"非常差（低）"、"比较差（低）"、"一般"、"比较好"和"非常好"，依次赋值 1 分、2 分、3 分、

4 分、5 分。

四　举办者权力集中程度的测量

本研究用两个变量来测量举办者权力的集中程度。第一个变量是看举办者担任职务的数量，若举办者担任董事长、校长或党委书记中的一个职务，则赋值为 0，若举办者担任上述三大职务中的两个或者三个，则赋值为 1。第二个变量是举办者在财权、人事权等各方面权力的均值。举办者在财务预决算和重大开支、战略规划、校长遴选、董事会成员遴选、关键中层干部遴选等方面的权力测量均采用里克特五等级评分法，回答选项设计依次为"权力非常小"、"权力比较小"、"中等"、"权力比较大"和"权力非常大"，依次赋值 1 分、2 分、3 分、4 分、5 分。

五　家族化的变量设计与测量

本研究分别从"横向家族化"和"纵向家族化"两个维度来设计家族化变量。"横向家族化"包括：第一，董事会中是否有举办者的家族成员；第二，学校领导班子中是否存在举办者的家族成员；第三，家族成员是否存在重大矛盾分歧或者办学理念上的纷争。"纵向家族化"即举办者的子女是否已经获得了实质性的管理权和决策权。上述四个变量都是哑变量，赋值分别是 1 或 0。

六　控制变量的测量

民办高校的成立时间以各官网所公布的成立时间为准，计算从该年份到 2017 年的时间跨度。民办高校的办学地点主要分为直辖市、省会城市、副中心城市以及其他地点，该变量为哑变量。民办高校的办学类型则根据学校的不同情况进行区分。

第三节　问卷发放与回收

本研究通过结构式访谈的方式收集问卷。本研究所询问的部分问题具有隐秘性和敏感性，这对问卷调查提出了很大的挑战。对于敏感问题而言，访谈具有更大的灵活性。课题组对民办高校的举办者、校长、党委书记、董事、董事会秘书、中层干部和教师等群体进入结构式访谈。对于本问卷中举办者的管理能力和办学动机等主观性问题，课题组一般对多主体进行访谈，通过"三角印证"的方式以获得相对客观的答案。课题组多名成员参加了历年的"中国民办教育协会年会"以及中国民办教育协会和中国民办教育协会高等教育专业委员会主办的系列会议和学术研讨会议。在这些会议期间课题组对参会的民办高校领导进行了深入的访谈。课题组共获得有效问卷 105 份，每一份问卷反映一所学校的情况。

第四节　数据分析

一　描述性分析

（一）样本描述

样本在东中西部的分布比例分别是 51.4%、29.5% 和 19.0%。位于直辖市、省会城市或副省级城市（如青岛、厦门）的样本比例为 89.5%，分布在其他地级市或县（县级市）的样本比例为 10.5%。高职院校占 45.7%，一般水平的民办本科高校占 24.8%，相对高水平的民办本科高校占 29.5%。从办学类型来看，个人或家族举办的民办高校占 52.4%，企业办学型占 27.2%，国有民办型占 9.7%，共同治理型占 9.7%（为便于分析，股份制型民办高校被归为上述四类高校中）。我国部分民办高校遇到了较大的办学风险，比如被教育行政部门给予黄牌或红牌警告、招生极度困难学校规模非常小（每年招生在 200 人以下）、发生较大规模的教师和学生罢课事件等，此类民办高校的比例为 14.3%。

表 5-3　　　　　　　　　　　样本基本情况描述

样本基本特征	测项	频率	百分比（%）	有效百分比（%）	累计百分比（%）
办学时间	10 年以下	6	5.7	5.7	5.7
	11—20 年	47	44.8	44.8	50.5
	21 年以上	52	49.5	49.5	100.0
办学区域	东部	54	51.4	51.4	51.4
	中部	31	29.5	29.5	81.0
	西部	20	19.0	19.0	100.0

续表

样本基本特征	测项	频率	百分比（%）	有效百分比（%）	累计百分比（%）
办学具体地点	直辖市、省会城市或副省级城市	94	89.5	89.5	89.5
	其他地级市或县（县级市）	11	10.5	10.5	100.0
办学层次	高职	48	45.7	45.7	45.7
	一般水平的民办本科院校	26	24.8	24.8	70.5
	相对高水平的民办本科院校	31	29.5	29.5	100.0
是否遇到较大办学风险	是	15	14.3	14.3	14.3
	否	90	85.7	85.7	100.0
治理类型	个人或家族办学型	57	54.3	54.3	54.3
	企业办学型	28	26.7	27.2	81.0
	国有民办型	10	9.5	9.5	90.5
	共同治理型	10	9.5	9.8	100.0

（二）举办者的办学动机

民办高校举办者的办学动机多样，有的为了实现教育梦想，有的为了实现自己的教育理念，有的希望为国家培育英才。本研究以"举办者办学是为了获得经济回报"来衡量举办者的办学动机，受访者回答"完全不同意"赋值为 1，回答"完全同意"赋值为 5，得分越高说明举办者谋求经济回报的动机越强烈。举办者办学动机的平均分为 2.85，频率见表5-4。

表 5-4　　　　　　　　　获得经济回报的办学动机调查

题项	频率	百分比	有效百分比	累积百分比
完全不同意	18	17.1	17.1	17.1
不太同意	16	15.2	15.2	32.4
一般	41	39.0	39.0	71.4
比较同意	24	22.9	22.9	94.3
完全同意	6	5.7	5.7	100.0

（三）举办者的办学能力

举办者的教育思想和教育理念、战略规划和市场开拓能力、激励和领导团队的能力、社会活动能力的均值分别是 3.81、3.68、3.75 和 4.02。可以看出，社会活动能力得到普遍重视，而举办者的战略规划和市场开拓能力相对较低。

表 5-5　　　　　　　　　　　　　举办者的办学能力

办学能力	N	极小值	极大值	均值	标准差
举办者的教育思想和教育理念	105	1	5	3.81	1.075
举办者的战略规划和市场开拓能力	105	1	5	3.68	1.197
举办者激励和领导团队的能力	103	1	5	3.75	1.045
举办者的社会活动能力	103	1	5	4.03	0.975

（四）举办者的家族管理状况

调查发现，70.5%的民办高校董事会存在家族化管理现象，即两名或多名董事是举办者的家族成员。32.4%的民办高校领导班子存在家族化现象，即校领导班子中的两名或多名成员是举办者的家庭成员。8 所民办高校的举办者家庭成员之间存在显性的（外人可知的）重大矛盾分歧或利益纷争，百分比为 7.6%，比如家庭成员围绕办学的利益分配发生法律纠纷、家庭成员由于不同的办学理念和办学策略而在公开场合相互指责与批评等。14 所民办高校举办者子女实质性地获得了民办高校的领导权，有效百分比为 13.3%，比如创始人去世、离开学校管理岗位等。相当多的民办高校举办者正在通过公开或隐蔽的方式培养子女，以使子女作为今后接班的准备，但由于这些信息很难准确统计，故不在本研究的统计范围内。

表 5-6　　　　　　　　　　　　　举办者家族管理状况

题项		频率	百分比	有效百分比
董事会是否存在 2 名或 2 名以上的举办者家族成员	存在	74	70.5	70.5
	不存在	31	29.5	29.5
校领导班子是否存在 2 名或 2 名以上的举办者家族成员	存在	34	32.4	32.4
	不存在	71	67.6	67.6

续表

题项		频率	百分比	有效百分比
家庭成员是否存在重大矛盾分歧	存在	8	7.6	7.6
	不存在	97	92.4	92.4
是否正在培养子女接班	是	17	16.2	16.2
	否	88	83.8	83.8
举办者子女是否实质性获得了领导权	是	16	15.2	15.2
	否	89	84.8	84.8

(五) 举办者的权力集中情况

问卷调查发现，56.2%的民办高校举办者仅仅担任董事长（理事长），43.8%的举办者在担任董事长（理事长）的同时担任校长或党委书记。

举办者对9项重要权力的拥有状况见下表。均值最高的是校长遴选，其次是董事会成员遴选，这两项权力都属于人事权的范畴。这说明，人事权是举办者最重要的权力，拥有人事权是获得学校控制权的关键。董事和校长是民办高校中非常重要的职位，控制了任免董事和校长的权力，就基本上控制了其他职位的任免权。财务权是仅次于人事权的第二大权力，其次是学校发展规划的权力。举办者对中层干部任免、教学和科研事务的权力掌控相对较弱，这些权力主要由校长掌握。现代大学中两种最重要的权力分别是财务权（authority over the allocation of resources）和人事权（authority over the making of senior appointment）。在我国的公办高校中，这两大权力一般分别属于校长和党委书记，财务权和人事权分属不同权力主体的权力分配格局使得校长和党委书记相互制衡，但是在民办高校中，这两大权力都牢牢掌握在举办者手中。

表 5-7　　　　　　　　举办者 9 项权力的拥有情况

权力内容	N	极小值	极大值	均值	标准差
财务预决算和重大开支	104	1	5	4.17	1.144
发展规划	104	1	5	4.14	1.136
董事会成员的遴选	104	1	5	4.25	1.068
关键中层干部的遴选	104	1	5	3.83	1.218
教学事务	103	1	5	3.44	1.177

权力内容	N	极小值	极大值	均值	标准差
科研事务	101	1	5	3.39	1.166
校长遴选	104	1	5	4.54	0.994
党委书记遴选	104	1	5	3.18	1.086
校园建设	100	1	5	4.57	0.967

当校长并非由董事长兼任时，校长的职权如下表。校长最重要的职权是教学，其次是科研，再次是关键中层干部的遴选。部分民办高校的中层干部直接由校长任免，无须董事会讨论通过。当然，大部分校长在任免中层干部时会事先向举办者进行沟通和交流。副校长的任免一般需要董事会讨论通过，校长仅仅具有建议权和评议权。当然，若校长极力推荐或反对某些中层干部的候选人，董事会一般也会尊重校长的意愿。校长在财务、发展规划和董事遴选中的权力较小。

表5-8　　　　　　　　　　校长7项权力的拥有情况

权力内容	N	极小值	极大值	均值	标准差
财务预决算和重大开支	69	1	5	3.13	0.969
发展规划	66	1	5	3.21	0.969
董事会成员的遴选	62	1	5	2.79	0.960
关键中层干部的遴选	66	1	5	3.50	1.027
教学事务	69	1	5	4.01	0.675
科研事务	64	1	5	3.99	0.696
副遴选	61	1	5	3.20	0.962

党委书记最重要的职权是思政和党建，除此之外的权力都低于举办者和校长。但是，近期党委书记的职权有不断扩大的倾向。很多省份已经出台政策，在招生、维稳等方面，党委书记具有最终的决定权。比如，江西省规定，民办高校的招生广告只有经过党委书记签字之后，才能在省教育厅备案。

表5-9　　　　　　　　　　党委书记8项权力的拥有情况

权力内容	N	极小值	极大值	均值	标准差
财务预决算和重大开支	87	1	5	2.41	0.843

续表

权力内容	N	极小值	极大值	均值	标准差
发展规划	84	1	5	2.45	0.842
董事会成员的遴选	82	1	4	2.17	0.843
关键中层干部的遴选	87	1	5	2.59	0.857
教学事务	84	1	4	2.67	0.812
科研事务	87	1	4	2.61	0.783
副书记遴选	82	1	5	2.84	0.909
思政和党建	89	2	5	4.44	0.722

　　将举办者、校长和党委书记在财权、发展规划权、董事任命权、关键中层干部任命权、教学事务决定权和科研事务决定权等方面的权力进行比较后，得到图5-1。可以发现，举办者是民办高校内的"一把手"。"一把手"是一个中国特色的词语，表示一个单位内掌握实权的最高领导者。在中国现行的体制下，党政机关的"一把手"是清晰的，即党委书记，但是公办大学的"一把手"并不容易界定。在不同的历史时期、不同的政治环境下，公办高校的"一把手"是不同的。聂辉华等学者对我国当前113所"211"大学谁是"一把手"问题进行了研究。他们采取两种方式来识别谁是大学的一把手：第一，在大学的官网上，校长和书记谁排在前面；第二，在大学的官方新闻中，当校长和书记同时出现时，谁排在前面。他们的研究发现，在113所211高校中，大约有10所大学是校长担任"一把手"，大多数大学是书记担任名义上或实际上的一把手。[1] 民办高校的"一把手"是清晰的，既不是校长也不是党委书记，而是举办者。在访谈中发现，学校的教职工一般将学校的举办者称为"老板"，特别是在涉及经费开支问题时，大部分民办高校的干部一般会习惯地"先请示一下老板"。"老板"这个称呼表明举办者在学校内部拥有至高无上的权力，因为在我国的语境中，"老板"一般是享有组织内最高权力的人。"澎湃新闻"在调查兰州交通大学博文学院开除患癌教师事件时，也发现该校部分教师称呼举办者为"老板"。[2]

---

　　[1]　聂辉华、蒋敏洁、张彧：《校长和书记：谁是大学的"一把手"?》，《经济学家茶座》2011年第2辑（总第52辑）。

　　[2]　何锴、李思文：《陈玲再调查｜兰州博文学院职工：校门口曾立石写"财源广进"》，http：//news.eastday.com/s/20160829/u1a9686464.html，2016-8-29。

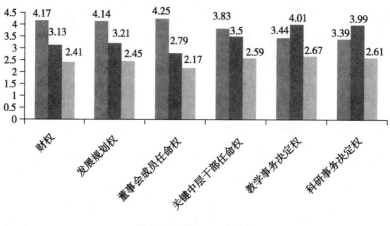

图 5-1　举办者、校长和党委书记权力配置情况

　　举办者之所以强调对财权和人事权的占有，首先是防范"外人"的需要。在经济领域，作为代理人的职业经理人可能会出于自身利益的考虑而侵害作为委托人的所有者的利益，产权理论和委托代理理论分析了这些问题。在民办高等教育领域，举办者防范职业校长的意识更强烈，因为举办者对民办高校的资产所有权和收益权并不受法律的严格保护。相比之下，股东在教育领域之外的投资受到法律的严格保护。由于产权的模糊性和产权保护的脆弱性，民办高校的举办者必须设法保证对学校的绝对控制，一旦失去对学校的控制，则可能失去所有的投资收益。案例 5.1 突出说明了举办者若失去对民办高校的控制之后，需要付出巨大的代价才能维护自身的权益。

　　例 5.1　为什么"必须"掌握实权——H 学院院长"驱逐"举办者①

　　1997 年，熊先生掌控的重庆美丽殿物业发展公司在重庆市渝北区宝圣湖旁购买了 250 亩土地，用于兴建一个"美丽殿度假中心"。但在 1999 年 5.58 万平方米的房屋建成后，遭到亚洲金融危机银根紧缩的影响，企业决定改变房屋的用途用作办学，兴办一所学院。在筹备期间，筹备组来了一位自荐担任院长的凌先生。熊先生遂聘用了

————————————————————

　　①　笔者对被公办高校接管以后的 H 学院的院办主任进行了深度访谈，同时参考了《第一财经日报》，《时代周报》等媒体的报道。

他，授权其全权负责 H 学院的日常运营。随着时间推移，凌先生对 H 学院的控制日渐加深，包括财务、人事等重要的部门都在其掌控之中。而熊先生在筹建好 H 学院后，就将该学院的资产监管等交给其弟弟管理，但其弟此前几年一直忙于生意疏于管理。因此，熊氏家族对 H 学院的管理一直处于失控状态。

2009 年，重庆美丽殿公司陷入债务危机，多次面临银行催债。后来，银行向重庆市高级人民法院起诉重庆美丽殿公司。2009 年 6 月 12 日，受重庆市高级人民法院委托，重庆市联合产权交易所发布公告，在 6 月 23 日 14 时 30 分将 H 学院实施整体拍卖，参考价为 1.92 亿元。但这场拍卖随后受到了 H 学院的强烈抵制而被取消。院长凌先生认为，H 学院是他投资的，重庆市高院不能拍卖这所高校以抵偿美丽殿公司的银行债务。2009 年 6 月 29 日，美丽殿公司的 6 位股东代表进入 H 学院，欲接管该学院以履行投资人权利时，其中 3 人被 20 多名不明身份的人围攻打伤，美丽殿公司的最大股东熊先生的一根肋骨被打断。

后来，在重庆市公安局的干预下，重庆市高院最终将 H 学院拍卖成功，但是学校元气大伤，运营困难。2009 年 11 月，在重庆市政府的支持下，重庆某高校用 2 亿资金接手了 H 学院，H 学院成为了公办高校全资拥有并举办和管理的"普通高等院校"。

眭依凡指出，大学的领导者"对一所大学的成功创建、平稳运行、革故鼎新、进步发展都具有决定性的影响和作用"。[①] 对于民办高校而言，举办者而非校长深刻地影响民办高校发展路径、方向、规模和水平，而举办者"终身在位"进一步加大了举办者对民办高校的影响强度。我国举办者对学校的控制是长期的，大部分举办者在去世之前都是自己所创办的民办高校的实际掌舵者。当举办者由于年龄或者身体健康等原因退出学校领导岗位时，通常选择让子女担任接班人的方式继续施加对学校的影响。由于举办者的权力高度集中，所以，如果举办者发生变更或者举办者的办学动机由于各种因素的影响而发生改变，民办高校的发展就会受到极大影响。王大泉认为，我国现有的民办学校的法律结构下很难办成百年名校和

---

① 眭依凡：《大学校长的教育理念与治校》，人民教育出版社 2001 年版，第 1 页。

东方哈佛，因为现在民办学校法人治理结构不稳定不完善，高度依赖于举办者的意志，如果举办者意志发生动摇，一个办得不错的民办学校可能一夜之间垮台。[①]

二　差异性分析

描述性分析仅仅提供了各个变量的均值情况，差异性分析则可以对各个维度的均值进行比较分析。

（一）　不同民办高校举办者办学动机和办学能力的差异

根据表 5-10 和表 5-11 可知，高职院校的举办者获得经济回报的动机更为强烈，但是卡方检验为 0.058，不具有统计上的显著性。本科和高职院校的举办者在各个维度上的能力均存在显著差异，民办本科高校举办者在办学思想和办学理念、战略规划和市场开拓、激励团队和社会活动等方面显著优于民办高职院校的举办者。这说明，举办者的能力因素是促进民办高校健康发展的重要因素。民办本科高校和民办高职院校举办者在办学能力方面差异最小的是社会活动能力，其可能的原因在于，无论是本科高校还是高职院校，其举办者的社会活动能力都是不可缺少的。差异最大的是战略规划和市场开拓能力，我国一些民办高校的举办者将主要精力放在学校内部的教育教学管理方面，忽视了市场战略的应用，学校缺乏资金的积累从而难以获得升本机会。

表 5-10　　　　　　　　民办高职院校与民办本科高校
举办者办学动机和办学能力的比较

		N	均值	标准差	标准误	均值的 95% 置信区间		极小值	极大值
						下限	上限		
举办者办学是为了获得经济回报	高职	45	3.09	1.203	0.179	2.73	3.45	1	5
	本科	60	2.67	1.052	0.136	2.39	2.94	1	5
	总数	105	2.85	1.133	0.111	2.63	3.07	1	5
教育思想和教育理念	高职（专科）	45	3.13	1.079	0.161	2.81	3.46	1	5
	本科	60	4.32	0.748	0.097	4.12	4.51	1	5
	总数	105	3.81	1.075	0.105	3.60	4.02	1	5

---

　　① 王大泉：《民办学校法人治理结构中的问题与对策的发言》，载湛中乐主编《民办教育法制理论与实践》，中国法制出版社 2016 年版，第 349 页。

续表

		N	均值	标准差	标准误	均值的 95% 置信区间		极小值	极大值
						下限	上限		
战略规划能力	高职（专科）	45	2.82	1.114	0.166	2.49	3.16	1	5
	本科	60	4.32	0.792	0.102	4.11	4.52	1	5
	总数	105	3.68	1.197	0.117	3.44	3.91	1	5
激励团队的能力	高职（专科）	43	3.12	0.931	0.142	2.83	3.40	1	5
	本科	60	4.20	0.879	0.113	3.97	4.43	1	5
	总数	103	3.75	1.045	0.103	3.54	3.95	1	5
社会活动能力	高职（专科）	45	3.53	0.991	0.148	3.24	3.83	2	5
	本科	60	4.40	0.785	0.101	4.20	4.60	1	5
	总数	105	4.03	0.975	0.095	3.84	4.22	1	5

表 5-11　　民办高职院校和民办本科高校举办者办学动机和办学能力比较的单因素方差分析

		平方和	df	均方	F	显著性
举办者办学是为了获得经济回报	组间	4.584	1	4.584	3.661	0.058
	组内	128.978	103	1.252		
	总数	133.562	104			
教育思想和教育理念	组间	36.007	1	36.007	44.055	0.000
	组内	84.183	103	0.817		
	总数	120.190	104			
战略规划能力	组间	57.429	1	57.429	64.604	0.000
	组内	91.561	103	0.889		
	总数	148.990	104			
激励团队的能力	组间	29.418	1	29.418	36.227	0.000
	组内	82.019	101	0.812		
	总数	111.437	102			
社会活动能力	组间	19.314	1	19.314	24.992	0.000
	组内	79.600	103	0.773		
	总数	98.914	104			

　　从表 5-12 和表 5-13 可以看出，民办高职院校、一般水平的民办本

科高校和相对高水平的民办本科高校的举办者办学动机在5%水平上存在显著差异。民办高职院校、一般水平的民办本科高校和相对高水平的民办本科高校的举办者的教育思想和教育理念、战略规划、激励团队和社会活动等方面的能力上皆在1%水平上存在显著差异。

表5-12 民办高职院校、一般水平的民办本科高校和相对高水平的民办本科高校举办者办学动机和办学能力的比较

		N	均值	标准差	标准误	均值的95%置信区间		极小值	极大值
						下限	上限		
举办者办学是为了获得经济回报	高职院校	48	3.15	1.203	0.174	2.80	3.50	1	5
	后50名的民办本科高校	26	2.73	1.002	0.197	2.33	3.14	1	5
	前50名的民办本科高校	31	2.48	1.029	0.185	2.11	2.86	1	4
	总数	105	2.85	1.133	0.111	2.63	3.07	1	5
教育思想和教育理念	高职院校	48	3.13	1.104	0.159	2.80	3.45	1	5
	后50名的民办本科高校	26	4.23	0.587	0.115	3.99	4.47	3	5
	前50名的民办本科高校	31	4.52	0.626	0.112	4.29	4.75	3	5
	总数	105	3.81	1.075	0.105	3.60	4.02	1	5
战略规划能力	高职院校	48	2.79	1.110	0.160	2.47	3.11	1	5
	后50名的民办本科高校	26	4.19	0.694	0.136	3.91	4.47	3	5
	前50名的民办本科高校	31	4.61	0.495	0.089	4.43	4.79	4	5
	总数	105	3.68	1.197	0.117	3.44	3.91	1	5
激励团队的能力	高职院校	46	3.07	0.952	0.140	2.78	3.35	1	5
	后50名的民办本科高校	26	4.19	0.749	0.147	3.89	4.49	3	5
	前50名的民办本科高校	31	4.39	0.761	0.137	4.11	4.67	3	5
	总数	103	3.75	1.045	0.103	3.54	3.95	1	5
社会活动能力	高职院校	48	3.46	1.031	0.149	3.16	3.76	1	5
	后50名的民办本科高校	26	4.46	0.647	0.127	4.20	4.72	3	5
	前50名的民办本科高校	31	4.55	0.568	0.102	4.34	4.76	3	5
	总数	105	4.03	0.975	0.095	3.84	4.22	1	5

表 5-13　　民办高职院校、一般水平的民办本科高校和相对高水平的
　　　　　民办本科高校举办者办学动机和办学能力单因素方差分析

		平方和	df	均方	F	显著性
举办者办学是为了获得经济回报	组间	8.725	2	4.363	3.565	0.032
	组内	124.836	102	1.224		
	总数	133.562	104			
教育思想和教育理念	组间	42.583	2	21.292	27.984	0.000
	组内	77.607	102	0.761		
	总数	120.190	104			
战略规划能力	组间	71.681	2	35.840	47.286	0.000
	组内	77.310	102	0.758		
	总数	148.990	104			
激励团队的能力	组间	39.239	2	19.620	27.175	0.000
	组内	72.198	100	0.722		
	总数	111.437	102			
社会活动能力	组间	28.859	2	14.429	21.009	0.000
	组内	70.056	102	0.687		
	总数	98.914	104			

（二）不同类型民办高校举办者的权力集中差异

调查发现，个人办学型民办高校的举办者在担任董事长（理事长）的同时往往兼任校长或党委书记，比例高达 67.3%。而企业办学型、国有民办型和共同治理型民办高校的举办者一般仅仅担任董事长而不担任校长或党委书记（见表 5-14）。根据举办者对民办高校事务的介入程度，可以将举办者分为深度介入的举办者、浅度介入的举办者和居于两者中间的介入者，不同类型的民办高校举办者的介入程度是不同的。以举办者对民办高校的财权介入为例，个人办学型民办高校的举办者介入最为深入，其次是企业办学型民办高校，最后是国有民办型和共同治理型。

表 5-14　　　　　　　　　　举办者任职情况

	个人或家族办学型	企业办学型	国有民办型	共同治理型
举办者仅仅担任一个职务	18（32.7%）	26（100%）	9（90.0%）	9（90.0%）
举办者担任两个或三个职务	37（67.3%）	0%	1（10.0%）	1（10.0%）

在董事长、校长和党委书记分别由不同的人担任时，为了比较举办者、校长和党委书记之间的权力大小，笔者通过 SPSS "计算变量" 的功能构建了 "权力差" 这个变量，用举办者权力减去校长权力之差（由于党委书记的权力相对较小，且各民办高校党委书记的权力差别不大，故不考虑举办者和党委书记的权力之差）。从表 5-15 可以看出，当董事长、校长和党委书记分别为不同人士所担任时，三大职务的权力是存在显著差异的。个人或家族创办的民办高校中，财权、规划权、人事权（董事和中层干部任免）等高度集中于举办者，企业创办的民办高校中，财权、发展规划权和人事权也集中于举办者，但是集中的程度弱于个人或家族创办的民办高校。国有民办型民办高校和共同治理型民办高校的内部权力相对分散，举办者对学校的管控较弱，一些民办高校的举办者已经退出学校领导岗位，对学校的权力影响进一步下降。

表 5-15   不同类型民办高校内部权力集中程度比较

| | | N | 均值 | 标准差 | 标准误 | 均值的 95% 置信区间 | | 极小值 | 极大值 |
						下限	上限		
财权差	个人或家族	27	1.7037	1.65981	0.31943	1.0471	2.3603	-2.00	4.00
	企业办学型	23	1.3043	1.25896	0.26251	0.7599	1.8488	-2.00	3.00
	国有民办型	9	-1.2222	1.39443	0.46481	-2.2941	-0.1504	-4.00	0.00
	共同治理型	9	-1.8889	1.05409	0.35136	-2.6991	-1.0786	-3.00	0.00
	总数	68	0.7059	1.97037	0.23894	0.2290	1.1828	-4.00	4.00
规划权差	个人或家族	24	1.4167	1.55806	0.31804	0.7588	2.0746	-2.00	4.00
	企业办学型	23	1.1739	1.66930	0.34807	0.4521	1.8958	-2.00	3.00
	国有民办型	9	-1.0000	1.50000	0.50000	-2.1530	0.1530	-4.00	0.00
	共同治理型	9	-1.8889	1.05409	0.35136	-2.6991	-1.0786	-3.00	0.00
	总数	65	0.5385	1.96116	0.24325	0.0525	1.0244	-4.00	4.00
董事权差	个人或家族	23	1.8696	1.35862	0.28329	1.2821	2.4571	-1.00	4.00
	企业办学型	21	1.7143	1.18924	0.25951	1.1730	2.2556	-1.00	4.00
	国有民办型	9	-0.1111	2.08833	0.69611	-1.7163	1.4941	-4.00	2.00
	共同治理型	8	-1.2500	1.90863	0.67480	-2.8457	0.3457	-3.00	2.00
	总数	61	1.1148	1.86278	0.23850	0.6377	1.5918	-4.00	4.00

续表

		N	均值	标准差	标准误	均值的 95% 置信区间		极小值	极大值
						下限	上限		
中层干部权差	个人或家族	24	0.9583	1.70623	0.34828	0.2379	1.6788	-2.00	4.00
	企业办学型	23	0.2174	1.44463	0.30123	-0.4073	0.8421	-2.00	3.00
	国有民办型	9	-2.1111	1.26930	0.42310	-3.0868	-1.1354	-4.00	0.00
	共同治理型	9	-2.0000	1.11803	0.37268	-2.8594	-1.1406	-3.00	0.00
	总数	65	-0.1385	1.91113	0.23705	-0.6120	0.3351	-4.00	4.00
教学权差	个人或家族	27	-0.1852	1.30198	0.25057	-0.7002	0.3299	-3.00	3.00
	企业办学型	23	-0.9130	0.94931	0.19794	-1.3236	-0.5025	-2.00	1.00
	国有民办型	9	-2.6667	1.00000	0.33333	-3.4353	-1.8980	-4.00	-1.00
	共同治理型	9	-2.3333	0.86603	0.28868	-2.9990	-1.6676	-3.00	-1.00
	总数	68	-1.0441	1.42927	0.17332	-1.3901	-0.6982	-4.00	3.00
科研权差	个人或家族	26	-0.1154	1.33647	0.26210	-0.6552	0.4244	-3.00	3.00
	企业办学型	23	-0.9565	0.97600	0.20351	-1.3786	-0.5345	-2.00	1.00
	国有民办型	9	-2.6667	1.00000	0.33333	-3.4353	-1.8980	-4.00	-1.00
	共同治理型	9	-2.3333	0.86603	0.28868	-2.9990	-1.6676	-3.00	-1.00
	总数	67	-1.0448	1.46093	0.17848	-1.4011	-0.6884	-4.00	3.00

表 5-16　　不同类型民办高校内部权力集中程度单因素方差分析

		平方和	df	均方	F	显著性
财权差	组间	129.174	3	43.058	21.045	0.000
	组内	130.944	64	2.046		
	总数	260.118	67			
规划权差	组间	129.174	3	43.058	21.045	0.000
	组内	130.944	64	2.046		
	总数	260.118	67			
董事权差	组间	78.913	3	26.304	11.597	0.000
	组内	129.283	57	2.268		
	总数	208.197	60			
中层干部权差	组间	97.994	3	32.665	14.677	0.000
	组内	135.760	61	2.226		
	总数	233.754	64			

续表

		平方和	df	均方	F	显著性
教学权差	组间	58.967	3	19.656	16.149	0.000
	组内	77.900	64	1.217		
	总数	136.868	67			
科研权差	组间	61.255	3	20.418	16.158	0.000
	组内	79.610	63	1.264		
	总数	140.866	66	*		

国有民办型民办高校一般可以得到较多的财政资助和优惠政策，共同治理型民办高校的内部权力分配也明显区别于个人办学型和企业办学型，而且也有更多机会得到政府的优惠政策，所以仅仅分析个人办学型和企业办学型民办高校中办学层次是否和权力集中情况存在相关关系。这两类民办高校办学层次和举办者担任的职务的情况见表5-17。

表5-17　　　民办本科高校和民办高职院校举办者兼任职务比较

选项 \ 类别	高职		本科	
	频率	百分比	频率	百分比
举办者仅仅担任董事长（理事长）	19	52.8%	25	54.3%
举办者担任董事长（理事长）的同时兼任校长或党委书记	17	47.2%	21	45.7%

从表5-18看出，在个人（家族）办学型和企业办学型民办高校中，本科高校和高职院校的举办者权力集中情况不存在显著差异。进一步分析发现，进入排行榜前50强的民办高校和其他民办高校在权力集中方面也不存在显著差异。

表5-18　　　民办本科高校和民办高职院校内部权力集中程度比较

		N	均值	标准差	标准误	均值的95%置信区间		极小值	极大值
						下限	上限		
财权差	高职	22	1.0000	1.54303	0.32898	0.3159	1.6841	−2.00	3.00
	本科	29	1.8621	1.35552	0.25171	1.3465	2.3777	−1.00	4.00
	总数	51	1.4902	1.48825	0.20840	1.0716	1.9088	−2.00	4.00

续表

		N	均值	标准差	标准误	均值的 95% 置信区间		极小值	极大值
						下限	上限		
规划权差	高职	22	1.0000	1.54303	0.32898	0.3159	1.6841	−2.00	3.00
	本科	29	1.8621	1.35552	0.25171	1.3465	2.3777	−1.00	4.00
	总数	51	1.4902	1.48825	0.20840	1.0716	1.9088	−2.00	4.00
董事权差	高职	21	1.5714	1.16496	0.25422	1.0411	2.1017	−1.00	3.00
	本科	24	2.0000	1.31876	0.26919	1.4431	2.5569	−1.00	4.00
	总数	45	1.8000	1.25408	0.18695	1.4232	2.1768	−1.00	4.00
中层干部权差	高职	22	0.3636	1.64882	0.35153	−0.3674	1.0947	−2.00	3.00
	本科	26	0.7308	1.58890	0.31161	0.0890	1.3725	−1.00	4.00
	总数	48	0.5625	1.60989	0.23237	0.0950	1.0300	−2.00	4.00
教学权差	高职	22	−0.3636	1.55978	0.33255	−1.0552	0.3279	−3.00	3.00
	本科	29	−0.6897	0.84951	0.15775	−1.0128	−0.3665	−2.00	1.00
	总数	51	−0.5490	1.20522	0.16876	−0.8880	−0.2100	−3.00	3.00
科研权差	高职	22	−0.3636	1.55978	0.33255	−1.0552	0.3279	−3.00	3.00
	本科	28	−0.6786	0.94491	0.17857	−1.0450	−0.3122	−2.00	1.00
	总数	50	−0.5400	1.24884	0.17661	−0.8949	−0.1851	−3.00	3.00

表 5-19　　　　　　　　　　民办本科高校和民办高职院校内部
权力集中程度单因素方差分析

		平方和	df	均方	F	显著性
财权差	组间	9.297	1	9.297	4.490	0.039
	组内	101.448	49	2.070		
	总数	110.745	50			
规划权差	组间	9.297	1	9.297	4.490	0.039
	组内	101.448	49	2.070		
	总数	110.745	50			
董事权差	组间	2.057	1	2.057	1.317	0.257
	组内	67.143	43	1.561		
	总数	69.200	44			
中层干部权差	组间	1.606	1	1.606	0.615	0.437
	组内	120.206	46	2.613		
	总数	121.813	47			

		平方和	df	均方	F	显著性
教学权差	组间	1.330	1	1.330	0.914	0.344
	组内	71.298	49	1.455		
	总数	72.627	50			
科研权差	组间	1.222	1	1.222	0.780	0.382
	组内	75.198	48	1.567		
	总数	76.420	49			

（三）不同民办高校家族管理情况

国有民办型和共同治理型都没有家族化管理的现象。本章比较个人办学型和企业办学型民办高校在家族化管理上的差异。调查发现，个人办学型和企业办学型民办高校的董事会中存在2人或多人家族成员的比例分别是85.5%和85.7%，两者不存在显著差异。但是，个人办学型和企业办学型民办高校领导班子中存在2人或多人担任领导职务的比例分别是50.9%和17.9%，两者存在显著差异，卡方检验P＝0.004。个人办学型民办高校和企业办学型民办高校在家族成员的办学理念和办学利益上是否存在重大分歧或纷争方面没有显著差异。在是否正在培养子女接班和是否实现了第二代接班方面，个人办学型民办高校和企业办学型民办高校均存在显著差异，分别见表5-20和表5-21（卡方检验P值分别是0.046和0.010）。其中一个原因是个人创办的民办高校的成立时间整体上早于企业创办的民办高校，个人创办型民办高校的举办者年龄整体上长于企业创办型民办高校的举办者；另一个原因是，企业办学型民办高校的举办者的权利更容易受到相关法律的保护。上述两个原因都导致个人办学型民办高校培养子女接班更具有必要性和紧迫性。

表5-20　个人办学型和企业办学型民办高校培养子女接班情况的比较

			治理类型		合计
			个人办学型	企业办学型	
是否正在培养子女	是	计数	14	2	16
		治理类型中的占比（%）	25.5	7.1	19.3
	否	计数	41	26	67
		治理类型中的占比（%）	74.5	92.9	80.7

续表

			治理类型		合计
			个人办学型	企业办学型	
合计		计数	55	28	83
		治理类型中的占比（%）	100.0	100.0	100.0

表 5-21　　　　　　个人办学型民办高校和企业办学型民办
高校子女是否已实质性接班比较

			治理类型		合计
			个人或家族	企业办学型	
举办者后人是否实质性掌握了领导权	是	计数	15	1	16
		治理类型中的占比（%）	27.3	3.6	19.3
	不是	计数	40	27	67
		治理类型中的占比（%）	72.7	96.4	80.7
合计		计数	55	28	83
		治理类型中的占比（%）	100.0	100.0	100.0

民办本科高校和民办高职院校在"董事会是否存在家族成员"方面没有显著差异，卡方检验 $P = 0.162$，说明两类民办高校董事会中的家族化现象都比较普遍。但是两类民办高校在领导班子的家族化方面存在较大差异，高职院校中领导班子的家族化现象比本科高校领导班子的家族化更为明显，卡方检验 $P = 0.037$。

表 5-22　　　　民办高职院校和民办本科院校董事会家族化的比较

类别 选项	高职		本科	
	频率	百分比	频率	百分比
董事会有两人或多位为举办者家属成员	34	91.9%	39	85.9%
董事会中没有家族化现象	3	8.1%	9	18.8%

表 5-23　　　　民办高职院校和民办本科院校领导班子家族化的比较

类别 选项	高职		本科	
	频率	百分比	频率	百分比
领导班子中有两人或多位为举办者家属成员	19	51.4%	14	29.2%

类别\选项	高职		本科	
	频率	百分比	频率	百分比
领导班子中没有家族化现象	18	48.6%	34	70.8%

从表5-24可以看出，高职院校中举办者家族成员更容易存在重大的矛盾分歧或利益纠纷，卡方检验P=0.008，说明具有显著的差异。"家和万事兴"，只有保持家族成员的团结，才能带领民办高校走向卓越。举办者家族成员不团结大大降低了升格为本科高校的机会，调查表明，民办高校的很多风险往往是由于家族成员的争斗所引起的。

表 5-24　　　　　　举办者家庭成员是否存在重大矛盾分歧

类别\选项	高职		本科	
	频率	百分比	频率	百分比
是	7	18.9%	1	21.%
否	30	81.1%	47	97.9%

案例5.2

　　KJ学院是我国成立较早的民办高校之一，成立于1984年。创办者J女士是我国一所高校的退休教师。J女士的丈夫、两个儿子、两个儿媳妇和几个孙子都在学校担任管理者。J女士倾心办学，无奈儿子多次挪用学校办学经费对外投资，但是多项投资均失败；两个儿媳之间争权夺利，各管一摊，互不配合，严重影响学校各项工作的开展；社会经验不足的孙子投资失败欠下巨款，进一步加剧了其他家庭成员的矛盾和纷争。该校从2006年开始难以按期支付教师工资。J女士重病之后准备将学校交给政府，让政府来接管学校，但是该校实际上已经处于资不抵债的境地，教育行政部门也没有足够的精力来处理该校的事务。目前该校已经终止办学。

从表5-25可以看出，民办高职院校和民办本科高校在"举办者是否正在积极培养子女接班"方面没有显著差异，卡方检验P=0.589。

表 5-25　民办高职院校和民办本科高校举办者培养子女接班情况比较

类别 选项	高职		本科	
	频率	百分比	频率	百分比
是	6	16.2%	10	20.8%
否	31	83.8%	38	79.2%

从表 5-26 看出，民办本科高校和民办高职院校在"举办者子女是否实质性掌握了领导权"方面没有显著差异，卡方检验 P = 0.255，这说明无论是民办高职院校还是民办本科高校，都有相当比例的举办者子女获得了实质性的管理权。

表 5-26　民办高职院校和民办本科高校举办者子女已实质性接班的比较

类别 选项	高职		本科	
	频率	百分比	频率	百分比
是	9	24.3%	7	14.6%
否	28	75.7%	48	85.4%

从实际的案例来看，有的民办高校在举办者担任董事长、子女担任校长的权力格局下继续保持领先发展水平，如黄河科技大学和西京学院；也有的民办高校在创办者去世、子女完全接班的情况下保持着良好的发展态势，如西安翻译学院；但是也有民办高校因为子女接班不太成功而大受挫折。案例（5.3）充分说明了当接班者不具备接班的能力或者不拥有公益办学的情怀时，可能对民办高校产生深刻的负面影响。案例（5.4）说明我国民办高校要完全摆脱家族化实现"职业化校长治校"还存在较大的挑战。

案例 5.3　Y 学院举办者女儿接班导致学校出现重大变故①

　　Y 学院最早成立于 1987 年。该校名义上实行校务委员会集体领

---

① 笔者于 2015 年 4 月访谈了该学院的院长，该院长在 Y 学院教师罢课时就任院长；2015 年 8 月访谈了曾在该校任教后来去其他高校工作的教师；2014 年 11 月访谈了和 Y 学院在同一个城市的另一所民办高校的校领导。此外，还参考了华中师范大学陈璐的硕士学位论文《善治理念下非营利性民办高校的内部治理研究》以及部分网络资料。

导下的校长负责制，但实际上一直都是举办者以及他所信任的几个人决策。该举办者所具有的较大的社会影响为学校发展创造了良好的外部环境，举办者本人向学校投入了大量资金希望将学校建成百年名校。内部的资源保障和外部的社会环境使得 Y 学院一度成为中国最优秀的民办高校之一。但是，该校脆弱的内部治理体系一直是学校发展的巨大隐患。

2005 年，该校创办者去世。创办者的夫人和三个女儿介入学校的管理。这些接班者不具备管理大学的经验，她们将学校的办学经费用于个人使用或对外投资，导致学校资源在短时间内迅速耗竭，学校无力按时发放教师工资。很多教师有意辞职，但校方却扣留教师档案。2011 年，教师们静坐抗议校方扣押档案，学生予以声援。事件发生后，F 省教育厅高度重视，责成 Y 学院领导分头去做教师和学生工作并尽快改善学校的治理结构。但是几位接班者坚持认为 Y 学院是自己家族的资产，拒绝了教育厅改善内部治理的一系列要求。省教育厅的惩罚方式是减少该校的招生指标。2016 年，该校在校生仅为 2005 年的 1/10，偌大校园一片荒芜。学校的教育质量也迅速下降，2016 年该校在 F 省内需要降分录取才可以完成招生计划。

案例5.4　西部某高校主动摆脱家族化的尝试

西部某高校是我国高水平民办高校之一。和全国其他民办高校一样，该校也在相当长的时间内存在家族管理现象，该校创办者的女儿毕业以后曾担任该校常务董事和副院长。该校创办者认识到，要想"创百年名校"，就必须摆脱单纯以营利为目的的家族式管理的状态，回归学校天然具有的公共产品属性和社会公益性质，切实落实非营利公益办学方向。为此，该校从 2015 年就开始进行内部治理综合改革，改革内容包括：学校董事会及内部重要岗位实行亲属回避制；完善任人为贤的干部聘任制度；建立起科学民主的决策、执行和监督机制等。2015 年，该校面向全球发布了"全球招聘校长公告"，在全球范围内公开招聘校长。经过为期数月的咨询报名、资格审查、专家见面，以及竞聘答辩等环节，最终选择了一位具有海外工作经历且担任过公办高校领导职务的校长。但是，该校长在学校工作 3 年左右时间以后就离开了学校，该校创办者重新兼任校长。据知情人透露，因为该校长和举办者在办学理念上存在差异，所以提前离开了学校，该校长离开学校以后，创办者的子女有可能重新回归学校领导岗位。

三　回归分析

从统计学上来说，单因素方差分析只能呈现出两个变量之间的关系。而回归分析则要考虑多个混杂因素的影响，可以更好地看出各个变量之间的相互影响关系。本节前面部分对举办者办学能力和办学动机、举办者的集权情况以及举办者的家族化管理及其与学校发展层次之间的关系进行了研究，但仅仅是通过描述性分析和差异性分析呈现了不同层次民办高校的情况。如果要同时考虑举办者办学能力、办学动机、权力集中以及家族化对学校发展水平的影响，就需要采用回归分析的方式进行探究。因此本部分将根据因变量特征构建回归方程，将多个自变量逐一或全体纳入回归方程，从总体上考察各个自变量对因变量的影响，并分析其内在的规律。

（一）相关变量说明与描述性统计

本节将通过建构回归方程，系统性地研究民办高校发展水平的影响因素。因此，将民办高校的发展水平作为因变量。因变量采取分类变量形式，高职院校赋值为1，排名后50名的民办本科高校赋值为2，排名前50强的民办本科高校赋值为3。

自变量分为以下五大类：举办者办学动机、举办者个人能力、举办者权力集中、家族化、控制变量。五大类别的自变量包含的具体内容及描述性分析详见表5-27。

表5-27　　举办者因素影响民办高校办学水平的自变量描述性统计

模型变量	变量定义	样本数	均值	标准差
控制变量				
X_1 成立年限	连续变量（单位：年）	105	21.6476	7.15351
X_2 办学地点	虚拟变量，直辖市、省会城市、副省级城市＝1，其他地级市、县（县级市）＝0	105	0.8952	0.30772
X_3 办学类型	分类变量，共同治理型＝4，国有民办型＝3，企业办学型＝2，个人办学型＝1。	105	1.749	0.98086

续表

模型变量	变量定义	样本数	均值	标准差
办学动机变量				
X_4 举办者是为了追求经济回报	有序变量，完全同意 = 5，比较同意 = 4，一般 = 3，不太同意 = 2，完全不同意 = 1	105	2.85	1.133
个人能力变量				
X_5 办学理念	有序变量，非常好 = 5，比较好 = 4，一般 = 3，不太好 = 2，非常不好 = 1	105	3.81	1.075
X_6 战略规划和市场开拓能力	有序变量，非常好 = 5，比较好 = 4，一般 = 3，不太好 = 2，非常不好 = 1	105	3.68	1.197
X_7 激励和领导团队的能力	有序变量，非常好 = 5，比较好 = 4，一般 = 3，不太好 = 2，非常不好 = 1	105	3.75	1.045
X_8 社会活动能力	有序变量，非常好 = 5，比较好 = 4，一般 = 3，不太好 = 2，非常不好 = 1	105	4.03	0.975
权力集中变量				
X_9 举办者是否兼任校长或党委书记	虚拟变量，是 = 1，否 = 0	105	0.56	0.498
X_{10} 举办者权力均值	连续变量		3.90	0.920
家族化变量				
X_{13} 董事会是否存在家族化	虚拟变量，是 = 1，否 = 0	105	0.7048	0.45834
X_{14} 领导班子是否存在家族化	虚拟变量，是 = 1，否 = 0	105	0.3238	0.47017
X_{15} 家族成员是否存在重大利益分歧或办学理念的矛盾	虚拟变量，是 = 1，否 = 0	105	0.0762	0.26658
X_{16} 举办者子女是否已经接班	虚拟变量，是 = 1，否 = 0	105	0.1524	0.36111

（二）多元回归模型建构

本书所研究的民办高校的发展水平包括高职院校、排名后 50 名的民办本科高校和排名前 50 名的民办本科高校，分别使用 1、2、3 来描述相应的发展水平，宜使用多分类 Logistic 回归模型。构造的模型形式为：

$$Logit\left[P\left(Y=j\right)\right] = \ln\left(\frac{P\left(Y=j\right)}{P\left(Y=i\right)}\right) = -\alpha_j\beta_1 j X_j + \beta_{bp} + \varepsilon_j, \quad j \neq i$$

Logistic 回归模型的一个重要应用是估计优势比,即某一事件发生的概率与不发生的概率之比,简称 OR。优势比用公式表示即

$$OR = \frac{P(Y = j/ X_i = x_{i2}) / P(Y = i/ X_i = x_{i2})}{P(Y = j/ X_i = x) / P(Y = i/ X_i = x_{i1})} = e^{\beta_{ij}(x_{i2} - x_{i1})} ; \ j \neq i$$

式中 x_{i2}、x_{i1} 表示第 i 个自变量两个不同的取值;OR 表示在控制其他自变量不变的前提下,当 x_i 从 x_{i1} 变到 x_{i2} 时,反应变量 j 水平发生概率和参照水平发生概率之比变动的比率。

(三) 回归结果分析

(1) 仅考虑办学动机和办学能力的回归结果

对模型进行似然比检验,模型中未引入自变量时 -2 倍对数似然值为 215.531,引入自变量后减少至 109.029,两者之差等于 106.502,自由度为 20,P<0.001,模型整体显著,表明模型拟合结果较好,最终模型的估计结果如表 5-28 所示。

表 5-28　　　　　　举办者办学动机和办学能力影响民办
高校发展水平的计量结果

回归 123[a]		B	标准误	Wald	df	显著水平	Exp (B)	Exp (B) 的置信区间 95%	
								下限	上限
排名 50 之后的民办本科高校	控制变量								
	X_1 成立年限	0.248	0.093	7.057	1	0.008	1.282	1.067	1.539
	X_2 直辖市、省会城市、副省级城市	2.723	2.010	1.836	1	0.175	15.228	0.296	782.476
	X_3 办学类型 (共同治理型)								
	个人办学型	-0.773	1.642	0.222	1	0.638	0.461	0.018	11.525
	企业办学型	-3.866	2.035	3.609	1	0.047	0.021	0.000	1.131
	国有民办型	0.318	2.114	0.023	1	0.880	1.375	0.022	86.645
	办学动机								

回归123[a]		B	标准误	Wald	df	显著水平	Exp（B）	Exp（B）的置信区间95%	
								下限	上限
排名50之后的民办本科高校	$X4$ 举办者是为了追求经济回报	-1.396	0.764	3.334	1	0.048	0.148	0.055	1.108
	办学能力								
	X_5办学理念	-0.216	0.989	0.048	1	0.827	0.805	0.116	5.596
	X_6战略规划和市场开拓能力	2.481	1.272	3.803	1	0.031	11.948	0.988	144.552
	X_7激励和领导团队的能力	-0.251	0.997	0.063	1	0.801	0.778	0.110	5.496
	X_8社会活动能力	2.707	1.215	4.968	1	0.026	14.986	1.386	161.986
	截距	-26.519	8.085	10.757	1	0.001	0.	0.	0.
前50名的民办本科高校	控制变量								
	X_1成立年限	0.300	0.100	9.105	1	0.003	1.350	1.111	1.641
	X_2直辖市、省会城市、副省级城市	5.417	2.257	5.761	1	0.016	225.234	2.701	18784.070
	X_3办学类型（共同治理型）								
	个人办学型	-0.479	2.124	0.051	1	0.821	0.619	0.010	39.818
	企业办学型	-4.556	2.415	3.560	1	0.049	0.011	9.241E-005	1.193
	国有民办型	2.310	2.471	0.874	1	0.350	10.073	0.079	1276.710
	办学动机								
	X_4举办者是为了追求经济回报	-1.875	0.927	4.093	1	0.043	0.153	0.025	0.943
	办学能力								
	X_5办学理念	1.349	1.246	1.172	1	0.279	3.852	0.335	44.259
	X_6战略规划和市场开拓能力	5.322	1.608	10.956	1	0.001	204.887	8.766	4788.988
	X_7激励和领导团队的能力	-1.735	1.283	1.828	1	0.176	0.176	0.014	2.181
	X_8社会活动能力	2.665	1.345	3.925	1	0.048	14.375	1.029	200.817
	截距	-42.157	10.043	17.619	1	0.000			
Cox 和 Snell R^2		0.652							
Nagelkerke R^2		0.738							
McFadden R^2		0.491							

根据表5-28，从民办高校的成立年限来看，排名前50名、排名50名之后的民办本科院校比民办高职院校的成立年限在1%水平上显著更长。这表明，民办高校的成立年限越长，其办学层次相对越高，大学的发展需要时间的积淀。

从民办高校所处的地理位置来看，排名前50名的民办本科院校位于直辖市、省会城市或副省级城市的概率在5%水平上显著高于民办高职院校。但排在50名之后的民办本科院校所处的地理位置与民办高职院校并无显著性差异。

从治理类型来看，与共同治理型高校相比，企业办学型高校成为排名前50名、排在50名之后的民办本科院校的概率均在5%水平上显著低于其成为民办高职院校的概率，概率之比分别为0.011和0.021。也可以说，企业办学型高校更多地属于民办高职院校。而个人办学型、国有民办型高校成为民办本科高校或民办高职院校的概率之比并无显著性差异。

从办学动机来看，举办者若过于追求经济回报，则民办高校成为前50名或排名50名之后民办本科高校的概率均在5%水平上显著低于其成为民办高职院校的概率，比值分别为0.153和0.148。即民办本科高校的举办者追求经济回报的办学动机显著低于民办高职院校的举办者。

从办学能力来看，无论是排名前50名，还是排名50名之后的民办本科院校，其举办者的战略规划和市场开拓能力分别在1%和5%水平上显著高于民办高职院校举办者的战略规划和市场开拓能力。仅仅拥有教育理念和教育情怀不能保证民办高校的发展，拥有战略规划和市场开拓能力的举办者更能保证民办高校的发展。排名前50名和50名之后民办高校举办者的社会活动能力均在5%水平上显著高于民办高职院校举办者的社会活动能力。也就是说，社会活动能力对于民办高校的举办者而言十分重要，在政策透明性有待提高、社会资本影响资源分配的背景下，举办者不能仅仅埋头办学，通过多方面的社会活动为学校发展争取资源和良好的发展环境至关重要。

（2）同时考虑举办者办学动机、办学能力和权力集中的回归结果

将表示权力集中情况的两个变量纳入回归模型之后，对模型进行似然比检验，模型中未引入自变量时-2倍对数似然值为220.191，引入自变量后减少至104.437，两者之差等于115.754，自由度为24，P<0.001，模型整体显著，表明模型拟合结果较好，最终模型的估计结果如表5-29

所示。

表 5-29　　举办者办学动机、办学能力和权力集中
影响民办高校发展水平的计量结果

回归 123[a]		B	标准误	Wald	df	显著水平	Exp (B)	Exp (B) 的置信区间 95%	
								下限	上限
排名50之后的民办本科高校	控制变量								
	X_1 成立年限	0.196	0.087	5.124	1	0.024	1.216	1.027	1.441
	X_2 直辖市、省会城市、副省级城市	3.107	1.976	2.473	1	0.116	22.358	0.465	1074.580
	X_3 办学类型（共同治理型）								
	个人办学型	-0.975	1.952	0.249	1	0.618	0.377	0.008	17.318
	企业办学型	-2.860	2.252	1.613	1	0.204	0.057	0.001	4.727
	国有民办型	0.416	2.641	0.025	1	0.875	1.516	0.009	268.542
	办学动机								
	X_4 举办者是为了追求经济回报	0.921	0.742	1.540	1	0.215	2.511	0.587	10.744
	办学能力								
	X_5 办学理念	-0.271	1.144	0.056	1	0.813	0.763	0.081	7.183
	X_6 战略规划和市场开拓能力	2.444	1.242	3.875	1	0.049	11.519	1.011	131.303
	X_7 激励和领导团队的能力	0.730	1.365	0.286	1	0.593	2.075	0.143	30.114
	X_8 社会活动能力	2.511	1.202	4.365	1	0.037	12.315	1.168	129.808
	举办者权力								
	X_9 举办者兼任校长或党委书记	-4.601	2.204	4.357	1	0.037	0.010	0.000	0.755
	X_{10} 举办者权力均值	-2.534	1.271	3.976	1	0.046	0.079	0.007	0.958
	截距	-22.126	7.445	8.833	1	0.003		0.000	0.000
前50名的民办本科高校	控制变量								
	X_1 成立年限	0.234	0.097	5.762	1	0.016	1.263	1.044	1.529
	X_2 直辖市、省会城市、副省级城市	5.935	2.205	7.249	1	0.007	378.190	5.026	28457.785
	X_3 办学类型（共同治理型）								
	个人办学型	-0.274	2.522	0.012	1	0.914	0.761	0.005	106.594

续表

回归 123[a]	B	标准误	Wald	df	显著水平	Exp (B)	Exp (B) 的置信区间 95%	
							下限	上限
企业办学型	−3.358	2.776	1.464	1	0.226	0.035	0.000	8.022
国有民办型	2.537	2.956	0.737	1	0.391	12.642	0.039	4145.509
办学动机								
X_4 举办者是为了追求经济回报	1.434	0.912	2.476	1	0.116	4.197	0.703	25.050
办学能力								
X_5 办学理念	1.488	1.360	1.197	1	0.274	4.426	0.308	63.624
X_6 战略规划和市场开拓能力	5.454	1.623	11.293	1	0.001	233.677	9.708	5624.490
X_7 激励和领导团队的能力	−1.112	1.634	0.463	1	0.496	0.329	0.013	8.085
X_8 社会活动能力	2.343	1.367	2.938	1	0.047	20.417	0.714	151.885
举办者权力								
X_9 举办者兼任校长或党委书记	−4.302	2.313	3.460	1	0.043	0.034	0.000	1.260
X_{10} 举办者权力均值	−3.062	1.306	5.501	1	0.019	0.047	0.004	0.605
截距	−36.691	9.754	14.151	1	0.000			
Cox 和 Snell R^2	0.675							
Nagelkerke R^2	0.765							
McFadden R^2	0.526							

注：表格左侧标注"前 50 名的民办本科高校"。

将权力集中程度纳入回归模型以后，成立时间、办学位置、举办者的战略规划和市场开拓能力、举办者的社会活动能力依然影响民办高校的办学水平。从权力集中来看，排名 50 名之后的民办本科院校和排名前 50 名民办本科高校的举办者仅仅担任一个职务的概率均在 5% 水平上显著高于民办高职院校的举办者担任一个职务的概率。也就是说，和民办高职院校相比，民办本科高校的举办者更倾向于只担任一个职务。从举办者的权力均值来看，排名 50 名之后的民办本科高校和排名前 50 名的民办本科高校的举办者的权力均值均在 5% 水平上小于民办高职院校的权力均值，说明和民办高职院校相比，民办本科高校的权力更为分散，更具有共同治理的趋向。

（3）同时考虑举办者办学动机、办学能力、权力集中和家族化的回归结果

将举办者的家族化管理变量引入回归模型以后，对模型进行似然比检

验，模型中未引入自变量时 -2 倍对数似然值为 220.191，引入自变量后减少至 72.591，两者之差等于 147.6000，自由度为 32，$p<0.001$，模型整体显著，表明模型拟合结果较好，最终模型的估计结果如表 5-30 所示。

表 5-30　　举办者办学动机、办学能力、权力集中和家族化影响民办高校发展水平的计量结果

回归 123[a]		B	标准误	Wald	df	显著水平	Exp (B)	Exp (B) 的置信区间 95%	
								下限	上限
	控制变量								
排名 50 之后的民办本科高校	X_1 成立年限	0.196	0.114	2.926	1	0.087	1.216	0.972	1.522
	X_2 直辖市、省会城市、副省级城市	9.436	4.574	4.256	1	0.039	12526.421	1.602	97928805.929
	X_3 办学类型 (共同治理型)								
	个人办学型	-2.341	10.717	0.048	1	0.827	0.096	7.266E-011	127660454.002
	企业办学型	-4.919	11.000	0.200	1	0.655	0.007	3.269E-012	16848929.558
	国有民办型	-5.694	8.094	0.495	1	0.482	0.003	4.344E-010	26074.661
	办学动机								
	X_4 举办者是了追求经济回报	1.223	1.384	0.780	1	0.377	3.396	0.225	51.183
	办学能力								
	X_5 办学理念	2.854	2.526	1.277	1	0.258	17.360	0.123	2451.667
	X_6 战略规划和市场开拓能力	1.005	1.596	0.397	1	0.529	2.733	0.120	62.372
	X_7 激励和领导团队的能力	4.459	2.216	4.047	1	0.044	86.390	1.122	6652.661
	X_8 社会活动能力	1.123	1.646	0.466	1	0.495	3.074	0.122	77.360
	举办者权力								
	X_9 举办者兼任校长或党委书记	-9.649	4.456	4.689	1	0.030	6.449E-005	1.039E-008	0.400
	X_{10} 举办者权力均值	-9.649	4.456	4.689	1	0.030	6.449E-005	1.039E-008	0.400
	家族化水平								

续表

回归 123[a]		B	标准误	Wald	df	显著水平	Exp (B)	Exp (B) 的置信区间 95%	
								下限	上限
排名50后的民办本科高校	X_{11}董事会存在家族化	-5.085	7.725	0.433	1	0.510	0.006	1.645E-009	23287.201
	X_{12}领导班子存在家族化	-4.272	2.482	2.962	1	0.085	0.014	0.000	1.810
	X_{13}家族成员存在重大利益分歧或办学理念的矛盾	1.138	3.495	0.106	1	0.745	3.121	0.003	2947.661
	X_{14}举办者子女已经接班	2.182	2.411	0.819	1	0.365	8.864	0.079	999.913
	截距	-12.615	11.039	1.306	1	0.253		0.	0.
前50名的民办本科高校	控制变量								
	X_1成立年限	0.261	0.124	4.416	1	0.036	1.298	1.018	1.656
	X_2直辖市、省会城市、副省级城市	18.399	6.533	7.931	1	0.005	97819745.509	268.853	35590857842099.120
	X_3办学类型（共同治理型）								
	个人办学型	-2.291	10.941	0.044	1	0.834	0.101	4.930E-011	207833727.716
	企业办学型	-8.582	11.179	0.589	1	0.443	0.000	1.572E-013	614483.233
	国有民办型	-2.426	8.559	0.080	1	0.777	0.088	4.579E-009	1706842.859
	办学动机								
	X_4举办者是为了追求经济回报	-1.351	2.117	0.407	1	0.523	0.259	0.004	16.409
	办学能力								
	X_5办学理念	7.505	3.088	5.906	1	0.015	1817.825	4.273	773379.516
	X_6战略规划和市场开拓能力	8.406	3.579	5.515	1	0.019	4474.446	4.017	4983936.758
	X_7激励和领导团队的能力	-1.133	2.955	0.147	1	0.701	0.322	0.001	105.563
	X_8社会活动能力	-0.714	1.931	0.137	1	0.711	0.489	0.011	21.564
	举办者权力								
	X_9举办者兼任校长或党委书记	-12.589	5.028	6.268	1	0.012	3.409E-006	1.790E-010	0.065
	X_{10}举办者权力均值	-6.060	2.440	6.167	1	0.013	0.002	1.954E-005	0.279
	家族化水平								
	X_{11}董事会存在家族化	6.385	8.725	0.536	1	0.464	592.933	2.222E-005	15824900158.490
	X_{12}领导班子存在家族化	-8.543	3.061	7.789	1	0.005	0.000	4.834E-007	0.079
	X_{13}家族成员存在重大利益分歧或办学理念的矛盾	-18.569	0.000	0.	1	0.	8.620E-009	8.620E-009	8.620E-009
	X_{14}举办者子女已经接班	-0.385	3.029	0.016	1	0.899	0.680	0.002	257.806
	截距	-28.350	13.692	4.287	1	0.038			

续表

回归 123[a]	B	标准误	Wald	df	显著水平	Exp (B)	Exp (B) 的置信区间 95%	
							下限	上限
Cox 和 Snell R^2	0.761							
Nagelkerke R^2	0.863							
McFadden R^2	0.670							

将家族化因素纳入回归模型以后，成立时间、办学位置、举办者的战略规划和市场开拓能力、举办者的社会活动能力和举办者的权力集中等因素依然影响民办高校的办学水平。从民办高校的家族化来看，排名前 50名的民办本科高校领导班子存在家族化的概率在 1%水平上低于民办高职院校领导班子存在家族化的概率，这说明，与民办高职院校相比，民办本科高校领导班子中存在家族化的现象较低。

第六章

民办高校内部治理的完善

本章摘要：为了避免举办者谋求一己私利而损害学校的利益，必须完善董事会、校长、党组织和监事会的制度设计，建立现代大学制度。董事会是我国民办高校内部治理架构的基础。首先要完善董事会的任职资格、成员构成和遴选程序。分类管理以后，非营利性民办高校的董事会可以吸收政府代表、社会贤达等利益相关者进入。为有效监督和制约举办者的权力，同时充分维持其办学积极性，可将举办者代表或其家属成员的比例控制在董事会总数的1/3以内。民办高校校长、党委书记要依法进入董事会。其次要明确董事的任职权限和决策程序。董事会主要讨论学校发展战略性、方向性问题，例如学校发展规划、资金收支以及遴选、评价和考核校长等。董事会应以投票方式做决定并遵循少数服从多数的原则，重大事项需要2/3通过。最后要完善董事会的激励办法。可探索信息披露机制、声誉激励机制和经济激励机制引导董事为学校发展出谋划策。

随着我国民办高校举办者由于年龄或身体健康等原因逐渐退出学校领导岗位，外聘校长在民办高校治理中将发挥越来越重要的作用。首先要完善校长的遴选方式。随着国家加大对非营利性民办高校的财政资助力度，选出学识渊博、道德崇高、学术卓越、熟悉教育和管理规律并拥有出色筹资能力的校长，将成为民办高校占领制高点的关键。其次要明确校长的职权和责任。民办高校校长应依法进入董事会，作为董事会成员参与重大决策的讨论。近期应落实《民促法》规定的民办高校校长的教育教学和管理权，长远来看应依法保障校长行使人事、财务等关键领域的决策参与权。最后要完善校长的激励评价机制。分类管理以后，营利性民办高校对校长的考核可能会更加侧重生源、利润、市值等量化指标，而非营利性民办高校则要在吸纳各利益相关方共同参与的基础上，对校长在教学、科研和社会服务等方面做出的贡献进行定性和定量相结合的综合性评价。

加强党对民办高校的领导是体现我国民办高校社会主义办学方向的主要内容，也是完善民办高校内部治理的重要方面。要明确党组织在民办高校内的职权。根据《若干意见》，党组织具有部分决策权、监督权和执行权。党组织的决策权体现在三个方面：党组织研究决定涉及党的建设、思想政治工作和德育工作的事项；党组织参与讨论涉及民办学校发展规划、重要改革、人事安排等重大事项；党组织书记通过法定程序进入学校董（理）事会。党组织的监督权表现在定期组织党员、教职工代表等听取校长工作报告以及学校重大事项情况通报。党组织的执行权主要体现在党组织班子成员应按照学校章程进入行政管理层。党组织书记在学校治理中发挥重要作用，为提高党组织负责人的工作效果，可以参考上海、广东等地经验，完善民办高校党组织书记述职评议制度，党组织书记要定期向上级党组织述职，接受上级党组织的质询和领导。

加大民办高校监事会的建设力度应作为当前民办高校健康发展的重点。《营利性民办学校监督实施细则》对营利性民办学校监事会的成员构成和职权进行了规定。营利性民办学校监事会中教职工代表不得少于1/3，而且应该包括党组织领导班子成员。监事会的职权包括检查学校财务、监督董事会和行政机构成员履职情况、向教职工（代表）大会报告履职情况和国家法律法规和学校章程规定的其他职权。营利性民办高校建设的相关规定对非营利性民办高校的监事会建设也有借鉴意义。因为党组织也负有监督职能，且党组织负责人又是政府的督导专员，所以必须处理好民办高校监事会和党组织之间的关系。为避免职能交叉，可以让党组织负责人或者党组织领导班子成员兼任监事会主席。为提高监事会的专业性，需要吸收熟悉财务和会计的人士进入监事会，以强化对民办高校财务的监管。

健全的制度设计是包括国家在内的所有社会组织实现可持续发展的关键。关于制度设计的原则，最为著名的当属大卫·休谟的"无赖原则"，即在设计任何政府制度和确定几种宪法的制约和控制时，应把每个人都视为无赖；也就是说，在他的全部行动中，除了谋求一己私利外，别无其他目的。① 詹姆斯·布坎南有更明确的表述："当人们的政治行为被认为一如他们其他方面行为一样是追求私利之时，宪政上的挑战就成为这样一种挑战：构造和设计出能最大限度限制以剥削方式追求个人利益，并引导个人利益去促进整个社会利益的制度和规章。"②

大学作为一种社会组织，也要建立完善的内部制度。不同的利益主体出于不同的目的会对大学治理提出不同的主张。比如，代表教师利益的美国教授协会在 1977 年发布的宣言称，教授不仅对诸如教师职称晋升和教学、科研等教育事务（educational matters）应该有足够的决策权，同时在学校目标设定、预算分配和管理人员选择等事务上也应该有充分的发言权。③ 但是，代表董事会利益的美国高校董事会联盟则更加强调董事会的职权，其发布的宣言称，大学治理的最终决定权（ultimate responsibility）在于董事会，董事会应该界定校长、教师在内部治理中的作用，虽然教师在学术事务中应该发挥重要作用，但是董事会应该保留重大学术事务的最终审批权（ultimate responsibility for approving）。董事会联盟还认为，董事会成员不应该由教师、员工和学生选举产生。④

金善雄（Sunwoong Kim）将美国高等教育机构的内部治理结构分为官僚治理结构、类公司治理结构和共同治理结构三种类型。采用官僚治理结构的通常是政府机构所拥有的基于特殊目的的高校（如军事学院），这种院校遵守外部机构（主要是国家）所制定的规则，决策高度集中于组织顶层，这类组织的弱点是难于很快地适应外界环境的变化。采用类公司治理结构的高校一般是所有权能被清晰界定且在市场系统中运行的高校（如美国的营利性私立高校），所有者、顶层管理者和一般管理者之间是典型的"委托—代理管理"。共同治理模式则是大多数美国大学所采用的

---

① ［美］斯蒂芬·L. 埃尔金：《新宪政论》，周叶谦译，读书·生活·新知三联书店 1997 年版，第 27—28 页。

② ［美］詹姆斯·M. 布坎南：《自由、市场与国家》，平新乔等译，读书·生活·新知三联书店 1989 年版，第 39 页。

③ American Association of University Professors, Statement on Government of Colleges and Universities, AAUP Bulletin, Vol. 63, No. 1（Feb., 1977）, pp. 32-36.

④ Association of Governing Boards of Universities and Colleges, Statement on Board Responsibility for Institutional Governance, Washington, D. C.: Association of Governing Boards of Universities and Colleges, 2010.

治理模式，共同治理的典型特征是教师在大学治理中发挥重要的作用。[①]

　　不同的治理结构适用于不同的大学。张德祥指出："大学是分层分类的，不同的大学身处不同的大学生态位，对大学治理有着不同的诉求，因而每一所大学应根据自身实际建设现代大学制度，而不是盲目地跟风和模仿，以免大学治理出现千校一面和同质化。"[②] 伯恩鲍姆（Birnbaum）曾用一条数轴来表示大学的基本功能，这条数轴的一端是"学术"，另一端则是"市场"。大学的内部治理类型和大学的功能是基本吻合的，强调学术的大学更加强调共同治理，而强调市场的大学中，共同治理可能并不是最有效的治理方式。[③]

第一节　董事会对民办高校举办者的权力制约

　　私立高校的董事会制度在我国有很长的历史。民国政府先后于 1926 年和 1928 年颁布《私立学校规程》和《私立学校董事会条例》，特别是 1933 年《私立学校规程》修正案的出台，对董事会形成了详细的规定。修正案规定："私立学校以校董会为其设立者之代表。第一任校董由设立者聘请相当人员组织"，"校董会校董名额不得超过十五人，应互推一人为董事长"，"校董会至少须有四分之一校董以曾经研究教育或办理教育者充任"。[④] 由此，很多私立院校开始借鉴美国大学的内部治理结构，将董事会作为最高决策机构。1949—1952 年的院系调整中，私立高校被取消或并入公立高校。改革开放之后，"美国取代苏联成了新的学习榜样"，[⑤] 我国的民办高校再次借鉴董事会制度，使其成为民办高校现代大

---

　　① Sunwoong Kim：《共同治理的终结？——美国公立大学的新挑战》，韩梦洁译，载张德祥等主编《大学治理——权力运行制约与监督》，科学出版社 2016 年版，第 151 页。

　　② 张德祥等主编：《大学治理——权力运行制约与监督》，科学出版社 2016 年版，第 15 页。

　　③ Robert Birnbaum , The End of Shared Governance：Looking Ahead or Looking Back , New Directions for Higher Education, No. 127, Fall 2004, 5-22.

　　④ 宋恩荣、章咸：《中华民国教育法规选编（1912—1949 年）》，江苏教育出版社 2005 年版，第 141 页。

　　⑤ Ronald H. Coase , NingWang：《变革中国——市场经济的中国之路》，中信出版社 2013 年版，第 118 页。

学制度的基础。目前，我国公办高校实行"党委领导下的校长负责制"，而民办高校普遍实行"董事会领导下的校长负责制"。董事会是我国民办高校内部治理架构的基础与核心。

我国关于民办教育的法律法规均都赋予董事会以重要的决策职权。2003 年 9 月开始实施的《民办教育促进法》第十九条规定："民办学校应当设立学校理事会、董事会或者其他形式的决策机构。"2004 年 4 月开始实施的《民办教育促进法实施条例》（以下简称《实施条例》）第二十条规定，民办高校的董事会具有聘任校长、修改学校章程、审核预算和决算等重大事项。2012 年出台的《教育部关于鼓励和引导民间资金进入教育领域促进民办教育健康发展的实施意见》（简称为《实施意见》）进一步强调民办学校要"规范民办学校董事会（理事会）成员构成""完善董事会议事规则和运行程序"。2016 年新修订的《民促法》第二十条规定："民办学校应当设立学校理事会、董事会或者其他形式的决策机构并建立相应的监督机制。"《国务院关于鼓励社会力量兴办教育促进民办教育健康发展的若干意见》（简称为《若干意见》）（国发〔2016〕81 号）规定："健全董事会（理事会）和监事（会）制度，董事会（理事会）和监事（会）成员依据学校章程规定的权限和程序共同参与学校的办学和管理。"

部分政策对民办高校董事会成员结构做了规定。《民办教育促进法》第二十条规定："民办高校的董事会由举办者或者其代表、校长、教职工代表等人员组成。其中三分之一以上的理事或者董事应当具有五年以上教育教学经验。董事会由五人以上组成，设董事长一人。"新修订的《民促法》保留了这一规定。《实施条例》第十九条规定："董事会负责人应当品行良好，具有政治权利和完全民事行为能力。"《实施意见》指出要"规范民办学校董事会（理事会）成员构成，限定学校举办者代表的比例，校长及学校关键管理岗位实行亲属回避制度"。《若干意见》规定："董事会（理事会）应当优化人员构成，由举办者或者其代表、校长、党组织负责人、教职工代表等共同组成。"

一　我国民办高校董事会的现状

为了了解我国民办高校董事会的现状，本研究采用多种方法来探索民办学校董事会的总体特征和实际运作情况。第一，浏览了 449 所民办高校的官方网站，发现 87 所民办高校的官方网站中包含有董事会的相关信息。这 87 所民办高校分布在北京（10 所）、福建（26 所）、安徽（20 所）、吉林（9 所）、四川（20 所）、宁夏（2 所），包括了我国的东、中、西部。从办学层次来看，这些民办高校既包括本科高校，也包括高职（专科）高校。第二，搜集了 38 所民办高校的章程或董事会章程，这些章程对包括董事会制度在内的治理体系和治理规则做了文本说明。第三，知情人访谈。通过上述三种方式，笔者共获得 106 所民办高校董事会成员的信息，106 所院校包括了滚动发展型、企业办学型和国有民办型等三种主要的办学形式，基本上可以反映我国民办高校董事会的全貌。第四，笔者按照方便抽样的方法对河北、山东、河南、浙江四个省内五所民办高校的 158 位教师或中层干部进行了问卷调查，试图从教师的视角来反映董事会的特征和运作成效。

调查发现，与国家政策相呼应，几乎所有民办高校都声称该校赋予了董事会以决策职权。87 所民办高校的官网中，15 所民办高校的官网中没有说明该校的治理方式。在其余 72 所民办高校中，有 66 所表示实行"董事会领导下的校长负责制"（91.7%），6 所宣称实行"理事会领导下的校长负责制"（8.3%）。38 所民办高校的章程也无一例外赋予了董事会以最重要决策权，其中 32 所民办高校的章程直接表述为"董事会（或理事会、董事局）领导下的校长负责制"。剩下的 6 所民办高校章程虽然没有如此表述，但是要么有"院长对董事会负责"的表述，要么有"董事会是决策机构"的表述。据此可推断，董事会或理事会领导下的校长负责制是我国民办高校普遍采取的内部治理体制。

（一）我国民办高校董事会成员构成情况

对 106 所民办高校董事会的调查发现，高达 30.2% 的民办高校董事会只有 5 位董事，这可能与《民办教育促进法》规定"学校理事会或者董事会由五人以上组成"有关。董事会人数最多的民办高校有 22 人。董事会平均规模为 8.2 人。成员数量分布见表 6-1。美国私立大学董事会的规模一般在 20—40 人之间。[①] 可见我国民办高校董事会的整体规模小于美国私立高校董事会的规模。进一步分析我国民办高校董事会的成员构成，

[①]　欧阳光华：《董事、校长与教授：美国大学治理结构研究》，高等教育出版社 2011 年版，第 134 页。

发现我国民办高校董事会的成员构成具有如下特征。

表 6-1　　　　　　　　　　　106 所民办高校董事会人数分布

董事会的人数	频率	百分比	有效百分比
5 人	32	30.2%	30.2%
6—10 人	52	49.1%	79.2%
11—15 人	16	15.1%	94.3%
16—20 人	4	3.8%	98.1%
21 人以上	2	1.9%	100.0%

资料来源：笔者调查。

第一，我国民办高校董事会中各利益相关者代表比例失衡。

李福华认为，"大学是一种典型的利益相关者组织，大学的决策必须权衡和兼顾各利益相关者的利益，不能顾此失彼"[1]。按照弗里曼的理解，利益相关者是指那些能够"影响"组织目标的实现或是被组织目标"所影响"的个体或群体。[2] 董事会作为民办高校内部最高决策机构，其成员构成的多样性可以使大学的决策权合理地分布于不同治理主体之手，从而提高学校治理的代表性。《民办教育促进法》仅笼统规定"学校理事会或者董事会由举办者或者其代表、校长、教职工代表等人员组成"，没有规定董事会的产生办法和产生程序。民办高校成立之初，举办者一般担任董事长并推选其他董事。举办者不仅有权推选"举办者代表"，而且实际上也有权推选"教职工代表"。我国民办高校举办者安排家属成员进入董事会的现象非常普遍，进入董事会的家属关系包括夫妻、兄弟（妹）、父子（女）、母子（女）等。2012 年出台的《教育部关于鼓励和引导民间资金进入教育领域促进民办教育健康发展的实施意见》（以下简称《实施意见》）第十六条规定："规范民办学校董事会（理事会）成员构成，限定学校举办者代表的比例，校长及学校关键管理岗位实行亲属回避制度。"《若干意见》也指出"学校关键管理岗位实行亲属回避制度"。上述政策没有对董事会是否属于"学校管理岗位"进行说明。如果董事会属于关键领导岗位的话，实施亲属回避制度的规定显然并没有得到实施。

---

① 李福华：《利益相关者理论与大学管理体制创新》，《教育研究》2007 年第 7 期。

② Freeman, R. Edward. *Strategic Management：A Stakeholder Approach*, Pitman Publishing Inc. , 1984.

　　校长和党委书记一般是民办高校董事会的当然成员。多数民办高校的党委书记由政府派驻的督导专员兼任，所以党委书记可视为政府（公众）代表。党委书记进入董事会体现了我国民办高校的特色，在保证办学方向、保障人才培养质量等方面发挥了一定作用。作为对《民办教育促进法》的回应，几乎所有民办高校董事会都有 1—2 位教职工代表。但是，教职工代表既可能是一线教师，也可能是学校中层干部，还有 5 所民办高校董事会中的教职工代表实际上是校级领导。一线教师代表在董事会中的决策权有限，很难反映教师的真正诉求。笔者调查的 106 所民办高校中均没有学生代表进入董事会，当然，学生代表是否应该进入学校决策层在国外也存在很大争议。106 所民办高校中仅有 2 所民办高校各吸纳 1 位校友进入董事会，这两位校友都是拥有较高经济地位和社会地位的毕业生。

　　第二，我国民办高校董事会中各类专家的比例失调。

　　克拉克·克尔指出，董事会的好坏取决于其成员的优劣。[①] 国外有学者根据董事会的成员构成情况，将高校的董事会分为"专家型董事会"和"代表型董事会"两种类型。[②] 专家型董事会即董事会的主要成员是由各类专家组成，比如财务、教学、管理、法律等方面的专家。代表型董事会是指董事会的成员结构能广泛代表学校内外的各类利益相关者，比如学生、教师、管理人员、校友、社区代表等。前者可以提升董事会的决策质量，后者能够保障相关群体的利益诉求。国外高校董事会广泛吸收各类专家以保证董事会的决策质量。张斌贤对美国 10 所世界一流大学的 298 名董事进行统计发现，工商界人士 150 人，占 50.3%，其次为律师，占 8.4%，其他成员包括学术管理人员、公共事务管理人员、教师、银行家、医生、基金会董事和记者等。[③] 美国高校的董事一般都是外部专家，即除了担任董事以外并不担任学校管理职务，张斌贤调查发现，高达 92.6%

　　① Clark Kerr, Marian L. Gade. *The Guardians*：*Boards of Trustees of American Colleges and Universities*, Washington, D. C.：The Association of Governing Boards of Universities and Colleges, 1989：39.

　　② Harry de Boera, Jeroen Huismanb and Claudia Meister-Scheyttc. Supervision in "Modern" University Governance：Boards Under Scrutiny, *Studies in Higher Education*, 2010, (3).

　　③ 张斌贤、张弛：《美国大学与学院董事会成员的职业构成——10 所著名大学的"案例"》，《比较教育研究》2002 年第 12 期。

的美国高校董事都是校外人员。① 笔者从 106 所民办高校董事会中搜集了 455 位董事的专业背景信息,见表 6-2。

表 6-2 455 位民办高校董事职业背景信息

	频率	百分比	累计百分比
学校管理专家	177	38.9%	38.9%
工商界人士	119	26.2%	65.1%
行政管理专家	102	22.4%	87.5%
学科或行业专家	21	4.6%	9.2%
其他	36	7.9%	100.0%

资料来源:笔者调查。

学校管理专家主要是民办高校的领导或公办高校退休的领导,若高校领导同时是学科专家,则仅统计为学校管理专家。行政管理专家是指拥有行政管理经验的专业人士,这些专家主要是已退休的政府官员(包括教育行政部门退休的官员)。由于我国若干所民办高校属于"国有民办型"或"混合所有制型",所以多位董事是尚在任的政府官员,其中 1 位是省部级官员。工商界人士主要是企业高管,也包括财务或金融领域的专家。我国很多民办高校是企业投资举办的,投资方往往派遣多位高管担任民办高校董事。学科专家是在某个学术领域有较大影响的科学家或学者,行业专家是在某个技术领域做出较大成绩的专家。其他专家包括记者、编辑、律师、教师等。统计还发现,455 位董事中有 268 位董事(占 58.9%)在民办高校或民办高校的投资方任职,外部独立董事的比例只有 41.1%。

第三,我国民办高校董事会大多由举办者控制。

83% 的民办高校举办者担任董事长或者在担任董事长的同时兼任校长或党委书记,我国民办高校的董事会可以概括为"举办者控制型"董事会,见表 6-3。

表 6-3 212 所民办高校创办者在学校中的职务

创办者担任的职务	频率	有效百分比(%)	分类累加(%)
董事长	141	66.5	70.3
理事长	8	3.8	

① 张斌贤、张弛:《美国大学与学院董事会成员的职业构成——10 所著名大学的"案例"》,《比较教育研究》2002 年第 12 期。

创办者担任的职务	频率	有效百分比（%）	分类累加（%）
董事长（理事长）兼校（院）院长	17	8.0	
董事长（理事长）兼党委书记	9	4.2	12.7
董事长（理事长）兼校（院）长和党委书记	1	0.5	
校（院）长	22	10.4	
书记	5	2.4	16.1
校（院）长兼党委书记	7	3.3	
其他	2	0.9	0.9
总计	212	100	100

进一步分析发现，举办者控制型董事会有以下三个明显的特征。第一，举办者是董事会的核心人物，在董事会中处于控制地位。如果民办高校是个人创办的，则创办者处于董事会的核心，若民办高校是企业举办的，则该企业的最高决策者处于该校董事会的核心，他往往委派多名代表进入董事会，从而获得对董事会的控制。第二，举办者往往安排家属成员进入董事会，从而使民办高校带有家族化的典型特征。笔者调查的多所民办高校董事会中都有家族化现象。理解举办者对董事会的控制，可以从"控制意愿"和"控制能力"两个方面来考虑。

从控制意愿来看，控制董事会是控制民办高校决策权的基础。董事会是民办高校的最高决策机构，只有获得对董事会的完全控制权，举办者才可以实现办学目的。如果举办者失去对董事任免的控制权，那么举办者就可能失去控制民办高校的权力。一位举办者的接班人在接受访谈时说：

"但是如有一天，学校出现了事情，学校的局面非常糟糕，出现的最坏的情况时，由政府出面组织召开董事会进行表决，这是有可能的，董事长有可能被罢掉，因为我们没有股东会或者类似机构什么的。董事会是一个决策机构，如果政府安排教师代表、督导进入董事会，如果他们的话语权大于我们，那么谁来保障我们的权利呢……我们学校董事会现在有8个人，非家族成员3个，但是如果外面人增加到4人的时候，我们就是5：4了。有时候想起来，冷汗都会冒出来。因为《民促法》没有规定董事会的数量，所以随着外部人的增加，我们家族成员的人数也会不断增加。实际上这都是擦边球，政府要求增加董事会人员，我也增加。"

从控制能力来看，举办者拥有控制民办高校的合法性和资源基础。资源依赖理论（Resource Dependence Theory）认为在开放的组织环境中，一个组织要生存就必须不断从外部环境中获得资源。这些资源主要有三大类：（1）实物、资金和人力资源；（2）信息；（3）社会和政治的合法性支持。这些资源往往不是组织能够自主生产的。为了获得资源，一个组织必须与控制资源的其他组织相互交往并进行交易，拥有资源控制权的其他组织对该组织有一定的控制权。一个组织对其他组织的依赖程度取决于三个因素：（1）资源的重要性和组织对该资源的依赖程度；（2）利益群体（interest group）对这一资源的分配和使用的控制力；（3）替代资源的存在情况。[1] Pfeffer 和 Salancik（1978）应用该理论解释董事会的组成时认为，董事会规模大小和成员结构是组织对外部环境的理性反应，组织从外部获得资源的情况和组织内部权力配置之间存在着一定的关系。同时，组织内部的个人或团体从外部组织争取到的资源越多，其在组织内部的影响力就越大。[2] 与美国私立大学的资源来源多样化不同，我国的民办高校资源来源渠道单一，在初期基本上通过举办者的实物、资金以及人力资源投入，通过滚动发展达到一定规模后，则主要依赖学生学费以及学校自身的其他收入。这一特征决定了我国民办高校董事会不会像美国私立高校董事会那样由外部人控制。阎凤桥认为，我国民办高校收入高度依赖学费以及董事会内部人控制的特点与日本的私立高校接近，但我国民办高校的权力集中在举办者手里，而不是在所有内部的利益群体（创办人、行政管理人员，教职工和学生）代表手里，造成这一不同是因为日本私立高校在创办时得到了政府扶持和社会捐助，是真正意义上的非营利组织，这与日本的政策和文化传统密切相关。[3]

（二）我国民办高校董事会的决策机制

成员结构只是反映了董事会截面式的静态结构，决策机制则反映了董事会各个成员之间的互动关系。郑永年指出，结构的研究方法只能研究制

---

① Amy J. Hillman, Michael C. Withers and Brian J. Collins. Resource Dependence Theory: A Review, *Journal of Management*, 2009, (6).

② Pfeffer, J., & Salancik, G. R. 1978. *The External Control of Organizations: A Resource Dependence Perspective*. New York: Harper & Row.

③ 阎凤桥：《中国民办高校内部治理形式及国际比较》，《浙江树人大学学报》2007年第5期。

度的正式结构，而过程的研究方法则能够关注制度在行为层面上是如何运行的。学术分析的聚焦应是真实的政策过程，这个过程描述了政策制定和实施的特点。① 要真正洞悉我国民办高校的董事会，必须在关注董事会制度结构和功能职权的基础上，高度关注董事会的实际运行。我国民办高校董事会的决策机制具有如下特点。

第一，我国民办高校董事会的规范性不高。

我国相关法律对民办高校董事会的议事规则和程序没有做出详细规定。《实施条例》第二十条规定，民办高校的董事会"每年至少召开一次会议"，民办高校的董事会讨论诸如"聘任校长、修改学校章程、制定学校发展规划"等重要事项时，应当经 2/3 以上组成人员同意方可通过。除此之外再无实质性要求。《实施意见》也只是笼统强调要"完善董事会议事规则和运行程序，董事会召开会议议决学校重大事项，应做会议记录并请全体董事会成员签字、存档备查"。《若干意见》并没有对董事会的运行进行实质性的规定。

对部分民办高校董事的访谈发现，董事会每年召开 2—4 次会议。约有 30% 的民办高校每年召开 3 次或更多次会议，30% 的民办高校一年召开 1—2 次会议，但是也有 30% 的民办高校几乎从来不召开正式的董事会会议，处于"有组织无会议"的状态，这类民办高校董事会实际上不具备决策功能。一位在民办高校工作了 3 年的副校长说，"我校有董事会，但是我从来没有听说开过董事会会议"。这位受访者还表示，"我们省几十所民办高校中，董事会基本上是一个摆设"。有一些民办高校是否召开董事会往往取决于举办者的意愿，如果举办者希望召开董事会就会临时召开，如果他不希望召开董事会，那么预定的董事会也会推迟或取消。董事会的召开方式也不固定。有一些民办高校采取会议的形式召开董事会，也有民办高校采取"董事长宴请董事"的方式在饭店或举办者家中召开董事会。这些会议的目的往往是举办者请其他董事支持自己做出的决策。

访谈中，很多民办高校管理者表示学校成立董事会的主要目的是为了应付国家的评估检查。《民办教育促进法》规定民办高校需要成立董事会或理事会，很多省级教育行政部门将民办高校是否成立董事会或理事会作

---

① 郑永年：《中国的"行为联邦制"：中央—地方关系的变革与动力》，东方出版社 2013 年版，第 18—20 页。

为判断其年检是否合格的条件之一。《教育部办公厅关于开展普通高等学校本科教学工作合格评估的通知》（教高厅〔2011〕2 号）进一步明确，"领导体制"是评估民办本科高校的观测点之一，其合格标准包括"学校董事会（或理事会）、校务委员会、党委会机构发挥了各自的职能"。很多民办高校主要为了通过评估而成立董事会，因此并不要求董事参加学校决策。

第二，我国民办高校董事会的民主化程度较低。

民办高校董事会的职权包括聘任和解聘校长、制定或修改学校章程、调整专业、审核预决算、决定教师整体薪酬等重大事项。调查发现，有一些民办高校董事会在遴选校长、调整专业和审核经费预决算等重大事项上能够进行深入讨论。比如，一所民办高校在全球招聘校长，董事会进行了长达半年的酝酿和交流。另一所民办高校的举办者计划兴建新校区，但是多数董事认为学校的资金状况暂不支持大规模基建，举办者最终同意了大多数董事的意见而取消了兴建新校区的计划。但是总体而言，我国民办高校董事会的民主化程度还很低。一些民办高校的重大决策不经董事会讨论，学校的资金分配、人事任命等重大事项都是举办者说了算，董事会成员的作用只限于提出建议或提示风险，无力否决举办者的决定。

董圣足的研究发现，关于董事会重大决策的表决方式，采取"无记名投票、多数通过"的学校仅占 4%，而采取"民主协商，董事长裁决"或者"董事长个人说了算"的学校高达 60%。[①] 我们的调查证实了董事会中各个成员的话语权极不均衡，董事一般无法否决董事长的决定。大多数民办高校的董事都默认了董事长权力过大这一事实。一所民办高校的董事认为，既然学校是举办者个人举办起来的，所以"我将自己的身份界定为学校决策的建议者而不是决策者，学校真正的决策者只有董事长一人"。这种观点代表了大多数民办高校董事会成员的观点。当然，也有民办高校的董事对举办者权力过大的现实表示不满，一位参与创办一所民办高校的董事无奈地表示，"顺他（指关键举办者）者昌，逆他者亡，不满意或无法忍受就只能离开"。甚至一些民办高校的举办者也不避讳董事会权力集中这一事实。他们认为这一制度安排适合现阶段我国民办高校的发

①　董圣足：《民办院校良治之道——我国民办高校法人治理问题研究》，教育科学出版社2010 年版，第 232 页。

展现状。一所民办高校的创办者明确表示，如果所有的决策都按照少数服从多数的原则来表决不利于学校的发展，"我看好的项目，即使董事会中的大部分都反对，我也要上。我相信我的直觉"。举办者的个人决策很容易通过董事会决议的形式变成学校的决策。

董事会的"一元决策"确保了民办高校的决策效率，使民办高校充分发挥了"船小好调头"的优势，对社会需求的变动保持着灵敏的反应并能做出及时的回应，在民办高校规模较小、管理相对简单的阶段有其合理性。但是，随着学校规模的扩大和办学层次的提高，学校要面对的事务越来越多，要处理的问题越来越复杂，个人集权的决策方式因为无法吸纳集体智慧而蕴含着较大的决策风险。

第三，我国民办高校董事会缺乏必要的透明性。

透明与公开是社会组织公信力的根本来源，无论是民办高校董事会的成员构成，还是董事会的实际运作，其透明性都很低。从人员构成来看，由于很多民办高校的董事既不能反映各方利益诉求，也不是在某个领域取得较大成绩的专家，所以很多民办高校不愿公开其董事会成员名单。一些受访的民办高校举办者表示董事会的成员构成是本校的商业秘密，不便透露。一些民办高校的领导甚至连校长都不清楚董事会的成员构成。通过对民办高校的官方网站的分析，发现只有不到一成（8 所）的民办高校官网公开了董事会全部成员名单。我们曾通过问卷询问 158 位教师"是否清楚学校董事会的组成"，结果回答"非常清楚""比较清楚""知道一些""不太清楚""完全不清楚"的比例分别是 1.9%、14.0%、41.4%、36.9%和 5.7%。相比之下，当我们问教师"是否清楚学校领导班子的组成"时，相应的比例分别为 36.3%、43.3%、15.9%、4.5%和 0%。从决策程序来看，民办高校董事会的透明性更有待提高。一方面，因为董事会制度尚在完善之中，一些民办高校可能尚未制定董事会的决策程序；另一方面，一些民办高校可能故意模糊董事会的决策程序以避免学校利益相关者的监督。

二　美国私立高校董事会的比较借鉴

世界上很多国家和地区的大学将董事会作为内部治理的重要机构。日本《私立学校法》规定，学校法人中应设负责人，其中理事 5 名以上，其中 1 人担任理事长。① 理事会作为决策机构，决定学校法人的各项业务。日本私立大学联盟界定了三类私立大学的管理模式。一是理事长和校长为同一人，即理事长·校长兼任型；二是理事会将大部分运营权限委托给校长，即校长托付型；三是理事会负责经营，校长负责管理教学，即经营·教学分离型。② 我国台湾地区的《私立学校法》明确私立学校要设立董事会作为最高决策机构，同时对于董事的资格与权责也有明确限定，以确保其作用的有效发挥避免家族式管理倾向。美国拥有世界上规模最大、发展水平最高的高等教育体系。董事会制度是美国高校内部治理的核心，美国除少数由教会举办的学校直接向教会负责不设立董事会之外，其他几乎所有的私立高校都设有董事会。克拉克·克尔等学者将董事会制度看作促使美国形成当今世界最为成功的高等教育体系的六要素之一。③ 我国民办高校董事会制度在很大程度上是借鉴和学习美国私立高校董事会制度的结果，所以本研究将美国私立高校董事会作为主要的研究和借鉴对象。

（一）美国私立高校董事会制度演变轨迹

美国殖民地学院从建立之初就采取外行控制的管理模式，外行控制是美国大学董事会形成的历史基础。美国早期大学的外行控制形成了以哈佛学院、威廉玛丽学院和布朗大学为代表的双院制和耶鲁学院为代表的单院制两种类型。哈佛学院拥有校外人员董事会和院务委员会两个管理机构，前者主要由州官员、法官、牧师、学院院长等人士组成，后者由学院的管理人员和教师构成。威廉玛丽学院的董事会最初由弗吉尼亚州的 18 位绅士组成，教授会成员则来自本院教师。罗德岛学院即后来的布朗大学则由董事会和评议会共同管理学校。耶鲁学院则是单院制的代表，起初由 10名神职人员组建董事会，后来其根据《学院章程》建立了由"耶鲁院长和同僚"组成的董事会。不论是双院制还是单院制，殖民地学院管理的最终裁决权都掌握在校外人士手中，教师的影响力往往较弱。比如哈佛学院从一开始就将学校的管理权置于校外官员与牧师手中，耶鲁学院最终也

---

① 国家教育委员会政策法规司：《部分国家和地区私立学校法规选编》，北京师范大学出版社 1993 年版，第 9—10 页。

② 陆一：《理事会与教授会的"协治"——透视日本私立大学治理模式》，《复旦教育论坛》2013 年第 5 期。

③ Clark Kerr, Marian L. Gade. The Guardians: Boards of Trustees of American Colleges and Universities. Washington, D. C.: The Association of Governing Boards of Universities and Colleges, 1989. 8.

无法完全实现教师治校，最后必须接受官员参加董事会。不同于欧洲中世纪大学的学者行会的组织性质，美国殖民地学院是由教士与英国王室或殖民地政府协作创建而成，一开始就离不开校外人士的干预和影响。甚至校长也曾被排除在董事会之外，比如耶鲁学院在 1745 年特许状颁布之前校长并未进入董事会。但伴随学院的发展，校长作为校内外连接的桥梁和纽带的作用越来越重要，他们由董事会任命并全面负责学院运行，大部分校长是牧师，一般承担着募集资金、招收学生、讲授课程以及管理学院等多项职责。

1776 年美国建国之后各学院依然沿用前一阶段由非专业人士组成董事会管理学校的模式，但人员结构发生了调整，牧师人数减少，而工商界和其他领域的专业人士比重在增加，捐助人和校友也开始对董事会发挥更大影响。校长更多被视作董事会的代表而非教师中的一员，不过教师在课程教学等事务上获得了更多的控制权，学生依然缺少发言权。南北战争之后，美国高等教育迅速发展，私立大学日趋成熟，高校管理模式日趋规范，大学教授会开始拥有了一定的权力。董事会成员中工商企业界的人数在增加，特别是一些知名人物或成功人士更是受到董事会的青睐，因为他们或者拥有广泛的社会关系，或者能为院校带来丰富的资助。不同于公立院校的董事由州长任命并经州议会批准，私立高校董事会的选举仍保有较大的自主性，不过董事不再主要由教会选定而是日渐改为现任董事会自主任命下届成员，同时校友代表逐渐成为常设席位。多数院校不再聘请牧师担任校长，包括董事会在内的利益相关者更加重视校长的管理能力而非学术水平。

二战之后，美国世界大国的地位更加彰显，高等教育强国的地位也日渐巩固。在内部管理方面，与前一阶段相比，同大学规模扩大相伴而生的是行政管理人员和机构的增多，同时分工更加细化。教师争取到了更多的权力，他们不仅在传统的课程、教学和学术事务方面占据主导地位，而且开始更多地参与到大学管理之中，有些教师代表甚至直接进入了大学董事会。评议会与教授会等组织也更加重视维护自身的权益发挥出应有的作用。各校纷纷成立学生管理机构，学生参与大学事务管理的范围也逐步扩大，可以通过董事会或大学委员会参与招生和聘任等方面政策的讨论，学生会日渐成为另一个向大学施压的重要组织。

但需要指出的是，营利性高等教育机构与传统的非营利大学在内部办学方面存在差异，理查德·鲁克的研究表明非营利性大学采用利益相关者共同管理和科层色彩浓厚的行政管理相结合的模式，采取简单矩阵和组织内部分层化的结构；营利性大学的管理结构和过程则以传统公司的管理价值观为基础，实行经理负责制下的专业管理。[①] 非营利性大学中教师是管理结构的核心之一，学术传统、学科主导、终身教职、学术自由以及共同管理都发挥着强化和保护教师权力的作用；营利性大学的权力重心则转向了作为顾客的学生以及经理或老板，教师不参与高校管理只负责课程教学工作。民办教育分类管理以后，我国的大多数民办高校都会选择成为非营利性民办高校，所以本研究主要侧重对非营利性私立高校董事会进行分析。

（二）美国私立高校董事会的地位职权

董事会在美国高校治理中处于决定性地位，它的存在既可以防止政府或其他社会组织对高校的过多插手和直接干预，能够维护大学自治和学术自由；同时又能够减少高校与外部社会的隔阂，增强与利益相关者的互动。美国私立高校董事会的运作建立在大学宪章的基础之上，根据章程依法决策。私立院校的章程及相关规章制度都会对董事会的地位职权、规模组成、运行方式以及董事的任职资格、产生方式和服务年限等进行说明。董事会的各项工作依据章程的规定开展，从而保障各项活动有据可依、有章可循，避免了不当干扰，维护了高校的自主性与独立性。董事会的职责主要包括以下方面。一是确立大学的发展定位与方向，根据高校的性质和内外环境，确立学校的发展目标和总体任务。二是遴选、任命、评估与支持校长，董事会要将高校的具体管理权委托给校长，因此任命评价校长以及协助校长开展各项工作就成为董事会最重要的职能之一。三是制订大学发展的战略规划，审批、检查和监督各项政策计划的施行落实，从而推动高校朝既定目标努力。四是确保大学拥有足够的资源并得到合理的配置使用，从而提高院校的管理效率和运作成效。董事会要审核预算，当预算不平衡时要提出解决方案和应对措施。另外筹款也是董事会的法定义务，私立院校不少董事本身就是学校的资金捐赠者，他们可以充分利用自身的社会关系和示范效应，通过游说政府、基金会、大型公司以及个人来为高校

---

① ［美］理查德·鲁克：《高等教育公司营利性大学的崛起》，北京大学出版社2006年版，第3页。

争取资金开拓资源。五是协调内外关系，增强高校与社会相关群体部门间的交流，提高大学声望，改善高校与社会的关系。董事会扮演着利益缓冲带的角色，对内对于管理中的问题要受理裁决，对外要保障高校自治，维护大学的自主地位不受其他权力的侵害。董事会要同各方进行广泛深入的沟通，保障高校的长远利益和最高价值。六是评价董事会成员及其工作，进行自我监督，从而能够更有针对性地开展工作。

（三）美国私立高校董事会的人员组成

美国大学董事会协会的调研指出公立高校董事会的平均人数是 12 人，私立院校董事会规模更大，平均 29 人。董事会能否吸收到期望的成员保持住相当的规模，受到多方面因素的影响。一般而言，高校的声望越高、预算越多、管理越透明，在招收新成员的吸引力方面也就越强。私立院校董事会对于期望加入的成员，往往事先采取多种途径增进其与学校的联系，主要包括邀请其与现任董事会成员会面、与现任校长沟通、参与董事会会议、参加学校活动、供职于咨询委员会等校内协会以及加入董事会委员会等方式。这些方式一方面可以增加高校和董事会对未来成员的吸引力，另一方面便于新成员更顺利地履行职责。尽管私立高校董事会成员数量的多少并不存在绝对的标准，但其作为董事会规范有序运作的基础，必须要根据大学发展的需要维持在相对稳定适度的规模之上。

在人员的职业背景方面，美国私立高校董事会的成员一般以校外人士为主，本校的教师、行政人员和学生一般很少有机会加入其中。董事职业构成相当广泛，很多董事来自非学术领域。笔者于 2016 年 6 月查阅了美国部分私立高校的董事会成员构成发现，哈佛大学董事会 32 人中的 11 人、耶鲁大学 17 人中的 7 人、普林斯顿大学 39 人中的 17 人、斯坦福大学 35 人中的 23 人都来自非学术领域，其中主要来自工商企业和金融公司，比例均在 30% 以上。很高比例的董事来自工商和金融领域是因为董事肩负着监管高校预算以及争取外部资源的责任。除了工商和金融领域，也有很多董事分布在法律部门、政府部门、文化传媒集团、科研机构以及非营利组织中，不少董事是行业领军人物或资深专业人士。尽管本校人员在董事会中占比不高，但不少院校会邀请教师或学生作为无投票权的代表列席董事会会议，这样既尊重外行治理的传统又确保校内成员有机会了解董事会的决议。多样化的董事来源有利于董事会根据社会发展需要对高校事务进行全面判断和综合考虑，而不仅仅局限于高校内部意见或者教育行业的认识，从而使董事会的决策更富有开放性、前瞻性和宏观性。

在董事的遴选方式方面，美国私立高校董事成员的产生路径一般包括现任董事选举、校友董事推举、当然成员产生、州政府任命以及宗教组织任命等多种方式。其中前两种形式都可以概括为自我增选（self-perpetuating），也是绝大多数私立院校最主要的董事产生路径。校友是董事会的中坚力量和重要来源，出于对母校的感情，校友们往往以成为董事服务学校为荣。康奈尔大学规定董事会 64 人中的 48 人由在位董事选举，8 人由校友董事推举；普林斯顿大学的董事会人数维持在 23—40 人之间的规模，除了 2 名当然成员之外，其余均由在任董事推举；埃默里大学全部董事都是依靠现任董事选举而产生。当然成员一般是大学领导、州政府官员以及捐赠者的亲属。很多私立高校规定校长是董事会的当然成员，校长作为当然董事一方面有助于董事会成员更好地了解把握高校的运行状态；另一方面也有利于高校校长准确把握董事会决议的核心思想，科学有效地执行董事会决议。除了校长之外，大学中部分重要部门的管理者也可能作为董事会成员，如哈佛大学的财务主管、康奈尔大学的评议会主席和工会负责人都是当然董事。有的高校还邀请某些特殊身份人员加入董事会，如霍普金斯大学的前任董事会主席也是当然成员。一些私立院校如耶鲁大学、普林斯顿大学、宾夕法尼亚大学和康奈尔大学等都规定本州州长是董事会的当然成员。为了体现对重要捐赠者的尊重，私立高校往往也为捐赠者或亲属保留当然董事的资格。也有一些私立高校的部分董事是州政府任命的，如宾夕法尼亚大学中的 4 名董事、康奈尔大学中的 3 名董事都来自州政府的任命。一些宗教背景较浓重的私立高校中的部分董事由宗教机构任命。

（四）　美国私立高校董事会的决策机制

美国私立高校董事会一般设有主席、副主席、财务主管和秘书等职位，他们和其他董事以及专门行政人员共同合作来实现组织的管理与运作。根据部分私立高校官方网站对董事会的介绍，美国私立高校董事会的运作具有如下几个特征。

第一，依托于专门委员会实现分工合作。

为了更好地满足院校的各种需要，充分利用各类董事会成员的专业经验、推动董事会成员积极参与以及壮大董事会的实力，董事会往往设置具体的委员会来处理具体事务。需要指出的是，各委员会的成员不一定都是董事，还包括非董事人员。各私立院校董事会中委员会的数量、规模和职责存在着一定差异。各校董事会中委员会的数量和结构往往也根据董事会规模和高校战略重点的变化而调整。美国大学董事会协会的研究显示私立院校董事会平均有 8 个常设委员会，公立则是 5 个。[1] 有的私立高校根据大学行政部门的划分建立相应的委员会，比如赖斯大学（Rice University）董事会设有 17 个委员会，其中 1 个是执行委员会，16 个是专项委员会，专项委员会分别处理招生、教学、科研、本科课程、研究生教育、考试、奖学金、研究生荣誉、信息技术、图书馆、教师福利、教师发展、校长演讲、体育运动、校园交通以及写作和沟通计划等方面的相关问题。[2] 董事会的委员会过多也不利于委员会之间的交流和沟通，针对这种状况，有的私立高校建立了综合性的跨领域的委员会，以围绕具体问题开展更有针对性的工作。有的私立高校先进行较为宽泛的分类之后再设置具体事务委员会，古斯塔夫阿道夫学院（Gustavus Adolphus College）将现有董事会的委员会分为三组：董事会治理、高校使命和高校资源，每组包含 4 个委员会，总计 12 个，这种变革并未缩减委员会数量，但确实有助于董事会的合理布局和有效沟通。也有不少私立高校的董事会缩减了委员会的数量，比如阿奎纳斯学院（Aquinas College）创设了一个独立的基金委员会，将筹款等职能剥离出来，从而将委员会数量从 8 个减少到 3 个，3 个委员会分别针对大学财政、高校战略以及董事发展三个方向，董事数量也从 37 人减少到 15 人。[3] 高校董事会新增、撤销或合并委员会是为了与院校的战略重点、规划方向以及整体布局相吻合。

第二，董事会利用会议进行集体决策。

董事会依赖于各种会议来把握高校发展动态、讨论院校重大事项并集体做出决策。董事会会议主要包括三种类型：一是定期会议，在既定时间每年召开若干次；二是年度会议，往往在财政年度结束时举行；三是专门

---

[1] Association of Governing Boards of Universities and Colleges. The 2011 AGB Survey of Higher Education Governance，Washington，D. C.：Association of Governing Boards of Universities and Colleges，2011：26.

[2] University Committees. https：//professor. rice. edu/professor/Index3. asp ［EB/OL］. 2016. 8. 16.

[3] Association of Governing Boards of Universities and Colleges. Restructuring Board Committees. Washington，D. C.：Association of Governing Boards of Universities and Colleges，2015：13.

会议，针对特殊问题而举行，一般由董事会主席、大学校长或达到一定数量的董事临时召集。私立高校董事会每年平均召开 4 次董事会全体会议，每次会议平均时间是 4 个小时，每个董事出席董事会会议和委员会会议的时间为每年平均 27 个小时。在董事会休会期间，一般由执行委员会负责处理日常事务。与公办高校董事会会议一般对公众和媒体开放的形式不同，私立院校董事会会议大多不对外公开，尤其是在讨论人事决定、法律行动和不动产交易时，更是拒绝外界参与。①

美国高校董事会的法律地位和决策权力并非董事个人权限的集合，任何人都不具备特权。董事会主席由董事会选举产生，有的董事会主席由董事们轮流担任。主席在董事会授权下主持会议、任命委员会成员以及担任对外发言人，但除此之外并无更多特权，高校事务都必须依赖于董事会的共同讨论和集体决定。集体决策更容易集聚观点智慧，从而做出科学判断。每位董事都对高校肩负着忠实义务和关注义务，并承担着包括法律责任在内的各种责任。

第三，董事会建立与校长和评议会的合作关系。

美国私立大学董事会和校长之间首先是一种委托—代理关系，即董事会将大学的行政权力委托给以校长为首的学校行政组织，校长负责高校的各项具体事务和活动，成为沟通董事会和教师、高校和外部社会之间的重要桥梁和纽带。董事会负责校长的遴选和评价，但是董事会也要支持校长顺利开展工作。董事会要肯定大学领导者的地位，维护校长的权威，但同时也要防止微观管理过度、过多插手高校内部事务，摆正领导决策而非行政管理的角色。

评议会（Faculty Senate）又称教授会，是教师代表团体，主要由教授组成，充当校长的顾问咨询机构，有权处理大学各类与学术及教育有关的事务，是教师参与学校决策的有效途径。评议会一般由主席、副主席、秘书兼财务主管以及普通成员等构成，内部往往设有多个委员会，如执行委员会、学生事务委员会、科研政策委员会、教育政策委员会以及预算委员会等。评议会负责课程、教学、科研以及与学生教育相关的各项学术工作，比如专业学位要求、教师任命解聘晋升以及终身教职颁授标准等。在规模较大的私立高校，评议会成员由各院系或专业的教师代表组成，往往

---

① 刘宝存：《美国私立高等学校的董事会制度评析》，《比较教育研究》2000 年第 5 期。

各院系还设有分会，规模较小的院校则由全体教师共同组成。在制定政策上，评议会有权对大学的学术政策和程序进行建议、坚持和修订，评议会将形成的决议递交给校长检查并报送董事会批准。如果校长不赞同评议会的建议，校长会写明自己的反对原因，而各方也会共同努力以减少分歧，评议会将对该问题重新投票并将最终结果告知董事会。如果分歧不能解决，大学校长会把该问题提交董事会，并推动多方协商达成共识。

三　优化我国民办高校董事会的对策建议

美国私立高校的董事会是真正的集体决策机构。美国私立高校董事会的制度架构和运行机制为优化我国民办高校董事会提供了借鉴。今后我国民办高校董事会可以从如下几个方面进行优化。

（一）优化董事会成员结构

董事会成员结构的合理化是提高民办高校决策质量的基础，是民办高校由"个人治理"走向"制度治理"的必要条件，也是民办高校实现基业长青的根本保证。

第一，明确董事的任职资格。

《民促法》等法律法规对民办高校董事的任职资格并不具体，这就使得董事的遴选成为民办高校的内部事务。在举办者掌控民办高校重要决策权的背景下，董事的任免往往成为举办者的个人决策。举办者为了加强或者延续对民办高校的控制，可能会选出不具备教育情怀和决策能力的董事。我国的《公司法》对公司的董事提出了明确的要求，可以作为民办高校董事任职资格的参考。《公司法》第一百四十七条规定具有下列情形之一的，不得担任公司的董事、监事、高级管理人员：无民事行为能力或者限制民事行为能力；因贪污、贿赂、侵占财产、挪用财产等被判处刑罚；担任破产清算的企业的实际负责人且对企业的破产负有个人责任的，自该公司、企业破产清算完结之日起未逾三年；任因违法被吊销营业执照、责令关闭的公司、企业的法定代表人，并负有个人责任的，自该公司、企业被吊销营业执照之日起未逾三年；个人所负数额较大的债务到期未清偿。民办高校的董事显然应该满足比公司董事更严格的标准。民办高校是培养人才的神圣之所，作为高级管理者的董事应该是青年学子的榜样和典范，只有品性高尚的董事才能担任指引青年学子成长和大学发展的重任。

第二，确定各类董事的合理比例。

有学者将董事主要分为两类，一类是"专家型董事"，另一类是"代表型董事"，"代表型董事"可保证各利益相关者的利益诉求，"专家型董事"可提升董事会的决策质量。① 我国民办高校董事会的缺陷之一在于举办者代表过多。龚怡祖指出，听任大学决策权力主体唯一化，是一个明显的错误。② 今后优化我国民办高校董事会的根本方向是吸纳更多的利益相关者参与到董事会中，从而实现对举办者个人权力的制约和监督。当前适当保护举办者的管理权力是保护其办学积极性的"权宜之计"，是我国民办高等教育当前阶段所不得不采取的措施，但是从长期来看，举办者及其代表的比例应该进一步降低。当民办高校选择成为真正的非营利性民办高校，特别是民办高校的第一代创办者或者第二代接班者从学校领导岗位退出时，如何选择出既有代表性又有决策能力的人进入董事会，就成为制约我国民办高等教育健康发展的头等大事。

未来优化我国民办高校董事会结构比例的首要问题是减少董事会中举办者家族成员及其代表的比例，为董事会科学、公正、透明决策提供基础。2012 年出台的《实施意见》规定："规范民办学校董事会（理事会）成员构成，限定学校举办者代表的比例，校长及学校关键管理岗位实行亲属回避制度。"2016 年的《若干意见》也做出了类似规定。虽然上述文件对民办高校的董事会成员构成进行了原则性的规定，但是很难作为有效的实践指引。首先，上述规定没有对何为"关键领导岗位"做出说明，也没有说明学校董事是否属于关键领导岗位。其次，也没有指出举办者及其代表应该限定在多少比例以内。由于上述规定的缺失，举办者及其家族成员对董事会的控制局面将在很长的时间内继续存在。笔者认为，参照2004 年开始实施的《基金会管理条例》"基金会理事中相互间具有近亲属关系的总数不得超过理事总人数的三分之一"的规定，可以将举办者及其代表（家族成员）的比例控制在 1/3 以内，这既可以保证举办者的控制权，适当保护其办学积极性，又可以适当分散举办者的权力，防止权力的垄断。

提高董事会中专家型董事的比例可以提高董事会的决策科学性。目前

① Harry de Boer, Jeroen Huisman, Claudia Meister-Scheytt. Supervision in "modern" university governance: boards under scrutiny. *Studies in Higher Education*, 2010, (3).

② 龚怡祖:《大学治理结构: 现代大学制度的基石》,《教育研究》2009 年第 6 期。

我国民办高校董事会中教育专家的比例过高，今后可以适当提高财务、金融、法律、管理等各类专家的比例。民办高校的管理决策既需要教育领域的专门知识，也需要科技、经济和管理的宏观视野。当前跨界融合越来越紧密，科技对教育渗透越来越深入，经费对学校发展的影响和制约越来越明显，在这种背景下，只有由具备多种知识背景的专家所构成的董事会才能做出更富有前瞻性、宏观性和战略性的决策，才能对民办高校的发展提供更大的支撑和推动作用。

第三，明确董事的任期。

我国《公司法》第四十六条规定，董事任期由公司章程规定，但每届任期不得超过三年。董事任期届满，连选可以连任。由于我国《民促法》等相关法律并没有对民办高校董事任期做出规定，民办高校可以在章程中对此做出规定。

（二）完善董事会的议事规则

从经济学的角度看，董事也是追求自我利益的经济人，他们有可能为了追求自我利益而损害民办高校的整体利益。因此，董事会的活动不能仅仅依靠董事的自律，更需要正式而明确的议事规则以逼迫董事会成员放弃短见和私念，致力于构建并不断完善客观公正、价值中立的董事会制度。实质权利必须由程序权利来提供保障。议事程序必须具有可操作性。议事规则把会议的各个步骤、方式、途径制度化、法律化并使之具有可操作性。其程序包括组织程序（会议的准备、主持、会期、会议形式、列席、休会闭会等）和议事程序（议案提出、审议、询问和质询、发言、表决、特定问题调查、罢免和弹劾等）。

董事会议事规则的关键是处理好平等和效率的平衡关系，平等和效率缺一不可。迄今为止对人类社会影响最大的议事规则是由美国工程兵团 Henry M. Robert 于 1876 年完成的罗伯特议事规则（简称罗氏规则）。罗氏规则指出，由人组成的集体应该有权通过自由而充分的讨论，以整个会议的名义，自主地决定一致的行动。常见的会议类型包括公众集会、代表大会、立法机构及董事会等。[①] 平等意识是议事规则的基本前提。会议的根本价值在于解决公共领域的争议并指出集体行动的未来方向。在专制集权

---

① ［美］亨利·罗伯特：《罗伯特议事规则》，袁天鹏、孙涤译，格致出版社 2008 年版，第 2—3 页。

的社会组织中，事关公共利益的决策权一般掌握在掌权者手中。即使有会议之形，参会者也并非是利益相关各方的代表，没有实质性的决策权，只是以"智囊"身份为独裁者提供参考性意见，独裁者根据自己利益受保护或受损的情况来决定是接受还是拒绝他人的意见。而在民主的社会组织中，交往之流应该被特定的方式加以过滤、选择和综合，从而成为根据特定议题集束而成的组织意见或组织舆论。① 伙伴式的协商是争取认同、扩展共识、缓和分歧、达成一致的必要途径，它表达了共同体成员之间相互尊重、理解与关怀的合作伙伴关系。伙伴式的协商民主能消除异议各方的敌对情绪，多数人不是依靠简单的投票结果而使最终结果朝有利于自身利益的方向发展，而是通过讨论、协商、说服等过程来达成一致。亨利·罗伯特指出，会议的权利由以下几方的权利构成：意见多数方的权利；意见少数方的权利；强少数方（占总人数大于 1/3 但少于 1/2 的权利）；缺席方的权利以及上述人群作为一个整体的权利。② 为了保护少数人特别是强少数人的利益，对于重大事项，往往把半数通过提高到 2/3 通过或者 3/4 通过。

　　效率是议事规则的重要价值追求。提议、讨论与表决是会议的构成要素，提案是会议的缘由，讨论是会议的过程，决议是会议的结果，不能高效地达到决议导致会议将大量宝贵时间消耗在毫无意义的争论之中。罗氏规则最重要的贡献在于将民主的理想与效率的现实要求有机地融合在一起。效率和民主成为议事规则必须兼顾的两大价值导向，如何通过合理的制度安排既充分保障民主协商，又在民主互信的氛围中尽快达成共识，最终完成组织所面临的任务，成为议事规则必须兼及的目标。

　　我国民办高校议事规则的关键在于处理好董事长和其他董事之间的决策权和话语权。我国关于民办教育的法律法规没有对民办高校董事长的职权和董事长与董事之间的关系做出规定，但是根据《民促法》及实施条例的相关规定，董事长在董事会中并不拥有高于董事的特殊职权。2004 年制定实施的《民促法实施条例》规定，董事会讨论诸如聘

---

　　① 〔德〕哈贝马斯：《在事实与规范之间：关于法律和民主法治国的商谈理论》，童世骏译，三联书店 2003 年版，第 446 页。

　　② 〔美〕亨利·罗伯特：《罗伯特议事规则》，袁天鹏、孙涤译，格致出版社 2008 年版，第 1 页。

任、解聘校长以及修改学校章程等重大事项时，需要经过 2/3 以上组成人员的同意方可通过。新的《民促法》第二十条规定如下，"民办学校应当设立学校理事会、董事会或者其他形式的决策机构并建立相应的监督机制"。从这些规定可以看出，董事长并不拥有凌驾于其他董事之上的特权。

为最大限度地贯彻与体现平等精神，我国民办高校董事会议事规则必须确保每一位董事的平等地位。会议发言应确保每位董事有充分的自由，有足够的时间发表自己的意见，董事会秘书应该记录反对意见。涉及校长任命等重大事项应该采取票决的方式。董事会的决策方式应该在董事会章程中清楚记载并严格遵守。民办高校的董事必须从对学校负责、对学生负责的态度，既立足于民办高校的发展实际，也着眼于民办高等教育的发展趋势，充分行使自己的使命，为民办高校的发展献策献力。

(三) 明确董事的权利和义务

民办高校的董事要积极作为，认真研究先进的教育理念，把握政治、经济和社会发展趋势和潮流，积极参与学校的管理。建设能够和公办高校相竞争的、让学生和家长充分满意的、具有较高社会声誉和良好社会吸引力的一流民办高校任重而道远，董事责无旁贷。

苏珊（Susan）曾对董事履职提出建议，这些建议对于我国民办高校董事充分行使治校权力也具有参考意义。第一，董事必须充当校长的战略伙伴，需要了解学校所面临的挑战和机会以及为应对这些挑战所需要采取的战略，董事也应该了解高等教育的发展趋势。第二，充分理解教师的工作和学生的学习过程。第三，董事应该充分地理解大学文化。董事往往来自不同的行业，大学的文化和其他组织的文化存在根本的不同。如果董事能够了解大学文化和其他文化的不同，就能够更好地和校长、教师建立起合作伙伴关系。第四，建立评价校长的常规性机制。董事会应该对校长提出工作期望并建立常规性的评价机制。董事会每隔 5—6 年可以聘请外部的专家对校长的工作进行全方位的评价。第五，慎重决定辞退校长。辞退校长往往引起学校的混乱，招聘新的校长需要花费不小的时间和资金成本，校长的更换往往会导致已有战略规划的暂停以及学校高级管理人员的更替。临时辞退校长也会使得捐赠者或潜在捐赠者减少或者拒绝向私立高校捐赠。① 如果董事不能满足管理学校的责任和义务，或者利用董事的身份为自己谋取私利或影响学校的正常决策，就应该受到谴责。Susan 列举了很多董事会受到批评和质疑的例子，其中最多的理由是关于学校资金方面的。比如，一所私立大学的董事会长期信任其中一位董事的投资方案，这位董事没有采取多样化的投资战略而是将所有资金投入同一个领域，结果导致几百万美元的亏损。这些亏损使得学校不得不辞退 40 位教职工并缩减其他方面的开销。另一所学校并没有建立健全的招标程序，对一位董事所控制的企业提供了招标方便，这位董事没有公平公正地处理和学校的贸易关系。还有一所学校的董事希望学校能够免收女儿和儿子的学费，当自己的儿子在校园内被警察逮捕后，反而责怪校长没有及时出面保护自己的儿子。苏珊特别提及伊利诺伊大学董事会因干预学校招生而集体辞职的案例。②

建立对董事的合适的激励机制很重要。美国私立高校的董事一般不从学校获得经济回报。成为董事、参加学校决策、服务学校发展是他们服务社会（community services）的方式之一。大部分董事都是校友或者其他关心学校发展的人，参与学校决策是他们获得自我实现的方式。我国的慈善意识发育不充分、社区服务氛围淡泊、奉献精神不足，这些方面决定了我国民办高校可向董事提供适当的经济补助以提高董事的积极性。民办高校可以根据董事为参与学校决策所付出的工作量以及决策的质量提供相应的经济报酬。上市公司独立董事的津贴标准及其确定程序可供民办高校参考。上市公司中独立董事的津贴标准由董事会制订预案，股东大会审议通过，并在公司年报中进行披露。

（四）提高董事会的透明度

当前我国民办高校董事会的透明性非常低，这极大地影响了董事会的公平性、合法性和权威性，提高董事会的透明度和开放性是提高董事会决策质量的基础。联合国教科文组织 1998 年世界高等教育大会通过的宣言明确指出，高等教育机构应该被赋予管理内部事务的自主权，但是这种自主权必须建立在对政府、议会、学生和更广泛社会的清晰而透明的问责基

---

① Susan Resneck Pierce, Governance Reconsidered: How Boards, presidents, Administrators, and Faculty Can Help Their Colleges Thrive, Jossey-Bass, 2014, 169.

② Ibid., p. 162.

础之上。① 董事会作为民办高校内部治理的最高决策机构和权力机构，其成员构成、议事规则等事项必须清晰而透明。

我国相关的法律法规也对民办高校董事会的信息公开提出了要求。自2010年开始实施的《高等学校信息公开办法》要求高等学校主动向外界公布"内部管理体制、机构设置、学校领导等基本情况"，《高等学校信息公开办法》同时适应于公办高校和民办高校。2016年新修订的《民促法》第四十一条规定，"教育行政部门及有关部门依法对民办学校实行督导，建立民办学校信息公示和信用档案制度，促进提高办学质量"。分类管理以后，政府会对非营利性民办高校董事会的信息公开提出更高的要求。

董事会的信息公开应该包括两个方面。第一，董事会成员结构的信息公开。董事会作为民办高校内部治理的核心机构，其成员结构、运行规则和决策程序必须向外界公开并接受监督。民办高校是公益性组织而不是私营企业，董事会作为民办高校内部治理的核心机构，向外界公布信息并接受各方监督将形成一种"倒逼机制"，促使民办高校的透明运作和健康发展。关于董事会的成员构成，需要公开的内容包括：董事的教育背景、履历、工作或事业成就等，如果董事之间有亲属关系，需要做出特别的说明。第二，董事会运行规则的信息公开。必须让全校师生知晓董事会的权力、决策程序、会议时间等，从而为全校师生监督董事会并向董事会提出对策建议提供方便。

董事会的相关信息既应该向校内公开，也应该向社会公开。《高等学校信息公开办法》第十二条规定，高等学校应通过学校网站、校报校刊、校内广播等校内媒体和报纸、杂志、广播、电视等校外媒体以及新闻发布会、年鉴、会议纪要或者简报等方式予以公开；并根据需要设置公共查阅室、资料索取点、信息公告栏或者电子屏幕等场所、设施。《营利性民办学校监督管理实施细则》第三十三条指出，营利性民办高等学校信息公开内容应当执行《高等学校信息公开办法》等国家有关规定，其他营利性民办学校信息公开办法由地方人民政府学校主管部门制定。第三十五条指出，营利性民办学校信息应当通过学校网站、信息

---

① UNESCO. World Declaration on Higher Education for the Twenty-first Century: Vision and Action, Paris: UNESCO, 1998. 9.

公告栏、电子屏幕等场所和设施公开，并可根据需要设置公共阅览室、资料索取点方便调取和查阅，除学校已经公开的信息外，社会组织或者个人可以书面形式向学校申请获取其他信息。国家虽然没有对非营利性民办高校的信息公开做出特别规定，但是非营利性民办高校的信息公开内容应该不少于营利性民办高校，信息公开的范围应该不小于营利性民办高校。

第二节　校长对民办高校举办者的权力制约

从名义上来讲，校长是民办高校的最高决策者。新的《民促法》规定民办学校的校长负责日常管理、组织教育教学和科研活动、聘任和解聘学校工作人员、拟定年度工作计划和财务预算等活动。目前我国大部分民办高校举办者的职权大于校长的职权，但随着我国民办高等教育的发展，校长将发挥越来越重要的作用。纵观国内外，以哈佛、斯坦福为首的世界一流私立高校，创办者早已退出学校，我国以浙江树人大学、南京三江学院、上海杉达学院等为代表的民办高校，举办者也先后退出领导层面，未来我国更多民办高校将进入"职业化校长"阶段。

对于正处在革新与发展期的民办高校而言，挑选一名德才兼备的校长尤为重要。眭依凡指出，"校长对一所大学的成功创建、平稳运行、革故鼎新、进步发展都具有决定性的影响"[1]。麦克拉弗林（Judith Block McLaughlin）和瑞斯曼（David Riesman）研究发现，美国很多公立和私立大学的校长确实改变了他们所领导的大学，美国许多著名大学能够取得现有的声誉，在很大程度上都依赖于它们曾经在关键时期得到具有眼光和魄力的校长的领导。[2] 本部分首先研究当前我国民办高校校长的群体特征和产生方式，进而提出优化民办高校校长队伍建设、完善民办高校内部治理的对策建议。

---

[1]　眭依凡：《学府之魂：中外著名大学校长教育理念》，江西教育出版社 2001 年版，第 2 页。

[2]　Judith Block Mclaughlin and David Riesman, Choosing a College President: Opportunites and Constraints, Princeton: the Carnegie Foundation for the Advancement of Teaching, 1990. 4.

一　当前我国民办高校校长的产生方式

近代以来西方大学校长的遴选模式可以概括为三种。第一种模式是欧洲模式，即由大学自行遴选校长人选或由教授选举，最后由政府任命；第二种是牛津大学和剑桥大学模式，即大学校长在学院院长中遴选或学院院长轮流出任；第三种是美国模式，即由大学董事会负责校长的遴选。① 我国公办高校的党委书记和校长都拥有相应的行政级别，主要由政府任命产生。我国民办高校的校长遴选与美国模式很接近，新的《民促法》第二十二条规定，民办高校的理事会或者董事会行使聘任和解聘校长的职权，也就是说，民办高校校长的任免权归董事会所有。实践中民办高校校长的产生方式有如下几种。

（一）举办者兼任

笔者在 2015 年进行的调查表明，22.2%的民办高校举办者在担任董事长（理事长）的同时兼任校长。② 笔者在 2017 年进行了第二次调查，共获得了 276 所独立设置的民办高校的校长信息，其中 56 所（占 20.3%）民办高校的举办者在担任董事长的同时兼任校长，220 所民办高校（占 79.7%）由非举办者的人士担任校长。可以看出，举办者担任校长的比例有逐步降低的趋势。

教育部在 2012 年出台的《实施意见》中指出，"校长及学校关键管理岗位实行亲属回避制度"。有些省份根据此规定出台了董事长和校长不能相互兼任的规定。现实中，大部分民办高校贯彻了教育部和各省区的文件精神，董事长和校长不是同一人担任，但是也有一些民办高校依然由董事长兼任或者董事长的亲属担任。2016 年的《若干意见》又一次强调关键领导岗位实行亲属回避，这一政策是否会得到不折不扣的实施还有待进一步的观察。高达 20.3%的举办者在担任董事长的同时兼任校长与我国民办高校举办者的群体特征有关。对举办者群体特征的分析表明，很高比例的举办者在学位、职称、教育经验、理想情怀等方面具备管理大学的要求，很多民办高校的举办者在带领学校前进的过程中显示出了卓越的教育

---

① 贺国庆：《大学校长与大学发展》，《教育研究》2013 年第 3 期。

② 邱昆树、王一涛、石猛：《我国民办高校校长群体特征及其政策启示》，《中国高教研究》2016 年第 8 期。

领导才华，成为具有较大影响和社会知名度的民办教育家。很多举办者认为聘请一些"顾问"并倾听他们的意见和建议是有必要的，但是聘请职业化的校长并赋予其充分的职权则是不必要的，因为外聘校长对学校的情况并不熟悉。

（二）家属成员担任

还有一些民办高校的校长由举办者的家属成员担任。一些民办高校的创办者依赖整个家族的力量创办起民办高校，所以家族成员同时担任董事长和校长等重要职务。一般而言，对学校发展扮演最重要角色的家属成员担任董事长，次之的担任校长或副校长，当然也有的家庭会考虑家庭成员的性格差异和民办高校的需求来安排家庭成员担任的职务。由于《教育部关于鼓励和引导民间资金进入教育领域促进民办教育健康发展的实施意见》（教发〔2012〕10号）和《国务院关于鼓励社会力量兴办教育促进民办教育进一步发展的若干意见》均要求"学校关键领导岗位实行亲属回避制度"，为了避免与国家政策相违背以及由此带来的不佳的社会形象，就全国整体来看，举办者家庭成员担任民办高校校长的比例不是很高，大约在5%以内。如果将担任副校级领导的举办者家庭成员统计在内，则举办者家庭成员担任校长的比例可能会在20%左右。

由于我国部分民办高校创办于20世纪80年代和90年代，举办者的年龄偏大，即将退出学校领导岗位，很多民办高校的举办者开始培养子女接班。2016年《民促法》修改以后，举办者安排子女接班有进一步普遍的趋势。其中可能的原因在于，很多民办高校的举办者担心，选择为非营利性民办高校以后，子女接班可能会受到更多的监管，面临很多不确定性，所以很多举办者让子女尽快进入管理层，享有事实上的管理权，从而为今后的接班铺路。

和其他类型的民办高校相比，个人办学型民办高校的举办者自己担任校长或者让家属成员担任校长的比例更高。主要原因有二。第一，自然人创办学校的过程中需要得到其他家庭成员的支持和帮助，所以这些家庭成员自然会担任校长等重要职务。第二，自然人创办的民办高校大都属于"滚动发展型"，自然人前期投入很少，学校在滚动过程中不断积累资产。根据相关的法律，滚动发展所积累的资产并不完全属于举办者，所以举办者对学校控制权缺乏安全感。一旦政策变化，举办者很容易失去对学校的控制权。所以，个人办学型民办高校的举办者倾向于安排家庭成员进入学校管理岗位，这是提高自身在民办高校中话语权的方式之一。

（三）内部培养

我国很多民办高校都有十几年甚至二三十年的发展历史，很多民办高校中涌现出了不少爱教育、懂管理、熟悉学校实际情况、长期追随举办者且与举办者拥有良好私人关系的管理者。但是目前这些管理者一般仅仅担任中层干部或副校级领导，很少有管理者担任校长或党委书记等重要职务。就全国整体来看，内部培养的校长的比例大约在 5% 以内。内部培养的校长的比例之所以很低，主要是由于内部成长起来的管理者大多不拥有显赫的经历和背景，对于民办高校来说，寻找具有突出的"光环效应"、具有"宣传价值"的人士来担任学校的校长更重要，所以举办者倾向于选择担任过公办高校领导或其他具有重要宣传价值的人士（如院士、退休官员或著名学者等）来担任校长。

（四）政府委派

全国约有 30 所民办高校带有浓厚的政府背景，政府资产在这些学校的资产中占有较大比重，政府在这些民办高校的校长任命中发挥重要作用。这类民办高校占全国民办高校的比例在 1% 以内。浙江树人大学的校长产生方式在此类民办高校中具有一定的代表性。浙江树人大学的校长任免，由浙江省政协（浙江树人大学的举办方）和浙江省教育厅协商确定人选后，由学校董事会聘任。

（五）外聘校长

外聘校长是当前我国民办高等教育的"常态"和"主流"，主要原因如下。

首先，部分民办高校希望聘请具有教育理念和管理经验的人士担任校长，以此强化民办高校的教育战略。当前大多数民办高校的专业设置、课程安排、校企合作、师资管理、科研制度等都处于起步阶段，和公办高校存在较大差距，因此具有鲜明的教育理念和丰富的治校经验的专家会受到民办高校的青睐，这些校长会带来公办高校的先进经验，提高民办高校的教育教学水平。我国很多知名的公办高校校长曾经在民办高校担任校长，如原湖南师范大学校长张楚廷曾担任湖南涉外经济学院院长，原华中科技大学副书记刘献君曾担任文华学院院长等。由于公办高校校长会在 60 岁左右退休，很多接近退休年龄的公办高校校长会收到来自民办高校的邀约。目前我国很多民办高校尚未通过本科教学评估，所以，具有高校评估管理经验（本身是评估专家或者曾经领导学校参加过评估）的校长格外会受到民办高校的青睐。

其次，民办高校希望聘请知名度高、社会影响大的校长来提高自身的社会合法性。大多数公办高校的校长拥有较为显赫的教育背景和学术成就，这些校长受聘民办高校以后，民办高校就可以将这些校长当作重要宣传点。浏览民办高校的官网和招生简章等宣传资料时，可以看到大多数民办高校在显要位置详细介绍校长，有时候，对校长的介绍甚至超过了对举办者（董事长）的介绍，一些民办高校的官网只有对校长的介绍而没有对举办者（董事长）的介绍。

再次，民办高校希望聘请拥有广泛社会关系网络的人士担任校长从而为自身争取到政府的扶持和优惠政策。公办高校的校长大多拥有丰富的社会网络关系，在管理公办高校的过程中建立了和教育部门、财政部门和其他政府机构的密切联系。民办高校希望公办高校校长利用自己的关系网络为学校争取到好处，包括更多的招生指标、土地指标和税收优惠政策，民办高校也希望在学校遇到各类麻烦（比如面临媒体的负面报道）时，校长能够利用自己的社会关系为学校"摆平"这些麻烦。一些民办高校的举办者在与校长达成初步意向的时候就形成了共识：校长不需要从事具体的决策和管理，只需要为学校发展提供咨询并争取到更多的优惠政策或者"摆平"各种麻烦就可以了。

不同举办类型的民办高校，从校外聘请校长的可能性不同。个人办学型民办高校的举办者自己担任校长或者让家属成员担任校长的可能性较大，从外部聘请校长的概率相对低一些。对于企业举办的民办高校而言，由于大企业的实际决策者有更繁忙的事务，民办高校的资产规模和现金流量只占整个企业集团的很小比例，而且企业投资的学校其产权相对明晰，所以投资方可以比较放心地向校长授权。另外，管理企业和管理高校有所不同，管理高校需要处理"高深知识"，需要面对性格桀骜不训的高知分子，需要更多地和教育行政部门等政府部门打交道而不是和市场主体打交道，因此，管理高校需要大量不同于管理企业的"管理诀窍"，一般的企业管理者很难胜任高校的管理。所以，企业一般会外聘校长并赋予其较大的决策自主权。和其他类型的校长相比，此类民办高校的校长权力一般较大，不仅在教学、科研等事务上具有较大的决策权，而且在教师聘任、人事任免和财务开支等方面也具有较大的权力，这种类型最接近于"董事会领导下的校长负责制"。投资方一般采取向民办高校委派财务主管的方式对民办高校进行财务监督，比较大额的开支项目，需要校长和财务主管协商确定，预算外的重大的财务开支则要投资方做出决定。教育集团举办的民办高校也大都从外部聘请校长。教育集团的决策者主要负责教育集团整体的市场宣传、媒体推广和资金筹措，对具体学校的管理则委托外聘的校长。

表 6-4　　　　　　**我国民办高校校长的五种产生方式比较**

产生方式	大体比例	主要的优势	主要的不足	未来趋势
举办者兼任	20%	决策效率高，较容易处理所有者和管理者之间的委托—代理问题，适合于创办初期的小规模民办高校	决策的科学性和专业性不足；学校高度依赖举办者的办学能力和办学动机，举办者变动深刻影响学校的发展	国家引导校长职业化，同时举办者年龄越来越大，会逐渐退出学校领导岗位，所以举办者兼任的校长会越来越少
家族继承	10%	血缘亲情优于任何奖励制度，可维持、强化创办者和二代接班者的积极性；利于维持大学文化和发展战略的稳定性	接班者可能不具备接班的能力和兴趣；非家族成员干部的积极性难以充分激发；现代大学制度与血缘关系难以完美融合	《民促法》没有禁止举办者子女接班，目前大批创办者子女正在学校中层或校长助理等岗位上接受锻炼，今后家族继承校长职位会更普遍
内部培养	5%	符合共同治理的大学治理原则；决策公开透明；非家族成员干部升迁的空间大、机会多，积极性得到充分发挥	部分内培校长的管理视野局促、社会知名度低、社会关系网络狭窄	随着举办者逐渐退出，部分举办者子女不愿意或无能力接班，部分民办高校会趋向共同治理，内部培养的比例会有上升
政府任命	5%	合法性高，有利于维持良好的政府关系、争取到优惠政策和财政支持	任期较短，不利于民办高校发展战略的稳定性和持续性	政府主动或者被动接管的民办高校会增加，因此政府任命的校长比例会提高
外部遴选	60%	符合现代大学制度的要求；广纳贤才；决策权和管理权适度分离，实现专家治校	部分民办高校的举办者不敢充分授权，校长职权较小，做事空间小	依然是民办高校校长产生的主要渠道

二　民办高校校长的群体特征

不同渠道所产生的校长的权力存在很大的区别，关于举办者的群体特征前文已经进行过详细的分析，因此这里仅仅分析非举办者兼任的校长的群体特征。

（一）人口特征

截至 2017 年 3 月，本研究获得 115 位外聘校长的年龄信息，这些校长的平均年龄为 62 岁。民办高校校长的年龄整体上高于民办高校举办者的年龄。单因素 ANOVA 比较均值分析后发现，差异不显著，不具有统计上的显著性。从表 6-5 可知，61—65 岁之间的民办高校校长最多，产生这个现象的原因在于很高比例的民办高校校长是从公办高校退休之后来民办高校担任校长的。

表 6-5　　　　　　　　　　中国民办高校校长年龄

年龄	频率	有效百分比（%）	累计百分比（%）
≤50 岁	19	10.7	10.7
51—55 岁	23	12.9	23.6
56—60 岁	22	12.4	36
61—65 岁	56	31.5	67.5
66—70 岁	36	20.2	87.7
≥71 岁	22	12.4	100

本研究共获得 199 位外聘校长的性别信息，其中男性共 185 位，占 93%，女性 14 位，占 7%。女性校长的比例低于民办高校举办者的比例，本研究对民办高校举办者性别的研究表明，女性举办者的比例为 11.6%。但是民办高校女性校长的比例高于我国公办高校女性校长的比例，根据张应强等学者的研究，2015 年我国公办普通本科高校中女性校长的比例只有 3.7%，其中 985 高校的校长皆为男性，211 高校中女性校长的比例只有 1.8%，女性校长主要分布在除了 985 高校和 211 高校之外的本科高校，尤其是新建本科高校的女性校长比例较高。[1] 女性校长比例较高的事实进一步验证了本研究之前所提出的观点，即民办高等教育的兴起和发展为更多女性参与高等教育管理提供了历史舞台。

（二）工作履历

本研究共获得 126 位外聘校长的工作履历，这些校长全部具有公办高校的工作经验。很多民办高校的副校长没有公办高校的工作经历而仅仅拥

---

[1]　张应强、索凯峰：《谁在做中国本科高校校长——当前我国大学校长任职的调查研究》，《高等教育研究》2016 年第 6 期。

有在政府部门、军队或经济领域工作的经历，但是所有的外聘正职校长都拥有公办高校的经历，这说明了民办高校在聘请校长时非常看重候选人的公办高校管理经验。

根据外聘校长曾经工作的公办高校的办学层次，可以将这些校长分成几类。少数民办高校的校长曾是 985 高校的副校级领导，如重庆人文科技学院院长何向东为西南大学原副校长、重庆工程学院校长唐一科为重庆大学原副校长、西安外事学院院长陈爱民为四川大学原副校长、闽南理工学院院长潘世墨为厦门大学原副校长等。一部分民办高校的校长是 211 高校的校级正职或校级副职。一部分民办高校的校长是地方本科高校的校级正职或校级副职。大部分民办高校的校长曾是公办高校的二级学院院长或行政部门的负责人。大部分校长是从公办高校退休后才到民办高校工作的，极个别校长在公办高校退休之前便到民办高校工作，如江西科技师范学院原副院长陈万龙在 40 岁时辞去公办高校的职务担任江西服装学院的院长。①

一般而言，民办高校的办学层次、办学水平和办学声誉与校长工作过的公办高校的办学层次存在对应关系，办学水平高的民办高校能够招聘到在高水平公办高校工作过的校长，办学水平低的民办高校只能聘请到在办学层次较低的公办高校担任领导职务或者在高层次公办高校担任较低行政职务或仅拥有学术职务的人士担任校长。很明显，高层次高校的领导者或在某些领域取得突出成就的知名专家，拥有更好的学术声誉、更大的社会影响力、更广阔的社会关系网络、更丰富的管理经验，从而拥有更高的"身价"，他们会被更多的民办高校所青睐，他们会选择到发展水平更高、发展潜力更强的民办高校任职。

公办高校的校长会权衡各种因素最终做出是否到民办高校工作的决定：民办高校所提供的货币待遇和其他物质条件（如用车等）、民办高校的办学规范性、民办高校未来的发展空间、本人和举办者的私人关系以及居住地与工作地点的距离等。从货币收入来看，民办高校校长的薪酬普遍高于公办高校校长的薪酬。根据笔者对若干民办高校校长的调查，目前我国民办高校校长的年薪待遇在 40 万—50 万元。北京、上海和广东的民办

---

① 董圣足等：《寻找职业校长——民办高校校长职业化问题研究》，科学出版社 2014 年版，第 155 页。

高校，在专升本、接受本科教学评估等关键发展期所聘请的校长，年薪也可能达到百万。民办高校的发展水平、办学规范性程度也是吸引公办高校校长到民办高校任职的重要因素。公办高校校长会对社会声誉不佳的民办高校敬而远之，担心自己的名声因此受损。和举办者的私人关系是校长非常看重的一个方面。中国是熟人社会。举办者和校长共同参与学校的人事、财务、教学等事务的决策，所以和校长有大量的沟通和协调，熟人之间更容易交流沟通。举办者在选择校长时一般会先与候选者进行私人接触，如果感觉能够"共事"，则进入董事会讨论等环节。校长居住地点和民办高校之间的距离也是很多校长所考虑的因素。一般而言，退休的公办高校校长会优先选择在自己居住的城市的民办高校担任职务，然后会考虑在自己所居住的省担任民办高校的校长，跨省担任民办高校校长的现象比较少。一种情况是退休的校长到自己故乡所在市或省的民办高校担任校长职务，这是中国人"落叶归根"心理倾向的表现。

（三）权力特征

外聘校长的权力一般都有限，外聘校长只是在教学和科研等事务上具有管理权，对于民办高校而言，人事（特别是干部任免）和财务等方面的决策权更加重要。实际上，即使对于教学和科研等事务，一些外聘校长也没有充分的发言权，举办者经常直接干预教学和科研事务，学校的中层干部习惯于在教学等事务上听取举办者的建议和指示，若举办者的要求和校长的要求不一致，他们会听取举办者的意见。即使举办者不干预学校的教学和科研，校长的指令也很难得到不折不扣的实施，因为教学和科研事务也涉及人事任命和资金开支问题，教学和科研决策的最终实施不仅仅是教学和科研两个部门的事情，也依赖于人事、后勤和财务等部门，比如，如果校长通过了一项关于教学的改革，但是后勤部门不提供必要的场所，财务部门不提供必要的经费，人事部门不出台必要激励机制，那么关于教学改革的措施只能停留在文件上。后勤、人事和财务等部门的负责人一般是由举办者而非校长任命的，他们只会选择性地听校长的指令，只有确认校长的指令和举办者的想法一致时，他们才会认真地执行校长的决定。

举办者和校长之间经常会出现一些意见分歧，因为校长强调如何提高教育质量，而举办者除了考虑教育质量之外还要考虑如何尽量节省经费以使自己以及其他的出资者获得合理的经济回报。当校长和举办者之间分歧比较严重，举办者可能会随时辞退校长。由于校长大多是退休后的公办高校领导，具有很高的社会地位和荣誉感，若他们的意见经常遭到否决，他们也会主动辞职。上述原因导致很多民办高校的校长任期很短。笔者访谈的一位校长表示，"校长就像是举办者的衣服，举办者想换就换"。

也就是说，我国大部分民办高校所宣称的"董事会领导下的校长负责制"只是对公办高校"党委领导下的校长负责制"的简单呼应，实际上并不是如此，校长无法"负责"，因为没有相应的职权。部分民办高校的外聘校长存在"权力虚化"现象，校长只成为一个荣誉性的职务。一所民办高校的校长告诉笔者，该校的财务签字权在举办者手中，他没有任何财务签字权。由于举办者经常出差，所以举办者到校后，他的办公室就像"集市"一样，因为找他签字的人太多了。

三　美国私立高校聘请校长的作法与经验

他山之石，可以攻玉。美国私立高校作为世界上最为发达的私立高等教育体系，其校长队伍建设的许多做法可供我国民办高校学习和借鉴。

（一）设定科学的遴选标准

克拉克·克尔认为，"人们期望大学校长成为学生的朋友，教职员工的同事，校友的可靠伙伴，站在校友们一边的明智稳健的管理者，能干的公众演说家，同基金会和联邦机构打交道的精明的谈判人，同州议会交往的政治家、工业、劳动及农业界的朋友，同捐款人进行交涉富有辩才的外交家，教育的优胜者，各专门行业的支持者，新闻发言人，地道的学者，州和国家的仆人……"① 武光东指出，大学校长既要学识渊博，道德崇高，又要见人之所未见，言人之所未言；既应是社会清流，又应是国家栋梁；既要对教育本质有深入理解，又要有卓越的行政管理能力；既要有卓越的学术地位，又要有出色的筹资能力。实际上，同时具备上述素质和能力的人往往是不存在的。实践中，美国私立高校在遴选校长时一般看重四种能力。

第一是教育理念。教育理念意味着校长要对教育的本质有深刻独到的理解。现代科学的发展使知识越来越专业化，学术分工愈来愈窄，现代社会管理往往缺乏全局的眼光和长远的策划，缺少对文化、社会、传统和精神生活的人文关怀，这种情况下校长的教育理念对于大学的发展尤其重

---

① ［美］克拉克·克尔：《大学的功用》，陈学飞译，江西教育出版社1993年版，第19页。

要。理念欠缺、视野狭窄的校长不但对学校的发展不利，甚至能将大学带向持续堕落的境地。正如欧内斯特·鲍伊尔所说：

虽然管理学校的财务和巴结捐赠人非常重要，但是校长必须具有更广阔和更鼓舞人心的视野。今后的大学校园内更需要教育和道德上的坚强领导，以此强化校园内的团体精神，为大学的发展指明方向，并将每个人的努力和创造性融入到大学的发展中来。①

第二是学术能力。长期以来美国私立大学尤其是研究型私立大学遴选校长时，都十分强调候选人的学术地位。只有拥有卓越的学术才华并取得突出成就者，才有机会问鼎大学校长。大学是探索、创造、累计与传承学术知识的教育机构，学术领导应该是大学校长的职责之一，在以教师为主要组成人员的学术部落中，倘若校长不具有公认的学术成就与声望，就很难服众。如20世纪以来麻省理工学院所有的校长都来自学术界，20世纪哈佛大学共有7任校长，有5位校长来自学术界。不同的私立高校对校长的学术能力有不同的要求。研究能力越是一流的私立高校对校长学术能力的要求越高。2017年5月笔者从美国33类私立高校中挑选了25所私立非营利性高校和营利性高校，研究这些校长的毕业院校、学位、专业、学术成就等特征。研究发现，无论是处于卡内基大学分类阶梯顶端的私立高校，还是位于卡内基阶梯底端的私立高校，都非常重视校长的教育背景和学术水平，当然，处于卡内基阶梯顶端的私立高校的校长的教育背景和学术影响力更加显赫。

表6-6　　　美国25所非营利性和营利性私立高校校长特征

学校	类型	校长的教育背景和学术影响力	工作经历和对社会的影响
Boston College	博士 I 型；非营利	William P. Leahy, S. J., 在加州大学伯克利分校获得神学学士，在斯坦福大学获得历史学博士学位。在神学领域有多部专著和论文	Society of Jesus 威斯康星州成员；1996 就在波士顿学院工作，此前6年在马凯特大学任职

① Ernest L. Boyer, Foreword, *Judith Block Mclaughlin and David Riesman*, *Choosing a College President*：*Opportunites and Constraints*, Princeton：the Carnegie Foundation for the Advancement of Teaching, 1990. xviii.

续表

学校	类型	校长的教育背景和学术影响力	工作经历和对社会的影响
American University	博士Ⅱ型；非营利	Cornelius M. Kerwin，在美国大学获得学术学位，在罗德岛大学获得政治科学硕士学位，在约翰霍普金斯大学获得政治科学博士学位。公共政策领域的知名专家	从 1975 年就在美国大学工作
Northcentral University	博士Ⅲ型；营利	Dr. Gordon Anderson，在波特兰大学获得哲学学士学位和历史硕士学位，在明尼苏达大学获得古籍研究博士学位	有 14 年的教会领导经历，在大学任教和管理 28 年。有卓越的商业成就和前沿的学术视野
Ashford University	硕士Ⅰ型；营利	Dr. Craig Swenson，在犹他大学获得新闻学和大众传播学学士学位，在杨百翰大学（Brigham Young University）获得组织传播学硕士学位，在瓦尔登大学获得教育博士	长期在凤凰城大学和阿格西大学等营利性高校工作。高等教育领域全球领导者
Abilene Christian University	硕士Ⅰ型；非营利	Dr. Phil Schubert，在艾柏林大学获得工商管理学士，在杜克大学获得工商管理硕士，在宾夕法尼亚大学获得高等教育管理博士	成为校长前在本校做行政副校长，负责制定战略规划以及监管运营
Asbury University	硕士Ⅱ型；非营利	Dr. Sandra C. Gray，获得工商与经济学士学位，在肯塔基大学获得工商管理硕士和公共管理博士。一直致力于金融领域教学研究	从 1989 年就在阿斯伯里大学工作，在俄罗斯、中国、澳大利亚教授国际贸易和金融市场课程，是 Centenary United Methodist Church 的金融委员会主席
Agnes Scott College	学士Ⅰ型；非营利	Elizabeth Kiss，1983 年毕业于戴维森学院，在牛津大学获得哲学学士学位和博士学位。主要研究道德政治哲学，出版多部著作	此前在杜克大学工作，主要研究伦理，政治学和哲学
Adrian College	学士Ⅱ型；非营利	Dr. Jeffrey R. Docking，在密歇根州立大学获得学士学位，在 Garrett - Evangelical Theological Seminary 获得神学硕士，在波士顿大学获得社会伦理学博士	用他的管理智慧推动了艾德里安学院，使得招生量和捐赠收入翻倍。高等教育界的领袖，加入哈佛教育管理机构和哈佛新校长研讨会

续表

学校	类型	校长的教育背景和学术影响力	工作经历和对社会的影响
Central Penn College	学士Ⅱ型；营利	Dr. Karen Scolforo，在富兰克林皮尔斯大学获得教育学学士学位，在 River College 和新罕布什尔南方大学获得写作和文学硕士学位，在北佛罗里达大学获得和高等教育管理和金融有关的教育学博士学位	一直致力于高等教育的研究和领导
Donnelly College	学士Ⅲ型；非营利	Monsignor Stuart Swetland，在牛津大学获得学士和硕士学位，在贝尼迪克坦学院获得人文主义文学名誉博士学位	1991 年在 Diocese of Peoria 被任命为牧师，天主教的副主席，作为天主教高等教育的行政主管
Landmark College	学士Ⅳ型；非营利	Peter A. Eden，在马萨诸塞大学阿默斯特分校获得学士学位，在新罕布什尔大学获得博士学位，在麻省理工大学从事博士后研究。在生物医学科学，研究，教学，学术上有很强的背景	在恩迪科特学院做过院长，在玛丽伍德大学做过副教授
Andrew College	副学士Ⅰ型；非营利	Linda R. Buchanan，在乔治威廉姆斯学院获得学士学位，在东肯塔基大学获得硕士学位，在乔治亚州立大学获得博士学位	在衣阿华卫斯理学院和拉格朗日学院等担任领导。此外，在美国海军服役，以上尉军衔退休
Lackawanna College	副学士Ⅱ型；非营利	Mark Volk，在斯克兰顿大学获得历史学士学位，在美国国防研究院获得国家安全战略硕士学位，正在玛丽伍德大学攻读人类发展博士学位	从 2004 年就在本校工作，此前在军队服役获得上校军衔，在他 26 年的军旅生涯中，他担任过各种指挥和参谋。是美国的中东/北非（FAO）问题专家
MacCormac College	副学士Ⅲ型；非营利	Dr. Marnelle Alexis Stephens，在纽约州立大学获得比较文学学士学位，在纽约大学获得教育管理硕士学位，在哥伦比亚大学获得高等教育管理硕士，在宾夕法尼亚大学获得高等教育博士学位，在西北神学院读神学博士；在哈佛大学高等教育研究研习	曾在布朗克斯社区大学任教，在高盛集团和华尔街工作学习。作为牧师，用教育工具以及圣经上的理念来激励人们。在高等教育领域有 20 多年的领导经验

续表

学校	类型	校长的教育背景和学术影响力	工作经历和对社会的影响
Belanger School of Nursing	专科Ⅰ型；非营利	Paul A. Milton，在迈阿密大学获得工商管理学士学位，在乔治华盛顿大学获得医疗服务管理硕士学位	加入埃利斯之前，是康涅狄格的诺沃克医院首席运营官。此前，还担任以下职位：Northeast Health 的首席运营官，米德尔塞克斯医院行政副总裁，米德尔敦、CT 的行政副总裁；斯坦福德健康护理公司运营副总裁
Global Health College	专科Ⅰ型；营利	MariatuKargbo，在乔治梅森大学获得营销学士学位，护理硕士学位，在 Concord Law School 获得法学学位	此前在一个医疗外科护理病房和 ICU 做过护士，以及家庭护理从业人员，后来创办了 Global Health College
Andover Newton Theological School	专科Ⅰ型；非营利	Martin B. Copenhaver，在狄金森学院获得学士学位，在耶鲁神学院获得神学硕士。基督教联合会的牧师，出版6部专著，是专栏作家，发表一百余篇文章，担任过杂志编辑	1980 年到 1982 年，基督联合教会副部长。1982 年到 1991 年第一公理会教堂高级牧师。1991 年到 1994 年，在亚利桑那州担任高级牧师。1994 年到 2014 年，成为韦尔斯利的公理会教堂高级牧师。现任职于耶鲁神学院院长顾问委员会
Baylor College of Medicine	专科Ⅱ型；非营利	Dr. Paul Klotman，在密歇根大学获得学士学位，在印第安纳大学获得硕士学位，在杜克大学医学中心接受过医学和肾脏学培训。在分子病毒学和艾滋病的发病机制有深入研究；用转基因技术开发了第一个 HIV 相关肾病的小动物模型；发表 200 多篇论文。一直是艾滋病毒发病机制领域的客座教授和讲师，同时也是优秀的临床医生	此前在杜克大学获得医学副教授职位，1988 年在 NIH 成为分子医学负责人，1993 年成为病毒实验室负责人，1994 年，在西奈山医学院工作。2001 年，被选为西奈山医学院医学系主任
Adler University	专科Ⅲ型；非营利	Raymond E. Crossman，在福特汉姆大学获得心理学学士学位，在天普大学获得临床心理学硕士学位和博士学位，在费城一家儿童指导诊所学习	社会正义倡导者、心理学家和家庭治疗师

续表

学校	类型	校长的教育背景和学术影响力	工作经历和对社会的影响
Capitol Technology University	专科Ⅳ型；非营利	Michael T. Wood，在密歇根大学获得学士学位，在托莱多大学获得工业心理学硕士学位，在伊利诺伊大学获得工业和组织心理学博士学位。论文曾受到美国心理协会给予的最高奖项。对工业心理学和教育学的研究超过30年，在商业领导、研究和咨询领域具有较大影响力	此前是沃尔什大学的副校长，会计和工商管理学院的院长和教授；1986—1994年，在安娜堡工业技术研究所工作；1994年进入沃尔什大学工作
Benjamin Franklin Institute of Technology	专科Ⅴ型；非营利	Anthony Benoit，在耶鲁大学获得分子生物物理学与生物化学学士学位，在康涅狄格学院获得心理学硕士，以及康涅狄格大学的环境工程硕士	在加入BFIT前在Three Rivers Community College工作，在那里，他建立了一个副学士学位课程，以满足环境技术人员的需求，并创建了由国家科学基金资助的技术学习社区；不仅有20多年的高等教育经历，还有十余年在私企工作的经历，曾经创办过环境实验室和咨询公司
Bristol University	专科Ⅵ型；营利	Mr. Gene Raltz，在西密歇根大学获得商务外语学士学位，在密歇根州立大学获得工商管理硕士学位，在凤凰城大学获得医疗保健管理博士学位。在商业，营销，管理上颇有研究	曾在凤凰城大学和Everest College任教；多年在不同的销售公司担任国家级的商业和营销管理职位
Newschool of Architecture and Design	专科Ⅶ型；营利	Malecha，在明尼苏达大学获得建筑学学士，在哈佛大学获得建筑学硕士学位	过去20年是北卡罗来纳州立大学设计学院院长，再此前是加州州立理工大学环境设计学院院长。在建筑设计领域获得无数的荣誉和奖项，目前是美国建筑师协会会员
Arizona Summit Law School	专科Ⅷ型；营利	Don Lively，在加利福尼亚大学获得学士学位，在西北大学获得硕士学位，在加利福尼亚大学获得博士学位。发表众多法律评论文章，出版多部法学专著	曾在私人法律公司工作

续表

学校	类型	校长的教育背景和学术影响力	工作经历和对社会的影响
Advanced Technology Institute	专科Ⅸ型；营利	Ravi Silva，在物理学方面有很大成就，做过600多场国际会议讲座，550多场采访，获得爱因斯坦银奖等多项奖项	Imprimatur Ltd 顾问委员会成员，参与在斯里兰卡的国家纳米计划，担任斯里兰卡科技部顾问，并帮助建立了纳米技术研究所和物理科学研究委员会等

资料来源：美国各私立高校官方网站。博士Ⅰ型：Doctoral Universities：Highest Research Activity；博士Ⅱ型：Doctoral Universities：Higher Research Activity；博士Ⅲ型：Doctoral Universities：Moderate Research Activity；硕士Ⅰ型：Master's Colleges & Universities：Larger Programs；硕士Ⅱ型：Master's Colleges & Universities：Small Programs；学士Ⅰ型：Baccalaureate Colleges：Arts & Sciences Focus；学士Ⅱ型：Baccalaureate Colleges：Diverse Fields；学士Ⅲ型：Baccalaureate/Associate's Colleges：Mixed Baccalaureate/Associate's；学士Ⅳ型：Baccalaureate/Associate's Colleges：Associate's Dominant；副学士Ⅰ型：Associate's Colleges：High Transfer - High Traditional；副学士Ⅱ型：Associate's Colleges：High Transfer - High Nontraditional；副学士Ⅲ型：Associate's Colleges：High Career & Technical-High Traditional；专科Ⅰ型：Special Focus Two-Year：Health Professions；专科Ⅰ型：Special Focus Four-Year：Faith-Related Institutions；专科Ⅱ型：Special Focus Four-Year：Medical Schools & Centers；专科Ⅲ型：Special Focus Four-Year：Other Health Professions Schools；专科Ⅳ型：Special Focus Four-Year：Engineering Schools；专科Ⅴ型：Special Focus Four-Year：Other Technology-Related Schools；专科Ⅵ型：Special Focus Four-Year：Business & Management Schools；专科Ⅶ型：Special Focus Four-Year：Arts, Music & Design Schools；专科Ⅷ型：Special Focus Four-Year：Law Schools；专科Ⅸ型：Special Focus Two-Year：Technical Professions

　　第三，管理能力。蓝劲松研究发现，美国大学在遴选校长时越来越多地考虑校长的管理能力和社会活动能力，而不是强调校长的学术地位。[①]这种观点或许过于绝对，但是表明了美国大学对校长管理能力的重视。强调大学校长的管理能力与学校规模日渐庞大和学校内部事务日益复杂有关。现代大学事务日渐复杂，校长已不单单是专家学者或道德楷模，而是管理大学的经理人才。在多元社会中，大学已经走出象牙塔，成为社会整体的一部分，校长一方面要领导和协调大学教师；另一方面要与学生、校友、政府官员和捐赠者进行交流互动，只有具备高级经理人员的协调能力才能帮助大学校长胜任管理工作。

────────────

① 蓝劲松：《美国研究型大学校长之学术背景——对23所美国著名高校校长教育背景与工作背景的分析》，《中国高教研究》2004年第12期。

　　随着大学的分化尤其是营利性私立高校在私立高校中的比例逐渐提高，校长的管理能力越来越重要。办学历史悠久的非营利性私立高校中，学校的制度健全，校长的作用或许就像是可以随时更换的电灯泡，但是对于卡内基分类体系低端的私立高校而言，校长的管理能力对于私立高校市场开拓、处理和利益相关者的关系等方面的事务非常重要。营利性大学的校长在成为校长之前往往在其他的营利性大学担任管理岗位以获得管理营利性大学所必需的战略制定和实施、市场开拓和招生宣传、资金运作、教师领导和学生支持、体育项目管理等方面的经验。从表 6-6 所知，营利性大学更加重视校长的管理能力，比如布里斯托尔大学（Bristol University）的校长吉恩·拉尔茨（Gene Raltz）在成为校长之前曾有在凤凰城大学等营利性私立高校的管理经历。①

　　第四，筹资能力。从广泛的意义上讲，校长的筹资能力属于管理能力的一部分，由于筹资在美国私立高校的发展中发挥至关重要的作用，所以筹资能力受到了格外的强调。筹集办学经费是美国私立大学校长的主要任务之一。有人说，19 世纪的美国大学校长在办公室看的是康德，20 世界美国大学校长在办公室看的是账簿。现代大学在规模上日渐庞大，办大学成为一项花费昂贵的事业，而私立高校从政府得到的经费有限，更需要从广泛的渠道筹资，私立大学校长的成功与否在一定程度上取决于他是否能够为学校争取到足够的经济资源。需要注意的是，大学校长的筹资行为必须接受伦理的检验。大学的捐赠者很可能会对大学提出各种要求，这些要求可能会损害大学作为一个学术组织的本质属性。作为从事高深学问研究的学术组织，大学代表社会的良心和正义，在接受社会捐赠时不能违背学术自由等基本价值观。德里克·博克说，如果大学校长除了募集资金之外在大学中还有别的重要作用的话，那他们就要为阐明和维护大学的基本知识价值观尽职尽责。②

　　无论非营利性私立高校还是营利性高校均强调校长的筹资能力，但是两类私立高校的筹资方式不同。非营利性私立高校的教育质量和社会声誉在整体上高于营利性私立高校，所以相对容易得到更多的财政资助、社会捐赠和服务性收费，对学费的依赖水平低于营利性高校对学费的依赖水

---

① https：//www. ashford. edu/about/university-leadership/dr-craig-swenson.

② ［美］德里克·博克：《走出象牙塔：现代大学的社会责任》，徐小洲等译，浙江教育出版社 2001 年版，第 300 页。

平。营利性私立高校的主要经费均来自学费，所以吸引更多的生源就成为其生存发展的关键。一旦校长的市场开拓（market）能力不足，生源下降，则学校就会面临巨大风险甚至倒闭。招生能力是营利性私立高校在遴选和评价校长时首先要考虑的因素。很多营利性私立高校的校长（President）也被称为首席执行官（Chief Executive Officer），这样的称呼从某种角度上说明了对校长筹资等管理能力的强调。

第五，社会活动能力。近年来，美国高校也重视校长的社会活动能力，能够从联邦和州政府中争取到优惠政策和资金支持的人更受青睐。很多拥有议会和政府工作经历的人，也被越来越多的高校所看中。[①]

（二）建立规范的遴选程序

只有建立规范的遴选程序，才能选出带领学校前进的好校长。一般而言，美国大学校长遴选包括成立遴选委员会、征选候选人、确定候选人名单、董事会对候选人进行讨论并做出决定等几个关键步骤。

第一，成立遴选委员会（Search Committee）。不同高校遴选委员会的产生方式有所不同，有的学校由董事会组成遴选委员会，有的学校由部分董事再加上教授、学生及其他利益相关者组成遴选委员会，也有一些私立大学不支持教授和学生进入遴选委员会。博克说，他不支持学生和教授进入遴选委员会，校长的遴选任务应由富有事业经验，对学校忠诚，知人善任，从整体利益着眼的人士来担任，而教授们限于工作经历，且缺乏恢弘的视野。博克还认为，遴选委员会的人数不宜过多，五六人优于20人，人数过多不宜相互沟通，且大家互相推诿责任，竭心尽力的人反而少。[②]

第二，征选候选人（Advertising of Position）。遴选委员会在美国知名的高等教育杂志或其他有影响的报纸等媒体发布招聘校长的广告，同时向师生员工、校友以及其他学校的校长等人士发信，请他们推荐人选。哈佛大学的第27任校长搜寻委员会曾发出信件30万封，得到回应1200封，康奈尔大学的第11任校长搜寻委员会曾发出信件20万封，得到回应约1000封。有的学校还直接跟一些在教育界和其他方面有较高声望的重要人物进行秘密联系，说服他们来应聘校长。

---

① Constance Ewing Cook, Lobbying for Higher Education: How Colleges and Universities Influence Federal Policy, Nashville and London: Vanderbilt University Press, 1998, 146.

② 郑洪：《美国大学校长的遴选制度》，载黄俊杰主编《大学校长遴选——理念与实务》，北京大学出版社2006年版，第138页。

第三，确定候选人名单（Selection of Semifinalists）。搜寻委员会依照各大学宪章所规定的要求，将不合格的被推荐人剔除，得到一个人数较多的初始候选人名单。如哈佛大学第 27 任校长初始候选人和康奈尔大学第 11 任校长初始候选人为 500 人左右。在此基础上，校长搜寻委员会通过电话或会面的方式对他们进行访谈（Interview），以此再把人数缩小到更小的范围（比如 10 人左右）。然后在征求各方面意见、特别是考虑本校实际情况对校长需求的基础上，以投票或者其他方式推举出 3—5 名候选人提交校董事会决定。

第四，董事会最终确认校长人选。董事会首先要听取遴选委员会对候选人的全面情况以及选拔过程的汇报，然后在充分讨论的基础上最终确定校长人选。在决定最终人选时，有的学校由投票决定，如耶鲁大学，有的则由董事会主席根据董事会讨论情况最终决定人选，如斯坦福大学。新任校长人选一经董事会最终决定后，董事会就通过媒体和网络向公众介绍新任校长。

第五，新旧校长的更替。美国大学校长的任期一般比较长，如哈佛大学在整个 20 世纪只有 7 任校长，平均任期超过 15 年，其中艾洛特（Chareles William Eliot）35 岁当选为哈佛校长，任期长达 40 年。因为任期非常长，所以学校在某一任校长的领导下会形成某些特定的大学文化和理念，校长的更替往往带来大学文化的转换和办学理念的调整，所以新旧校长的交接十分重要。新校长上任之初可能会寻求前任校长的一些建议，当然，除非获得新校长的请求，前任校长一般不会具体介入具体事务。

（三）较长的校长任期和明确的职权

校长过于频繁的变动会导致学校理念的破碎，甚至会导致学校在发展方向上出现反复性和多向性，从而影响学校的持续发展。美国教育理事会 2001 年的调查发现，校长们担任现职的时间平均为 6.6 年，公立高校为 6.3 年，私立高校为 7.1 年。2002 年，时任哈佛校长萨默斯（Lawrence H. Summers）在北京大学演讲时指出，哈佛大学成为世界上最优秀的大学的原因之一就是校长长期任职制，颇具魅力的领导长期任职能使学校为适应变化的新时代需要而在现有体制基础上不断更新和改进。较长的校长任期可以规划长远的学校发展，不仅仅反映在教学内容上，更重要的是体现在对大学文化和大学理念的塑造作用上。明确的职权范围是大学校长履行职责的必要条件。在美国的大学治理机构中，很多大学的校长拥有最大的决策权，而董事会主要围绕聘任、评价和支持校长的工作而展开。① 夏皮罗（Shapiro）认为，美国高校校长的职权要大于欧洲的大学校长，而且随着美国大学管理的日渐复杂化，校长的权力的进一步扩大，夏皮罗认为，美国大学校长的首要职权是资源动员（mobilize the resources），即从学生、校友、政府以及其他渠道筹集资金，以实现学校的战略目标和各项任务。②

四　完善校长队伍建设，建立校长对举办者的权力制约机制

在民办高校的发展早期阶段，举办者的权力集中有利于提高学校决策效率并灵活调整学校的办学方向，但在民办高等教育发展到更高的阶段之后，则必须加大对举办者的权力制约力度。完善校长队伍建设能够起到制约举办者权力的作用。首先，民办高校的校长大多拥有丰富的管理经验和专业知识，根据约翰·弗伦奇（John. French Jr.）和伯特伦·雷文（Bertram. Raven）的权力分类，这是一种专业权力（Expert Power）。③ 借助于专业权力，校长可以向举办者提供指导、建议和咨询，从而影响举办者的办学理念和办学行为。其次，校长大多拥有广泛的社会关系网络，与政府部门有良好的关系，校长既能够向政府部门为民办高校争取优惠政策，又能够向政府部门"揭发"民办高校的违规行为，因此，校长能对举办者的权力形成制约。

国家的相关政策也越来越强调校长在民办高校内部治理中的作用。《国务院关于鼓励社会力量兴办教育促进民办教育健康发展的若干意见》（国发〔2016〕81 号）指出："完善校长选聘机制，依法保障校长行使管理权。民办学校校长应熟悉教育及相关法律法规，具有五年以上教育管理经验和良好办学业绩，个人信用状况良好。学校关键管理岗位实行亲属回避制度。"这个政策从三个角度赋予了校长更大的职权：首先，校长的管理权应该受到保障，包括举办者在内的任何人不能随意干涉校长的管理

①　Association of governing boards of universities and colleges. Association of governing boards of universities and colleges statement on board responsibilities for institutional governance. 2010.

②　Harold T. Shapiro, University Presidents—Then and Now, William G. Bowen & Harold T. Shapiro, *Universities and their Leadership*, Princeton University Press, 1998, 69.

③　John R. P. French Jr. & Bertram Raven, the Bases of Social Power, Shafritz Ott Jang. *Classics of Organization Theory*, Boston：Cengage Learning, 2016：257.

权。其次，校长要具备相应的条件和资质，不是任何人都可以担任。最后，校长作为最重要的管理岗位，原则上不能由举办者的亲属来担任。

从我国民办高等教育的未来发展来看，校长在民办高校内部治理中的作用会越来越突出。举办者终究会成为一个历史概念。越来越多的创办者由于年龄偏大、身体健康等原因退出学校领导岗位，在这种情况下，完善校长的遴选、考核和激励等机制，对于优化我国民办高校的内部治理结构具有重要意义。

（一）明确校长的任职标准和要求

从大学校长所发挥的重要作用以及社会公众对大学校长的期待来看，校长既应该有高尚的品德，又应该有突出的管理能力，既应该有丰富的学识和卓越的研究能力，又要有健康的身体和旺盛的精力，既应该有先进的教育理念，又要有市场推广和营销能力，还要具备必须的政治智慧。梳理下表中的相关要求，民办高校校长的任职资格包括：有中国国籍、在中国境内居住、具有 10 年以上从事高等教育管理的经历、年龄不超过 70 岁等。

表 6-7 民办高校校长的相关政策法规梳理

时间	法律、文件及内容
1995. 3. 18	《教育法》第三十条： "学校及其他教育机构的校长或者主要行政负责人必须由具有中华人民共和国国籍、在中国境内定居、并具备国家规定任职条件的公民担任，其任免按照国家有关规定办理。" 2015. 12. 27 新修订的《教育法》保留了上述规定
1997. 7. 31	《社会力量办学条例》第二十二条： "教育机构的校长或者主要行政负责人的人选，设立董会的，由校董会提出；不设立董会的，由举办者提出，经审批机关核准后聘任"
1998. 8. 29	《高等教育法》第四十条： "高等学校的校长，由符合教育法规定的任职条件的公民担任。高等学校的校长、副校长按照国家有关规定任免。" 2015. 12. 27 日新修订的《高等教育法》保留了上述规定
2002. 12. 28	《民办教育促进法》第二十三条规定： "民办学校参照同级同类公办学校校长任职的条件聘任校长，年龄可以适当放宽，并报审批机关核准"

续表

时间	法律、文件及内容
2007.2.3	《民办高等学校办学管理若干规定》（教育部令第 25 号）规定： 民办高校校长应当具备国家规定的任职条件，具有 10 年以上从事高等教育管理经历，年龄不超过 70 岁。校长报审批机关核准后，方可行使民办教育促进法及其实施条例规定的职权
2009.5.8	《教育部办公厅关于民办高校校长变更（连任）核准有关规定的通知》规定了"校长任职的基本条件"： 1. 具有中华人民共和国国籍，在中国境内定居的公民。具有政治权利和完全民事行为能力。 2. 身体健康，年龄不超过 70 岁。遵守宪法和法律，热爱教育事业，具有良好的思想品德。 3. 应具有大学本科以上学历，副高职以上专业技术职称，10 年以上从事高等教育管理的经历
2013.6.29	全国人民代表大会常务委员会在《关于修改〈中华人民共和国文物保护法〉等十二部法律的决定》中对《中华人民共和国民办教育促进法》做出修改，将第二十三条修改为： "民办学校参照同级同类公办学校校长任职的条件聘任校长，年龄可以适当放宽"。 2016.11.7 新修订的《民办教育促进法》第二十四条保留了上述规定
2015.11.10	《教育部关于废止和修改部分规章的决定》（教育部令第 38 号）规定： 将《民办高等学校办学管理若干规定》（教育部令第 25 号）第十条修改为："民办高校校长应当具备国家规定的任职条件，具有 10 年以上从事高等教育管理经历，年龄不超过 70 岁。校长任期原则上为 4 年。" 将《独立学院设置与管理办法》（教育部令第 26 号）第二十九条第一款修改为："独立学院院长应当具备国家规定的任职条件，年龄不超过 70 岁，由参与举办独立学院的普通高等学校优先推荐，理事会或者董事会聘任"

　　民办高校在聘请校长时，一定要从自身出发，高标准、严要求，从品德、学识、管理经验和身体素质等方面选择出最能够带领民办高校前进的舵手。现在的民办高校校长主要是退休的公办高校领导。虽然这种校长具有管理经验和社会关系，对于提高民办高校的科学管理水平、争取国家政策优惠具有重要作用，也符合国家的相关规定，但是从公办高校退休的校长也面临着一些特殊的挑战。民办高校的管理工作对校长的工作强度和工作节奏提出了很高的要求，年龄偏大的校长可能会力不从心。根据笔者对几位民办高校举办者的近距离观察，民办高校举办者的工作强度十分大，一些举办者平均每天工作时间在 14 小时以上，这种工作强度远远超过公办高校的领导。民办高校领导的工作时间如此之长，客观上是由民办高校工作的复杂性所决定的。公办高校的资金主要来自财政资金，政府向公办高校提供办学经费是政府的法定义务，所以公办高校的领导和政府的关系

相对容易处理。民办高校需要向政府部门争取招生指标、财政扶持政策、土地指标和税收减免，民办高校还要处理和其他利益相关者的关系。因此，民办高校领导工作的复杂性对校长的精力和时间都有很高的要求。年龄偏大、习惯了公办高校的工作节奏、工作内容和工作强度的公办高校校长可能难以适应民办高校的管理要求。随着我国民办高等教育制度环境的改善，政策透明度日渐提高，民办高校的发展将更多依赖于自身的战略制定和实施而不是依赖和政府的关系远近，更多的民办高校会聘请年富力强、富有活力和创新精神的年轻校长。管理学的研究发现，当企业拥有更好的市场环境时，企业能将自己的发展寄希望于职业化的经理人，相反，当企业所处的市场环境不成熟时，企业将不得不依赖非职业化的经理人员。①

　　民办高校校长的任职标准涉及民办高校的家族化管理问题。《教育部关于鼓励和引导民间资金进入教育领域促进民办教育健康发展的实施意见》（教发〔2012〕10号）曾提出"校长及学校管理岗位实行亲属回避制度"的要求，但是这一要求并没有得到有效实施。2016年的《若干意见》又一次做出了"学校关键领导岗位实行亲属回避制度"的规定。《国家公务员暂行条例》界定了"亲属回避"的含义，该《条例》规定，国家公务员之间有夫妻关系、直系血亲关系、三代以内旁系血亲以及近姻亲关系的，不得在同一机关担任双方直隶于同一行政首长的职务或者有直接上下级领导关系的职务，也不得在其中一方担任领导职务的机关从事监察、人事、审计、财务工作。若根据该《条例》来理解民办高校的"亲属回避"，具有夫妻、直系血亲、三代以内旁系血亲以及近姻亲关系的家庭成员不能在董事会、校级领导班子、人事部门和财务部门工作。显然，如果按照此规定来执行，我国大部分民办高校不符合国家规定。民办高校分类管理以后，营利性民办高校的家族化管理可能不存在太大的政策障碍，但是非营利性民办高校的校长是否可以继续由家族成员来担任？这个问题既是理论难题，也是政策制定的难题。若严格限制家族成员担任校长，则举办者的办学积极性会受到打击，但是若继续允许家族化管理的存在，则民办高校的一些管理乱象就会继续存在。对于这个问题，可以采取

---

① 夏立军、郭建展、陆铭：《企业家的"政由己出"——民营IPO公司创始人管理、市场环境与公司业绩》，《管理世界》2012年第9期。

"一省一规""一校一策"的办法，由省级教育行政部门对校长的任免提供指导意见。当担任校长的举办者家族成员被证明不具备领导大学所必需的素质时（比如多次出现重大决策失误），省级教育行政部门可以组建校长评定小组对民办高校的校长进行评议，然后对民办高校提出更换校长的建议。

（二）健全校长的产生程序

从 1997 年的《社会力量办学条例》到 2013 年第一次修改《民办教育促进法》之前，国家政策一直要求民办高校的校长任命需要经过审批机关审核，后来出于扩大民办高校办学自主权的目的，从 2013 年开始不再要求对民办高校的校长任命进行审核。这样，从法律的角度看，民办高校校长的产生方法和程序完全是民办高校内部事务。2016 年修订的《民办教育促进法》规定举办者通过章程参与学校的管理，章程在民办高校的内部治理和科学发展中起到越来越重要的作用。今后民办高校的章程应该对校长的任职标准、产生程序进行更加详细的规定。为了进一步优化校长的遴选效果，民办高校可通过以下程序遴选校长。首先，向外界发布校长的招聘信息。学校应当通过学校网站、公共媒体等渠道向外界公开校长的遴选标准和条件，争取在最大范围内吸引校长候选者。需要注意的是，大学校长应是具有远大眼光和领导魄力的人物，这些人往往已经取得一定的成就、已有满意的工作，而并不谋求大学校长的职位。民办高校应该主动去说服这样的人，把他们拉进遴选过程。[①] 其次，对校长应聘者进行初步筛选。最后，确定校长的最终人选。董事会对候选人进行全面考察之后开展面试，最终确立校长人选。在整个公开遴选的过程中，应允许政府代表、师生和媒体在一定程度和范围内参与其中，最大限度保证遴选程序的民主和公平，使校长的遴选过程成为明确目标、优化战略、凝聚共识的过程。

（三）保障校长充分的职权

作为民办教育领域的唯一一部法律，《民办教育促进法》仅仅规定了校长的职权，而没有规定董事长和党委书记的职权，从这个意义来理解，校长可视为民办高校名义上的最高管理者。《民办教育促进法》第二十五

---

① 张隆溪：《21 世纪的大学需要什么样的校长》，载黄俊杰《大学校长遴选理念与实务》，北京大学出版社 2007 年版，第 109 页。

条规定了民办高校校长的职权，民办学校校长"负责学校的教育教学和行政管理工作"，具体的职权包括：实施发展规划，拟订年度工作计划、财务预算和学校规章制度；聘任和解聘学校工作人员，实施奖惩；组织教育教学、科学研究活动，保证教育教学质量；负责学校日常管理工作；等等。

由于法律规定不够详细（比如没有规定校长可以聘任和解聘哪些工作人员），也没有规定实施职权的程序和保障条件（比如教育教学的管理权受到侵犯时如何救济）等，很多民办高校校长的职权无法有效行使，校长往往沦为学校发展的咨询者而非决策者。当然，对于举办者来说，向校长授权是一个艰难的决定。一些举办者带领学校从无到有，从小到大，对学校倾注了毕生的心血，因此不舍得将决策权拱手让与他人，还有一些举办者担心一旦向校长让渡较大的决策权，就可能会影响自己对学校的最终控制权力。但是，明智的举办者应该认识到向校长充分授权的必要性。民办高校分类管理以后，向校长充分授权应该是非营利性民办高校内部治理的重要特征之一，建立董事会和校长之间的权力分工机制是促进民办高校健康发展的重要条件。在国外大学中，董事会和校长往往通过相互支持但同时又相互制约和监督的方式提高决策的科学性。弗里德曼（James O. Freedman）指出，董事会的职权范围是"治理"，而校长的职权范围是"管理"，这两者虽然存在交叉但是也有明确的区别。[①] 治理倾向于宏观性、战略性和方向性的决策，而管理则更强调微观性、战术性和具体的决策。美国大学董事会联盟指出，大学治理的"最终责任在于董事会"，但是董事会需要"依靠校长来实现对大学的领导，制定学校的愿景和战略规划"。[②] 这说明，董事会和校长的职权之间蕴含着相互包含的内容，校长也可以在一定程度上参与董事会的战略决策，但是就微观的管理事务而言，主要应该是校长的职权范围所在，举办者和董事会不应该做出太多的约束。

（四）建立校长的考核和激励机制

就当前来看，民办高校的董事会对校长的考核方式有三种。第一，一些民办高校（主要是企业举办的民办高校）对校长赋予的权力较大，接

---

① Freedman, James O. Presidents and trustees, Governing academia, 2004. 9-26.

② Association of governing boards of universities and colleges. Association of governing boards of universities and colleges statement on board responsibilities for institutional governance. 2010.

近于真正的"董事会领导下的校长负责制",这些高校常采用量化考核的方式对校长进行考核,生源增长情况往往是最重要的量化指标之一。以生源增长作为校长最重要考核指标的方式也是美国许多私立高校董事会考核校长的方式。当民办高校进行营利性和非营利性分类管理以后,对营利性民办高校校长的考核可能会更加侧重量化考核方式,考核的指标包括生源、利润、市值(若民办高校上市的话)等。第二,采用"校长述职"的方式对校长进行考核,董事会成员、校级领导班子和部分中层干部聆听校长的述职,然后对校长的工作进行评价。由于校长工作的复杂性,对校长进行量化考核具有一定的难度,所以这种考核方式具有一定的普遍性。第三,非正式的考核。前两种方式可以看作正式的考核,现实中还存在大量"非正式的""象征性的"考核方式。很多民办高校并没有详细规定校长的职权和任务,这些民办高校只是希望校长能够解决学校发展中面临的突出问题,比如争取到更优惠的政策和土地指标、获得更多的生源指标、顺利通过本科教学评估、提高学校的教学质量和社会声誉等。在这种情况下,民办高校和校长之间的关系主要属于"合作关系"而非"雇用关系"。处于合作关系的一方很难以正式的考核方式对另一方进行考核。

考核机制和激励机制紧密相连。物质奖励是最重要的激励方式之一,目前大部分民办高校校长的年薪为40万—50万元,部分地区的民办高校在特殊发展时期(如升本时期)对校长开出的年薪也可能达到百万。除了物质激励之外,精神奖励也是民办高校经常采用的激励校长的手段。一些从公办高校退休的校长希望利用民办的灵活机制和较大的办学自治权来实现自己的教育理想,实施教育改革,为社会培养人才。当民办高校的办学理念、发展愿景与公办高校退休校长的想法相一致时,他们更愿意投身到民办高校的建设和发展中来。

民办高校校长的考核和激励机制都存在进一步优化的空间。从考核来说,最重要的是明确校长的责任和义务。即使是对于和民办高校处于"合作关系"的校长来说,明确其工作职责、工作重点和权力边界也十分重要。如果缺乏这些约定,可能会导致校长的职责不明,甚至导致校长与举办者之间的关系受损,因为双方都难以形成对彼此的正确预期。校长的责任和义务确定以后,民办高校可以采用量化考核、校长述职和360°考核法等方式对校长进行考核。从激励来说,应该继续加大物质激励的力度,此外应该建立校长薪酬与学校发展绩效相挂钩的考核机制。在不断加大物质激励的基础上，也要对校长进行充分的精神激励。

（五）建立校长监督机制

大卫·休谟曾经提出制度设计的"无赖原则"，即在设计政府制度和组织内的运行法则时，应把每个人都视为无赖，即在他的全部行动中，除了谋求一己私利外，别无其他目的。[①] 该原则强调监督机制的重要性。在高校的内部管理中，若校长的职权缺乏有效的监督和制约，校长的权力可能就会失控，最终损害举办者、学校和学生的整体利益，如重庆某民办高校曾经发生的"校长驱逐举办者"事件。所以在对校长进行激励的同时，也应当对其进行有效的监督。我国民办高校规范化办学的一大突出问题就是监督主体较为单一，民办高校内部监督和社会中介组织监督力量较弱。[②] 因此，民办高校应当以学校章程为基础，建立多元化的校长监督机制。民办高校在制定学校章程时，应明确董事会、校长、党组织和监事会等权力主体的权限，从而保证各主体之间形成良好的监督与制约关系。

第三节　民办高校党组织对举办者权力的制约

我国公办高校实行党委领导下的校长负责制，民办高校实行董事会领导下的校长负责制，虽然党组织不是民办高校的决策机构，但是在民办高校的内部治理中发挥重要作用。加强党对民办高校的领导是体现我国民办高校内部治理特色的重要方面，近年来党中央和国务院所出台的民办教育政策均强调要加强党对民办高校的领导。课题组系统梳理了自1978年改革开放以来涉及党在大学治理中的作用和地位的重要文件和领导讲话，见表6-8。表中的部分文件仅仅针对公办高校，也有一些文件同时适应于公办高校和民办高校，还有一些文件仅仅针对民办高校。由于针对公办高校的文件对于民办高校的内部治理也有一定的参考价值，同时为了保持政策文件的连续性，我们将这些文件也收录其中。从下表可以看出，虽然党在不同时期的文件对党在大学中的地位和作用以及党组织和校长的关系的表

---

① ［美］斯蒂芬·L. 埃尔金：《新宪政论》，周叶谦译，读书·生活·新知三联书店1997年版，第27—28页。

② 金保华、王英：《美国私立高校办学监督机制：类型、特征与启示》，《黑龙江高教研究》2013年第10期。

述有所不同，但是总的线索是清晰的，党组织一直是我国大学治理中的重要权力主体。

表6-8　中国共产党在大学治理中的作用和地位的重要文件和领导讲话

时间	重要法律、文件或领导讲话及其内容	适应范围
1978.4.10	《全国重点高等学校暂行工作条例（试行草案）》："今后高等学校实行党委领导下的校长分工负责制""在系一级实行党总支领导下的系主任分工负责制。"	全国重点高校
1985.5.27	《中共中央关于教育体制改革的决定》："学校逐步实行校长负责制，有条件的学校要设立由校长主持的人数不多的有威信的校务委员会作为审议机构。要建立和健全以教师为主体的教职工代表大会制度，加强民主管理和民主监督。学校中的党组织要从过去那种包揽一切的状态中解脱出来，把自己的精力集中到加强党的建设和加强思想政治工作上来。"	所有学校
1988.4.27	《关于高等学校逐步实行校长负责制的意见》："高等学校必须按照党政分开的原则逐步实行校长负责制。"	所有高校
1989年以后	根据有关部门的指令，高等学校一律实行党委领导下的校长负责制，为数不多实行校长负责制的高等学校随即停止了试点①	所有高校
1992.8.21	《国家教委关于直属高校内部管理体制改革的若干意见》。第7部分规定"加强党对校内管理体制改革的领导，改革的重大措施由学校党委和校长集体讨论决策，校长组织行政部门实施。党委要把握改革方向。"	教育部直属高校
1993.2.8	《关于普通高等学校内部管理体制改革的意见》第二十条规定"要加强党组织对改革的领导，作好思想政治工作。"	所有高校
1993.8.17	《民办高等学校设置暂行规定》第5条规定："民办高等学校应坚持党的基本路线，全面贯彻教育方针，保证教育质量，培养合格的人才。学校要建立共产党、共青团和工会组织，以及必要的思想政治工作制度。"	民办高校
1993.2.13	《中国教育改革和发展纲要》第十九条规定，"切实加强党对教育工作的领导，大力加强和改进德育工作。"	所有学校
1995.3.18	《中华人民共和国教育法》第三十条规定："学校的教学及其他行政管理，由校长负责。"2015年新修订的《教育法》第三十一条保留了上述条款	所有学校

---

① 刘英杰：《中国教育大事典1949—1990（下册）》，浙江教育出版社1993年版，第1096页，转印自张斌贤《我国高等学校内部管理体制的变迁》，《教育学报》2005年第2期。

续表

时间	重要法律、文件或领导讲话及其内容	适应范围
1996. 3. 18 2010. 8. 13	《中国共产党普通高等学校基层组织工作条例》第三条规定"高等学校实行党委领导下的校长负责制。校党委统一领导学校工作，支持校长按照《中华人民共和国教育法》的规定积极主动、独立负责地开展工作，保证教学、科研和行政管理等各项任务的完成"。该条例第十一条具体规定了学校党委会的职责。 2010 年修订的《中国共产党普通高等学校基层组织工作条例》（中发［2010］15 号）第三条保留了上述条款	公办高校
1998. 8. 29 2015. 11. 7	《高等教育法》第三十九条规定："国家举办的高等学校实行中国共产党高等学校基层委员会领导下的校长负责制。中国共产党高等学校基层委员会按照中国共产党章程和有关规定，统一领导学校工作，支持校长独立负责地行使职权"，其领导职责包括"讨论决定学校内部组织机构的设置和内部组织机构负责人的人选，讨论决定学校的改革、发展和基本管理制度等重大事项。" 2015 年修订的《高等教育法》第三十九条对上述条款未作修改	公办高校
2006. 12. 21	《关于加强民办高校党的建设工作的若干意见》确定了党组织的政治核心和安全稳定作用。由原先的自主自为地开展工作转变为党和政府的直接推动、直接参与	民办高校
2010. 7. 29	《国家中长期教育改革和发展规划纲要（2010—2020 年）》第四十条规定，"完善中国特色现代大学制度"。"公办高等学校要坚持和完善党委领导下的校长负责制。" 　第四十四条规定："积极发挥民办学校党组织的作用。"	公办高校和民办高校
2014. 10. 1. 5	中共中央办公厅《关于坚持和完善普通高等学校党委领导下的校长负责制的实施意见》规定："党委领导下的校长负责制是中国共产党对国家举办的普通高等学校领导的根本制度。""党委会议有关教学、科研、行政管理工作等议题，应在会前听取校长意见；校长办公会议（校务会议）的重要议题，应在会前听取党委书记意见。"	公办高校
2007. 1. 16	《民办高等学校办学管理若干规定》（教育部令第 25 号）第九条规定："民办高校必须根据有关规定，建立健全党团组织。民办高校党组织应当发挥政治核心作用。"	民办高校
2016. 11. 7	新修订的《民促法》第九条规定："民办学校中的中国共产党基层组织，按照中国共产党章程的规定开展党的活动，加强党的建设。"	民办学校

续表

时间	重要法律、文件或领导讲话及其内容	适应范围
2016.12.7—8.	习近平在全国高校思想政治工作会议上指出，民办高校的"办学方式、组织结构、运行模式可以不同，但在坚持正确政治方向、正确育人导向上没有例外。要把民办高校、中外合作办学院校纳入高校思想政治工作整体布局，完善体制机制，延伸工作手臂，建立健全党组织，全面推行党组织书记选派，确保民办高校党建和思想政治工作全覆盖。"	民办高校
2016.12.29	《关于加强民办学校党的建设工作的意见（试行）》对"加强民办学校党的领导"提出了全面意见，包括： "推进党组织班子成员进入学校决策层和管理层。民办学校党组织书记应通过法定程序进入学校董（理）事会，办学规模大、党员人数多的学校，符合条件的专职副书记也可进入董（理）事会。党组织班子成员应按照学校章程进入行政管理层，党员校长、副校长等行政领导班子成员，可按照党内有关规定进入党组织班子。" "健全党组织参与决策和监督制度。涉及民办学校发展规划、重要改革、人事安排等重大事项，党组织要参与讨论研究，董（理）事会在做出决定前，要征得党组织同意；涉及党的建设、思想政治工作和德育工作的事项，要由党组织研究决定。建立健全党组织与学校董（理）事会、监事会日常沟通协商制度，以及党组织与行政领导班子联席会议制度；强化党组织对学校重要决策实施的监督，定期组织党员、教职工代表等听取校长工作报告以及学校重大事项情况通报。"	民办高校
2016.12.29	《国务院关于鼓励社会力量兴办教育促进民办教育健康发展的若干意见》提出："党组织参与决策，督促依法治教和规范管理，监事会中应有党组织领导班子成员。"	民办高校

资料来源：部分参考了张德祥《1949 年以来中国大学治理的历史变迁——基于政策变革的思考》，载张德祥等主编《大学治理——权力运行制约与监督》，科学出版社 2016 年版，第 4 页。

一　党组织对民办高校举办者权力制约的可能性

加强党组织建设，特别是完善党委书记的产生方式可以对举办者的权力形成有效的制约，主要可以从两个方面来理解。

（一）党组织是民办高校内部治理中非常重要的一环，拥有越来越重要的职权

《关于加强民办学校党的建设工作的意见（试行）》对民办学校党组织的职权做了如下规定：

"推进党组织班子成员进入学校决策层和管理层。民办学校党组织书

记应通过法定程序进入学校董（理）事会，办学规模大、党员人数多的学校，符合条件的专职副书记也可进入董（理）事会。党组织班子成员应按照学校章程进入行政管理层，党员校长、副校长等行政领导班子成员，可按照党内有关规定进入党组织班子。""健全党组织参与决策和监督制度。涉及民办学校发展规划、重要改革、人事安排等重大事项，党组织要参与讨论研究，董（理）事会在做出决定前，要征得党组织同意；涉及党的建设、思想政治工作和德育工作的事项，要由党组织研究决定。建立健全党组织与学校董（理）事会、监事会日常沟通协商制度，以及党组织与行政领导班子联席会议制度；强化党组织对学校重要决策实施的监督，定期组织党员、教职工代表等听取校长工作报告以及学校重大事项情况通报。"

根据上述规定，可以将党组织和党组织书记的职权归纳为如下几个方面。第一，党委书记进入董事会，参与董事会的决策，即党委书记拥有部分决策权，比如涉及学校发展规划、重要改革、人事安排等重大事项，党组织要参与讨论，董事会在做出决定前需要征得党组织同意，这进一步赋予了党组织的决策参与权。第二，党组织班子成员进入行政管理层，担任校长或副校长，参与决策的执行和实施，即党组织拥有部分决策的执行权。第三，党的建设、思想政治工作和德育工作，由党组织决定。第四，党组织对重要决策进行监督，即党组织拥有监督权，党组织监督权的行使方式之一是通过领导教职工代表大会来进行的。在美国等大学的内部治理中，教师是体现共同治理（shared governance）的重要力量。博克指出，由于大学面临的经济压力巨大，所以董事会和校长可能为了削减学校的费用而损害大学的学术价值。为此，大学内部治理应该更加认真地倾听教师的声音，应该组建受人尊敬、消息灵通的专门的教师委员会来参与学校治理。[1] 当然，美国不同层次的高校中教师的权力是不同的。阿特巴赫指出，"在美国，大学的声望越底，教师的权力越小。在社区学院，教授不拥有权力，他们主要通过教师工会施加影响。在少数情况下，教师会游行示威，但大多是为了薪酬，而不是为了学术问题"。[2] 在我国，加强党组

---

① Bok, Derek. Academic Values and the Lure of Profit. *Chronicle of Higher Education*. Apr. 4, 2003, pp. B7-B9.

② 别顿荣、[美] 菲利普·阿特巴赫：《中美大学治理对谈》，载张德祥等主编《大学治理——权力运行制约与监督》，科学出版社 2016 年版，第 129 页。

织所领导的教职工代表大会制度建设是体现共同治理特征的重要方面。

（二）党组织负责人扮演政府和民办高校的权力中介

很多省（自治区、直辖市）的民办高校党委书记是上级部门选派的，兼任政府督导专员。从目前的情况来看，党委书记和督导专员是"合一"的，所有向民办高校选派的党委书记都担任督导专员。目前政府和民办高校往往处于"信息不对称"的状态，政府不能及时掌握民办高校诸如举办者变更和财务运作等重要事项，这就使得民办高校蕴含着极大的风险。向民办高校派驻督导专员，可以对民办高校的重大事项进行监督。督导专员担任监督者的职责，可以将一些民办高校的不当行为向政府有关部门汇报。由于政府在民办高校的发展中扮演重要作用，一些民办高校的举办者会担心督导专员将不合规的行为向政府部门汇报，所以会尽量在法律规定的范围内行事。若举办者的行为真的超出法律界限，督导专员会及时向政府汇报，政府可能会及时采取干预措施，将风险消灭在萌芽之中。所以，兼任督导专员的党组织负责人对于提高民办高校内部治理的规范性和稳健性将起到重要作用。

二　当前民办高校党委书记的产生方式

党委书记是民办高校党组织的负责人，在党组织建设中发挥重要作用。党委书记的产生方式和群体特征会在很大程度上决定党组织和党委书记的职能发挥状况。目前党委书记的产生方式主要有两种，分别是上级选派或学校选举产生，这两种方式各有利弊。

（一）上级选派

由于一些举办者追求经济回报的动机过于浓厚，一些民办高校的内部治理脆弱，风险多发。2005年到2006年，全国多所民办高校因违规转移办学资金而倒闭，① 特别是2006年江西等地民办高校相继发生多起因学籍、收费等问题引起的学生群体事件，引起了政府和社会各界的高度关注。② 在此背景下，2006年中共中央组织部、中共教育部党组下发《关于加强民办高校党的建设工作的若干意见》（教党〔2006〕31号），开始加

---

① 董圣足：《民办院校良治之道—我国民办高校法人治理问题研究》，教育科学出版社2010年版，第94页。

② 陈美红：《新时期民办高校学生群体性事件防范问题研究》，江西财经大学，2009年。

强民办高校的党建工作，希望以党建作为加强民办高校规范治理的突破口。该《意见》指出，党委教育工作部门可选派党员或退休党员到民办高校担任党组织负责人，并兼任政府"督导专员"。2007 年教育部的 25 号令进一步规定了对民办高校的"督导制度"并明确了"督导专员"的职责。2007 年，各地政府为了维护学校的安全稳定，开始探索民办高校党委书记选派制度。江西省率先向江西蓝天学院等 10 所民办高校委派督导专员（兼任党委书记），任期 4 年，负责督导、督察和督学。陕西省也从 2007 年开始陆续向民办高校委派党委书记，所派人员的级别较高，有重点大学的党委副书记或校长，还有省教育工委和纪检委的副书记，还有一些年轻的厅级干部。2007 年，湖南省出台了《向民办普通高校委派党委书记（督导专员）的实施办法》，明确了党委书记的工作职责、选派程序、工作待遇等事项，强调主要从教育行政部门和公办高校中选派人员，包括在职的副厅级党员干部或厅（校）级后备干部。辽宁省选派的党委书记多为即将退休的教育厅或公办高校的领导，级别多为正厅或副厅级。

　　向民办高校选派党委书记的做法取得了积极的效果，越来越多的省份开始向民办高校选派党委书记。2016 年《民促法》修正案确立了加强民办高校党的建设的基本原则，《意见》提出了加强民办高校党建的具体措施以后，各地向民办高校选派党委书记的进程进一步加快。山东省从2016 年也开始了委派工作，所派人员享受副厅级待遇，并明确规定民办高校的举办者不得担任党委书记，之前有部分担任党委书记的举办者只能担任党委副书记。山东的政策还规定，选派的党委书记应该担任副董事长。截至 2017 年 6 月，至少有 17 个省（自治区、直辖市）向民办高校选派党委书记，部分省（自治区、直辖市）向民办高校选配党委书记情况见表 6-9。所派人员的级别有正厅、副厅、正处、无级别四种。

表 6-9　　9 个省（自治区、直辖市）向民办高校选派党委书记情况

省份	基本做法
福建	自 2007 年开始选派。选派的民办高校组织负责人按现行高校干部管理体制管理，其编制、人事关系留原所在单位
陕西	自 2007 年开始选派，目前由省委组织部向民办高校选派党委书记，民办高校党委书记为正厅级。不转工资和行政关系，在原单位享受同职级待遇，不在任职的民办高校领取薪酬

续表

省份	基本做法
广西	从 2007 年开始从自治区教育厅和公办普通高校中选派在职副处级以上党员干部，到 8 所民办普通高校担任党委书记兼督导专员，任期 4 年。任职期间，原有职级不变，人事关系和工资福利、津贴等待遇由原单位负责
云南	云南省向 8 所民办高校选派了 3 名副厅级、5 名正处级党委书记兼政府派驻学校的督导专员
江西	根据《中共江西省委、政府关于进一步加强和改进民办普通高等学校工作的若干意见》，党委教育工作部门可选派德才兼备、熟悉教育工作的党员，到民办高校担任党组织负责人，也可以选派退休干部中的党员到民办高校党组织任职。党委负责人可兼任政府派学校的督导专员
上海	上海市民办高校工作委员会面向全市教育系统公开选拔上海民办高校党委书记人选；此外，也可以接受民办高校董事会的委托选聘校长人选
吉林	除了吉林华桥外国语学院等 2 所民办高校试点选派党委书记之外，其他民办高校都是内部产生
江苏	《中共江苏省委组织部中共江苏省委教育工委关于进一步加强民办高校党的建设工作的意见》（苏委教组〔2012〕85 号）指出：民办高校党组织主要负责人，逐步做到按组织关系隶属，由党委教育工作部门选派。参照公办高校党委书记的要求，从公办高校校级后备干部、退居二线的高校领导班子成员、退休的高校和党委教育工作部门负责人中择优选任民办高校党委书记。选任的民办高校党委书记任职期间的行政、供给关系均保留在原单位，按照规定发放工资福利。由公办高校后备干部选任的，原则上要任满一届。由退休干部选任的，身体健康，本人自愿，任职年龄不超过 70 周岁。选任的民办高校党委书记的工作条件由任职学校提供。选派的民办高校党委书记可兼政府派驻学校督导专员，依法监督、引导学校的办学方向、办学行为和办学质量。市委教育工作部门选派民办高校党组织负责人前，须向省委教育工委请示选派事项及人选情况，由省委教育工委批复同意后，市委教育工委任命或批复党代会选举
山东	山东民办高校党委书记选派工作从 2017 年 4 月启动，党委书记原则上担任副董事长

资料来源：山西、吉林、陕西、江西等省信息来自访谈，其他省份的信息来自网络。

　　各省向民办高校选派党委书记的政策强度不同。有的省份向所有民办高校选派党委书记，不允许存在任何松动的空间。有的省份则比较尊重民办高校的意愿，根据实际情况执行选派党委书记的政策，若民办高校内部选举产生的党委书记能够胜任工作，则允许民办高校产生的党委书记继续担任。也有的省份虽然出台了向民办高校选派党委书记的文件，但是并没有执行，也有的省份"选择性"地执行了部分文件的内容。在选派党委书记的过程中，选派机构往往尊重民办高校的意愿，在某种程度上具备"双向选择"的特征。选派机构会就拟派任的党委书记征求民办高校意愿，部分民办高校还可以"主动要求"或"挑选"选派的党委书记。比如，一所民办高校希望一所著名公办高校的党委书记退休后到学校工作，因为该书记具有丰富的社会资本网络和高校管理经验。该民办高校和该书记进行了大量接触、征得了他的同意之后向上级部门汇报，希望上级部门在该书记退休后选派他来学校任党委书记，上级部门同意了该民办高校的申请。这样的制度设计应该看作是民办高校党委书记选派制度的创新，这样的制度设计既有效实施了民办高校党委书记的选派制度，又赋予了民办高校部分选择权。

大部分民办高校的举办者非常欢迎政府委派的党委书记。第一，党委书记可以帮助民办高校争取政府的财政资金和优惠政策。民办高校是否能享受到政府的扶持和优惠政策，既与国家政策规定有关，也与民办高校的发展实力有关，更与民办高校与政府的积极沟通有关。政府选派的党委书记熟悉政府运作过程，与政府各类工作人员有较好的关系，所以可以帮助民办高校争取到更多的优惠政策和资金扶持，如招生指标、财政经费、税收优惠和土地指标等。第二，选派的党委书记大多拥有丰富的管理经验，曾经担任公办高校的党委书记或教育行政部门领导，所以能够帮助民办高校提高管理效率和优化教育理念。我国大部分民办高校目前正处于从"规模扩张"阶段向"内涵建设"的过渡时期，教学、科研、内部管理等方面都需要富有高等教育管理经验的人士给予指导和帮助，党委书记进入民办高校加强了民办高校的领导力量。第三，选派的党委书记提高了民办高校的政治地位。一些省向民办学校选派的党委书记属于正厅级，这些民办高校认为这在实际上赋予了民办高校"正厅级单位"的地位。

也有一些民办高校不太欢迎上级部门选派的党委书记。第一，有些学校的举办者认为民办高校是自筹资金和自负盈亏的办学主体，学校的重大决策和人事安排应由学校自主决定。一些举办者担心自己的权力会受到限制，认为上级选派的党委书记（督导专员）是"告密者"，感觉自己的办学行为受到了"监视"，所以不欢迎政府选派的党委书记。还有一些举办者认为自己在创办并带领民办高校发展的过程中积累了足够多的教育知识和管理知识，因此并不需要政府选派的党委书记提供协助。这些举办者对党委书记的防备心理比较强。第二，有些党委书记自恃为上级派来的"钦差"，与董事长或校长争夺学校决策权，干涉学校决策机构和执行机构的管理运作，试图成为学校的领导核心，出现错位和越位，与董事会或校长的关系紧张，少数民办高校甚至出现了董事长拒绝与党委书记见面的尴尬情况。

(二) 学校选举产生

浙江、四川、重庆、广东等地方政府没有建立民办高校党委书记选派制度，学校的党委书记由学校自主选举产生，报党委教育工作部门批准或备案。调研发现，一部分举办者本身就是党员，同时又符合党委书记的任职条件，因此在担任董事长的同时担任党委书记。也有一些举办者的党龄较长，党务工作经验丰富，对党的领导也非常重视，仅仅担任党委书记而让他人担任董事长或校长。还有一些民办高校的举办者家属成员客观上具备担任党委书记的条件，所以被选举为党委书记。根据相关的法律规定，民办高校党委书记是由党员大会或者党员代表大会选举产生的，由于民办高校内部选举制度不尽完善，很多举办者可以左右党委书记的选举结果，从而让自己或自己所信任的人被选为党委书记。

在政府部门没有向民办高校选派党委书记的地区，民办高校也可能主动聘请公办高校退休的党务工作者和政府部门退休领导来校担任党委书记。民办高校的举办者或董事会做出聘请某人担任党委书记的决定之后，会按照国家规定的程序，通过学校党员大会或者党员代表大会选举产生拟聘任的党委书记。这种选择党委书记的方式赋予了民办高校办学自主权，民办高校可以根据自身发展阶段、面临的任务来选择合适的党委书记，但是党委书记的权力大小往往取决于举办者或董事会的授权，容易出现权力虚化的现象。一些民办高校还采取从学校内部提拔管理干部成为党委书记的做法。当某些干部表现出较高的政治素质和管理能力以后，民办高校便通过选举程序选举其为党委书记，这种方式产生的党委书记熟悉学校的发展情况，能够很快胜任工作，并且已与学校建立了深厚的感情，能全身心地开展工作。这种方式产生的党委书记的权力空间也取决于举办者或董事会的授权。

三　当前民办高校党委书记的群体特征

从 2014 年到 2017 年，课题组通过查阅官方网站、出版物以及内部资料，访谈民办高校的举办者、管理干部和教师等方式，建立了 "中国 293 所独立设置民办高校党委书记信息数据库"。所调查的学校来自东北、华东、华中、西南和西北五个地区，在全国具有较高的代表性，能涵盖我国民办高校党委书记的基本特征。

第一，民办高校党委书记的整体年龄偏大。数据库中有 133 位民办高校党委书记的年龄信息。2014 年教育部《关于进一步加强直属高等学校领导班子建设的若干意见》要求列入中央管理的党委书记和校长初任时，属提拔任职的年龄一般不超过 58 岁，年满 60 岁的领导班子成员要及时退出领导岗位。2007 年教育部第 25 号令规定民办高校督导专员（很多地区的督导专员同时担任党委书记）的任职年龄不超过 70 岁，有些地方法规也对民办高校党委书记任职年龄做了明确规定，如 2010 年《加强上海市民办高校党建工作的若干意见》中提到"党组织书记和副书记任职年龄不超过 70 岁"。但是很多地区并没有严格限制党委书记的年龄。调查显示，民办高校党委书记年龄最大者已达到 77 岁，最小者仅 31 岁，平均年龄为 57.4 岁。党委书记整体年龄偏大，60 岁及以上的就有 56 位，占比为 42.1%。党委书记年龄偏大与其产生渠道有一定关系，许多党委书记是从公办院校或政府部门退休后才进入任职的。党委书记担任重要职责，发挥重要作用，需要有强健的体魄和充沛的精力，年龄太大可能会导致在工作中力不从心，特别是一些年龄较大的举办者担任党委书记，需要引起一定的关注。

表 6-10　　　　　　　　　　　党委书记年龄分布

年龄	人次	所占百分比（%）	累计人次	累计百分比（%）
70—79 岁	6	4.5	6	4.5
60—69 岁	50	37.6	56	42.1
50—59 岁	58	43.6	114	85.7
40—49 岁	18	13.5	132	99.2
30—39 岁	1	0.8	133	100.0

第二，民办高校党委书记男女比例相对合理。数据库有 275 位党委书记的性别信息。236 位男性，占比 85.8%；39 位女性，占比 14.2%。郭晓伟等在 2012 年的研究发现，我国 211 高校女性党委书记的比例为 9.09%，[①] 高耀等在 2013 年的研究发现，我国 34 所 985 高校中女性党委

---

① 郭晓伟、郭俊、曾伟：《中国大学党委书记群体特征的调查分析》，《现代教育管理》2012 年第 7 期。

书记的比例为 15.15%。[①] 可见民办高校女性党委书记的比例和公办高校
女性党委书记的比例基本持平。民办高校女性党委书记的比例和民办高校
女性校长的比例基本相当,民办高校女性校长的比例约为 15%。但是,
公办高校中女性校长的比例远远低于女性党委书记的比例,姚利民等在
2005 年的调查发现,34 所"985"大学中没有一位女性校长[②]。郭晓伟等
发现,211 高校中女性校长的比例只有 1.74%。[③] 综合已有研究发现,民
办高校中女性校长的比例远远超过公办高校中女性校长的比例,民办高校
中女性党委书记的比例与公办高校中女性党委书记的比例相当或略高,因
此,民办高等教育为更多的女性参与高等教育管理提供了舞台。在高校女
性学生和女性教师比例不断提高的背景下,适当提高高等教育女性领导的
比例有利于促进我国高等教育的健康发展,也符合国际高等教育发展的
趋势。

　　第三,民办高校党委书记的学历层次有待提高。数据库中有 143 位党
委书记的学历信息。143 位党委书记中共有博士研究生 16 人,硕士研究
生 54 人,本科 72 人,专科及以下 1 人,占比分别为 11.2%、37.8%、
50.3%及 0.7%。可见,大部分党委书记的学历为本科,拥有博士学历的
还较少。民办高校的举办者和校长群体有博士学历的占比分别为 24.0%
和 24.1%,可见民办高校党委书记的学历层次低于民办高校举办者或校
长的学历层次。弗莱克斯纳(Abraham Flexner)曾说:"在本质上,大学
是一个做学问的地方,专注于储存知识,形成系统的知识,培养远高于中
学教育水平的受教育者。"[④] 作为民办高校重要领导者的党委书记,要能
领导大学这个学术组织并为学校发展把控方向,较高的学历层次和学术水
平是必不可少的要件,因此民办高校党委书记的学历层次还有待提高。

　　第四,民办高校党委书记的工作经历以党务工作为主。数据库中有
155 位党委书记的工作经历信息(见表 6-11)。22 所民办高校的党委书记

---

　　① 高耀、顾剑秀:《中国名牌大学党委书记个人特征研究——基于 34 所"985 工程"高校
的计量》,《煤炭高等教育》2013 年第 1 期。

　　② 姚利民、尹航:《我国知名大学校长个人特征研究》,《湖南大学学报》(社会科学版)
2008 年第 5 期。

　　③ 郭晓伟、郭俊、曾伟:《中国大学党委书记群体特征的调查分析》,《现代教育管理》
2012 年第 7 期。

　　④ Abraham Flexner. *Universities*:*American*,*English*,*German*. Transaction Publishers,1994.

是由举办者亲自担任的。14 位党委书记来自企业，占 9.0%，他们大部分为举办方企业的党委书记或党组织领导班子成员。97 位曾在公办院校党政或行政部门任过职，比例达到 62.6%，他们大部分为公办院校退休的校长或党委书记，熟悉教育领域的发展规律，拥有公办院校积累的工作经验。49 位党委书记曾在政府部门工作，占比为 31.6%，包括中青年干部、快要退休的或已退休的老干部，最高级别为正厅（行政级别是在担任民办高校党委书记之前确定的）。

表 6-11　　　　　　　　　党委书记工作经历信息

职务	人次	所占百分比（%）	累计人次	累计百分比（%）
公办院校党务工作	51	32.9	51	32.9
公办院校行政工作	41	26.5	92	59.4
公办院校和政府	5	3.2	97	62.6
政府	43	27.8	140	90.4
企业	14	9.0	154	99.4
政府和企业	1	0.6	155	100.0

第五，民办高校党委书记的权力逐渐扩大。当代社会有两种基本的民主决策机制，分别是委员会制和首长负责制。两者分别被运用在不同的背景下和不同的民主环节中。委员会中每个委员都有平等的发表意见的权利，不存在命令和服从的关系。委员会制的最高决策权属于集体，委员会的领导者发挥的是组织指挥作用，而不具有最终决定权。在形成最终决策时，每一个委员会成员均享有平等的表决权，每一位委员的表决权是相同的，不存在特殊的票权。而在首长制中，权力集中于首长，首长对所承担的事务拥有最终的决定权，其他人员仅有建议权而无决定权。孙力认为，党委领导下的首长分工负责制可以看作委员会制和首长负责制的综合运用。党的委员会的运作是委员会制的，其后贯彻党委的决策则是首长负责制的。党委代表人民形成重大决策，因此没有任何人有特殊的权利和权力可以高于其他人和集体的意志，只有委员会制而绝非首长负责制是这一阶段的妥善运用。而贯彻党委决策时，必须强调效率和明确责任，首长负责

制被实践证明是最适合的机制。① 我国公办高校所实行的党委领导下的校长负责制就是委员会制和首长负责制的统一。张晓冬指出，"从制度设计而言，高校内部并不存在制度意义上的两个'一把手'的问题，真正的'一把手'是指作为学校法人代表的校长"。② 近年来我国公办高校党委书记的职权有逐步扩大的趋向。聂辉华等 2011 年发现，我国 113 所"211 大学"中约有 100 所大学的党委书记担任名义上或实际上的一把手，因为这些大学官网的"领导介绍"和官方新闻报道中，党委书记都排在校长的前面。③ 民办高校中党委书记的职权小于举办者和校长，但是党委书记一般也是董事会成员，参与学校重大决策的讨论，因此也是重要的职权拥有者。近几年国家整体的政策方向是加强民办高校党建，特别是 2016 年《关于加强民办学校党的建设工作的意见（试行）》实施以来，很多地区向民办高校选派尚未从公办高校或其他行政机构退休、具有一定行政级别的党务工作者来民办高校担任党委书记，进一步加大了民办高校中党委书记的职权。

四　完善党组织在民办高校内部治理中的作用

民办高校党委书记作为学校的重要管理者，其群体特征和产生渠道对学校实现"良治"和建立现代大学制度意义重大，也是体现我国特色社会主义制度的重要方面。因此，应结合现有的社会背景和历史条件，优化其群体特征和产生渠道，清晰定位其角色和职责，正确处理其与举办者、校长的关系，建立党委书记的任职资格准入制度和选聘制度。

（一）准确定位党委书记的角色和职责

根据相关法律法规，党组织在民办高校内部治理中通过四条途径发生作用。第一，党委书记进入董事会，参与董事会的决策。第二，党组织班子成员进入行政管理层，担任校长或副校长，参与决策的执行和实施。第三，党组织决定党的建设、思想政治工作和德育工作。第四，党组织对重

① 孙力：《破解民主运作的难题：委员会制和首长负责制的正确运用》，《浙江学刊》2009 年第 5 期。

② 张晓冬：《高等学校内部权力制约机制研究》，中国社会科学出版社 2016 年版，第 182 页。

③ 聂辉华、蒋敏洁、张彧：《校长和书记：谁是大学的"一把手"？》，《经济学家茶座》2011 年第 2 期。

要决策进行监督。但是党组织和董事会的角色划分还需要进一步研究。根据《关于加强民办学校党的建设工作的意见（试行）》，涉及民办学校发展规划、重要改革、人事安排等重大事项，党组织要参与讨论研究，董（理）事会在做出决定前，要征得党组织的同意。那么，如果党组织不同意董事会的决定，最终的决定者是谁呢？一种解决办法是提交政府有关部门，由政府部门权衡。但是根据《民办教育促进法》以及其他法律和文件的精神，提高民办高校的决策自主权是我国民办高等教育的改革方向，所以政府可能很难替民办高校做出决策。另一种解决办法是提交教师代表大会，由教师代表大学来做出决定。一些学者的调研发现，很多公办高校的教代会也没有发挥应有的作用。[①] 和公办高校相比，民办高校教代会制度建设更为滞后，教师参与学校决策的机会更少，自身的权益更难维护。因此，加强民办高校教代会是提高民办高校内部治理稳健性的重要举措。国家在相关文件中均强调教代会在学校治理中的作用，也强调党组织对教代会的领导作用，见表6-12，教代会的作用可能会进一步提高。

表 6-12　　　与教代会在学校治理中的作用及党组织对教代会的
领导作用相关的政策法规梳理

法律法规 出台的时间	法律、法规及其相关规定	适应范围
2015. 12. 27	新修订的《教育法》第三十一条规定："学校及其他教育机构应当按照国家有关规定，通过以教师为主体的教职工代表大会等组织形式，保障教职工参与民主管理和监督"	全部学校
2015. 12. 27	新修订的《高等教育法》第四十三条规定："高等学校通过以教师为主体的教职工代表大会等组织形式，依法保障教职工参与民主管理和监督，维护教职工合法权益"	全部学校
1993. 10. 31	《教师法》第七条规定："对学校教育教学、管理工作和教育行政部门的工作提出意见和建议，通过教职工代表大会或者其他形式，参与学校的民主管理"	全部学校
2002. 12. 28	《民促法》第二十六条规定："民办学校依法通过以教师为主体的教职工代表大会等形式，保障教职工参与民主管理和监督。" 2016年新修订的《民促法》第二十七条保留了上述条款	民办学校
2010. 8. 13	《中国共产党普通高等学校基层组织工作条例（中发〔2010〕15号）第十条规定："高等学校党的委员会领导教职工代表大会，支持教职工代表大会正确行使职权，在参与学校的民主管理和民主监督、维护教职工的合法权益等方面发挥积极作用"	全部学校

① 郭卉：《我国高校教职工代表大会制度变迁的历史考察》，《高教探索》2007年第2期。

法律法规出台的时间	法律、法规及其相关规定	适应范围
2011.11.9	《学校教职工代表大会规定》（教育部令第 32 号）第三条规定学校教职工代表大会是"教职工依法参与学校民主管理和监督的基本形式"。第七条规定"教职工代表大会的职权是：（一）听取学校章程草案的制定和修订情况报告，提出修改意见和建议；（二）听取学校发展规划、教职工队伍建设、教育教学改革、校园建设以及其他重大改革和重大问题解决方案的报告，提出意见和建议；（三）听取学校年度工作、财务工作、工会工作报告以及其他专项工作报告，提出意见和建议；（四）讨论通过学校提出的与教职工利益直接相关的福利、校内分配实施方案以及相应的教职工聘任、考核、奖惩办法；（五）审议学校上一届（次）教职工代表大会提案的办理情况报告；（六）按照有关工作规定和安排评议学校领导干部；（七）通过多种方式对学校工作提出意见和建议，监督学校章程、规章制度和决策的落实，提出整改意见和建议；（八）讨论法律法规规章规定以及学校与学校工会商定的其他事项"	全部学校

（二）正确处理党委书记与举办者和校长的关系

向民办高校选派党委书记的政策出发点之一是制约和监督举办者的权力，提高决策的科学性和民主化。从与举办者的关系来看，党委书记应以真诚和勤奋获得举办者的信任，与之建立良好的合作伙伴关系，动之以情、晓之以理，引导其正确处理投资与回报的关系，使其更加关注办学质量和社会效益；向上级主管部门反映举办者的合理诉求，帮助其实现合法的权益；制止举办者违反出资义务和信义义务的违规、违纪和违法行为，及时进行披露。从党委书记与校长的关系来看，党委书记要尊重校长的教育教学权和行政管理权，引导校长在依法行使职权的同时兼顾举办者的权益，在自主治学的同时提高办学效益。此外，党委书记要帮助建立举办者与校长之间的调停机制，当两者之间出现冲突时，充当调和者的角色，保证校长能够找到申诉和救援的渠道，努力实现举办者合理诉求与校长独立治学的和谐统一。

（三）建立党委书记的任职资格准入制度

从民办高校党委书记的群体特征来看，其年龄、学历、工作经历等方面都存在较大的个体差异。目前，国家和地方对民办高校校长的任职资格已有一些明确规定，但是对民办高校党委书记任职资格的规定仅散见于一些地方法规中。可参考《民办高等学校办学管理若干规定》对督导专员的规定"具有从事高等教育管理工作经历，熟悉高等学校情况，具有较强的贯彻国家法律、法规和政策的能力，年龄不超过 70 岁"，规定党委书记"应熟悉高等教育规律，且具有一定年限的党务管理或思想政治教育经验，年龄不宜超过 70 岁"。另外，在学历层次和学术水平方面，也应有具体的要求。笔者认为，作为大学的重要领导者，党委书记应至少具备硕士以上学位或副高级以上专业技术职务，具有相关学科的科学研究和学术领导能力。

（四）完善党委书记的选聘制度

各地可根据民办高校的发展情况制定选聘党委书记的方法和程序。对存在安全稳定隐患和办学风险的民办高校，党委教育工作部门必须选派党委书记到学校任职并兼任督导专员。党委教育工作部门可从教育行政部门、公办学校或其他机关和企事业单位熟悉教育工作的党员干部中遴选候选人，进行统一面试和组织考察，经党委工作会议讨论通过后对拟任人选名单进行公示，最后确定人选和办理入职。选派的党委书记全职在民办高校工作，其人事关系应隶属于原单位或选派单位，由人事关系单位确定其级别、工资和日常工作经费，并发放工资，不得从民办高校获取薪酬或其他利益。实行年度及任期考核，建立绩效考核制度，不断完善党委书记述职制度。上级党组织向民办高校选派党委书记时应该赋予民办高校一定程度上的选择权，从而使党委书记的教育背景、职业经历、教育理念与民办高校保持一致。对制度健全、发展规范、风险防控体系完备的民办高校，可尊重其办学自主权，继续由学校自行选举产生党委书记。学校董事会集体决议候选人名单，并报上级党组织同意后，召开全院党员大会或党员代表大会进行选举，并将选举结果再次向上级党组织汇报，经审核批准后，最后确认为党组织负责人。

第四节　民办学校监事（会）对举办者的制约

在新的《民促法》修改之前，设立民办高校监事（会）仅仅出现在学者的建议中，而没有出现在国家法律和文件中。2016 年新的《民促法》第二十条规定："民办学校应当设立学校理事会、董事会或者其他形式的决策机构并建立相应的监督机制。"《若干意见》进一步提出了建立民办学校监事（会）的建议，从此，监事（会）成为我国民办高校内部治理结构中非常重要的一环。下表对我国民办高校监事（会）相关政策进行了梳理。

表 6-13　　　　　　　　民办高校监事（会）相关政策梳理

2016.11	新修订的《民促法》第二十条指出："民办学校应当设立学校理事会、董事会或者其他形式的决策机构并建立相应的监督机制"
2016.12	《国务院关于鼓励社会力量兴办教育促进民办教育健康发展的若干意见》指出，"健全董事会（理事会）和监事（会）制度，董事会（理事会）和监事（会）成员依据学校章程规定的权限和程序共同参与学校的办学和管理。""监事会中应当有党组织领导班子成员。探索实行独立董事（理事）、监事制度"
2016.12	《营利性民办学校监督管理实施细则》第十二条规定申请正式设立营利性民办学校，举办者应当提交"学校首届董事会、监事（会）、行政机构负责人及组成人员名单和有效身份证件复印件"。 第十六条规定："营利性民办学校应当建立董事会、监事（会）、行政机构，同时建立党组织、教职工（代表）大会和工会。" 第十八条规定：营利性民办学校监事会中教职工代表不得少于1/3，主要履行以下职权：（一）检查学校财务；（二）监督董事会和行政机构成员履职情况；（三）向教职工（代表）大会报告履职情况；（四）国家法律法规和学校章程规定的其他职权。 第十九条规定："有犯罪记录、无民事行为能力或者限制行为能力者不得在学校董事会、监事会、行政机构任职。一个自然人不得同时在同一所学校的董事会、监事会任职。" 第二十条规定"监事会中应当有党组织领导班子成员"

　　根据上述规定，我们可以做如下梳理。第一，无论是非营利性民办学校还是营利性民办学校，都必须建立监督机制。民办高校既可以以监事的形式对内部决策进行监督，也可以以监事会的形式对内部决策进行监督。法律并没有要求民办高校必须建立监事会。第二，如果民办高校建立监事会，那么监事会中必须有党组织领导班子成员，无论是非营利性民办高校还是营利性民办高校，都必须遵照此规定。第三，根据《营利性民办学校监督管理实施细则》，如果营利性民办高校建立了监事会，那么监事会中教职工代表不能少于1/3。同时，一个自然人不得同时在同一所营利性民办学校的董事会和监事会任职。

一　我国大陆民办高校监事（会）设置情况

　　笔者于2017年7月浏览了我国300余所民办高校的官网，发现设立了监事会的民办高校非常少，少数案例高校如武汉东湖学院、安徽大学江淮学院、湖北民族学院科技学院、浙江农林大学天目学院等。从组织理论来解释，民办高校不愿意设置监事会，是因为民办高校所模仿的对象（公办高校和美国等国私立高校）都没有设立监事会。狄马乔和鲍威尔所提出的组织同构理论认为，有三种机制会促使组织之间相互模仿和学习，最后导致各个组织之间越来越相似。这三种机制分别是强迫机制、模仿机制和规范机制。① 强迫机制是由于组织所处的外部环境对组织提出了某些要求，从而导致在相同的制度环境内的组织呈现出相似的特征。比如，坚持党的领导是我国民办高校的基本政治要求，所以民办高校必然要设立党委和纪委。新的法律和文件提出了设立监事（会）的要求，但由于政策的执行具有选择性，并不是所有的规定会被严格实施，如果国家今后的文件不再强调设立监事会，则监事会可能仅仅停留在政策纸面上。模仿机制是指组织会模仿成功的或者具备合法性的组织。由于新生的组织面临更大的不确定性，所以新生组织模仿其他组织的倾向性更高。由于政策多变、外部环境不稳定、发展目标模糊等原因，我国民办高校面临更大的不确定性。民办高校克服不确定性的策略之一就是模仿公办高校和美国等国私立高校的治理结构。规范机制是指组织会采用某一制度环境中的通行的做法。规范机制一般包括两个方面：一是采用通用的制度规范和行事方式，即是说，如果某些做法被认为是"好的""值得效仿的"，那么很多组织就会同时采用这些做法。第二是职业化网络的拓展。列维在解释规范机制时说，当新生的组织不知道该如何生存和发展时，就会模仿成功的组织，这是一种模仿机制。但是当组织有倾向性地选择那些被认为是卓越的做法时，这就是一种规范机制。② 狄马乔和鲍威尔指出，当组织越来越根据学历来遴选求职者时，各个组织之间就会越来越相似。同样，如果组织的成员越来越多地参与职业化的网络（比如参加各类学会、协会等），则组织就会越来越相似。蔡玉琢和阎凤桥指出，我国民办高校的教师大多从公办高校毕业，很多教师是公办高校的兼职教师，很多民办高校的领导是公办

---

① DiMaggio, P.J., & Powell, W. (1983). The iron cage revisited: institutional isomorphismand collective rationality. *American Sociological Review*, 42 (2), 147–160.

② Levy, D.C. (2006). How private higher education's growth challenges the newinstitutionalism. In H. -D. Meyer & B. Rowan (Eds.), *The New Institutionalism in Education* (pp. 143–162). Albany: State University of New York Press.

高校的退休领导，这必然导致大多数民办高校采用公办高校的制度架构。[①] 监事会是我国现代公司中成熟规范的治理结构，但是我国民办高校并不认为公司制是民办高校应该主动学习和模式的治理结构，大学向企业学习是降低身价的行为。

二　我国台湾地区私立学校监察人设置情况

董圣足（2010）认为，我国台湾私立大学中监督机构的存在及其独立自主地发挥作用，有效避免了家族垄断学校事务，杜绝了权力的专制问题，使得决策工作能够得到公平、公正、有效的监督与管理。[②] 根据台湾《私立学校法》（2014年1月8日修正），自然人、法人在设立私立学校之前，首先要向法人主管机关提出申请，捐资成立学校财团法人（第9条），然后再由学校法人申请设立私立学校（第34条）。可以看出，我国台湾地区的规定和大陆民办教育相关法律规定存在重大区别。台湾地区是先成立一个学校财团法人，然后由该法人申请设立私立学校，私立学校本身不是法人，而大陆的民办学校在取得办学许可证并进行法人登记后才获得法人身份。台湾地区的自然人和法人在成立学校财团法人之前，需要拟定捐助章程，捐助章程中需要载明监察人总额、资格、职权及选聘、解聘事项（第9条和第10条）。从这个规定可以看出，台湾只允许"捐赠办学"而不允许"投资办学"。

学校财团法人可以设置监察人1—3人。学校财团法人第一届监察人可以由创办人担任，其余监察人由创办人依据捐助章程遴选并报法人主管机关核定（第12条）。[③] 第二届以后的监察人，由财团法人董事会依捐助章程遴选（第19条）。学校主管机关奖励、补助总额达学校法人前一年度岁入总额25%以上或总额达新台币一亿元以上者，法人主管机关可以加派社会公正人士一人充任该学校法人公益监察人（第19条）。监察人任期四年（第19条）。曾经有职务犯罪行为、服刑期满尚未逾三年、受破产宣告尚未复权、无行为能力或限制行为能力者不能充任监察人（第

---

① Yuzhuo Cai & Fengqiao Yan, *Organizational Diversity in Chinese Private Higher Education*, WP No. 17 March 2011, PROPHE Working Paper Series.

② 董圣足：《浅论民办高校监督制度的构建》，《教育与职业》2010年第2期。

③ 该法人是财团法人。

20 条）。

监察人的职权包括：财务之监察；财务账册、文件及财产资料之监察；决算报告之监察；其他捐助章程规定事项之监察（第 19 条）。监察人不得兼任所设私立学校校长及校内其他行政职务（第 29 条）。监察人有犯罪嫌疑经提起公诉者，其职务当然停止（第 24 条）。监察人为无给职者，可以支付出席费及交通费，领取报酬的监察人必须专任，且另给出席费及交通费（第 30 条）。

台湾财团法人监察人制度在某些方面可以为完善我国私立高校的监事会制度提供借鉴。比如，只有具备一定资格的人才能成为民办学校监事；监事不能同时担任学校的行政职务；政府并不能随意向民办学校选派监事，只有在满足一定条件（比如向民办学校提供的财政资助达到一定规模或比例）后才可以向民办学校选派监事。但是也应该看到，台湾私立学校监察人的某些制度规定也不完全符合大陆的民办教育实际，比如监察人由董事会遴选，董事会遴选监事的前提是董事会健全有效，如果董事会本身就存在举办者控制等瑕疵，那么董事会遴选出来的监事会就很难有效发挥对举办者的监督作用。

三　完善我国民办高校监事（会）的对策建议

监事（会）要发挥积极作用，首要的问题是划分监事会和党组织之间的职权范围。根据《关于加强民办学校党的建设工作的意见（试行）》等文件，党组织负有对民办高校的监督职能。此外，政府向民办高校选派的党组织负责人还兼任政府督导专员。民办高校督导专员主要担负对学校工作的督导责任，包括：监督学校贯彻执行法律、法规、政策的情况；监督、引导学校的办学方向、办学行为和办学质量；参加学校发展规划、人事安排、财产财务管理、基本建设、招生、收退费等重大事项的研究讨论等。既然党组织拥有监督的职责，同时党组织负责人又是政府的督导专员，那么是否还有必要再设置一个监事会？这是在讨论监事会时首先要面临的一个问题。正确处理民办高校党组织和民办高校监事（会）的关系，可以有以下三种思路。

第一，维持目前党组织和督导专员的监督职能，仅设立监事而不设立监事会。在向民办高校选派党委书记的地区，选派的党委书记在兼任政府督导专员的同时兼任民办高校的监事，切实加强对民办高校办学行为的监督。在没有向民办高校选派党委书记的地区，可以按照新的规定向民办高校选派党委书记或者选派督导专员，由督导专员担任监事。若目前暂不向民办高校选派党委书记或督导专员，则从民办高校内部产生监事。

第二，设立监事会，监事会与党组织实行"一个机构两块牌子"，由党组织负责人担任监事会主席。这种制度设计可以更加充分地发挥党组织的监督作用，同时可以降低组织成本，提高决策的效率。但是这种制度设计也要注意如下两个问题：第一，若党委书记是上级选派的话，那么党组织同时行使监事会的职责可能会进一步加大党组织的权力，这可能会导致举办者的抵制和反对；第二，若党委书记是民办学校自己产生的话，党委书记可能在很大程度上反映了举办者的意愿，这种党委书记可能无法对举办者实施有效的监督，监事会的监督职责可能被虚化。

第三，单独设立监事会，监事会和党组织同时行使监督职责。这种制度设计可以使民办高校同时拥有党组织和监事会这两大监督机构。但是由于党组织和监事会都有监督职责，所以这种制度设计面临的最大挑战是如何划分监事会与党组织的监督职权。一种处理方式是让党组织负责人兼任监事会主席，监事会其他成员和党组织的其他成员不同。

民办高校的监事会建设除了要明确和党组织的关系之外，还要明确监事会的组建主体。如果监事会负责人由政府选派的话，一方面会加大政府的行政管理成本，另一方面也会压缩民办学校自主办学的空间。但是如果监事会由民办高校自己组建的话，有可能起不到应有的监督效果。目前主导企业制度设计的理念是"股东至上"而非"利益相关者"理论，受到这种理念的影响，公司成立监事会的目的是监督公司董事、总经理和其他高管以维护出资者（股东）利益，所以，监事会主要向股东会负责。而民办学校设立监事会，所要解决的主要问题不是维护举办者利益的问题——当然这个问题在我国部分民办学校中也存在，而是要解决举办者对学校控制过于严格的问题。民办学校之所以要成立监事会，主要的目的之一就是对举办者的办学行为进行有效监督，从而维护民办高校其他的利益主体（特别是教师和学生）的利益。如果依然由举办者主导监事会的成员，可能就很难起到监督和制约作用。

第七章

民办高校外部治理的完善

本章摘要：张德祥认为，国家政策引发了大学领导体制、治理结构的变革，影响了大学内部各种权力在大学治理中的地位及其权力运行。我国呈现"大政府小社会"的特征，政府在社会变革中发挥关键性作用。教育领域作为国家意识形态的重要阵地，受到国家的影响更加深远。

政府是民办高校的主要监管者，教育行政部门是监督民办学校的主要政府部门。今后政府对民办高校的监管应逐步向法制化、制度化和规范化迈进，建立"组织保障健全、监管重点明确、监测评估到位、防范执法同步和信息公开披露"的"五位一体"政府监管新机制，做到"保障有信度、监管有深度、评估有尺度、执法有力度、信息有效度"，最终实现政府有限监管、民办高校自主发展的工作新目标。

今后要加强民办高校监管的组织力量，可考虑把教育部民办教育处升格为民办教育司，加强中央层面对民办教育的服务和监管力度。结合民办教育工作部际联席会议的工作分工，建立以教育行政部门牵头、相关职能部门配合的民办教育协同管理机制。各省（自治区、直辖市）要建立专门的民办教育管理机构。探索民办学校办学风险预警指标体系，设定办学和政府监管的评价指标体系，切实提升风险防范和综合治理能力。研究制定民办高校财务监管办法，防止民办学校以非营利之名行营利之实。出台民办高校举办者变更管理办法，防止举办者通过举办权交易的方式非法获取利润。

年检和评估是当前政府对民办高校的两大常规性监管手段。参照美国高校的认证制度，我国民办高校的评估制度可进一步完善。一是评估主体宜多元化。美国的高校认证机构不是教育部的附属机构，认证机构和被认证的高校之间是平等合作的关系。我国今后可以培育民间评估机构。二是评估标准宜多样化。分类管理以后，营利性民办高校的培养目标、内部治理、财务运作和招生宣传等方面具有不同于公办高校和非营利性民办高校的特征，采用不同于公办高校和非营利性民办高校的评估标准更适合于这类民办高校。三是定量评估指标宜少不宜多。过多的数量化的指标可能导致参评高校的平均化和平庸化，不利于高校特色的形成。四是评估内容宜宏观化。对高校的评估，尤其是对民办高校的评估，教学评估仅仅是一个方面，内部治理、财务运作、招生宣传等方面也很重要。目前我国本科高校评估反映整体办学状况的指标偏少，不能完全体现民办高校的发展水平。

教育部文件指出要"畅通监督渠道，发挥社会公众、媒体等力量在监督中的作用"。对民办高校进行社会监督的主要力量包括各级教育协会、教育学会、媒体、学者等，其中教育协会和学会等教育中介组织是社会监督的主要力量。建设具有中国特色的教育中介组织可以遵循两条路径。一条路径是从下而上的，这条路径的特点是"政府赋权"。政府应赋予民办教育中介组织一定的权力，将评估、监督民办学校的部分权力交给教育中介组织。在授权过程中，要防止中介组织成为政府的附属物，使各类中介组织更多地体现民间色彩。第二条路径是从上而下的，这条路径的特点是"政府瘦身"。政府将一些官方机构和半官方机构向市场化、民间化的方向发展，"强迫"这些机构从市场中获取资源而不是依赖公共财政运作。比如，政府可以把针对民办学校的技术领域、专业领域的能够转移出来的某些职能让渡于中介组织，扩大中介组织的业务范围，拓展其职能空间。

纵观世界，政府在高等教育的宏观发展和大学内部治理中均发挥重要作用。阿什比说："在过去，每所大学都是独立的有机体，各按其内在规律去吸收营养和发育成长。如今的大学已成为经济发展和国家生存绝对不可缺少的事物……它们在向前演化的进程中，正经历着遗传体系经常遇到的进退两难的困境：一方面它们必须改变以适应社会的新形势，否则将遭受社会的抛弃；另一方面，它们在适应社会的改变中，又不能破坏大学的完整性，不然将无法完成它们所承担的社会职责。"① 阎凤桥指出，美国

---

① ［英］阿什比：《科技发达时代的大学教育》，人民教育出版社 1983 年版，第 20 页。

的政府和法院等外部力量尽量不干预大学的内部治理，但是"大学外部社会制度力量作用的增强，使学校从相对独立、依据特许状办学变为不得不接受外部的必要监督、不再那么自主的状态"。①

和欧美等国家相比，我国呈现"大政府小社会"的特征，政府在社会变革中发挥关键性作用。教育领域作为国家意识形态的重要阵地，受到国家的影响更加深远。张德祥指出："大学发展史无疑也是一部大学治理变迁史，而中国大学发展史则是一部国家政策主导下的大学治理变迁史。""大学内部治理结构及其模式的变迁，一直离不开政府的影响与作用。"政府一直是引导治理变迁的重要力量。国家出台的政策直接作用于大学的治理，"引发了大学领导体制、治理结构的变革，影响了大学内部各种权力在大学治理中的地位及其权力运行"。②

和公办高校相比，民办高校的董事会和校长都是自我产生，不是政府委派，其中董事的产生具有美国私立高校自我延续（self-perpetuating）的特征。由于我国民办高校具有内部治理机制不健全、举办者权力过大、资金链不稳固等特点，存在较大的风险，加强政府对民办高校的监管是保证我国民办高等教育健康发展的重要力量。除了加强政府监管之外，也要加强社会组织对民办高校的监管。

第一节　政府监督

政府是民办高校的主要监管者，教育行政部门是监督民办学校的主要政府部门。民政、税务、工商、审计、土地、消防等政府部门也会在各自的工作范围内实施对民办学校的监督。教育部主要负责制定国家层面上民办教育的法规政策。教育部于2008年在发展规划司设立了"民办教育管理处"，旨在加强民办教育全国调研，促进民办教育事业发展和进一步规范管理相关工作，为教育部出台全国范围内的民办教育政策提供决策参考。省级教育行政部门主要负责对民办高校的管理，同时负责对省内民办

---

① 阎凤桥、闵维方：《从法人视角透视美国大学治理之特征——"学术法人"阅读启示》，载张德祥等主编《大学治理——权力运行制约与监督》，科学出版社2016年版，第143页。

② 张德祥：《1949年以来中国大学治理的历史变迁——基于政策变革的思考》，载张德祥等主编《大学治理——权力运行制约与监督》，科学出版社2016年版，第4页。

学校的调研和信息统计。有些省份的教育厅建立了专门的民办教育主管部门，名称一般是民办教育处或民办教育管理办公室，如陕西、黑龙江、贵州、江西等省，也有一些省份在计财处、政策法规处等处室安排了专职人员负责民办教育管理工作。市级和县级教育行政部门主要负责对民办幼儿园和民办中小学的监管，市县教育行政部门一般不设立专门的民办学校管理机构，由各职能处室对区域内的公办学校和民办学校进行管理。教育行政部门对民办学校的三种主要监管手段是年检、评估和督导。

一　当前的监管手段和现状

目前政府对民办高校的两大监管手段是年检和评估。2007 年出台的《民办高等学校办学管理若干规定》（教育部 25 号令）第二十八条指出："省级教育行政部门按照国家规定对民办高校实行年度检查制度。"这是国家层面上第一次提出对民办学校的"年检"规定。从此，对民办学校的年度检查成为一项常规性措施。2012 年出台的《教育部关于鼓励和引导民间资金进入教育领域促进民办教育健康发展的实施意见》第二十一条进一步强调"加强对民办学校办学行为的监督……开展民办学校年度检查"。2016 年出台的《若干意见》指出要"加强民办教育管理机构建设，强化民办教育督导，完善民办学校年度报告和年度检查制度"。2016 年制定的《营利性民办学校监督管理实施细则》也指出："教育、人力资源社会保障行政部门依据《中华人民共和国民办教育促进法》规定的管理权限，对营利性民办学校实施年度检查制度。工商行政管理部门对营利性民办学校实施年度报告公示制度。"

很多地区还根据本地民办教育发展的实际情况出台了区域性的民办学校年检条例。比如，湖北省于 2011 年出台了《湖北省民办学校年检办法（试行）》，陕西省教育厅于 2013 年制定了《陕西省民办普通高校、独立学院年度检查实施办法》（试行）。

目前，教育部尚未对民办学校的年检内容做出统一规定。根据各省民办学校年检实施办法，各省民办学校的年检内容主要包括：学校遵守法律、法规和执行政策的情况；学校办学条件基本情况（包括教学基础条件、教学经费投入、师资队伍建设等）；党团组织建设、和谐校园建设、安全稳定工作的情况；内部管理机构设置和人员配备情况；按照学校章程开展活动的情况；办学许可证核定项目的变动情况；财务资产情况、负债情况（银行贷款数额）、收入支出情况、现金流动情况、办学风险保证金缴纳情况、教师工资发放和社会保障金缴纳情况；《收费许可证》年检及收费项目增减变动情况；法人财产权的落实及变动情况（包括举办者变更、土地、房屋所有权等证明材料）；其他需要检查的情况。

在进行年检时，民办学校需要向教育行政部门提交能够证明上述情况的材料。教育行政部门组织专家审阅学校提供的材料，并结合实地调查最终确定年检结果。关于学校的资产和财务情况，各地区一般要求各民办学校提供具有相应资质的会计事务所出具的财务审计报告。年检结果一般分为合格、基本合格和不合格三个档次。各地一般给予"基本合格"的民办学校限期整改的机会。对于"不合格"的民办学校，有的地区给予他们一定期限整改机会，如果整改期后依然"不合格"则停止招生；有的地区则直接对"不合格"的民办学校限制招生。

年检是民办学校办学质量和办学规范性的基本保障制度，可以将办学条件不达标的民办学校及时从教育领域淘汰出局，也可以督促办学条件较差的学校不断改善办学条件、提高教学质量。对于防范和及时化解民办学校的办学风险，维护受教育者的权益具有重要意义。2010年教育部印发通知，山西老区职业技术学院（民办高校）等7所高等学校因基本办学条件达不到有关规定要求，确定为2010年度暂停招生（红牌）或限制招生（黄牌）高等学校，上海中华职业技术学院（民办高校）、武汉科技职业学院（民办高校）等2所高等学校因2009年招生、办学秩序不规范，确定为2010年度限制招生（黄牌）高等学校。北京市教委从2005年开始对民办高校进行年检，2014年北京科技经营管理学院等民办高校"暂缓通过"。2017年4月，陕西省教育厅发布《关于公布2016年民办普通高校、独立学院年检结论的通知》（陕教〔2017〕129号），公布了陕西省民办普通高校和独立学院2016年的年检情况，30所独立设置的民办高校和独立学院中，26所合格，长安大学兴华学院、陕西电子信息职业技术学院、西安东方亚太职业技术学院等三所民办高校基本合格，西安电子科技大学长安学院不合格。2017年7月10日，河南省教育厅发布"2016年民办高等学校（教育机构）年度检查结果"：84所民办高校（教育机构）中，有两所民办高校未招生，5所民办高等层次非学历教育学校不合格，具有学历授予资格的民办高校和独立学院全部合格。

年检的意义在于以最低的成本、在尽量不干扰学校正常教学活动的情况下，获得关于民办学校的最多信息，进而实施对民办学校的监督，并帮助学生和家长做出适合自己的教育选择。今后民办高校的年检可以从两个方面进行优化。首先，教育行政部门要扩大年检结果的公布范围，让更多的受教育者了解年检结果并将年检结果作为他们选择民办学校的依据之一。一些地区的教育行政部门只在很小的范围内公布民办学校的年检结果，或者只公布通过年检的学校名单而不公布未通过年检的高校名单，这就降低了年检的意义。其次，年检的重要目标是帮助受检的民办高校不断完善自身的条件，最终促进区域内民办高等教育的健康发展。所以，如果在检查中发现某些民办学校的办学条件达不到要求，也应该从促进民办学校发展、保护受教育者教育权益的角度妥善处理，而不能对民办学校"一关了之"。

评估有广义和狭义之分，广义的评估包括政府、社会中介机构、行业及用人单位、国际教育评估机构对民办学校进行的评价和监督；狭义的评估仅指教育部评估中心开展的本科教学工作合格评估。2003—2008 年，我国完成了第一轮本科教学工作合格评估。2011 年，教育部发布了《关于普通高等学校本科教学评估工作的意见》（以下简称《意见》），对新一轮高校教学评估做出了全面规定。根据《意见》，新一轮高校评估分为合格评估和审核评估。合格评估的对象是 2000 年以来未参加过院校评估的新建本科学校；审核评估的对象是参加过院校评估并获得通过的普通本科学校。由于大部分民办高校都属于新建本科院校，所以，大部分民办高校都要参加合格评估。

评估是对本科学校的教学和人才培养工作所进行的系统性、整体性的评价和检查。虽然教学和人才培养是评估检查的重点和重心，但是由于教学和人才培养受到学校方方面面工作的影响，所以，本科教学工作的检查范围基本上涵盖了学校的所有方面。包括：学校领导、教师队伍、教学条件、专业与课程、质量管理、学风管理与学生指导、教学质量等 7 个一级指标、20 个二级指标和 39 个观测点（民办本科学校增加了 1 个观测点，即 40 个观测点）。针对民办高校和公办高校的不同，《教育部办公厅〈关于开展普通高等学校本科教学工作合格评估〉的通知》对民办高校两个指标进行了调整。第一，考虑到民办高校和公办高校在内部治理上存在重大差异，所以对民办高校的评估增加了一个观测点"领导体制"，合格标准为：领导体制健全，法人治理结构完善。学校董事会（或理事会）、校务委员会、党委会机构发挥了各自的职能；建立了学校发展决策咨询机构并很好地发挥了作用；建立了学校师生员工民主管理监督、建言献策的机制。第二，考虑到民办高校为了节约办学成本和致力于培养应用技术人才而聘用较多兼职教师的情况，观测点"生师比"合格标准中增加了一条"自有专任教师数量不低于专任教师总数50%"。其中专任教师的计算方法是：自有教师及外聘教师中聘期二年（含）以上并满足学校规定教学工作量的教师按1∶1计入，聘期一年至二年的外聘教师按50%计入，聘期不足一年的不计入专任教师数。

参加合格评估的高校要求至少有三届本科毕业生。省教育厅一般是先征求各高校是否愿意参加评估的意见，然后统筹安排全省高校的评估时间，上报给教育部。截至2017年1月，我国共有28所民办高校通过了教育部的本科评估。名单如表7-1所示。

表7-1 我国通过教育部评估的28所民办高校名单

省（自治区、直辖市）	民办高校
海南	三亚学院、海口经济学院
上海	上海杉达学院、上海建桥学院
陕西	西安培华学院、西安翻译学院、西安外事学院、西京学院、西安欧亚学院、西安思源学院
浙江	浙江树人大学、宁波大红鹰学院
北京	北京城市学院
黑龙江	黑龙江东方学院
吉林	吉林华桥外国语学院
湖南	长沙医学院、湖南涉外经济学院
宁夏	宁夏理工学院
广东	广东白云学院、广东培正学院
山东	山东英才学院、烟台南山学院、青岛滨海学院
湖北	武汉生物工程学院
江西	江西科技学院
河南	黄河科技学院
安徽	安徽新华学院
辽宁	辽宁对外经贸学院

资料来源：笔者根据媒体报道和对部分高校评估专家的访谈而综合整理。

通过了评估的高校，其办学水平明显高于未通过评估的高校。在"2016 中国民办本科高校和独立学院科研竞争力排行榜"中，通过了本科教学工作评估的民办高校的科研竞争力得分均值为 37.27 分，而尚未通过本科教学工作评估的民办高校的科研竞争力得分均值只有 14.28 分。进行单因素 ANOVA 分析，P＝0.000，证明两者存在显著差异，见表 7-2。之所以通过了评估的高校的办学水平高于未通过评估的高校，一方面是因为参加评估的高校的办学基础好。根据教育部的评估要求，有三届毕业生的民办高校才能参加评估，有三届毕业生意味着高校已经升本 7 年，比起刚刚升本的民办高校而言，参加评估的高校的办学积累明显优于不具备评估条件的民办高校。另一方面，为了能够通过评估，民办高校往往从增加办学积累、充实教师、改善实验实训条件、加强教育教学改革等方面来提高教学质量，评估过程中评估专家给民办高校进行诊脉把关和提供建议也能给予学校更加优化的发展方向和发展路径。

表 7-2　　　　本科教学工作评估对民办高校科研的影响

是否接受评估	数量	均值	标准差
已接受评估	28	37.27	26.17
未接受评估	123	14.28	9.22

资料来源：见浙江树人大学发布的《2017 年中国民办本科高校和独立学院科研竞争力排行榜》。

二　今后的监管优化路径

政府监管民办高校应逐步向法制化、制度化和规范化迈进，建立"组织保障健全、监管重点明确、监测评估到位、防范执法同步和信息公开披露"的"五位一体"政府监管新机制，做到"保障有信度、监管有深度、评估有尺度、执法有力度、信息有效度"，最终实现政府有限监管、民办高校自主发展的工作新目标。

（一）健全政府监管的组织机制

民办高校已占据中国高等教育的 1/3 体量，但是政府监管民办高校的组织建设还较为滞后。教育部发展规划司下设的民办教育管理处工作人员少，研究制定民办教育政策的人力资源明显不足，很多省（自治区、直辖市）尚未设立专门的民办教育管理部门。从国家到地方的监管没有形成系统体系，监管口径有时也不一致。政府多头监管民办高校没有形成组织合力。根据《中央有关部门贯彻实施〈国务院关于鼓励社会力量兴办教育促进民办教育健康发展的若干意见〉任务分工方案》，教育、民政、工商、税务、公安、消防、卫生等部门都负有对民办学校的监管职责，但是各部门监管民办高校的制度和实际行动无法形成合力，没有实现统一治理。

今后需要建立监管组织机构，明确监管职权。首先，设置专门的民办教育监管机构，保障政府监管工作顺利开展。可考虑把教育部民办教育处升格为民办教育司，统筹各省（自治区、直辖市）设立民办教育管理机构并开展工作，构建国家、省和地市三级民办教育管理系统、配置优秀管理人员从事民办教育管理与服务工作。结合当前国家各职能部门支持和促进民办教育发展的任务分工和部级联席会议制度，建立以教育行政部门牵头、相关职能部门配合的民办教育协同管理机制，加强对民办高校的监管。

构建风险防范与联合执法制度是政府有效监管非营利性民办高校的必要性举措。首先，建立民办高校风险防范干预制度。研究出台民办高校办学规范制度，把前置性的办学规范制度作为规范民办高校办学的纲领。用制度指导民办高校坚持公益性和按照教育规律办学，淡化逐利性，正确处理办学效益与经济效益的平衡关系，通过前置性规范减少民办高校不规范办学行为的发生，促进办学者回归教育初心、回归人才培养本位。其次，建立政府监管民办高校的应急预案。当民办高校在发展中遭遇"突变型"办学风险后，学校会处于巨大的动荡之中，会导致教学秩序混乱、师生人心惶惶等危机，严重的甚至出现学校倒闭。建立政府监管应急机制，一旦民办高校出现较大危机时，启动应急处置预案，协同相关机构，组织各方力量保障学校平稳运行，保护师生员工的合法权益。第三，对民办高校办学违规行为开展联合执法。在国家法律法规的指导下，应由各级地方政府召集，成立由省级教育行政部门牵头的联合执法机构，把收费合理合规、校园风险防控、师生危机援助、决策机构重建、违法违规处置等作为该机构的主要工作内容。执法机构既要严格监管民办高校出现的违法违规办学行为，又要参与联合执法处置工作，保障民办高校合理权益与正面形象。

（二）明确政府监管的重点内容

政府对非营利性民办高校进行面面俱到的监管是不现实的，当前两大监管的重点是举办者变更和财务。

第一，对举办者变更的监管。

《民促法》第 54 条规定："民办学校举办者的变更，须由举办者提出，在进行财务清算后，经学校理事会或董事会同意，报审批机关核准。"董圣足（2008）认为，举办者变更是指"举办者的增、减或更替"。① 笔者将民办学校举办者变更界定为民办学校举办者控制权（及其控制权收益）的改变，即控制权的交易行为。从表面上看，举办者变更是学校举办者主体身份的改变，即学校由 A 举办者变更为 B 举办者，更深一步看，举办者变更主要是控制权及其控制权收益的变更。举办者投资了民办高校，获得了对学校的控制权及控制权收益，只要牢牢掌控了民办高校的控制权，就会拥有控制权带来的巨大收益。控制权是有市场价格的。广东省通过"举办者转让"的概念对举办者变更进行了关注和回应。广东省人大常委会 2009 年通过的《广东省实施〈中华人民共和国民办教育促进法〉办法》第二十七条规定："共同举办的民办学校，举办者之间可以相互转让其全部或者部分举办权。民办学校举办者转让其举办权的，在同等条件下，其他共同举办者有优先受让权。"2004 年财政部《民间非营利组织会计制度》规定，"资源提供者不拥有该组织的所有权"。2002年 8 月，最高人民法院曾经针对刘立民与与赵淑华离婚诉讼一案涉及的民办学校校产分割问题答复辽宁省高级人民法院称：

"刘立民、赵淑华夫妻共同投资办学，应共同享有办学积累中属于夫妻财产的财产权益。原一、二审判决将办学积累全部认定为刘立民、赵淑华二人的共同财产进行分割没有法律依据。刘立民、赵淑华夫妻离婚，已丧失共同办学的条件。根据本案具体情况，为维护学校的完整，学校由赵淑华单独管理后，赵淑华应对刘立民丧失的财产权益以及由此丧失的期待利益予以补偿。"②

从最高人民法院的答复中可以看出，民办学校举办者所拥有的并非是学校的所有权（"办学积累"），而是源于办学积累的"财产权益"。在"歙州学校举办者、出资纠纷"案例中，最高人民法院在 2011 年对安徽

---

① 董圣足、李蔚：《民办高校举办者变更问题研究》，《教育发展研究》2008 年第 20 期。

② 《最高人民法院关于刘立民与赵淑华因离婚诉讼涉及民办私立学校校产分割一案的复函》（［2002］民监他字第 13 号），载沈德咏主编《审判监督指导与研究·2003 年第 3 卷》，人民法院出版社 2003 年版，第 102 页。

省高级人民法院的回复中进一步指出，"民办学校举办者对民办学校的出资份额不能继承，但因该出资所形成的财产权益，可以依据《民办教育促进法》和《继承法》的规定依法继承"。关于民办学校办学积累的"财产权益"或"出资形成的财产权益"是什么的问题，可以从《民促法》中找到答案。在 2016 年 11 月新的《民促法》颁布之前，民办学校举办者的权益包括提取合理回报的权利和学校终止办学后处理剩余财产的权利。2016 年 11 月《民促法》修改以后，非营利性民办学校的举办者将不再拥有提取合理回报的权利，在学校终止以后也只能获得一定的补偿或奖励。实际上，无论是提取合理回报的权利，还是处理学校终止后剩余资产的权利，都可以看作学校控制权收益的一部分，只有拥有了学校的控制权，才能获得这些权利，而拥有了学校的控制权以后，举办者还可能获得比这些权利更大的权利，也就是说，控制权收益远远大于合理回报或者学校终止后的补偿或奖励。

　　民办高校控制权的交易双方通过举办者变更可以实现各自的目的。从买方（受让方）来看，一些企业希望在自己的产业链条中增加民办高等教育产业，一些已拥有民办高等教育产业的企业集团希望继续增加民办高校数量，但是新设立民办高校需要烦琐的审批环节，所以他们便通过举办者变更的方式购买民办高校。从卖方（出让方）来看，一些民办高校举办者之所以愿意转让控制权，有如下几个原因。第一，现有的政策法规对民办高校举办者的权益保护不力，导致举办者主动寻找民办高校的接盘人。朱永新认为，当前"举办者办学投入资产视同充公或捐赠"的政策设计不利于保护举办者的办学权益，导致举办者出现"政策性恐慌"。[1]苏艺认为，这种政策性恐慌是很多民办高校举办者积极选择接盘者的主要原因。[2]第二，举办者年龄偏大，在家族内部找不到既有能力又愿意接班的家族成员。第三，举办者所投资的其他产业失败，举办者以出售民办高校控制权的收益来挽救其他产业。第四，举办者自有资金无法支撑学校的进一步发展，特别是学校在升格为高职院校或本科院校之前，需要大量资金来完成土地购置、基础建设、师资引进等任务，举办者往往引进新的投

　　① 朱永新：《为民办教育发展创造公平友好的制度环境》，http：//learning. sohu. com/20150209/n408875764. shtml。

　　② 苏艺：《民办学校举办者变更问题分析——以〈民办教育促进法〉第 54 条之司法适用为视角》，载湛中乐主编《民办教育法制理论与实践》，中国法制出版社 2016 年版，第 267 页。

资者以增加学校的资金。例如，浙江某民办高校的原举办者为民盟成员，该高校早期的办学层次为中等职业学校，举办者无法承担升格为高职院校所必需的购买土地、建造校舍等开支。市政府牵线搭桥，为该校找到了一家愿意投资该校的上市公司。该公司向学校投入大量资金，学校在短时间内升格为高职院校和本科院校，目前已经成为在全国具有一定影响力的民办高校。

举办者变更中存在许多不规范行为。一些新入主民办高校的举办者将投资教育视为一种短期的商业活动，存在着比较强烈的营利动机及营利行为。有的新举办者进入学校后，不按章程办事，不恰当地更换决策机构及学校领导班子成员，插手学校人事安排，掌控学校财政大权，刻意减少教学活动经费，并通过虚增办学成本等手段套取资金。有的新举办者接手学校后，并非真心实意地要把学校办好，而是把学校买过来，对其加以全面包装和提升，再将学校整体出让以获取利益。如哈尔滨华夏学院创办16年来先后迎来6任"老板"。全国目前已有多个专门"买卖"学校的教育投资集团。①

根据《民促法》，民办学校举办者变更，需要经过审批机关核准，教育行政机构的核准结果不能通过法院的民事诉讼程序来进行改变。"歙州学校举办者、出资纠纷"一案几经周折，经黄山中院、安徽高院两次审理并向最高人民法院请示后才最终尘埃落定，是一起颇具代表性、指导性的案例。② 此案表明，民办学校举办者的变更属于行政许可内容，对于行政许可的争议，应当向行政管理部门申请处理，而不宜通过民事诉讼程序寻求司法救济。教育行政机构和民政部门在举办者的变更中扮演重要角色。民办教育行政机构必须担负相应的核准职责。对于民办高校举办者而

---

① 王瑞锋、梁嘉莹：《产权"一团乱麻"，法律"不明不白"买卖民办高校》，《南方周末》2015年11月19日，http://www.infzm.com/content/113088。

② 关于此案例，笔者综合参考了陶恒河《民办学校举办者身份及出资份额依法不能继承》，《人民司法》2012年第10期；胡国杰《民办学校举办者纠纷救济路径》，《人民律师》2015年第4期；最高人民法院《关于安徽省黄山市歙州学校、洪献忠与洪文琴、洪绍轩、方建成、洪善华、方爱香确认民办学校举办者、出资纠纷一案请示的答复》[（2011）民二他字第21号]，载奚晓明主编、最高人民法院民事审判第二庭编《最高人民法院商事审判指导案例6·合同与借贷担保卷》，中国法制出版社2013年版，第275页；胡国杰，《变更民办学校举办者身份是否属于人民法院民事诉讼受理范围并且民办学校出资份额能否被继承？》，http://www.chengyi-law.com/chengyi/dxal/20141216929175.html。

言，也要通过教育行政机构的核准来保护自身的利益。

新的《民促法》颁布以后，很多民办高校的举办者由个人变更为企业，这些企业也是自然人举办者所实际控制的企业，也就是说，这类变更是由自然人转变为该自然人所实际控制的企业。比如，2017 年 8 月教育部发出《关于同意山东英才学院举办者变更、新增办学地址的函》（教发函［2017］100 号），山东英才学院举办者由自然人夏季亭变更为济南双胜教育咨询有限公司。举办者之所以愿意进行这样的变更，主要是出于三个方面的考虑。其一，将举办者变更为企业之后，可以通过公司股份继承方式间接实现对举办权的继承。其二，股东变更手续简便。民办高校举办者变更的手续烦琐，每次都有清算之类的强制性限制条件。将自然人举办者变更为公司举办者，可以通过工商层面的股东登记间接实现对举办权的变更。我国《公司法》第三十三条规定："公司应当将股东的姓名或者名称及其出资额向公司登记机关登记；登记事项发生变更的，应当办理变更登记。未经登记或者变更登记的，不得对抗第三人。"根据《公司法》第七十二、七十三和七十四条规定，公司股东之间可以相互转让其全部或者部分股权，也可以向股东以外的人转让股权。因此，公司层面的股东变更，只需要在公司登记机关（各级工商行政部门）办理变更登记即可，而不必经过教育行政部门同意。很多民办高校的教育投资公司内部股东及其股权结构发生了重大变化，学校的实际控制人发生了实质性的变化，但是学校名义上的举办者仍是作为一个整体的教育投资公司，学校教师甚至是学校领导班子成员都不知情，教育行政部门更是难以监管。在哈尔滨广厦学院举办者复杂变更案例中，[①] 2015 年 1 月，教育部下发批文同意广厦学院 80% 的举办权由原来的举办者变更为"北京杏坛"公司（"北京杏坛"公司是联想控股成立的子公司）。就在教育部下发批文后的一个月，北京杏坛公司的两个股东（弘毅同人和弘毅至诚）将北京杏坛 100% 的股权转让给北京北方投资集团有限公司（该公司旗下共有 17 所独立学院和民办高校）。此时，哈尔滨华厦学院的举办者名义上仍然是北京杏坛公司，但是学院的实际控制者却由联想集团改变为北方投资公司。为何北投集团热衷收购股权，而非通过举办权转让占有学校？参与股权转让谈判的

---

① 王瑞锋、梁嘉莹：《产权"一团乱麻"，法律"不明不白"买卖民办高校》，《南方周末》2015 年 11 月 19 日，http://www.infzm.com/content/113088。

人士说，股权买卖按照公司法进行，而举办权转让则要按照《民办教育促进法》，涉及部门多审批程序复杂。对此次转让行为，教育部也给出答复说，杏坛公司身份没有发生变更，而是公司内部的股东股权转让，"其行为受现行民商法律调整，《民办教育促进法》并无相关要求"。① 其三，举办者由自然人变更为公司以后，更容易实现融资。在自然人为举办者的情况下，只能通过协议控制实现举办者权利，保障很脆弱。变更为公司以后，可以通过股份登记比例变动来间接实现对举办者权益的变更，利于融资合作。

由于作为民办高校举办者的教育公司层面的股东变更无须教育行政部门审核，所以这种形式的举办者变更应该作为今后的监管重点。在教育投资公司（学校的举办单位）层面发生的内部股权变动从而引起学校实际控制人的变化，是当前民办高校举办者变相变更的一种重要形式。由于以这种形式发生的变更在法律程序上不需要经过教育行政部门核准，只需工商注册部门核准登记即可，故教育行政部门很难对其进行约束与监管。为此，对于涉及民办高校资产变更的公司股东（股权）的重大变更事项，工商行政管理部门应与教育行政部门、人力资源和社会保障部门之间建立起联动工作机制，相互通报或函告信息，并于核准变更登记前，商请业务主管部门，就行政相对人的资质条件进行必要的前置性审查。这也是一种无奈但现实的过渡性措施。

第二，对民办高校财务的监管。

从 2017 年 6 月至 2018 年 3 月，浙江省教育厅组成了民办教育综合改革政策起草小组，笔者作为起草小组成员之一，全程参与了政策调研、起草和修改过程。经过研究和讨论，目前我国民办高校财务监管有六个方面的重点内容。

一是要建立完善的内部财务管理体制。民办高校应当设置独立的财务机构，统一管理学校财务活动，负责具体财务管理工作，制定符合民办学

---

① 教育部同意教育投资公司层面的股份变动受民商法律调整，民办教育促进法没有相关要求，这意味着教育投资公司层面的股份可以转让和继承，这也导致我国民办学校举办者的变更存在矛盾：自然人直接出资设立民办学校的出资份额不允许被继承，自然人通过投资教育投资公司设立民办学校的份额允许继承。何晓琴、管华认为，"从法律上确认出资人的出资份额权益允许继承，不仅能解决司法实践中的争议，而且也符合现实中的惯常做法"，何晓琴、管华：《民办学校举办者的出资份额继承辩正》，《浙江树人大学学报》2016 年第 1 期。

校特点的财务规章制度，编制财务收支预算和决算报告，集中管理学校各种资金和经济资源。民办高校财务机构负责人（会计主管人员）、财会人员的任职资格、工作职责、工作权限、技术职称等，应当严格按照《中华人民共和国会计法》、财政部颁布的《会计基础工作规范》的相关规定执行。民办高校财务机构负责人（会计主管人员）实行回避制度，董事会、理事会或类似决策机构（以下简称决策机构）的直系亲属不得同时被聘任为民办学校财务机构负责人（会计主管人员）。民办学校财务机构负责人（会计主管人员）的直系亲属不得在本单位财务机构中从事会计工作。应建立健全有效的财务监督体系，维护学校正常的经济秩序；制定相适应的内部控制制度，加强内部财务监督，提高会计信息质量和管理水平；积极开展内部控制制度检查和绩效评价考核，切实推进财务公开，自觉接受师生员工和政府有关部门的监督。

二是要按时、足额出资。举办者应当按照设立申请报批报告、办学协议、学校章程等承诺的出资金额和时间，按时、足额履行出资义务。举办者可以货币资金、实物、土地使用权、知识产权以及其他财产作为办学出资。以货币资金出资的，要把货币资金转入民办学校开设的银行账户上。举办者以实物、土地使用权、知识产权以及其他财产出资的，必须在民办学校法人登记成立后1年内办理过户手续，将资产过户到学校名下。资产未过户到学校名下前，举办者对学校债务依法承担相应法律责任。举办者投入的货币资金、实物、土地使用权、知识产权以及其他财产到位后，必须经依法设立的验资机构验资并出具验资报告。对于实物、土地使用权、知识产权以及其他财产等，还必须通过具有评估资格的中介机构依法进行评估并出具评估报告。分批出资或办学过程中再投入民办学校的出资，必须经依法设立的验资机构验资并出具验资报告。

三是要加强对各类资产的管理。举办者投入民办学校的资产、财政性补助资金、受赠的财产以及办学积累，属于民办学校法人财产。民办学校对举办者投入民办学校的资产、财政性补助资金、受赠的财产以及办学积累，应进行分类核算和管理。除举办者投入民办学校的资产外，学校接受捐赠的财产，原则上需通过依法设立的验资机构验资或具有评估资格的中介机构依法评估，再进行登记和管理。民办学校的法人财产权依法受到国家有关法律法规保护，民办学校依法独立享有法人财产权。在民办学校存续期间，由民办学校依法管理和使用，任何组织和个人，包括举办者，不得侵占、挪用。民办高校只能开设一个基本存款账户和因业务开展需要开设的食堂、基建、工会等专用账户，原则上同一业务性质的资金往来不得多头开户。民办学校的所有银行账户必须集中由学校财务部门统一管理和核算。完善固定资产管理制度，对出资者投入资产、财政拨款形成的资产、受赠资产和办学积累所形成资产分别登记入账，定期盘点，做到账账相符、账实相符。应对存货进行定期或者不定期的清查盘点，保证账实相符。民办学校应严格控制对外投资。民办学校若需对外投资，应当在保证学校正常运行和发展的前提下，进行充分论证，经学校决策机构批准，履行相关手续，并报有关单位和部门备案。其中，不得使用各级财政性资金及其结余对外投资。不得从事股票、期货等高风险项目投资，国家另有规定的除外。

四是要民办高校需要加强风险管理。民办高校必须建立风险预警机制，合理控制学校负债规模，改善学校债务结构，充分考虑民办学校的债务风险承受能力，有效防范财务风险。民办学校借款只能用于学校本身的建设和发展，不得用于对外投资，不得以任何方式转借给举办者及其他单位或个人。举办者通过借款作为投资用于民办学校建设、发展、运转等，只能是举办者本身的债务，不能作为民办学校的负债。严禁民办学校利用学校教学设施及设备为他人或单位提供经济担保或财产抵押。

五是要加强收入和开支管理。民办学校向受教育者收费、退费按照国家、省相关规定执行。民办学校向受教育者收费开具财税部门规定的合法票据。民办学校的各项收入只能存放在民办学校依法开设的银行账户上，且全部纳入预算，由民办学校财务部门统一管理，严禁"体外循环"，严禁私设"小金库""账外账"。民办学校举办者出资后，从严控制其再以借款、租用等形式使用民办学校资金、资产，确需使用的，应经民办学校决策机构批准并与民办学校签订经济合同，按时足额支付使用费用，由民办学校作为学校收入。财政部门、教育部门补助给民办学校的财政性经费，作为限定性收入进行管理，民办学校需严格按照有关经费指定项目和用途使用，并单独核算，接受教育部门、财政、审计等有关部门的监督检查。民办学校全部支出应当统一分类、统一核算、统一管理。有关费用应当在实际发生时按其发生额计入当期费用。建立大额资金支出集体决策、常规资金支付授权审批等为重点的资金安全管理和审批制度。资金支出可按工作实际分金额分权限分级审批等方式合理确定预算支出审批权限。学校的各项开支和报销应按照事前事后的审批流程规范执行。经费支出前要经过学校相关领导或部门批准。费用报销时要提供完整票据和材料。

六是要完善财务报告和财务分析。民办学校应当按照教育部门的规定和学校财务管理的需要，定期编制财务分析报告。财务分析的内容包括预算安排和执行情况，资产、负债、净资产、收入、支出情况，分析学校财务管理过程中存在主要问题，提出改进措施。财务分析指标包括出资人投入资本变动情况、社会捐赠变动情况、学校办学积累增减变动情况、固定资产增减变动情况、资产负债率、生均费用（或成本）增减等。学校可以根据本校特点增加财务分析指标。民办学校每年办学许可证年检时，需向教育部门以及其他有关单位报送上年度财务报表和会计师事务所年度财务审计报告。除了报告一般的信息之外，还要明确以下经济事项：（1）出资到位情况，实物、土地使用权、知识产权等财产出资过户情况；（2）民办学校的各种收费资金是否进入并存放在民办学校银行账户上，是否被举办者及其关联方、其他单位和个人占有、使用；（3）民办学校向金融机构或其他单位、个人的借款是否用于学校建设和发展，是否存在用于对外投资，是否存在其他单位占有、使用，或转借给其他单位或个人等情况；（4）民办学校借出的款项是否存在违反本管理办法和其他不合理情况；（5）民办学校是否设立后勤服务公司，有无存在转移收益，有无在学校信息公开网址公示服务内容、服务时间、以及收支构成情况等。（6）民办高校与举办方或其他关联方的资金往来是否符合相关的法律规定。

（三）开展三方办学综合监测评价

对民办高校的评估推进了民办高校的教学改革，提高了民办高校办学的规范性和稳健性，保障了民办高校的人才培养质量，增强了民办高校主动服务经济社会发展的能力。但是对民办高校的评估也存在较大的优化空间。首先，评估结果目前只是作为政府考察民办高校的依据，尚未成为社会公众选择民办高校的依据，从而大大降低了评估的意义。其次，评估标准过于统一化，公办高校和民办高校、高层次高校和低层次的高校适用于同样的标准。此外，民办高校分类管理以后，对营利性民办高校的评估标准尚不明确。第三，目前影响较大的评估是本科教学工作合格评估，五年一轮，高职院校现在没有周期性的评估，只是教学诊断评价，这些评估周期太长。不能对民办高校的办学现状和办学风险进行及时的评价。

美国高校的认证体系完善，可以对我国民办高校的评估提供若干有益的借鉴。美国政府并不直接对高校进行管理，而是通过认证机构对大学实行监控。美国的大学认证包括院校认证（institutional accreditation）和专业认证（specialized or programmatic accreditation），院校认证比专业认证重要。根据美国高等教育认证机构委员会（Council for Higher Education Accreditation，CHEA）在 2017 年 7 月的统计，美国共有 7 个地区性认证机构，5 个全国性宗教类院校认证机构，7 个全国性职业院校认证机构和 60 余个专业认证机构。[①]美国教育部每隔 5 年对这些认证机构进行审核。是否通过教育部的审核很重要，因为只有通过了教育部审核的认证机构，其认证的院校的学生才可以获得联邦资助。[②]7 个地区性认证机构和 5 个宗教类院校认证机构全部通过了教育部的认证，6 个职业性院校认证机构通过了教育部的认证，大约一半的专业认证机构通过了教育部的认证。地区性认证机构是最主要的认证机构，美国大部分高校都接受地区性认证机构的认证。这 7 个认证机构如下。

第一，新英格兰院校协会（New England Association of Schools and Colleges，NEASC）。该协会成立于 1885 年，是美国最早的认证机构。该协会共有 4 个委员会，分别是：高等教育认证委员会（Institutions of Higher Education，CIHE），该委员会主要认证新英格兰地区的院校以及部分国际地区的院校；私立中小学委员会（Independent Schools，CIS），主要认证新英格兰地区私立 K-12 学校；国际学校认证委员会（International Education，CIE），主要对国际学校进行认证；公办中小学委员会（Public Schools，CPS），主要对公办中小学和公办的职业技术培训中心进行认证。[③]

第二，中部高等教育委员会（Middle States Commission on Higher Education，MSCHE）。2013 年之前，中部高等教育委员会隶属于美国中部院校协会（Middle States Association of Colleges and Schools，MSACS），2013

①　CHEA－and USDE－Recognized Accrediting Organizations（as of July 2017），https：//www.chea.org/userfiles/Recognition/CHEA_ USDE_ AllAccred.pdf.

②　Recognition.https：//accjc.org/about/.

③　https：//www.neasc.org/.

年成为一个独立的认证机构。① 中部高等教育委员会主要对美国中部高校
提供认证。

第三，西北院校协会（Northwest Commission on Colleges and Universi-
ties，NASC）。该协会主要是对美国西北部的院校提供认证。②

第四，高等教育委员会（Higher Learning Commission，HLC）。高等教
育委员会原隶属于中北部院校协会（North Central Association of Colleges
and Schools，NCACS）。2001 年中北部院校协会包含的高等教育委员会和
中小学促进与认证委员会（the Commission on Accreditation and School Im-
provement，CASI）开始独立开展评估业务，中北部院校协会并不承担实
质性的认证任务。2014 年，高等教育委员会和中小学促进与认证委员会
签订协议，一致同意解散中北部院校协会，自此，中北部院校协会退出了
高等教育评估的舞台。③

第五，南部院校协会（Southern Association of Colleges and Schools，
SACS）。该协会由院校委员会（Commission on Colleges）和中小学认证与
促进委员会（Council on Accreditation and Schoool Improvement）组成。该
认证机构主要对美国南部提供副学士学位以上的高校进行认证。④

第六，学校认证委员会（Accrediting Commission for Schools，ACS）和
西部院校协会（Western Association of Schools and Colleges，WASC）。该机
构的官方名称包括上述两个认证机构。该机构主要对加州、夏威夷、关岛
等地区的学校提供认证服务，此外也对亚洲、太平洋地区、中东、非洲和
欧洲的学校提供咨询。⑤ 社区学院和初级学院认证委员会（Accrediting
Commission for Community and Junior Colleges，ACCJC）也曾经隶属于西部
院校协会。根据该委员会官网的信息，该委员会于 2012—2013 年从西部
院校协会中分离出来。主要业务是对西部地区的社区学院和初级学院

---

① Frequently Asked Questions About the Middle States Association and the Middle States Commis-
sion on Higher Education. http：//www. msche. org/？ Nav1 = ABOUT&Nav2 = FAQ&Nav3 = QUES-
TION04.

② http：//www. nwccu. org/index. htm.

③ Higher Learning Commission . Transition From North Central Association to Higher Learning Com-
mission http：//www. hlcommission. org/About-HLC/about-hlc. html.

④ http：//www. sacscoc. org/.

⑤ http：//www. acswasc. org/wasc/acs-wasc-overview/.

（提供副学士学位的学院）进行认证。① 但是美国高等教育认证机构委员会（Council for Higher Education Accreditation, CHEA）在 2017 年 7 月的统计中依然将该委员会与西部院校协会看作同一个认证机构。

第七，西部院校协会高级学院和大学认证委员会（The WASC Senior College and University Commission）。该委员会之前也隶属于西部院校协会，2012—2013 年从西部院校协会中分离出来，主要业务是美国西部地区和部分国际地区的公私立高校进行认证。②

七大认证机构的认证标准各有特色，但是也具有一些相似性。我们以新英格兰院校协会和西北院校协会为例来看七大认证机构的认证标准。新英格兰院校协会的认证标准包括九个指标，分别是：使命与目标（Missions and Purposes）、规划与评价（Planning and Evaluation）、组织结构与治理（Organization and Governcance）、学生事务（Students）、学术项目（Academic Programme）、教学事务（Teaching, Learning, and Sholarship）、办学资源（Resources）、教学效果（Educational Effectiveness）、信息公开与信息披露（Integrity, Transparency, and Public Disclosure）。西北院校协会的认证标准包括 5 个一级指标和 15 个二级指标。这些指标如表 7-3 所示。

表 7-3　　　　　　　　　西北院校协会的认证标准

一级指标	二级指标
组织使命与价值观（Mission and Core Themes）	使命（Mission）
	价值观（Core Themes）
资源和办学水平（Resources and Capacity）	治理（Governance）
	人力资源（Human Resources）
	教育资源（Education Resources）
	学生支持资源（Student Support Resources）
	图书和信息资源（Library and Information Resources）
	办学资金（Financial Resources）
	基础设施和技术（Physical and Technological Infrastructure）

---

① History of the ACCJC, Geographic Scope, https://accjc.org/about/.

② History, https://www.wscuc.org/about.

续表

一级指标	二级指标
计划与实施（Planning and Implementa-tion）	院校规划（Institutional Planning）
	价值观的落实（Core Theme Planning）
有效性与改进（Effectiveness and Im-provement）	评价（Assessment）
	改进（Improvement）
使命实现与可持续性（Mission Fulfill-ment, Adaptation, and Sustainability）	使命实现（Mission Fulfillment）
	适应性与可持续性（Adaptation and Sustainability）

资料来源：Northwest Commission on Colleges and Universities . Standards for Accreditation, http：//www. nwccu. org/Pubs%20Forms%20and%20Updates/Publications/Publications. htm。

治理和财务是地区性认证机构的重要内容。西北院校协会关于治理的标准包括：院校建立了权力、角色和义务都极其清晰的治理结构，教职工、管理者和学生都能够在学校的决策中表达自己的声音。学校的决策机构（董事会）至少有五名具有投票权的成员组成，多数成员不能在校任职并且不能和学校有财务上的利益关系。学校董事会应该进行集体决策，任何董事或委员会都不能代表董事会，除非获得了董事会的授权。董事会选择校长并对校长进行评价，董事会决定校长的权力和责任，校长在董事会授权的职权范围内执行董事会的决策并对学校的运行负责。校长可以作为董事会的成员，但是不能担任董事会的主席。院校的各级管理者都具有清晰的权力和职责，能实施有效的领导和管理。

西北院校协会关于资金和财务方面的标准包括：院校具有充分的资金流和良好的资金稳定性。建立了卓越的风险管理机制，能够有效应付短期和长期的资金风险。政府资助（Grants）、社会捐赠和其他非学费收入都有完善的管理机制。财务决策和预算制定中都有利益相关者的参与。会计制度健全，内部控制有效，财务披露准确。资金预算与学校的使命和价值观相匹配。学校经费与附属机构经费之间的分配保持合理的关系。每年都接受具有资质的外部审计机构的审计，审计机构对预算管理和资金使用的建议能够被严肃对待。资金筹集符合伦理和政府的监管措施，院校若委托专门的资金筹集公司筹资的话，院校和筹资公司之间的责任有清晰的界定。

财务方面的瑕疵往往是某些院校无法通过认证的主要原因。2017 年 6

月 22 日，中部院校认证协会对切尼大学（Cheyney University，该校是卡内基分类名单中的公办高校）发出警告说该校面临无法通过认证的风险。原因之一是该校的财务状况不佳，无法为学校实现其愿景提供足够的资源支撑。① 中阿拉巴马社区学院（Central Alabama Community College，该校也是卡内基分类名单中的公办高校）也因为没有达到南部院校协会对财务稳定性（Financial stability）的要求而在 2017 年被暂缓通过认证。②

全国性认证机构的认证标准和地区性认证机构的认证标准有所不同，因为全国性认证机构的很大一部分客户是营利性院校，所以全国性认证机构的认证标准更加贴近营利性私立院校的办学实际。③ 职业院校认证委员会（Accrediting Commission of Career Schools and Colleges，ACCSC）的认证标准在很大程度上可以代表全国性认证机构的认证标准。该认证机构的认证标准共有九个部分，分别是学校管理（Management and Administrative Operations），专业和课程标准（Programme Requirement），教学管理和师资（Educational Administration and Faculty Qualification），招生宣传和信息披露（Studentd Recruitment，Advertising and Disclosures），学生录取（Admissions Policies and Procedures），学生服务（Student Services），学生学习与评价（Students Learning，Assesment，Progress，and Achievement），分校或校区管理（Separate Facilities），远程教学（Distance Education）。这些认证标准适合于营利性私立高校的实际，比如，"学校管理"条款要求院校的股东和管理者的教育背景、管理经验要能胜任学校的管理要求，再比如，"招生宣传和信息披露"条款要求所有院校的宣传材料必须真实客观、不能误导和欺骗学生。④

---

① Middle States Commission on Higher Education . Statement on Commission Action with regard to Cheyney Universityhttp：//www. msche. org/documents/StatementonCheyneyUniversity. pdf.

② Southern Association of Colleges and SchoolsCommission on Colleges（SACSCOC）. Disclosure Statement Regarding the Status ofCENTRAL ALABAMA COMMUNITY COLLEGE.http：//www. sacscoc. org/2017JuneActionsanddisclosurestatements/Central%20Alabama%20CC-JSH. pdf.

③ 少数营利性私立高校经过了地区性认证机构的认证，比如阿格西大学于 2011 年通过了西部院校协会（WASC）的认证。参见 Statement of Accreditation Status，Argosy University.https：//www.wscuc.org/institutions/argosy-university，但是大部分营利性高校接受全国性认证机构的认证。

④ The Accrediting Commission ofCareer Schools and Colleges（ACCSC）. STANDARDS OFACCREDITATION . http：//www. accsc. org/UploadedDocuments/1971/ACCSC% 20Standards% 20of% 20Accreditation%20and%20Bylaws%20-%20070117%20final. pdf.

财务原因也经常是营利性私立高校无法通过认证的原因。比如，凯恩美发学院（Cain's Barber College，该校是营利性私立高校，没有出现在卡内基高校名单中）因为财务状况不佳而无法延续职业院校认证委员会的认证。该委员会在 2016 年 7 月 1 日发出函件称，凯恩美发学院的认证无法延续，该校必须在 2016 年 8 月 11 日以前将该校无法延续认证的消息通知所有在校学生，并且在今后的招生宣传中不能再宣称"凯恩美发学院已获 ACCSC 的认证"。[①]

美国高校认证，对于我国民办高校的评估和民办高校的健康发展，至少有如下几方面的启示。

第一，评估标准宜多样化。美国不同认证机构的评估标准各有侧重，多样化的评估指标更适合不同层次、不同类型的高校。不应该用同样的评估标准进行评估，评估标准的多样化更能够促进高校的多样化发展。尤其是民办高校分类管理以后，营利性民办高校的培养目标、内部治理、财务运作和招生宣传等方面具有不同于公办高校和非营利性民办高校的特征，采用不同于公办高校和非营利性民办高校的评估标准更适合于这类民办高校。

第二，评估指标宜对民办高校留足更多空间。美国认证机构的认证标准中数值化指标较少，我国本科教学评估中有多个数值化指标。以图书为例，我国教学评估要求生均藏书量和生均年进书量都要达到国家要求（指标 3.1），但是美国西部院校协会关于图书的要求很简单，"教师应该和图书信息部门的人员协同努力，确保图书和信息资源能够有效整合进入学生的学习过程"。过多的数量化的指标可能导致参评高校的平均化，加重了参评高校的负担，不利于特色的形成。再比如，我国对民办高校有明确的土地面积和建筑面积要求，导致民办高校将大量的资金投入硬件建设中来，用来聘请师资和提高教师队伍素质等方面的资金就会被压缩。[②]

第三，评估内容宜宏观化。对高校的评估，尤其是对民办高校的评估，教学评估仅仅是一个方面，内部治理、财务运作、招生宣传等方面也很重要。目前我国民办高校的教学评估指标虽然也包括内部治理指标，一

---

① Withdrawal of Accreditation - Final Action. http：//www.accsc.org/Commission-Actions/Revocation-Denial-of-Accreditation-.aspx.

② 鲍威：《中国民办高校财务运作与办学行为的实证分析》，《复旦教育论坛》2011 年第 3 期。

些指标也能够体现学校的财务状况（如 3.2 经费投入），但是整体来看，这些指标偏少，不能完全体现民办高校的特征。

第四，评估主体宜多元化。虽然美国的大部分认证机构都需要教育部的认可，但是这些认证机构并不是教育部的附属机构，他们是独立的社会组织。这就使得认证机构和被认证的高校之间形成了平等的关系。而且，由于美国存在多个评估机构，使得各个认证机构之间存在市场竞争。为了争取"客户"，各个认证机构不断优化评估指标并提高对被认证学校的诊断和指导能力。我国的高校评估中心（全称是中华人民共和国教育部高等教育教学评估中心）是教育部直属的行政性事业单位，被评估的高校都将评估中心视为上级领导部门而非简单的教育评估服务的提供者，这就使得民办高校很难和评估中心进行平等的交流和沟通。

（四）建立校政信息公开制度

民办高校需要按照《高等学校信息公开办法》和《教育部关于公布〈高等学校信息公开事项清单〉的通知》的规定，进行信息公开。省级教育行政部门是民办高校信息公开和信用信息采集、使用和监管的主管部门。民办高校是信息公开的主体，对公开信息内容的真实性、完整性、及时性、合法性负责。民办高校应当按时向社会公开以下信息：

（1）党的建设工作情况，包括党组织组成人员情况；

（2）登记信息。包括学校名称（全称）、办学地点、办学性质（营利与非营利）、办学宗旨、办学层次、办学规模，内部治理体制、校级机构设置、法定代表人、开办资金、登记时间和登记证号、许可证号等基本情况；

（3）举办信息。包括举办者、出资人、出资额，举办者（出资人）情况；

（4）内部治理信息。包括理事会或董事会、行政班子、监事会组成人员及其变动情况，内设机构、经登记管理机关核准的单位章程，学校制定的各项规章制度，联系人和联系方式；

（5）招生信息。包括招生规模、范围、时间、方式、程序、结果等；

（6）收费信息，包括收费依据、收费项目、收费标准、投诉方式；

（7）学校办学条件、年度财务状况和财政性资金使用情况；

（8）政府购买服务的信息。包括购买主体、购买事项、主要内容、项目经费、完成时限和绩效考核结果；

（9）接受和使用捐赠的信息，包括接受捐赠的时间、捐赠来源、性质、数额、用途；捐赠使用时间、用途、数额、受益人数等；

（10）安全事故信息，违法违规情况；

（11）自然灾害等突发事件的应急处理预案、处置情况，涉及学校的重大事件的调查和处理情况；

（12）教育行政部门认为特别重要的其他信息。

民办高校应于每年7月底前，将包含上述内容的信息公开报告通过门户网站、宣传专栏等便于公众知晓的方式进行信息公开。民办高校信息一经公开，不得任意修改。确需修改的，应当向教育行政部门报送修改说明。民办高校要自觉接受社会公众监督，社会公众可向教育行政部门提出质询，学校对社会公众提出的质疑，要及时做出说明和解释。民办高校在年检时应当向教育行政部门和登记管理机关报送信息公开报告。教育行政部门在开展学校等级评估和政府购买服务等活动时，将民办高校信息公开和信用情况作为一项重要参考指标和依据。教育行政部门要将信用状况不良的民办高校列为重点核查对象，下调政府购买服务的比例，缩减年度招生规模，取消各类表彰奖励直至恢复信用。

第二节　社会监督

一　社会监督现状

国家在多个文件中提出完善对民办高校社会监督的对策建议。比如，《国务院关于鼓励社会力量兴办教育促进民办教育健康发展的若干意见》提出，"财政扶持民办教育发展的资金要纳入预算，并向社会公开，接受审计和社会监督，提高资金使用效益"。《教育部等五部门关于深化高等教育领域简政放权放管结合优化服务改革的若干意见》（教政法〔2017〕7号）指出要"畅通监督渠道，发挥社会公众、媒体等力量在监督中的作用"。对民办高校进行社会监督的主要力量包括教育协会、媒体、学者等。

教育协会是指介于政府、学校之间，提供服务、咨询、沟通、监督、自律、协调的社会中介组织。教育协会（联盟）是一种民间性组织，它不属于政府的管理机构系列，而是政府与学校的桥梁和纽带，即国际上统称的非政府机构（又称 NGO），属非营利性机构。教育协会具有四大职能，分别是组织职能、协调职能、服务职能和监管职能。民办教育领域中最有影响的教育协会组织是中国民办教育协会。中国民办教育协会成立于 2008 年，成立 6 年来，对于我国民办教育的健康发展起到了非常重要的作用。其业务范围包括"开展民办教育评估活动""开展民办教育的行业规范、行业自律和行业维权活动"。除了中国民办教育协会，省一级、市一级和县一级的民办教育协会，也在民办教育的发展中起到了非常重要的作用。中国民办教育协会和省级、市级、县级的民办教育协会都具有一定的官方背景，中国民办教育协会的业务主管单位是教育部，在教育部的领导下开展工作，其他级别的民办教育协会也在同级教育行政部门领导下开展工作。

除了具有官方背景的民办教育协会，我国还有一些纯粹民间性质的协会组织，比如由吉林华桥外国语学院、北京城市学院和浙江树人大学等倡议发起的"非营利性民办高等学校联盟"，由无锡太湖学院倡议发起的"中国独立学院协作会"，由《中国教师报》倡议发起的"中国民办教育共同体"等。"非营利性民办高等学校联盟"由全国坚持非营利性办学的民办高校自愿组成，凡加入该联盟的民办高校都不要求获得合理回报。从 2015 年开始，该联盟向联盟成员发起了信息公开的倡议，教育部等十四部门印发的《中央有关部门贯彻实施〈国务院关于鼓励社会力量兴办教育促进民办教育健康发展的若干意见〉任务分工方案》的通知明确提出"支持非营利性民办高等学校联盟等行业组织及其他教育中介组织在引导民办学校坚持公益性办学、创新人才培养模式、提升人才培养质量等方面发挥作用"。纯粹民间性质的教育协会一般都不具备法人资格，部分联盟所发挥的作用有待提高。一些"联盟"召开成立大会以后，就不再有任何活动了。客观上说，在目前的社会生态环境下，缺乏政府支持的纯粹教育协会组织很难获得社会的信任，很难有更大的作为空间。这种状况的产生与我国行政力量的强大和对教育资源的高度垄断有关。当所有的资源都掌握在政府手中时，行业协会就很难有发挥作用的空间。所以，在中国的社会生态环境下，建设具有中国特色真正独立的教育中介组织，就成为一个巨大挑战。

媒体在影响我国民办高校的健康发展中扮演重要作用。某个组织和行业若能够得到客观、独立、深入的观察，其发展态势就会好一些；相反，若缺乏外界的监管，就可能出现无序竞争和权力寻租行为，其发展就会存在更大的不确定性和风险性。所以，媒体作为社会的观察者、记录者和信息的传播者，能够对民办教育的健康发展起到非常重要的作用。媒体的作用可以归纳为两点："扬善"和"止恶"。媒体正面报道对优秀的民办学校而言是一种表扬和激励，会促使他们发展得更好，正面的报道还可以传递"正能量"，在社会中树立良好的榜样，从而带动更多学校的健康发展。媒体对不良学校或不规范办学行为的报道，能够为民办教育发展提供纠错的可能。第一，一个组织往往对自己的某些行为和这些行为的后果缺乏正确的认识，所谓"不识庐山真面目，只缘身在此山中"。在这种情形下，媒体的报道会促使民办学校深刻反思，从而纠正错误。第二，违规行为被曝光之后，会使政府部门积极介入，及时制止违规行为。第三，违规行为被曝光之后，社会公众用脚投票，让某一些学校因为错误的行为而受到市场的惩罚。目前一些负面报道往往容易被各种利益相关者所扼杀，媒体因揭露丑恶和负面问题所彰显的警示功能和监督功能被削弱，媒体所提供的社会自我修复机能逐渐丧失，很多矛盾冲突日积月累将不可避免在更广大范围以更激烈方式爆发。对不良行为的客观报道，虽然在短时间内可能会对民办教育发展产生一些负面影响，但是从长远的角度看，只要是真实客观的，对于民办教育的健康发展就具有正面的意义。一些媒体对我国民办高等教育进行了持续性或者深入的报道，对我国民办高等教育的健康发展产生了重要影响。《中国政协报》设立了专门的民办教育栏目，是我国民办教育的重要观察者和记录者，对推动我国民办教育的健康发展起到了积极作用。

　　社会监督并不是学者本来应该承担的职能，但是在客观上而言，学者能够通过多种渠道发挥对民办教育的监督职能。学者的主要任务是进行理论研究，但是理论研究建立在对事实了解的基础之上，脱离具体时间和空间的普适性理论是不存在的。教育研究者为了提出具有中国特色的民办教育理论体系，并用这个理论来解释、指引我国民办教育的发展，就需要主动地观察并反思中国民办教育。虽然观察和记录的方式与媒体不同，但是就实际效果而言也起到了监督的作用。和媒体的监督相比，学者的监督还有一个明显的特点，即学者能够在长时间内对民办教育进行跟踪性观察，所以更能够得出客观、公正和准确的结论。此外，学者可以对国外民办教育的发展进行比较，寻找其他国家民办教育的发展经验，为我国民办教育的发展提供启示。所以，学者往往比一般媒体更能够影响政府的决策。当前，教育智库建设已经成为我国教育理论和实践中的重要问题之一，政府高度重视，学术界也展开了丰富的研究。当前有影响的民办教育研究机构或者涉及民办教育的研究机构有中国民主促进会中央委员会和北京师范大学共同组建的"中国教育政策研究院"、中国民办教育协会民办教育研究院、上海教科院民办教育研究所等。有一些高校在较长的时间内致力于民办高等教育研究，如北京大学、北京师范大学、厦门大学等。此外，一些民办高校也设立了专门研究民办高等教育的研究机构，如西外外事学院和浙江树人学院等。长期关注民办高等教育研究的学者有厦门大学的潘懋元先生、邬大光教授、别敦荣教授，北京大学阎凤桥教授，北京师范大学的钟秉林教授、周海涛教授，中国民办教育协会的王文源教授，上海教科院的胡卫教授、董圣足教授，浙江树人大学的徐绪卿教授等。这些学者的研究成果有利于学术界和社会公众准确客观地认识我国民办教育的发展，有利于政府更加科学合理地制定相关的民办教育政策。正因为如此，政府认识到了学者和民办教育研究机构对促进民办教育发展的重要作用，提出了建设"民办教育研究机构"和"民办教育智库"的建议。

二 社会监督的优化路径

充分发挥包括教育协会和教育学会在内的教育中介组织是完善社会监督的关键。各类教育协会是美国高等教育中引人注目的现象，这些协会主要的活动是帮助会员单位争取国家政策，但是也承担一些院校自律职能。从层次来看，有全国的教育协会、有州一级的教育协会，也有区域性的教育协会。从协会成员组成来看，有文理学院的协会，有宗教性院校的协会，也有黑人院校的协会，还有其他大量的相似学院所建立的协会。美国协会百科全书列出了美国 23000 个协会的名称，其中高等教育类的协会大约上千个，其中 200 多个位于首都华盛顿。[①] 美国高等教育有六大协会（the Big Six）。和其他高等教育协会不同，这六大协会都是成员高校的校长亲自参加协会所组织的活动，也只有成员高校的校长有资格决定是否参加这些协会。这六大协会分别是：美国教育理事会（the American Council

---

① Encyclopedia of Associations：National Organizations of the U.S. http：//find. galegroup. com/gdl/help/GDLeDirEAHelp. html.

on Education，ACE）代表了美国所有通过认证的公立和私立院校，美国教育理事会的成员也包括全国性和地区性的高等教育协会，所以，美国教育理事会可以称为"高等教育协会的协会"；美国社区学院协会（the American Association of Community Colleges，AACC），其成员主要是公立和私立的两年制院校；美国研究型大学协会（the Association of American Universities，AAU），其成员主要是美国的公立和私立的研究型大学；美国州立学院和大学协会（the American Association of State Colleges and Universities，AASCU），其成员多数是公立（州立）的具有硕士学位授予权的学院和大学；国家私立学院和大学协会（the National Association of Independent Colleges and Universities，NAICU），其成员是美国的非营利性私立学院和大学，既包括研究型大学，也包括两年制的学院；美国州立大学和增地学院协会（the National Association of State Universities and Land-Grant Colleges，NASULGC），其成员大多数是公立的具有博士学位授予权的大学。丰富多彩的教育协会对于扩大美国高等教育的信息公开、丰富高等教育生态、提高教育质量发挥了重要作用，值得我国效仿。

建设具有中国特色的教育中介组织可以遵循两条路径。一条路径是从下而上的，这条路径的特点是"政府赋权"。政府应赋予民办教育中介组织一定的权力，将评估、监督民办学校的部分权力交给教育中介组织。在授权过程中，要防止中介组织成为政府的附属物，使各类中介组织更多地体现民间色彩。第二条路径是从上而下的，这条路径的特点是"政府瘦身"。政府将一些官方机构和半官方机构向市场化、民间化的方向发展，"强迫"这些机构从市场中获取资源而不是依赖公共财政运作。比如，政府可以把针对民办学校的技术领域、专业领域的能够转移出来的某些职能让渡于中介组织，扩大中介组织的业务范围，拓展其职能空间。

第八章

民办高等教育制度变迁的展望

本章摘要： 我国民办教育的制度变迁过程服从经济领域和政治领域制度变迁的基本规律。当一种新的制度安排给整个社会带来的收益超过改变这种制度安排所产生的成本时，制度变迁便有可能发生。利益集团而非个人是推动制度变迁的基本动力。制度变迁能否发生，在很大程度上取决于具有号召力的领袖能否有效地组织和鼓动群众以开展集体行动。政治领域的制度变迁有时遵循与经济领域制度变迁不同的路径和逻辑。经济领域的制度改革更加强调工具主义逻辑，政治领域的制度改革更加强调社会适宜度逻辑。

民办教育领域的制度变迁受到若干因素的影响。一是利益相关者的利益诉求与表达。民办教育发展中的主要利益群体包括举办者、教师、学生，其中最深刻影响民办教育政策的利益群体就是举办者群体。举办者主动采取各种政治行动维护自己的利益，形成稳定或者临时的利益集团游说政府，师生则主要通过"用脚投票"和"集体行动"的方式维护自身利益。举办者、师生等利益相关者可视为民办教育制度变迁中的"第一行动集团"。二是社会舆论的影响。举办者、教师和学生等利益群体都可以影响社会舆论，但是社会舆论的发酵、形成和扩散还需要政策制定者、公共知识分子和学者等群体的推波助澜。以电视、网络为主要代表的现代化大众传媒既是社会舆论的创造者之一，也是社会舆论的传播者和加强者，往往能对政策制定的方向和速度产生重大影响。学者、媒体等可视为民办教育制度创新的"第二行动集团"。三是他国的经验与启示。一个国家和地区的制度变迁受到他国经验的深刻影响。民办教育分类管理在很大程度上是借鉴美国等国家对私立高校进行非营利性和营利性分类管理的经验。四是重要决策者的偏好。我国政治改革中政治领导人的政策偏好深刻影响政治改革的目标和路径选择。政治领导人不仅发起政治改革，而且还深刻影响政治改革的进程和结果以及政治改革的目标设定和策略选择。在民办教育政策的制定和修改过程中，重要领导人的意见发挥了重要作用。

我国民办高等教育制度变迁的方向和速度取决于上述几个因素的综合作用。虽然制度变迁的具体路径很难被准确地预测，但是我国民办高等教育制度变迁的总方向是，逐利性和商业性将逐渐淡化，公益性和共同治理的特征会愈加明显。制度变迁呈现"路径依赖"的特征，制度的改革和演进必须与外部环境保持适应并且尊重制度自身的历史，政策的制定过程应该允许各种政治力量、利益群体相互作用和讨价还价。为了维持和激发举办者的办学积极性，我国民办高等教育政策变迁需要采取渐变而非突变的方式。阿什比指出，大学的进化就像有机体的进化，是通过持续不断的小改革来完成的，大学的变革必须以固有传统为基础。

我国地理范围宽广，各地经济、社会和文化存在巨大差异，地方政府比中央政府更了解地方社会成员的需求和本区域内的资源状况，因此，地方政府是制度创新的重要力量。地方政府可以区分国家政策的轻重缓急，有先有后地实施国家政策。地方政府也可以在国家政策的某些空白处，在国家政策允许的范围内根据本地区的实际情况进行政策创新。目前多个省（自治区、直辖市）所出台的分类管理配套政策中都蕴含制度创新的因素。中央政府层面需要鼓励各地的政策创新，为区域性政策创新提供更多的自主空间。

阎凤桥、闵维方指出："大学作为制度性组织，其制度是在长期的历史演化过程中逐步形成的。"[1] 任何一个国家的大学制度，只有放在历史演化的视域中才能看清楚。新的《民促法》在很多方面对我国民办高校的内部治理提出了新的要求，但是，阎凤桥认为，新的《民促法》对我国民办高校的内部治理和发展态势所造成的影响只能看作"潜在"的："由于我国法律具有原则性较强而操作性较弱的特点，所以今后面临着如何以及在多大程度上将分类管理的思想落实到实处的挑战。"阎凤桥还认为，修法之后民办教育如何发展，存在了两种可能性，一种是后续的配套

---

[1] 阎凤桥、闵维方：《从法人视角透视美国大学治理之特征——〈学术法人〉阅读启示》，载张德祥等主编《大学治理——权力运行制约与监督》，科学出版社 2016 年版，第 43 页。

措施不及时，举办者我行我素，民办教育系统没有发生明显和显著的变化。第二种可能性是后续配套及时跟进，国家以较大的行政力量促进民办教育分类管理。阎凤桥认为，第一种可能性较大，无论是实然角度还是应然角度看都是如此。①

本章将借鉴相关制度变迁理论对我国民办高校制度变迁的趋势进行展望。首先对经济领域和政治领域的制度变迁进行简要的文献回顾，探讨政治和经济领域的制度变迁对民办高等教育制度变迁的启示，然后在此基础上分析我国民办高等教育制度变迁的可能性及其方向。

第一节　政治和经济领域制度变迁的启示

道格拉斯·C. 诺斯（Douglass C. North）认为，制度是"一系列被制定出来的规则、服从程序和道德、伦理的行为规范"②。在戴维斯和诺斯看来，给定一般条件下，如果现存制度安排的任何改变都不能给经济中的任何个人或团体带来额外的收入，这时的制度就处于"初始均衡"状态。下列外在事件中的任何一个都可能打破"制度均衡"而衍生出制度变迁。（1）制度变迁的潜在收入可能会增加。（2）新制度安排的成本可能改变。（3）法律或者政治上的变化可能影响制度环境，使得某些团体有可能重新分配收益或者利用现有的获利机会。③

20世纪70年代前后，经济学家在解释经济长期增长和长期衰落的原因时，将制度因素引入经济增长的模型中来。诺斯在研究中发现了制度因素的重要作用，他的新经济史论和制度变迁理论对国家经济发展具有极高的解释力。所谓制度变迁（institutional change）是指新制度（或新制度结构）产生、替代或改变旧制度的动态过程。产权理论、国家理论和意识形态理论是诺斯的制度变迁理论的三大基础。有效率的产权之所以对经

① 阎凤桥：《我国民办教育格局会因修法而得到怎样的改变?》，《教育与经济》2017年第1期。

② ［美］道格拉斯·C. 诺斯：《经济史中的结构与变迁》，上海三联书店1994年版，第225—226页。

③ ［美］L. E. 戴维斯、［美］D. C. 诺斯：《制度创新的理论：描述、类推与说明》，载［美］R. 科斯、［美］A. 阿尔钦、［美］D. 诺斯《财产权利与制度变迁——产权学派与新制度学派译文集》，上海三联书店、上海人民出版社1994年版，第297—298页。

济增长起到重要作用，主要原因是有效率的产权提供了有效的激励机制。国家对经济发展发挥重要作用是因为国家可以界定产权制度的基本规则，"国家的存在是经济增长的关键，然而国家又是人为经济衰退的根源"①。诺斯认为意识形态通过给人们提供一种世界观而使行为决策更为经济，使人的行为能受到习惯、准则、法律等约束，有效地克服"搭便车"行为。

在中国制度变迁的研究中，许多学者就中国制度变迁的动力机制和演变路径做过分析，林毅夫关于诱致性制度变迁与强制性制度变迁的划分成为许多学者分析中国制度变迁的理论基础。诱致性制度变迁"由个人或一群（个）人，在响应获利机会时自发倡导、组织和实行"。强制性制度变迁"由政府命令和法律引入和实行"。诱致性制度变迁必须由某种在原有制度安排下无法得到的获利机会而引起。强制性制度变迁可以纯粹因在不同选民集团之间对现有收入进行分配而产生。②

利益集团是制度变迁的推动力量。当某一种新的制度安排带给整个社会的收益超过改变这种制度安排所产生的成本的时候，制度变迁便有可能发生。利益集团而非个人是推动制度变迁的基本动力。制度变迁的成本和收益对于不同群体而言是不同的，有些组织或群体更加热衷于推动某些制度变迁，因为制度的改变和进步对于这些群体而言更加重要。制度变迁能否发生，在很大程度上取决于具有号召力的领袖能否有效地组织和鼓动群众以开展集体行动。根据不同利益集团对制度变迁的需求强度，可以将利益集团分成第一行动集团和第二行动集团。一些学者分析了制度变迁中"第一行动集团"和"第二行动集团"的合作互动关系。陈剩勇等学者以温州服装行业协会的制度形成为例指出，制度规范是利益相关者在有限的"囚徒困境"博弈中产生的合作均衡，不同于政府提供的强制性制度安排，而是由群体自发形成的内在规则。民营企业家扮演了"第一行动集团"的角色，他们为了维护自己的共同利益，利用国家允许的制度空间，主动结成了一个利益集团，并通过组织和集团的行动，获得了许多自治权。地方政府是制度变迁的"第二行动集团"，政府为了促进区域经济发

① ［美］道格拉斯·C. 诺斯:《经济史中的结构与变迁》，陈郁等译，上海三联书店、上海人民出版社 1994 年版，第 20 页。

② 林毅夫:《关于制度变迁的经济学理论：诱致性变迁与强制性变迁》，［美］R. 科斯、［美］A. 阿尔钦、［美］D. 诺斯:《财产权利与制度变迁——产权学派与新制度学派译文集》，上海三联书店、上海人民出版社 1994 年版，第 384 页。

展，而对第一行动集团的活动给予了积极的响应。[①]

也有学者指出，我国的地方政府往往在制度变迁中扮演了第一行动集团的角色。杨瑞龙认为，自上而下的供给主导型制度变迁会面临"诺斯悖论"，即国家权力中心在组织和实施制度创新时，不仅具有通过降低交易费用实现社会总产出最大化的动机，而且总是力图获取最大化的垄断租金。在最大化统治者及其集团的垄断租金和降低交易费用、促进经济增长之间存在冲突。由于存在外部性、不确定性等因素，各个微观主体不一定能导致"集体行动"。在现代民主社会中，即使某些制度变迁能够对某些群体带来巨大的收益，但是如果政府认为这种制度变迁可能有损于其他群体的利益，则这种制度变迁所需要的政策也很难被制定出来。所以，拥有较大资源配置权的地方政府成为我国制度创新中"第一行动集团"。[②] 也有学者认为，我国经济体制的改革依然是基本经济规律自然演化的结果，没有必要夸大政府在制度变迁中的重要性，政府的政策制定必须符合经济发展的自然规律，否则就无法被有效实施。周业安认为，林毅夫关于诱致性制度变迁和强制性制度变迁的分析框架无法完整分析中国的改革过程。他从哈耶克的内部规则和外部规则二元秩序观出发，认为中国的改革表面上看是外部规则的变化，而实质是内部规则的自发演化。外部规则和内部规则的冲突导致外部规则不断改变，这是中国经济改革的主旋律。[③]

我国区域发展水平不均衡，区域之间的发展模式和经济政策也存在区别，史晋川等学者对苏南、温州和上海的经济制度变迁模式进行了比较。苏南的制度变迁主体是乡镇企业和政府组成的利益共同体。温州制度变迁的主体是家庭工商企业这一微观经济主体，当地政府在权衡自身收益与中央权威、短期"政治安全"与长期"政治绩效"后，以默许、合谋甚至保护的态度来与上级政府进行博弈。上海的经济发展体现了一种自上而下的政府供给主导型的制度变迁模式，其制度变迁模式充分体现了国家的意志，因而其制度变迁的主体始终是国家。[④]

---

① 陈剩勇、马斌：《温州民间商会：自主治理的制度分析——温州服装商会的典型研究》，《管理世界》2004 年第 12 期。

② 杨瑞龙：《我国制度变迁方式转换的三阶段论——兼论地方政府的制度创新行为》，《经济研究》1998 年第 1 期。

③ 周业安：《中国制度变迁的演进论解释》，《经济研究》2000 年第 5 期。

④ 史晋川、谢瑞平：《区域经济发展模式与经济制度变迁》，《学术月刊》2002 年第 5 期。

政治领域的制度变迁与经济领域的制度变迁既有相似性也有区别。保罗·皮尔逊指出，纯粹的政治世界具有区别于经济世界的几个典型特征：第一，集体行动的主导性，政治世界不具有经济世界的灵活性、流动性和个人选择性；第二，制度的高密集性，政治生活建立在权威而非交换的基础上，正式制度对行为有广泛的约束；第三，权力的非对称性，权力是不平等的；第四，内在的复杂性和不透明性。① 在运用经济学的分析工具时，必须考虑到政治世界的这些特征。政治领域的制度变迁存在着不同于经济领域变迁的路径和逻辑。制度主义者指出，有的制度变迁是基于效率增进的工具主义逻辑，也有的是基于提高或维持合法性的社会适宜度逻辑。② 显然，经济学的改革更加强调工具主义逻辑，政治领域的改革更加强调社会适宜度逻辑。根据罗森布鲁姆的观点，政府作为公共部门，货币性收益不是政府的主要考量点，政府需要考虑许多货币性收益之外的价值，比如回应性、透明性、责任、代表性等，③ 其中，社会认同性的提高是政府尤其是中央政府需要考虑的重要收益。各个政府职能部门也不是仅仅考虑货币收益和货币成本。对于他们而言，避免因为犯错而被追责，确保部门更大的决策权和执行权，提升本部门在政治晋升博弈中的话语权，都是重要的收益因素。但是，即使是纯粹的政治领域的制度变迁，也可以采用经济学的制度收益和制度成本的概念建立相应的分析框架，将制度创新行为看作制度的需求和供给的均衡过程。④ 近年来，政治学领域出现了新制度主义政治学这一分支学科。该学科的核心观点是"把政治理论推进到从普遍的视角看待制度在政治学中的地位，以及建立一种以制度为核心的政治理论之可能性"。⑤

---

① ［美］保罗·皮尔逊（Paul Pierson）：《回报递增、路径依赖和政治学研究》，载何俊志等编译《新制度主义政治学译文精选》，天津人民出版社 2007 年版，第 203 页。

② Peter Hall, Rosemary Taylor, Political Science and the new Three New institutionalism, *Political Studies*, 1996（5）.

③ ［美］戴维·罗森布鲁姆、罗伯特·克拉夫丘克：《公共行政学：管理、政治和法律的途径》（第 6 版），北京大学出版社 2006 年版，第 5—7 页。

④ 何俊志：《新制度主义政治学的流派细分与整合潜力》，载何俊志等编译《新制度主义政治学译文精选》，天津人民出版社 2007 年版，第 13 页。

⑤ ［美］詹姆斯·G. 马奇（James G. March）、［美］约翰·P. 奥尔森：《新制度主义：政治生活中的组织因素》，载何俊志等编译《新制度主义政治学译文精选》，天津人民出版社 2007 年版，第 20 页。

　　我国的政治制度变迁过程体现了政治变迁的基本规律，但更加突出了政府的力量与影响。马得勇、张志原等学者以中国铁道部变革为例指出，中国政治领域的制度变革的逻辑不同于经济领域的哈耶克式的自发秩序的演进，其变革路径是依靠关键行为者（如政治精英）自上而下的强力推动而非自下而上的自发性社会秩序的扩散。① 潘秀珍等学者研究了中国行政审批制度的变迁过程，认为中国行政审批制度改革属于政府主导型强制性制度变迁。决策者、执行者、特殊受规制者、普通受规制者以及消费者之间的利益冲突演绎着我国行政审批制度改革的过程，这是行政审批制度变迁的深层原因和内部动力，包括经济环境、政治环境、法律环境、意识形态和技术环境在内的制度环境的变化则构成制度变迁的外部动力。②

　　我国民办教育的制度变迁过程服从经济领域和政治领域制度变迁的基本规律。民办高校具有浓厚的市场属性，学校的行为逻辑也具有市场主体的特征。正如民营企业家扮演了经济领域制度变迁"第一行动集团"的角色一样，我国民办高校的举办者也扮演了"第一行动集团"的角色，他们利用自身的政治地位和政治话语权推动了《民促法》的修改以及其他教育政策的完善。但是，由于民办教育所具有的公益性特征，民办教育改革比单纯的经济改革更能吸引各类利益相关者的关注，学者、媒体、政府部门等组成了民办教育制度创新的"第二行动集团"，"第二行动集团"的力量非常强大，以至于有可能完全压制第一行动集团的声音。"第一行动集团"和"第二行动集团"所追求的价值趋向既有一致性也有差异性，一致性表现在两个行动集团都希望加大财政扶持民办教育的力度，差异性表现在"第二行动集团"希望加强对民办学校的监管而第一行动集团希望获得更大的自主活动空间。"第二行动集团"所推动的某些改革方向往往超出了"第一行动集团"的预期或者与"第一行动集团"的期待相矛盾，但是由于"第二行动集团"的政治影响力远远大于"第一行动集团"，所以"第一行动集团"往往无力改变，他们只能在政策的执行阶段，通过拖延、暗中改变等方式维护自己的利益。

---

① 马得勇、张志原：《观念、权力与制度变迁：铁道部体制的社会演化论分析》，《政治学研究》2015 年第 5 期。
② 潘秀珍、褚添有：《利益冲突性制度变迁——转型期中国行政审批制度改革的理论模型》，《中国行政管理》2010 年第 5 期。

第二节　民办教育制度变迁的影响因素

民办教育领域的制度变迁受到若干因素的影响，甄别并分析这些因素能为预测和把握我国民办教育领域制度变迁的方向和速度提供基础。

一　利益相关者的利益诉求与表达

教育制度、经济制度和政治制度的基本形成原因是一致的，都是个体在追求自身利益的过程中经过多方博弈所形成的规则。制度变迁是由具有不同利益诉求的个人所组成的利益集团推动的结果。康永久指出，教育制度"根植于人们自身的教育利益和理性计算，是各种力量相互冲突和妥协的结果。尽管最终起决定作用的不一定（而且经常不）是制度制定者个人的私利，而是参与制度博弈的个人利益的协调，但始终是个人利益的转换形式而不是某种非人格的力量在起作用"。① 教育制度的创新"不是在历史发展的客观需要，而是在个人发展的主观欲求的引导下进行的"。人们参与教育制度变革的过程，"不是纯粹地出于道德义愤，也不是一种走向教育理想国或乌托邦的运动，而是一种出于以个人利益的理性计算为基础的多元主义的制度博弈"②。

美国的高校，无论是公办高校还是私立高校，都非常重视向政府表达自己的利益诉求以争取对自己有利的政策。美国很多高校都有专门的职员负责处理与政府的关系，这些职员和华盛顿保持密切的接触。一些高校甚至在华盛顿成立了"驻首都办公室"，其中大部分州立高校系统（State Systmes of Hihger Education）在首都设立了专门的办事处。此外，由不同的高校所组成的不同的教育协会的主要职能就是维护和加强自己所代表的高校的利益，美国六大教育协会的负责人花费大量的时间和精力来处理和联邦政府的关系，并且将处理和联邦政府的关系作为他们最重要的事

---

① 康永久：《教育制度的生成与变革——新制度教育学论纲》，教育科学出版社 2003 年版，第 89 页。

② 同上书，第 390 页。

务。① 美国的六大教育协会和各高校通过参加听证会、与政府进行正式或非正式的沟通、递交研究报告、向政策制定者提供建议、帮助起草文件等方式来影响联邦政策。②

民办教育发展中的主要利益群体包括举办者、教师、学生，其中最深刻影响民办教育政策的利益群体就是举办者群体。举办者的某些利益诉求和教师、学生群体的利益具有一致性，比如都希望国家支持民办教育，都希望获得更多的财政资金（无论这些资金是给予学校，还是直接给学生或用于教师的补助）。就这些方面的利益诉求而言，教师和学生是"搭便车者"，举办者的积极争取能够改善教师和学生的利益状况。但是在某些方面，举办者的利益诉求与教师和学生的利益诉求是不同的，举办者希望获得经济回报（这种行为肯定影响教师的待遇水平和学生的利益），希望加强对学校的控制，抵制任何可能削弱学校控制权的政策。

举办者群体采取各种政治行动以维护自己的利益。他们想法设法接近高层领导，向高层领导表达自己的诉求，他们积极邀请高层领导到校参观，为学校题词。他们积极争取获得人大代表、政协委员等政治身份，提高在政策制定中的话语权。他们积极发表学术观点，也支持学者发表与他们利益诉求一致的学术观点。举办者通过多种途径影响社会舆论，支持媒体发表与他们利益诉求相一致的观点。根据利益集团理论，具有相同利益诉求的个体往往形成特定的组织来谋求和加强自身的利益，利益集团能够通过展开集体行动来获得个人行动者无法获得的利益。我国民办高校的举办者也通过很多种方式，形成稳定的或临时性的利益集团来游说政府，争取对自身有利的政策。凯·莱曼·施洛茨曼将利益集团分成若干类型，分别是商业性的利益集团、工会和公民性利益集团，不同利益集团所采取的争取利益的行动策略是不同的。作为非营利性的公民性利益集团往往通过抗议、请愿、倡导等公开方式维护自身利益，而商业性的利益集团往往通过隐秘地向政府阐明某项政策的成本和收益、帮助起草政策条文以及给予政策制定者特殊好处等方式来维护自身利益。③ 民办高校的举办者既有追

①　Constance Ewing Cook, *Lobbying for Higher Education: How Colleges and Universities Influence Federal Policy*, Nashville and London: Vanderbilt University Press, 1998, 9. 10.

②　Ibid., 145.

③　Schlozman, Kay Lehman, and John T. Tierney, *Organizational Interests and American Democracy*, New York: Harper and Row, 1986. 23.

求公办教育和民办教育平等发展、推动我国教育改革的动机，也有维护自身经济利益的动机，所以他们既可能像公民性利益集团那样慷慨激昂地追求教育改革，也可能采取商业性利益集团所常用的隐秘式行为来维护自己的利益。

从长远来看，虽然举办者依然是我国民办高等教育领域中最重要的利益群体，但是其影响力会逐渐下降。第一，由于年龄和身体健康的原因，举办者的魅力和在学校发展中的作用在逐渐下降。第二，随着《民办教育促进法》的实施和《民办教育促进法实施条例》的修改，国家政策对民办高校举办者的资质提出了越来越多的要求，《实施条例》（修订草案）（征求意见稿）甚至提出了"无举办者"和强制举办者变更等规定，从而大大限制了举办者的权力边界。第三，国家关于民办教育的制度越来越规范，民办高校的内部治理也越来越规范，举办者的自由裁量权越来越小。第四，大部分民办高校会选择成为非营利性民办高校，他们对民办高校的办学回报的预期会不断降低，而对学校实现高水平发展的要求越来越高，举办者会更多将学校发展而非自身利益作为行为的出发点。

教师和学生等利益群体对政策的影响力远远低于举办者对政策的影响力。师生对民办教育政策的影响主要是通过"用脚投票"的方式来实现的。教师可以离开不满意的民办学校到其他民办高校、公办高校或其他岗位工作，为了留住教师以保证学校的稳定和发展，民办高校不得不倾听教师的诉求，必须想方设法维护教师的权益，国家政策也必须将教师的利益放在重要位置，因为只有教师愿意留在民办高校工作，才能维持民办高等教育的可持续发展。学生的需求是我国民办高等教育发展的重要动力。我国民办高等教育的形成和发展，其重要原因之一就在于国家无力满足所有青年的高等教育需求问题，允许民办高等教育发展成为一种现实选择。师生影响国家政策的另一种方式是采取足以引起外界关注的集体行动。当教师和学生采取集体行动时，他们所产生的影响是不可低估的，比如2007年学生的集体行动直接导致了教育部25号令的出台。当然，教师和学生在大多数时候都是"沉默的大多数"，只有当他们的利益受到严重侵犯时，他们才会采取集体行动，从而影响国家政策的制定和执行。

二　社会舆论

社会舆论是制度变迁的重要影响力量。社会舆论一旦形成，既能影响个人的意见表达和决策，也能够影响国家的政策制定。从舆论对个人的影响来看，当个体相信很多人的想法和他的想法一致的时候，他会变得充满力量和自信。舆论也深刻影响政府的决策，政府是建立在舆论基础之上的，无论是最专制和最军事化的统治，还是最自由和最受欢迎的统治都一律如此。① 政府的决策必须建立在"民意"的基础之上，无论这种"民意"是政府创造出来的还是其他原因所促使的，否则政府的统治就会遇到民众的抵制和反抗。

　　不同人影响舆论的意愿和能力不同。举办者、教师和学生等群体都可以在一定程度上影响社会舆论，这些群体可以视为舆论的"第一发起人"。但是，舆论的发酵、形成和扩散不仅仅需要"第一发起人"，更需要"第二发起人"，舆论的"第二发起人"是指能直接影响舆论的人。米尔斯提出了权力精英（power elite）的概念，所谓权力精英，就是指少数能够影响决策制定的有权势者。② 戴伊认为权力精英包括新闻制造者、大律师、基金会组织负责人、思想库的负责人以及名牌高校的董事，他们虽然不直接拥有决策权，但是能够通过政策研究的成果来影响政府政策。③ 朱旭峰以"政策精英"一概念来代替西方语境中的"权力精英"，并且将政策精英和公共知识分子的关系进行了区分。公共知识分子是以非专业人士为听众的、旨在影响公共意识的政策批评者，公共知识分子的主要影响对象是普通大众，而政策精英的影响对象是政府决策者和其他社会精英层。④ 上述"政策精英"不仅能够通过影响社会舆论而间接影响国家的政策制定，也能够直接影响国家的政策制定。对于民办教育政策而言，若大部分政策精英均认为应压缩举办者的权力和利益空间，最后的政策往往就会有损于民办学校举办者的利益而有利于其他利益群体的利益。

　　以电视、网络为主要代表的现代化大众传媒既是社会舆论的创造者之一，也是社会舆论的传播者和加强者，往往能对政策制定的方向和速度产生重大影响。大众传媒是重要的权力拥有者。我国民办高等教育的制度变

---

① ［德］伊丽莎白·诺尔-诺依曼：《沉默的螺旋舆论—我们的社会皮肤》，董璐译，北京大学出版社 2013 年版，第 71 页。

② Mills, C. Wright, *The Power Elite*. New York：Oxford University Press，1959.

③ Dye, Thomas R. 2001, *Top Down Policy Making*. New York：Chatham House Publishers.

④ 朱旭峰：《中国政策精英群体的社会资本：基于结构主义视角的分析》，《社会学研究》2006 年第 4 期。

迁受到社会舆论的深刻影响。比如，2016 年某民办高校"开除患癌女教师"的新闻被媒体广泛披露以后，该民办高校所属省份立即出台了规范民办高校内部管理的政策。再比如，某上市教育集团出于扩大社会影响的目的发布"净利润率超过 50%"的新闻，加剧了部分人所持有的"民办高校举办者就是为了赚钱"的判断，也推进了政府对民办高校进行更加严格的财务监管的步伐。

三 他国经验与启示

一个国家和地区的制度变迁受到他国经验的深刻影响。我国改革开放的过程就是中外交流和互相学习不断加深的过程。在人类社会交往不断扩大的今天，一个在世界上某个地方很成功的做法会立即被广泛宣扬，成为一个典范让世界其他地区效仿。[1]

他国的经验并不能自动影响政策制定，而且各国的经验并不一致甚至是互相对立的，所以，对学习目标和榜样的甄别和选择就特别重要。阿尔特巴赫借用中心（center）和边缘（periphery）等概念作为分析框架，分析了国家教育的不平等现象，指出第三世界（the third word）在世界学术系统中处于边缘地位，就如同第三世界处于经济、工业、科技的边缘地位一样。由于这种边缘和中心地位的关系，第三世界国家的精英（elites）努力保持和西方社会精英的联系，并高度认同西方社会的教育政策和教育制度设计，认为西方的教育制度提供了可以供第三世界学习的范例（model）。[2]

改革之前我国学习苏联，改革开放之后美国代替苏联成为我国的学习榜样。美国的高等教育体系是当今世界最为优秀的高等教育体系之一，是世界上最大的留学目的地国。学者们认为美国对私立高校进行营利性和非营利性分类管理的实践丰富了美国的高等教育生态，既产生了一大批保持世界一流水平、服务于少数精英学生的非营利性私立高校，又为传授基本的生产技能、培养应用型或技能型人才的营利性高校留出了空间。通过梳

---

① ［美］弗朗西斯·福山：《国家建构：21 世纪的国家治理与世界秩序》，中国社会科学出版社 2007 年版，第 79—80 页。

② Philip G. Altbach, Servitude of the Mind? Education, Dependency, and Neocolonialism, *Teachers College Record*, 1977（2）：187-204.

理已有的分类管理的文献，发现大部分学者都主张按照营利和非营利性对民办高校进行分类管理。可以预计，今后我国非营利性和营利性民办高校的制度设计也会借鉴美国两类私立高校的经验。

任何外国经验，只能做参考，不能当作教条。世界上可能并不存在最好的做法。虽然成功地区的实践值得学习和借鉴，但是一定要铭记在心的是，成功的做法都具有时空约束性，任何地方的决策和实践，必须采取因地制宜的做法，使用当地的知识解决当地的问题。王长纯指出，进行国际教育比较时必须继承中国的优秀哲学文化、中国文化精神和方法论，"坚持'和而不同'的原则，既有开放的心态和广阔的吸纳百川的精神，又有独立判断分析与批判的能力和创新精神"。[①] 通过认识别人而认识自我，是比较教育所能提供的最有价值的内容，与别人进行比较是为了更清楚地认识自己。对于民办高校分类管理而言，很多学者认为我国目前并不具备分类管理的社会条件。潘懋元、邬大光、别敦荣等学者认为我国民办高校应该允许"第三条道路"的存在，营利性和非营利性的二元划分并不适合我国民办教育的发展。[②] 由于《民办教育促进法》已经修改，法律无法退回到"不分类"时代，但是"不宜分类"的观点对于提醒我们分类管理必须关照中国的国情是有意义的。

四　重要决策者的偏好

虽然个人的利益追求在教育制度的形成中发挥重要作用，但由于教育是维护意识形态的重要工具，教育制度的形成和发展受到国家强制力影响。张斌贤指出，高等学校内部管理体制在何时变化、发生什么变化以及如何进行改变，主要不是由高等学校根据自身需要自发或主动开展的行为，而是由教育行政部门（甚至是中央政府）根据不同时期的政治形势和政治需要决定的。[③] 由于政府本身就是政策的合法制定者，同时政府是具有独立意识和利益诉求的个人所组成的，所以，探讨民办教育政策的制

[①] 王长纯：《超越"边缘与中心"促进中国比较教育理论的新发展：阿尔特巴赫依附论的因革观分析》，《外国教育研究》1999 年第 6 期。

[②] 潘懋元、邬大光、别敦荣：《我国民办高等教育发展的第三条道路》，《高等教育研究》2012 年第 4 期；邬大光：《教育政策中的"时差"现象》，《华东师范大学学报》（教育科学版）2018 年第 4 期。

[③] 张斌贤：《我国高等学校内部管理体制的变迁》，《教育学报》2005 年第 2 期。

定必须分析政府中能够深刻影响政策制定的个人。

徐湘林认为，我国政治改革中政治领导人的政策偏好深刻影响政治改革的目标和路径选择。① 政治领导人不仅发起政治改革，而且还深刻影响政治改革的进程和结果以及政治改革的目标设定和策略选择。新中国成立以来，我国的政治权力和行政权力高度集中，政治领导层在重大决策中发挥关键性和决定性作用。改革开放以后，权力分配的格局虽然有所改变，但是权力高度集中的现实并没有根本性改变。在这样的政治体制下，政治领导人对政治、经济和社会等问题的领悟和认识，在很大程度上决定了他们的政治行动。社会利益团体的利益诉求、知识分子的观点和社会舆论往往只有影响了领导人的认知和评判之后才可能影响政策的制定和实施。在我国一些特定公共政策的决策过程中，一些有势力的特殊利益团体对政府决策可能发挥一定的影响，但这种影响是非常零散的，呈现非系统和不稳定的特征，这些影响不是研究公共政策需要考虑的主要因素。"认为社会利益群体或市民社会的利益诉求可以从根本上影响政治改革目的和方向的观点是过于天真的。"② 马得勇、张志原也发现，时任铁道部长的丁关根是 1986 年我国铁路系统"大包干改革"制度变迁的重要动力来源之一，没有丁关根的强力推动，我国铁路改革的轨迹可能就会完全不同。③

我国《民办教育促进法》之所以能在 2002 年出台，与时任全国人大委员会委员长李鹏的推动密不可分。2016 年在修改《民促法》的前期阶段，全国人大并没有将"义务教育阶段的民办学校不能选择营利性"作为议题提出来，很多学者和政策制定者甚至认为，义务教育阶段的民办学校属于轻资产机构，最可能选择成为营利性民办学校，而高校属于重资产机构很难选择成为营利性。但是中央深化改革领导小组在审议《民促法》修改稿时认为，义务教育必须体现国家主导立场和教育的公益属性，所以义务教育阶段学校不能选择为营利性。最后这一主张通过全国人大上升为国家的法律。

教育发展涉及众多方面，政治领导人对教育的关注必定会有所选择，

---

① 徐湘林：《政治改革政策的目标设定和策略选择》，《吉林大学社会科学学报》2004 年第 6 期。

② 同上。

③ 马得勇、张志原：《观念、权力与制度变迁：铁道部体制的社会演化论分析》，《政治学研究》2015 年第 10 期。

能够产生较大政治压力的教育问题会被优先处理。对于民办教育而言，政治领导人一方面希望看到富有活力、灵活高效、能够为公办教育改革提供范本、能够为人民群体提供选择性教育的民办学校，但是政治领导人也关心民办教育的发展是否会蕴含风险以及是否会对目前的教育制度安排造成重大冲击。

第三节　民办高等教育制度的发展趋势

一　教育制度的变迁是一个长期的历史过程

我国民办高等教育制度变迁的方向和速度取决于上述几个因素的综合作用，制度变迁的具体路径很难被准确地预测和判断。"制度变迁实际上是一个渐进而又危险的过程，充满了不确定性。"① 制度变迁呈现"路径依赖"的特征，路径依赖意味着前一段时间内所发生的事情将影响到后一阶段出现的一系列事件的可能结果。路径依赖理论认为制度的改革和演进必须与外部环境保持适应并且尊重制度自身的历史。路径依赖的特征还包括：起点条件相同，但结果可能千姿百态；重要的结果可能来自某些微不足道或偶然的事件；特定的行动过程一旦被引入，几乎不可能被扭转过来。路径依赖的观点不同于"决定论"的观点，"决定论"认为，重要的结果产生于重大的原因，并强调唯一的、可预测的结果。② 路径依赖理论认为，社会演化如同生物演化一样，偶然性在社会演化中的作用不可忽视。比如，某民办高校开除"患癌女教师"的偶然事件被媒体披露以后，引起了社会的广泛关注和讨论，国家加强了监管民办高校的决心；再比如，党和国家领导人在修改《民促法》的重要时期提出了义务教育学校不能营利的观点，对《民促法》的修改方向产生重大影响。

对公共政策的研究表明，渐进式的改革模式比突变式的改革模式更优。林德布洛姆（Lindbolm）将人类社会形成决策、制定政策和公共管理

---

① ［英］罗纳德·哈里·科斯、王宁：《变革中国——市场经济的中国之路》，徐尧等译，中信出版社 2013 年版，第 78 页。

② ［美］保罗·皮尔逊（Paul Pierson）：《回报递增、路径依赖和政治学研究》，载何俊志等编译《新制度主义政治学译文精选》，天津人民出版社 2007 年版，第 191 页。

的方法分成理性整体模式（Rational–Comprehensive）和渐进比较模式（Successive Limited Comparisons Method）。理性整体模式又称为根模式（Root Method），这种决策模式假定政策制定者能够确切地知道价值目标和过程，政策制定者的分析是全面的、能将所有的因素都考虑其中，政策决策过程依赖于理论。这种决策模式过多地依赖外部专家或理论研究者（academic problemsolver）。林德布洛姆认为，这种模式是错误的，因为决策者掌握的信息是有限的，政策所涉及的不同群体的价值和利益是相互冲突的，决策者不能在一个既定的时间内将全部因素考虑在内，这种模式往往依赖"多数人同意"（majority's preference）的原则来做出决策，从而牺牲少部分人的利益。渐进比较模式又称为枝模式（Branch Method），决策者根据现有方案，通过与过去政策的比较，考虑不断变化的环境，并对以往政策进行局部的、小范围的修改和调试，逐渐把一项旧的政策转变为一项新的政策，积跬步以至千里，积小流以成江海。这种政策模式并不是企图寻找最合适的政策，也不过多地受理论和外部专家的意见左右，而是力图寻找各个利益相关者均满意的政策，政策的制定过程应该允许各种政治力量、利益群体相互作用和讨价还价。[①]

　　教育政策的制定和实施也应该坚持渐进比较模式。而且，和经济领域的制度变迁相比，教育制度变迁的周期更长。阿什比说："凡有办理大学经验的人都知道，大学的进化就像有机体的进化，是通过持续不断的小改革来完成的。大规模的突变往往会导致毁灭。大学的变革必须以固有传统为基础。"[②] 克拉克也指出："大张旗鼓的变革必然导致错误的试验、荒谬的开端、忽左忽右的调整和乱哄哄的行动，其结果总是产生一些令人始料不及的变化。"[③] 张建新在研究英国高等教育制度变迁时发现，"英国高等教育二元制从建立开始就向统一之路走去，但是直到 27 年后才完成这一

---

①　Charles E. Lindblom, The Science of "Muddling Through", *Public Administration Review*, Vol. 19, No. 2（Spring, 1959）, pp. 79–88.

②　［英］阿什比：《科技发达时代的大学教育》，滕大春等译，人民教育出版社 1983 年版，第 20 页。

③　Burton R. Clark, *The Higher Education System*. Berkeley, Los Angeles, London：University of California Press, 1983：235.

变迁……其特点是重在稳健、一步一个脚印地变迁"①。教育政策是依靠试错（trial and error）和边改边学的过程逐渐调适的。

　　民办高等教育政策变迁采取渐变的方式非常必要，民办高校产权政策的变化可深刻说明此问题。产权主要是一个经济学的理论概念，这个概念虽然在法律和文件中出现的频率不高，却体现在相关的法律规定和政策文本中。"现有民办学校"的补偿和奖励政策就是体现产权政策的重要方面。"现有民办学校"是指在 2016 年 11 月 7 日之前成立的民办学校。根据"法不溯及以往"的原则，现有民办学校的举办者拥有获得合理回报的权利，但是根据新的《民办教育促进法》，若民办学校选择成为非营利性民办学校，则举办者不能获得合理回报。为了解决现有民办学校的产权问题，全国人大常委会在《关于修改〈中华人民共和国民办教育促进法〉的决定》中指出，现有民办学校的举办者可以根据原始投入、办学效益和取得合理回报的情况，取得补偿和奖励，具体的办法由各省（自治区、直辖市）人民政府规定。这个政策是合理的，若不允许"现有民办学校"的举办者取得补偿和奖励，就会完全割断我国民办教育的发展历史，不利于吸引更多社会资金进入民办教育。很多地区在民办学校分类管理改革的配套文件中，对民办学校举办者的补偿和奖励措施较为积极。比如，湖北省规定现有民办学校选择登记为非营利性民办学校的，终止时，清偿后的剩余资产可返还举办者，仍有结余的，可视情况给予举办者学校净资产15%的奖励。浙江省规定补偿或奖励的具体数额及比例由民办学校所在地县级以上政府确定。陕西省规定现有民办学校选择登记为非营利性民办学校的，可以综合考虑出资者人力资本投入、办学效益、社会声誉等因素给予奖励。一些地方政策寄希望于《民办教育促进法实施条例》的修改能够进一步明确补偿和奖励的标准，但已经公布的《民办教育促进法实施条例》（征求意见稿）对此问题并没有涉及，原因在于人大常委会已经明确补偿和奖励的具体办法由各省（区、市）来执行，所以必须由各省（区、市）来制定。笔者认为，各省（区、市）在制定具体的补偿和奖励时，要从本地实际出发，大胆创新，多算大账，少算小账，要多想办法调动举办者的办学积极性，鼓励社会资金进入民办教育，而不能斤斤计较患

---

① 张建新：《高等教育体制变迁研究——英国高等教育从二元制向一元制转变探析》，教育科学出版社 2006 年版，第 189 页。

得患失。

二　地方教育制度创新是诱致国家教育制度变迁的重要力量

我国地理范围宽广，各地经济、社会和文化存在巨大差异，地方政府比中央政府更了解地方社会成员的需求和本区域内的资源状况，因此，地方政府是制度创新的重要力量。改革开放以后，中央政府向地方政府充分授权，这使得各地之间形成了事实上的竞争关系。这种竞争一方面是地方资源禀赋的竞争；另一方面也是制度规则的竞争，地方政府能否在中央政府允许（或至少不严格反对）的范围内制定能够促进本地区经济发展的经济规则，成为提高竞争力的重要因素。在中央政府充分授权、地方政府相互竞争的背景下，地方政府和中央政府形成了不同的角色。地方政府类似于介入当地制度创新活动的制度企业家，中央政府则类似于国家的法官。① 由于中央不具有对各个地区特定经济和社会环境的准确认识，所以中央政府的明智之举是让各个地方从事直接的制度创新，自己则根据各地的制度绩效进行判断和裁决，不佳的制度会被中央政府所拒绝，优秀的制度则会被中央政府所鼓励、许可并向其他地区推广。这种区域性的制度创新会在不损害中央权威的前提下，提高制度的多样性和全国范围内的边际创新。② 马斯金和钱颖一等国内外学者关于我国发展模式的一个共识是，"中国式"的分权结构调动了地方发展经济的积极性，有效地解决了地方政府的激励机制问题，导致地方政府在相对绩效的标尺下为发展辖区经济进行竞争。③

和经济领域内各个地区进行激烈的制度创新竞赛不同，教育领域内各个区域之间进行制度创新的积极性要小一些。第一，各个地区之间的经济发展速度和发展水平很容易比较，指标很容易确定，但是各个地区的教育发展水平很难准确比较。基础教育领域内各个学校往往以升学率作为比较的对象，但是省与省之间在基础教育领域内缺乏有效的比较对象。虽然省与省之间可以将进入各类排行榜的大学的数量和在排行榜中的名次作为评

---

① 周业安：《中国制度变迁的演进论解释》，《经济研究》2000 年第 5 期。

② 同上。

③ Maskin, E., Y. Qian, and C. Xu, "Incentives, Information, and Organizational Form", *Review of Economic Studies* 67（2），2000,359-378.

价指标，但是这种比较往往只涉及少数高校，无法涵盖整个高等教育。第二，教育作为维护国家意识形态的关键领域之一，受到国家的监控较为严格，各个地区之间的创新空间有限。比如，教学基本内容、专业设置等都受到国家的严格监管，各个地区的自主性较小。

虽然各个地区的教育创新动力不太强烈，但是各个地区在民办教育领域内依然有一些边际上的创新。首先，地方政府可以区分国家政策的轻重缓急，有先有后地实施国家政策。由于地方政府具有信息优势，所以中央政府并不能完全杜绝地方政府的选择性执法。地方政府既可以选择性地执行"扶持性"的国家政策，也可以选择性地执行"监管性"的国家政策。其次，在国家政策的某些空白处进行突破。地方政府可以在国家政策允许的范围内根据本地区的实际情况进行政策创新，比如，《海南省人民政府关于鼓励社会力量兴办教育促进民办教育健康发展的实施意见》（琼府〔2018〕14 号）对分类管理中的土地问题就有创新性规定，为全国其他地区提供了可借鉴的范例。科斯指出，国家的介入往往会造成制度多样性的缺失。正在孵化的制度如果得到国家的支持，将更容易被大家接受为共同参照物，其他相关的组织和个人也会将其视为思想和行动的指导。但是若制度变迁的方向与国家所期待相反，国家就会扼杀制度变迁或者改变制度的方向。① 因此，国家必须鼓励各地的政策创新，为区域性政策创新提供更多的空间。

---

① ［英］罗纳德·哈里·科斯、王宁：《变革中国——市场经济的中国之路》，徐尧等译，中信出版社 2013 年版，第 78 页。

附录一

民办高校办学体制调查问卷

第一部分：关于贵校的决策机构

1. 贵校属于：①独立学院　②独立设置的民办高校

2. 贵校成立于_____年。

3. 贵校的办学层次是？①高职（专科）　②本科

4. 若贵校为本科，于_____年升本。

5. 贵校目前的办学主体是：　①个人举办　②家族举办　③企业举办

④多人举办　⑤政府部门举办　⑥其他主体举办_____（请注明）

6. 贵校的最高决策机构是董事会（理事会）吗？①是　②否

7. 贵校董事会（理事会）的作用是：

①真正的集体决策机构　②主要是贯彻举办者（举办方）意志的工具　③主要为满足国家政策要求　④其他

8. 贵校董事会（理事会）成员共_____位，其中举办者及其家属成员共_____位。

9. 贵校的日常决策机构是：

①董事会　②校长办公会　③党政联席会议　④校务委员会　⑤其他

10. 贵校日常决策机构的主导者是：①举办者　②校长　③党委书记

11. 贵校党政领导班子成员共_____位，其中举办者及其家属成员共_____位。

12. 学校中层干部中，举办者家属成员共_____位。这些中层干部所管理的部门包括（可以多选）：

①基建部门　②后勤部门　③财务部门　④人事部门　⑤其他

13. 您如何评价我国民办高校中的家族化现象？

①非常支持　②比较支持　③中立　④比较反对　⑤非常反对

14. 您认为贵校的领导体制透明吗？

①非常透明　②比较透明　③一般　④不太透明　⑤非常不透明

15. 贵校的重大决策民主吗？

①非常民主　②比较民主　③一般　④不太民主　⑤非常不民主

16. 你如何评价贵校的各项管理制度？

①非常规范　②比较规范　③一般　④比较混乱　⑤非常混乱

第二部分：关于举办者

（注：若学校由企业举办，"举办者"指企业最高决策者）

1. 贵校举办者所担任的职务是？（可多选）

①董事长（理事长）②校长　③党委书记④其他_____（请注明）

2. 贵校举办者是否还举办了其他的学校或企业？①否　②是　若是，请回答第 3 和第 4 题：

3. 举办者所举办的其他产业是否包括房地产？　①是　②否

4. 举办者所举办的其他产业和学校之间的关系如何？①其他产业可以为学校提供资金，从而促进学校发展　②其他产业和学校之间的财务基本独立，互相之间的影响不大　③其他产业和学校之间的财务不独立，企业的风险会影响学校

5. 举办者社会活动的能力：①不强　②不太强　③一般　④比较强　⑤非常强

6. 举办者战略规划的能力：①不强　②不太强　③一般　④比较强　⑤非常强

7. 举办者激励团队的能力：①不强　②不太强　③一般　④比较强　⑤非常强

8. 举办者的教育思想和教育理念：①不正确　②不太正确　③一般　④比较好　⑤非常好

9. 针对"举办者办学动机"的说法，您的看法如何？【请在相应程度下的方框中画"√"】

题项	完全 不同意	不太 同意	一般	比较 同意	完全 同意
1. 举办者办学是为社会培养人才					
2. 举办者办学是为了学生发展					
3. 举办者办学是为改革我国的高等教育办学模式					
4. 举办者办学是为了实现教育理想					
5. 举办者办学是为自己的企业培养人才					
6. 举办者办学是为了提高个人的社会地位和声誉					
7. 举办者办学是为了获得经济回报					

10. 请您对"贵校举办者（包括其家庭成员）的决策权"进行判断：【请在相应程度下的方框中画"√"】

决策范围	权力 非常小	权力 比较小	权力中等	权力 比较大	权力 非常大
1. 财务预决算和重大开支					
2. 战略规划					
3. 校园建设					
4. 校长遴选					
5. 党委书记遴选					
6. 董事会成员的遴选					
7. 关键中层干部的遴选					
8. 教学事务					
9. 科研事务					

第三部分：关于校长（若举办者兼任校长，此部分无须填写）

1. 现任校长从_____年开始担任校长。

2. 该校长是董事会成员吗？　　①是　　②否

3. 请您对校长的决策权力进行评价：【请在相应程度下的方框中画"√"】

决策范围	权力 非常小	权力 比较小	权力中等	权力 比较大	权力 非常大
1. 财务预决算和重大开支					

续表

决策范围	权力非常小	权力比较小	权力中等	权力比较大	权力非常大
2. 战略规划					
3. 董事会成员遴选					
4. 副校长遴选					
5. 关键中层干部的遴选					
6. 教学事务					
7. 科研事务					

第四部分：关于党委书记（若举办者兼任党委书记，此部分无须填写）

1. 该党委书记从_____年开始担任贵校党委书记。

2 该书记是董事会成员吗？　①是　②否

3. 请您对党委书记的权力进行评价：【请在相应程度下的方框中画"√"】

决策范围	权力非常小	权力比较小	权力中等	权力比较大	权力非常大
1. 财务预决算和重大开支					
2. 战略规划					
3. 董事会成员遴选					
4. 副书记遴选					
5. 关键中层干部的遴选					
6. 教学事务					
7. 科研事务					
8. 思政和党建					

4. 您（问卷填写者）的身份是：

①学校举办者 ②校（院）长 ③党委书记　④副校（院）长 ⑤副书记 ⑥中层干部　⑦教师

5. 您从_____年开始在贵校工作。

6. 贵校名称_____0.

问卷到此结束，感谢您的宝贵时间！

截至 2018 年我国 747 所民办高校名单

省份及民办高校数		民办本科高校名单
安徽共31所	本科(5)	安徽新华学院、安徽三联学院、安徽信息工程学院、安徽外国语学院、安徽文达信息工程学院
	独立学院(10)	阜阳师范学院信息工程学院、安徽财经大学商学院、淮北师范大学信息学院、安徽医科大学临床医学院、安徽大学江淮学院、安徽农业大学经济技术学院、安徽师范大学皖江学院、河海大学文天学院、安徽工业大学工商学院、安徽建筑大学城市建设学院
	专科(16)	民办万博科技职业学院、民办合肥经济技术职业学院、民办合肥滨湖职业技术学院、民办合肥财经职业学院、安徽涉外经济职业学院、安徽绿海商务职业学院、合肥共达职业技术学院、合肥信息技术职业学院、安徽长江职业学院、合肥科技职业学院、安徽现代信息工程职业学院、蚌埠经济技术职业学院、阜阳科技职业学院、民办安徽旅游职业学院、安徽扬子职业技术学院、安徽矿业职业技术学院
北京共16所	本科(2)	北京吉利学院、北京城市学院
	独立学校(5)	首都师范大学科德学院、北京邮电大学世纪学院、北京工业大学耿丹学院、北京工商大学嘉华学院、北京第二外国语学院中瑞酒店管理学院
	专科(9)	北京北大方正软件职业技术学院、北京经贸职业学院、北京经济技术职业学院、北京汇佳职业学院、北京科技经营管理学院、北京科技职业学院、北京培黎职业学院、北京艺术传媒职业学院、北京网络职业学院
四川共34所	本科(7)	四川文化艺术学院、四川工商学院、四川传媒学院、成都文理学院、四川电影电视学院、成都东软学院、四川工业科技学院
	独立学校(9)	西南科技大学城市学院、西南交通大学希望学院、西南财经大学天府学院、四川外国语大学成都学院、四川大学锦江学院、四川大学锦城学院、电子科技大学成都学院、成都信息工程学院银杏酒店管理学院、成都理工大学工程技术学院
	专科(18)	巴中职业技术学院、民办四川天一学院、四川托普信息技术职业学院、四川国际标榜职业学院、成都艺术职业学院、四川文化传媒职业学院、四川华新现代职业学院、四川科技职业学院、四川城市职业学院、四川现代职业学院、四川长江职业学院、四川文轩职业学院、四川西南航空职业学院、四川应用技术职业学院、四川三河职业学院、四川汽车职业技术学院、四川电子机械职业技术学院、四川希望汽车职业学院

续表

省份及民办高校数		民办本科高校名单
重庆 共26所	本科 （2）	重庆人文科技学院、重庆工程学院
	独立学院 （6）	重庆邮电大学移通学院、重庆师范大学涉外商贸学院、重庆工商大学融智学院、重庆工商大学派斯学院、重庆大学城市科技学院、四川外国语大学重庆南方翻译学院
	专科 （18）	重庆机电职业技术学院、重庆海联职业技术学院、重庆信息技术职业学院、重庆传媒职业学院、重庆房地产职业学院、重庆应用技术职业学院、重庆科创职业学院、重庆电讯职业学院、重庆能源职业学院、重庆交通职业学院、重庆公共运输职业学院、重庆艺术工程职业学院、重庆轻工职业学院、重庆电信职业学院、重庆经贸职业学院、重庆科技职业学院、重庆资源与环境保护职业学院、重庆护理职业学院
辽宁 共33所	本科 （13）	沈阳工学院、大连东软信息学院、大连艺术学院、辽宁对外经贸学院、辽宁理工学院、辽宁何氏医学院、大连科技学院、沈阳城市学院、沈阳科技学院、大连财经学院、辽宁财贸学院、沈阳城市建设学院、辽宁传媒学院
	独立学院 （10）	中国医科大学临床医药学院、沈阳航空航天大学北方科技学院、沈阳工业大学工程学院、辽宁中医药大学杏林学院、辽宁医学院医疗学院、辽宁石油化工大学顺华能源学院、辽宁师范大学海华学院、大连医科大学中山学院、大连理工大学城市学院、大连工业大学艺术与信息工程学院
	专科 （10）	大连商务职业学院、大连软件职业学院、大连翻译职业学院、大连枫叶职业技术学院、大连航运职业技术学院、大连装备制造职业技术学院、大连汽车职业技术学院、辽宁理工职业学院、辽宁广告职业学院、沈阳北软信息职业技术学院
福建 共36所	本科 （8）	阳光学院、厦门工学院、仰恩大学、厦门华厦学院、泉州信息工程学院、闽南理工学院、福州外语外贸学院、福州理工学院
	独立学院 （7）	厦门大学嘉庚学院、集美大学诚毅学院、福州大学至诚学院、福建师范大学协和学院、福建师范大学闽南科技学院、福建农林大学金山学院、福建农林大学东方学院
	专科 （21）	福建华南女子职业学院、福州英华职业学院、福州黎明职业技术学院、福州科技职业技术学院、福州软件职业技术学院、武夷山职业学院、泉州纺织服装职业学院、泉州华光职业学院、泉州理工职业学院、泉州海洋职业学院、泉州轻工职业学院、泉州工程职业技术学院、厦门演艺职业学院、厦门华天涉外职业技术学院、厦门兴才职业技术学院、厦门软件职业技术学院、厦门南洋职业学院、厦门东海职业技术学院、厦门安防科技职业学院、漳州科技职业学院、漳州理工职业学院

续表

省份及民办高校数		民办本科高校名单
广东 共 50 所	本科 （7）	广州商学院、广州工商学院、广东培正学院、广东理工学院、广东科技学院、广东东软学院、广东白云学院
	独立学院 （16）	中山大学新华学院、中山大学南方学院、吉林大学珠海学院、华南农业大学珠江学院、华南理工大学广州学院、广州大学松田学院、广东外语外贸大学南国商学院、广东技术师范学院天河学院、广东海洋大学寸金学院、广东工业大学华立学院、广东大学华软软件学院、广东财经大学华商学院、东莞理工学院城市学院、电子科技大学中山学院、北京师范大学珠海分校、北京理工大学珠海学院
	专科 （27）	广东亚视演艺职业学院、广东创新科技职业学院、广东酒店管理职业技术学院、私立华联学院、广州康大职业技术学院、广东岭南职业技术学院、广州涉外经济职业技术学院、广州南洋理工职业学院、广州科技职业技术学院、广州现代信息工程职业技术学院、广州华南商贸职业学院、广州华立科技职业学院、广州珠江职业技术学院、广州松田职业学院、广州城建职业学院、广州华商职业学院、广州华夏职业学院、广州东华职业学院、惠州经济职业技术学院、广东南方职业学院、潮汕职业技术学院、广东碧桂园职业学院、广东新安职业技术学院、广东文理职业学院、广东工商职业学院、广东信息工程职业学院、珠海艺术职业学院
广西 共 24 所	本科 （3）	南宁学院、广西外国语学院、北海艺术设计学院
	独立学院 （9）	桂林理工大学博文管理学院、桂林电子科技大学信息科技学院、广西中医药大学赛恩斯新医药学院、广西师范学院师园学院、广西师范大学漓江学院、广西民族大学相思湖学院、广西科技大学鹿山学院、广西大学行健文理学院、北京航空航天大学北海学院
	专科 （12）	广西工程职业学院、广西培贤国际职业学院、广西城市职业学院、广西理工职业技术学院、广西科技职业学院、广西中远职业学院、桂林山水职业学院、广西蓝天航空职业学院、广西演艺职业学院、广西经济职业学院、广西英华国际职业学院、玉柴职业技术学院
黑龙江 共 17 所	本科 （11）	黑龙江外国语学院、黑龙江工商学院、哈尔滨远东理工学院、哈尔滨石油学院、哈尔滨剑桥学院、哈尔滨华德学院、哈尔滨广厦学院、齐齐哈尔工程学院、黑龙江东方学院、黑龙江财经学院、哈尔滨信息工程学院
	独立学院 （1）	黑龙江工程学院昆仑旅游学院
	专科 （5）	哈尔滨传媒职业学院、哈尔滨城市职业学院、哈尔滨应用职业技术学院、黑龙江三江美术职业学院、齐齐哈尔理工职业学院

省份及民办高校数		民办本科高校名单
湖北共45所	本科（15）	武汉学院、武汉设计工程学院、武汉工商学院、武汉东湖学院、武昌首义学院、武昌理工学院、武昌工学院、湖北商贸学院、汉口学院、武汉生物工程学院、武汉工程科技学院、文华学院、武汉华夏理工学院、武汉晴川学院、武汉传媒学院
	独立学院（20）	武汉体育学院体育科技学院、武汉理工大学华夏学院、武汉科技大学城市学院、武汉工程大学邮电与信息工程学院、武汉纺织大学外经贸学院、武汉大学珞珈学院、三峡大学科技学院、江汉大学文理学院、华中师范大学武汉传媒学院、湖北医药学院药护学院、湖北文理学院理工学院、湖北师范学院文理学院、湖北汽车工业学院科技学院、湖北民族学院科技学院、湖北经济学院法商学院、湖北工业大学工程技术学院、湖北工程学院新技术学院、湖北大学知行学院、长江大学文理学院、长江大学工程技术学院
	专科（10）	黄冈科技职业学院、长江艺术工程职业学院、武汉工贸职业学院、湖北开放职业学院、武汉科技职业学院、武汉外语外事职业学院、武汉信息传播职业技术学院、武昌职业学院、武汉商贸职业学院、武汉光谷职业学院
河北共36所	本科（7）	燕京理工学院、河北外国语学院、河北美术学院、河北科技学院、河北工程技术学院、河北传媒学院、河北东方学院
	独立学院（17）	中国地质大学长城学院、燕山大学里仁学院、石家庄铁道大学四方学院、河北地质大学华信学院、华北电力大学科技学院、河北医科大学临床学院、河北师范大学汇华学院、河北农业大学现代科技学院、华北理工大学轻工学院、华北理工大学冀唐学院、河北科技大学理工学院、河北经贸大学经济管理学院、河北工业大学城市学院、河北工程大学科信学院、河北大学工商学院、北京中医药大学东方学院、北京交通大学海滨学院
	专科（12）	渤海理工职业学院、石家庄工程职业学院、石家庄城市经济职业学院、石家庄财经职业学院、石家庄工商职业学院、石家庄理工职业学院、石家庄科技信息职业学院、石家庄医学高等专科学校、石家庄经济职业学院、石家庄人民医学高等专科学校、石家庄科技职业学院、曹妃甸职业技术学院
湖南共31所	本科（5）	湖南应用技术学院、湖南信息学院、湖南涉外经济学院、湖南交通工程学院、长沙医学院
	独立学院（15）	中南林业科技大学涉外学院、湘潭大学兴湘学院、南华大学船山学院、吉首大学张家界学院、湖南中医药大学湘杏学院、湖南文理学院芙蓉学院、湖南师范大学树达学院、湖南商学院北津学院、湖南农业大学东方科技学院、湖南理工学院南湖学院、湖南科技大学潇湘学院、湖南工业大学科技学院、湖南工程学院应用科技学院、衡阳师范学院南岳学院、长沙理工大学城南学院
	专科（11）	湖南高尔夫旅游职业学院、湖南工商职业学院、潇湘职业学院、湖南软件职业学院、湖南吉利汽车职业技术学院、湖南九嶷职业技术学院、长沙南方职业学院、湖南外国语职业学院、湖南都市职业学院、湖南电子科技职业学院、湖南三一工业职业技术学院

续表

省份及民办高校数		民办本科高校名单
河南 共37所	本科 （12）	郑州升达经贸管理学院、郑州成功财经学院、商丘学院、郑州科技学院、郑州工业应用技术学院、郑州财经学院、商丘工学院、黄河科技大学、黄河交通学院、郑州工商学院、信阳学院、安阳学院
	独立学院 （5）	中原工学院信息商务学院、新乡医学院三全学院、河南大学民生学院、河南科技学院新科学院、河南师范大学新联学院
	专科 （20）	鹤壁汽车工程职业学院、鹤壁能源化工职业学院、焦作工贸职业学院、洛阳科技职业学院、漯河食品职业学院、南阳职业学院、平顶山文化艺术职业学院、长垣烹饪职业技术学院、信阳涉外职业技术学院、许昌陶瓷职业学院、郑州澍青医学高等专科学校、郑州电子信息职业技术学院、嵩山少林武术职业学院、郑州电力职业技术学院、郑州城市职业学院、郑州理工职业学院、郑州信息工程职业学院、郑州商贸旅游职业学院、郑州黄河护理职业学院、周口科技职业学院
吉林 共18所	本科 （6）	吉林动画学院、长春科技学院、长春建筑学院、长春光华学院、长春财经学院、吉林华桥外国语学院
	独立学院 （6）	吉林师范大学博达学院、吉林建筑大学城建学院、东北师范大学人文学院、长春理工大学光电信息学院、长春工业大学人文信息学院、长春大学旅游学院
	专科 （6）	吉林职业技术学院、长春东方职业学院、长春信息技术职业学院、吉林科技职业技术学院、吉林城市职业技术学院、长春健康职业学院
江西 共31所	本科 （6）	南昌理工学院、南昌工学院、江西应用科技学院、江西科技学院、江西工程学院、江西服装学院
	独立学院 （13）	南昌航空大学科技学院、南昌大学科学技术学院、南昌大学共青学院、景德镇陶瓷学院科技艺术学院、江西中医药大学科技学院、江西师范大学科学技术学院、江西农业大学南昌商学院、江西理工大学应用科学学院、江西科技师范大学理工学院、江西财经大学现代经济管理学院、华东交通大学理工学院、赣南师范学院科技学院、东华理工大学长江学院
	专科 （12）	景德镇陶瓷职业技术学院、江西枫林涉外经贸职业学院、共青科技职业学院、江西科技职业学院、南昌职业学院、江西先锋软件职业技术学院、江西泰豪动漫职业学院、江西工商职业技术学院、南昌影视传播职业学院、赣西科技职业学院、江西新能源科技职业学院、江西洪州职业学院

续表

省份及民办高校数		民办本科高校名单
浙江共34所	本科（4）	浙江越秀外国语学院、浙江树人大学、宁波大红鹰学院、温州商学院
	独立学院（21）	中国计量学院现代科技学院、浙江中医药大学滨江学院、浙江师范大学行知学院、浙江农林大学暨阳学院、浙江理工大学科技与艺术学院、浙江海洋学院东海科学技术学院、浙江工业大学之江学院、浙江工商大学杭州商学院、浙江大学宁波理工学院、浙江大学城市学院、浙江财经大学东方学院、温州医科大学仁济学院、温州大学瓯江学院、同济大学浙江学院、绍兴文理学院元培学院、上海财经大学浙江学院、宁波大学科学技术学院、嘉兴学院南湖学院、湖州师范学院求真学院、杭州师范大学钱江学院、杭州电子科技大学信息工程学院
	专科（9）	浙江育英职业技术学院、浙江长征职业技术学院、杭州万向职业技术学院、嘉兴南洋职业技术学院、浙江广厦建设职业技术学院、浙江横店影视职业学院、绍兴职业技术学院、浙江汽车职业技术学院、浙江东方职业技术学院
宁夏共4所	本科（2）	银川能源学院、宁夏理工学院
	独立学院（2）	中国矿业大学银川学院、宁夏大学新华学院
	专科（0）	
山东共38所	本科（12）	青岛工学院、齐鲁理工学院、烟台南山学院、潍坊科技学院、山东英才学院、山东协和学院、山东现代学院、山东华宇工学院、青岛黄海学院、青岛恒星科技学院、青岛滨海学院、齐鲁医药学院
	独立学院（11）	中国石油大学胜利学院、烟台大学文经学院、山东师范大学历山学院、山东科技大学泰山科技学院、山东财经大学燕山学院、山东财经大学东方学院、青岛农业大学海都学院、青岛理工大学琴岛学院、聊城大学东昌学院、济南大学泉城学院、北京电影学院现代创意媒体学院
	专科（15）	德州科技职业学院、东营科技职业学院、山东圣翰财贸职业学院、山东凯文科技职业学院、山东杏林科技职业学院、山东艺术设计职业学院、曲阜远东职业技术学院、青岛飞洋职业技术学院、青岛求实职业技术学院、山东外国语职业学院、日照航海工程职业学院、山东力明科技职业学院、山东外事翻译职业学院、潍坊工商职业学院、山东海事职业学院

省份及民办高校数		民办本科高校名单
江苏共49所	本科（4）	无锡太湖学院、宿迁学院、三江学院、南通理工学院
	独立学院（25）	中国矿业大学徐海学院、中国传媒大学南广学院、扬州大学广陵学院、苏州科技学院天平学院、苏州大学应用技术学院、苏州大学文正学院、南通大学杏林学院、南京中医药大学翰林学院、南京邮电大学通达学院、南京医科大学康达学院、南京信息工程大学滨江学院、南京师范大学中北学院、南京师范大学泰州学院、南京审计学院金审学院、南京理工大学紫金学院、南京理工大学泰州科技学院、南京航空航天大学金城学院、南京工业大学浦江学院、南京大学金陵学院、南京财经大学红山学院、江苏师范大学科文学院、江苏科技大学苏州理工学院、江苏大学京江学院、东南大学成贤学院、常州大学怀德学院
	专科（20）	建东职业技术学院、炎黄职业技术学院、应天职业技术学院、正德职业技术学院、钟山职业技术学院、金肯职业技术学院、南京视觉艺术职业学院、硅湖职业技术学院、苏州托普信息职业技术学院、昆山登云科技职业学院、苏州高博软件技术职业学院、太湖创意职业技术学院、无锡南洋职业技术学院、江南影视艺术职业学院、宿迁泽达职业技术学院、九州职业技术学院、明达职业技术学院、江海职业技术学院、扬州中瑞酒店职业学院、金山职业技术学院
海南共8所	本科（2）	三亚学院、海口经济学院
	独立学院（0）	
	专科（6）	海南工商职业学院、海南科技职业学院、三亚城市职业学院、三亚航空旅游职业学院、三亚理工职业学院、三亚中瑞酒店管理职业学院
山西共15所	本科（2）	山西应用科技学院、山西工商学院
	独立学院（8）	中北大学信息商务学院、太原理工大学现代科技学院、太原科技大学华科学院、山西医科大学晋祠学院、山西师范大学现代文理学院、山西农业大学信息学院、山西大学商务学院、山西财经大学华商学院
	专科（5）	山西同文职业技术学院、山西华澳商贸职业学院、山西信息职业技术学院、山西老区职业技术学院、运城职业技术学院
陕西共30所	本科（9）	西京学院、西安外事学院、西安思源学院、西安培华学院、西安欧亚学院、西安交通工程学院、西安翻译学院、陕西国际商贸学院、陕西服装工程学院
	独立学院（12）	延安大学西安创新学院、西北工业大学明德学院、西北大学现代学院、西安理工大学高科学院、西安科技大学高新学院、西安交通大学城市学院、西安建筑科技大学华清学院、西安工业大学北方信息工程学院、西安电子科技大学长安学院、西安财经学院行知学院、陕西科技大学镐京学院、长安大学兴华学院
	专科（9）	西安高新科技职业学院、西安城市建设职业学院、陕西电子信息职业技术学院、西安海棠职业学院、西安汽车科技职业学院、西安东方亚太职业技术学院、陕西电子科技职业学院、陕西旅游烹饪职业学院、西安医学高等专科学校

省份及民办高校数		民办本科高校名单
上海共19所	本科（4）	上海视觉艺术学院、上海兴伟学院、上海杉达学院、上海建桥学院
	独立学院（2）	上海外国语大学贤达经济人文学院、上海师范大学天华学院
	专科（13）	上海东海职业技术学院、上海工商职业技术学院、上海震旦职业学院、上海民远职业技术学院、上海欧华职业技术学院、上海思博职业技术学院、上海立达职业技术学院、上海济光职业技术学院、上海工商外国语职业学院、上海邦德职业技术学院、上海中侨职业技术学院、上海电影艺术职业学院、上海中华职业技术学院
天津共12所	本科（1）	天津天狮学院
	独立学院（10）	天津医科大学临床医学院、天津外国语大学滨海外事学院、天津体育学院运动与文化艺术学院、天津师范大学津沽学院、天津商业大学宝德学院、天津理工大学中环信息学院、天津大学仁爱学院、天津财经大学珠江学院、南开大学滨海学院、北京科技大学天津学院
	专科（1）	天津滨海汽车工程职业学院
云南共20所	本科（2）	云南经济管理学院、云南工商学院
	独立学院（7）	云南艺术学院文华学院、云南师范大学文理学院、云南师范大学商学院、云南大学旅游文化学院、云南大学滇池学院、昆明医科大学海源学院、昆明理工大学津桥学院
	专科（11）	云南现代职业技术学院、云南科技信息职业学院、昆明艺术职业学院、云南城市建设职业学院、云南工程职业学院、云南新兴职业学院、云南经贸外事职业学院、云南商务职业学院、昆明卫生职业学院、云南外事外语职业学院、云南三鑫职业技术学院
贵州共15所	本科（1）	茅台学院
	独立学校（8）	遵义医学院医学与科技学院、贵州医科大学神奇民族医药学院、贵州师范大学求是学院、贵州民族大学人文科技学院、贵州大学明德学院、贵州大学科技学院、贵州财经大学商务学院、贵阳中医学院时珍学院
	专科（6）	贵州工贸职业学院、贵州城市职业学院、贵州工商职业学院、贵州盛华职业学院、贵州应用技术职业学院、贵州工程职业学院

后　记

　　本书是我在浙江树人大学工作期间完成的，本书的出版恰好可表达我对十一年树大岁月的深切怀念。2007年我博士毕业后一直在浙江树人大学中国民办高等教育研究院工作。浙江树人大学校长徐绪卿教授是我国民办高等教育研究领域的知名专家，是我从事民办教育研究的引路人。十一年间，我从对民办教育一无所知到略知一二，徐绪卿教授对我提供了全面而细心的指导。浙江树人大学党委书记章清教授、副校长陈新民教授、校长助理冯淑娟教授、校办主任宋斌教授、科研处长朱红缨教授、人事处长周朝成教授等领导也对我的学习和生活给予了极大的关怀和指导。浙江树人大学的同事尹晓敏教授、毛红霞、高飞、邱昆树、王磊等也对本书提供了很多宝贵的建议。

　　我有幸于2014年在北京大学教育学院跟随阎凤桥教授作了一年的访问学者。阎老师多次强调，青年学者一定要多读经典文献以形成扎实的理论功底，这是学术成长的根基。2016年，经阎老师推荐，我在纽约州立大学奥尔巴尼分校跟随全球私立教育研究权威学者列维（Daniel C Levy）教授作了半年的访问学者。列维教授在半年时间内，先后三次提醒我要"放下笔停止写作，打开书认真阅读"。两位访学导师的批评、指导和鼓励是我在学术道路上不断前行的重要力量。

　　我的研究得到了多位老师的指导。我在硕士和博士期间的恩师范先佐教授曾告诉我，"选定一个领域，坚持十年，一定会有些影响"。雷万鹏教授一直鼓励我从事田野研究，并建议我用实证方法研究民办教育重大理论问题。孙绵涛教授鼓励我，拥有在民办高校工作的经历会增加一种看待中国高等教育的视角。黄兆信教授是我"浙江省151第二层次人才"的导师，他让我明白只有对重大政策和现实问题做作出快速的学术反应，才能形成更多高水平成果。

我有幸还得到了多位学术前辈和大咖的提携。石伟平教授告诫我从事学术研究要有火热的情怀、冷静的头脑和热切的信念，既要顶天，更要立地。孟繁华教授指导我用全局观、系统观、生态观考察民办教育。李立国教授建议我出版中国民办高等教育年度报告，为推进理论创新和优化政策积累历史性和现实性素材。孙杰远教授"以自我砥砺为基，以塑造学子为本，以传承文明为神"的追求，启发我更多地领悟与解读教师和研究者身份。吴华教授提醒我从"民办教育比公办教育更有效率、提供更多选择、更加公平"的高度认识民办教育。周海涛教授接纳我为研究团队成员，多次给我参与国家重大课题机会。董圣足教授在学术规划、课题选题和研究方法上对我指导良多，提醒我必须及时跟踪政策新进展。

诸多学界好友对我的研究给予了关心和支持。周芬芬和肖军虎推荐我为山西师范大学兼职教授和研究生导师，使我获得了指导研究生的宝贵经历，我所指导的研究生申政清为我的研究提供了很多帮助。与方建锋、李曼、李文章、阚明坤、鞠光宇、石猛、李虔、訾鸣、潘奇、景安磊、史少杰、王华、周恺、肖俊茹等民办教育研究新秀的合作与交流，拓宽了我的理论视野。

十一年间，我实地走访了大约 30 余所民办高校，访谈了大约 100 所民办高校的领导或师生，这些民办高校的同仁对我提供了大量无私的帮助。无锡太湖学院、山东英才学院等高校聘我为兼职教授，为我深入了解我国民办高等教育提供了更多实践机会。

2017 年，我在教育部发展规划司民办教育管理处借调半年。发展规划司特别是民办教育管理处的领导和同事给了我极大的帮助，也对我的学术研究提供了宝贵的意见和建议。在借调期间，我理解了制定政策的艰难，更了解到政策制定者的严谨和细致。这段经历对我的学术研究产生了重大影响。我认识到，学术研究特别是政策研究，一定要从宏观着眼，把握整体，深入了解事物的来龙去脉，关注各方利益诉求，切不可局限于某些局部问题、暂时问题和片面观点。

2018 年，我爱人冉云芳从浙江大学博士后流动站出站后到苏州大学教育学院工作。苏州大学同意我从浙江树人大学调动到苏州大学，并聘我为教育学院教授。在这个过程中，苏州大学教育学院和人事处的领导与同事对我提供了大量帮助。苏州大学的前身是创办于 1900 年的私立大学——东吴大学，是一所具有一百多年历史的名校。唯有更加努力地工作，为促进民办教育理论创新、推动民办教育发展和优化民办教育政策尽绵薄之力，才能不辜负苏州大学各位领导的厚望。

　　最后我要感谢我的爱人冉云芳和儿子王厚勋，他们使我明白人生奋斗的意义。云芳已经成长为职业教育研究中小有名气的青年学者，但在我心中，她永远是我最美的小师妹。我们已携手走过十二年时光，往后余生，风雪是你，平淡是你，荣华是你，清贫也是你。我们的儿子独立自主、喜欢学习、坚持锻炼，祝愿他健康成长，实现自己心中梦想，成为对国家和社会有用的人才。

　　是为记。

王一涛

2018 年于杭州胜利新村